Archibald E. Glover
Tausend Meilen voller Wunder

ARCHIBALD GLOVER

TAUSEND MEILEN VOLLER WUNDER

Die dramatische Flucht von Chinamissionaren zur Zeit des Boxeraufstands

1. Auflage der Neuausgabe 2011
2. Auflage 2013

Originaltitel: *A Thousand Miles of Wonder*
auf Deutsch 1906 erschienen unter dem Titel *Wunder über Wunder*
beim Verlag der Vereinsbuchhandlung Stuttgart & Calw
© der überarbeiteten Übersetzung 2011 by edition baruch
Vertrieb durch Betanien Verlag e.K.
Postfach 14 57 · 33807 Oerlinghausen
www.betanien.de · info@betanien.de · www.cbuch.de
Umschlag: Peter Voth, Kreuzau
Satz: Betanien Verlag
Herstellung: Scandinavianbook, Dänemark

ISBN 978-3-935558-49-5

Inhalt

Vorwort 7
Einleitung: Berufen und gesandt 9

1. Ursachen der fremdenfeindlichen Bewegung 14
2. Die Wolke am Horizont........................ 22
3. Das Dunkel wird dichter 29
4. Der Sturm bricht los.......................... 42
5. Im dunklen Tal 53
6. Aus der Tiefe................................ 61
7. »Flieht, flieht!« 69
8. Der zehnte Tag des sechsten Monats 79
9. Verurteilt................................... 87
10. In Todesnöten 96
11. Ein großer Leidenskampf 105
12. Knappes Entrinnen 115
13. Mit Gott auf dem Berg........................ 122
14. Gefangennahme und Verrat 138
15. Erlebnisse in Jintscheng. Die Regenprozession 148
16. Eine denkwürdige Nacht....................... 156
17. Auf dem Weg zum Richtplatz................... 169
18. In den Händen des Pöbels..................... 182
19. Der Mordanschlag in Lantschen-tscheo 192
20. Neue Gefahren in Honan 206
21. In Mühen und Beschwerden 217
22. Von Gefängnis zu Gefängnis 228
23. Samariterdienst.............................. 248
24. Durch Kreuz zur Krone........................ 259

Vorwort

»Wieder ein neues Buch über Missionsgeschichte?«, mag man denken, doch das stimmt nicht. Schon 1906 erschien die deutsche Erstauflage der englischen Originalausgabe »A Thousand Miles of Miracles« unter dem Titel »Wunder über Wunder«. Dieses Buch wurde in manchen Missionsgeschichten von damals und auch in der Biografie Hudson Taylors immer wieder erwähnt. Die englische Fassung gilt als Klassiker und hat bis heute 22 Auflagen erlebt. Warum dieses herausragende Buch keine weiteren Auflagen auf Deutsch erlebte, ist uns nicht bekannt.

Dem Boxeraufstand im Jahre 1900 in China fiel eine Zahl von 49.000 chinesischen Christen und 181 Missionaren zum Opfer, die als Märtyrer starben. Allein Hudson Taylors China-Inland-Mission verlor 58 Missionare und 22 Kinder. Ein Teil dieser dramatischen Ereignisse wird in diesem Buch geschildert.

Gott hat es den Herausgebern aufs Herz gelegt, diesen erschütternden und zugleich mutmachenden Bericht der Missionare neu aufzulegen. Wir haben uns entschlossen, den Stil weitgehend beizubehalten, weshalb einige Formulierungen etwas antiquiert klingen; einige Ausdrücke oder Passagen haben wir in dem heutigen Sprachgebrauch angepasst.

Die Ortsangaben konnten nicht mehr alle eindeutig geklärt werden, da in der deutschen Ausgabe die Namen eingedeutscht waren, z. B. Hankau schreibt man richtig Hankow usw. Für evtl. spätere Ausgaben wären wir in dieser Hinsicht für Korrekturen dankbar.

Vor allem sind wir Gott von Herzen dankbar, dass ER es möglich gemacht hat, dieses Buch neu aufzulegen. Denn es kann durchaus sein, dass wir in naher Zukunft auch bei uns mit handfester Verfolgung zu rechnen haben.

Unser Dank gilt auch unseren lieben Helferinnen Susannah und Damaris, die trotz großer Kinderschar sich die Zeit genommen haben, den ursprünglich in Frakturschrift gedruckten Text des alten Buches abzutippen und auf dem Computer zu erfassen.

Im Namen der Herausgeber
Albrecht Kugler

EINLEITUNG

Berufen und gesandt

Gleichwie mich der Vater gesandt hat, so sende ich euch. (Joh. 20,21)
Siehe, so wenden wir uns zu den Heiden. Denn so hat uns der Herr geboten: »Ich habe dich zum Licht für die Heiden gesetzt, damit du zum Heil seiest bis an das Ende der Erde.« (Apg. 13,46-47)

Oftmals habe ich während meiner Tätigkeit als Missionar unter Heiden, sowie auch unter den außerordentlichen Leiden, die mir der Herr nach seinem Ratschluss auferlegt hat und von denen die folgenden Blätter berichten sollen, dem Herrn gedankt, dass mich die feste, unerschütterliche Überzeugung, von ihm berufen und gesandt zu sein, überallhin begleitet hat. Ein Missionar ist von so vielen Versuchungen, Schwierigkeiten und Gefahren umringt, dass er einen sicheren und festen Anker für seine Seele braucht. Er muss die Gewissheit haben, dass ihn Gott nach seiner bestimmten Erwählung für die Arbeit unter den Heiden ausgesondert hat. Er muss sich sagen können, dass er nicht auf eigenen Wunsch, noch auf den Wunsch der ihn sendenden Gesellschaft hin, auf das Missionsfeld hinausgegangen ist, sondern dass der Heilige Geist ihn gesandt hat und dass die Liebe Christi es ist, die ihn drängt. Ohne solche Berufungsgewissheit ist es für den Missionar schwer, auf Dauer zu bestehen.

Als der Herr mich berief, war ich im heimatlichen Kirchendienst beschäftigt. Ich hatte das Amt eines Pfarrers an der St. Paulskirche in London, Onslow Square, an der Seite des ehrwürdigen H. W. Webb-Peploe. Es geschah während der Februarversammlungen des Jahres 1894, die auf Anregung der englisch-kirchlichen Missionsgesellschaft in den verschiedenen Kirchen gleichzeitig abgehalten wurden. Ich wandte mich in meinen Ansprachen an die Liebe und Opferwilligkeit meiner Zuhörer, indem ich ihnen die Not der vom Evangelium Unerreichten schilderte. Da kam mir plötzlich ein

Gedanke, der mich nicht mehr losließ. Ich musste mich fragen, ob denn auch ich willig sei, wenn Gott mich für sein Werk haben wolle, seinem Ruf zu folgen. Ich nahm meine Zuflucht zum Gebet. Ich bat den Herrn um zweierlei: 1.) Er möge mich willig machen, zu sprechen: »Hier bin ich, sende mich« (Jes. 6,8); 2.) Er möge mir seinen Willen in ganz bestimmter und jeden Zweifel ausschließender Weise offenbaren.

Daraufhin folgten vier Wochen von schwerem, innerem Kampf, indem der Fürst dieser Welt mich auf alle Weise zu hindern suchte, der Stimme des Herrn zu gehorchen. Durch einen bloßen Zufall, wie Menschen es nennen würden, durfte ich aber bald deutlich seine Stimme hören. Meine Schwester, die damals gerade bei mir war, hatte von einer Dame der St. Paulsgemeinde den ersten Band von der »Geschichte der China-Inland-Mission« von Geraldine Guinneß, jetzt Frau Taylor, entliehen. Eines Abends vor dem Schlafengehen fiel das Buch in meine Hände. Ich las darin. Der Inhalt fesselte mich dermaßen, dass ich an Schlafen überhaupt nicht mehr dachte. Je weiter ich las, umso mehr brannte mein Herz in mir. Am Ende lag ich vor dem Herrn auf meinen Knien und bat ihn: »Erforsche mich, o Gott, und erkenne mein Herz (Ps. 139,23). Hast du für mich einen Auftrag? O, dann zeige mir deinen Willen und lehre mich, ihn zu tun!« (Ps. 25,4f).

Von nun an begleitete mich andauernd der Gedanke an China. Eine Reihe hart aufeinander folgender, für mich wichtiger Ereignisse führte diesem Gedanken dauernd Nahrung zu. Die Heiden, die unerreichten Menschen in China, sie sterben dahin ohne Christus, so hieß es in mir, wo ich ging und stand. Ohne dass ich es hindern konnte, verfolgten mich beständig die Worte: »Was machst du hier, Elia?« (1.Kön. 19,9). Hier war ich, einer von vier Geistlichen, die, außerdem unterstützt von einer Schar von Laienmitarbeitern, einer Gemeinde von etwa 10.000 Seelen dienten, die alle von klein auf die Wahrheit des Evangeliums gehört hatten; und dort war China, das Millionenreich, mit noch nicht einem Glaubensboten auf Hunderttausende von Heiden. Dieser Gedanke lag schwer auf mir, und ich konnte vor Scham nicht mehr zu meinem Herrn und Meister aufsehen, denn ich musste ihm bekennen, dass ich mich fürchtete, mein Kreuz auf mich zu nehmen und ihm nachzufolgen – nach China.

So ließ Gott in seiner großen Geduld nicht nach, an meiner Seele zu arbeiten, bis er bei mir eine vollkommene Unterwerfung erreicht hatte. Dennoch fürchtete ich selbst jetzt noch, ich könnte in einer Selbsttäuschung gefangen sein, und so legte ich mir, um über seinen Willen volle Klarheit zu bekommen, die Frage vor: Worin besteht ein bestimmter Ruf Gottes an einen Menschen?

Die Antwort, die ich bekam, schrieb ich sorgsam nieder. Aber selbst dann wünschte ich noch die völlige Gewissheit darüber, dass der Ruf gerade mir gelte. Nicht ganz befriedigt von dem Ergebnis dreier Besuche bei hervorragenden Gottesmännern, denen ich einen Einblick in meine Lage gewährt hatte, beschloss ich, mich nur an Gott alleine zu wenden, und bat ihn inständig, er möge seinerseits durch die Leitung seines Wortes und seines Geistes die Frage für mich zu einer endgültigen Entscheidung bringen. Niemals werde ich den feierlichen Ernst jener Stunde vergessen, als ich auf meinen Knien lag, in einfältigem Vertrauen auf die Weisheit und Barmherzigkeit meines himmlischen Vaters meine Augen schloss und meine Bibel zur Hand nahm, um sie zu öffnen. Noch ein Augenblick; ein Schrei aus der Tiefe: »Herr, zeige mir deine Wege um deines wunderbaren Namens willen«; dann schaute ich auf die aufgeschlagene Bibel. Und welches waren die Worte, auf die mein Blick fiel? – Sie lauteten:

»Und er sprach zu mir: Gehe hin, denn ich will dich in die Ferne zu den Heiden senden« (Apostelgeschichte 22,21).

Als ich diese Worte las, ergriff mich Staunen und Verwunderung und ich konnte meinen Gott nur loben und preisen. Sofort durchströmte mich ein Friede, der höher ist als aller Verstand (Phil. 4,7). Eine unaussprechliche Freude kam in mein Herz, und ich wusste von dieser Stunde an mit unzerstörbarer Gewissheit, dass mich in der Tat Gott selbst zur Arbeit unter den Heiden berufen hatte.

Ich gebe im folgenden die Gründe wieder, weshalb ich mich entschlossen hatte, nach China zu gehen, wie ich sie, als mir der Herr auf mein Bitten und Suchen Licht gab, im Blick auf kommende Zeiten der Versuchung niedergeschrieben habe.

1.) Der Herr hat geboten: »Geht hin in alle Welt und verkündigt das Evangelium der ganzen Schöpfung!« (Mark. 16,15) Ich kann gehen, während andere nicht können; darum sollte ich gehen.

2.) Von den Gläubigen insgesamt können verhältnismäßig nur wenige gehen. Ich bin einer von diesen wenigen. Mich hindert nichts. Die einzigen, scheinbaren Hinderungsgründe, die mit meiner Familie und mit meiner Gesundheit zusammenhingen, sind beseitigt.

3.) Von den verhältnismäßig wenigen, die gehen können, sind leider nur sehr wenige bereit, zu gehen. O mein Herr, allein deiner Gnade danke ich es, dass ich jetzt bereit dazu bin.

4.) Mein Eintritt in den Missionsdienst würde für das Missionswerk den bestimmten Gewinn einer persönlichen Kraft bedeuten. Für mein Amt in der heimatlichen Kirche würden sich dagegen sofort ein Dutzend Bewerber finden.

5.) Der Ruf: »Kommt herüber, wir werden vom Teufel übel geplagt«, ist so dringlich.

6.) Die Not ist groß. Die Bevölkerung Chinas schätzt man auf 400 Millionen Menschen, von denen täglich 30.000 ohne Christus sterben.

7.) Meine Verantwortung Gott gegenüber erhöht sich in Anbetracht des großen Vorrechts, das ich als evangelischer Christ in einem in geistiger Beziehung so bevorzugten Land wie England und als Pastor an einer kirchlich lebendigen Gemeinde von 10.000 Seelen genossen habe. Darf es mir gleichgültig sein, dass in China kaum ein Bote des Evangeliums auf 100.000 Seelen kommt, von denen viele noch niemals die frohe Botschaft gehört haben?

8.) Mein Hinausgehen nach China kann Gott dazu benutzen, um anderen ihre Verantwortung zum Bewusstsein zu bringen und um in den Gemeinden, in denen ich näher bekannt bin, das Interesse an der Mission zu beleben.

9.) Ich darf hoffen, dass mein Hinausgehen nach China für viele, die mir lieb und teuer sind, einen Aufschwung des geistlichen Lebens zur Folge hat. Vielleicht trägt es sogar zur Bekehrung von jenen unter ihnen bei, die noch nicht Eigentum des Herrn sind.

10.) Gott selbst würde sich mir noch mehr offenbaren. Ich würde dem Heiland näher kommen in der Gemeinschaft seiner Leiden, in der Gleichgestaltung mit seinem Tod, in der Kraft seiner Auferstehung (Phil. 3,10).

11.) Das wunderbare Zusammentreffen verschiedener einzelner Umstände innerhalb der letzten Wochen – darunter das Buch, das meine Schwester geliehenen bekam, das ganz ungesuchte Bekanntwerden mit verschiedenen Persönlichkeiten, der tiefe Eindruck, den vier Predigten des ehrwürdigen Webb-Peploe in mir hinterlassen haben, die Einwilligung meiner Eltern – beweist mir, dass mich Gott draußen auf dem Missionsfeld haben will.

12.) Würde ich mich jetzt zurückziehen und daheim bleiben, so könnte mich mein Gott als ein nutzloses Gefäß, das für den Dienst des Meisters nicht zu brauchen ist, als einen, an dem seine Seele kein Wohlgefallen hat, beiseite stellen (Hebr. 10,38).

13.) Ich habe nur ein Leben.

14.) Ich habe nur eine rasch vorübergehende Gelegenheit, mein Leben hinzugeben für den, der mich geliebt und sich selbst für mich hingegeben hat (Gal. 2,20).

Darum biete ich mich selbst dir an für China, o mein Gott und Herr, und gebe mich dir mit Leib und Seele zum Opfer hin, welches lebendig, heilig und dir wohlgefällig sei (Röm. 12,1).

Kapitel eins

Ursachen der fremdenfeindlichen Bewegung

Wenn wir das Gute von Gott annehmen, sollten wir das Böse nicht auch annehmen? (Hiob 2,10)
... denn ihr wisst selbst, dass wir dazu bestimmt sind. (1.Thes. 3,3)

Vom Jahre 1661 bis zum Jahre 1893 zählt man unter den protestantischen Missionaren in allen Teilen der Welt 130 Märtyrer, während im Jahre 1900 und mit Hinzunahme der Ermordung des Missionars Stenhouse im Jahre 1901 in China allein 136 protestantische Missionarsbrüder und -schwestern und 53 Kinder, insgesamt 189 Personen den Märtyrertod gestorben sind. Die vielen einheimischen Christen, die um ihres Glaubens willen den Tod erlitten haben, sind hier nicht mit eingerechnet (ebenfalls nicht mit eingerechnet sind die zigtausende von hugenottischen und waldensischen Märtyrer; Anm d. Herausgeber). In der Provinz Schanxi hatte die China-Inland-Mission im Juni 1900 eine Zahl von 88 Arbeiter. Von diesen wurden mehr als die Hälfte, nämlich 47, ermordet und nur 41 sind mit dem Leben davongekommen.

Der folgende Bericht gehört somit einem Zeitraum an, der in der Missionsgeschichte einmalig ist. Je mehr ich die Ereignisse jenes Zeitraumes, wie sie mir nach und nach bekannt geworden sind, überdenke, umso mehr muss ich über Gottes wunderbares Tun und Walten staunen, dem jene 41 Überlebende, darunter ich selbst, ihre Errettung aus der blutbefleckten Provinz Schanxi verdanken. Erklären kann man diese nicht. Erinnerungswürdig ist das Ende derjenigen, die damals ihr Leben gelassen haben, nicht weniger erinnerungswürdig aber sind die Erlebnisse derer, die damals dem Schwert der »Großen Schwertergilde« entkommen sind.

Man kann die große fremdenfeindliche Bewegung des Jahres 1900 nur dann richtig verstehen und beurteilen, wenn man ihre Ursachen genau betrachtet. Auf diese will ich darum zunächst, wenn auch nur kurz, eingehen.

1.) Unter den natürlichen Ursachen ist die in der Verschiedenheit der Rasse begründete Abneigung des Chinesen gegen alles Fremde und gegen alle Fremden an erster Stelle zu erwähnen. Im Klartext gesprochen heißt das, dass dem Chinesen der Fremdenhass im Blut liegt. Dieser »natürliche« Hass wurde von Generation zu Generation weitergegeben, genährt von der Vorstellung, die chinesische Nation sei etwas ganz Besonderes. Diese Idee wurde aus einem maßlosen Stolz heraus geboren. In der Vorstellung des Chinesen ist die Welt ein Quadrat, China ein Kreis innerhalb dieses Quadrates, der die vier Seiten desselben berührt, wobei die noch übrigbleibenden Flächen an den vier Ecken das Gebiet der ungebildeten Barbaren sind. Der Hass gegenüber Fremden wurde neuerdings noch durch die Kolonialisierungspolitik der fremden Mächte, die einen Gebietsteil nach dem anderen an sich gerissen und dadurch in der Meinung des Chinesen, dem Zusammenbruch des himmlischen Reiches vorgearbeitet haben, geschürt.

2.) Dieser angeborene Fremdenhass erscheint allerdings bis zu einem gewissen Grad moralisch gerechtfertigt, da nämlich das Opium – Englands Sünde und Chinas Unglück – von Fremden, und zwar von England, in skrupelloser Art und Weise mit Waffengewalt aufgezwungen worden war. Dadurch ist der »Fremde« in den Augen des Chinesen zu einem »fremden Teufel« geworden. Dürfen wir uns wundern? In der Provinz Schanxi, wo ich arbeitete, ist der Genuss von Opium überall verbreitet. Es ist keine Übertreibung, wenn man sagt, dass 90 Prozent der Bevölkerung mehr oder weniger dem Opium verfallen sind. Und doch erinnere ich mich nicht, jemals einem Chinesen begegnet zu sein, der den Genuss von Opium nicht als ein Laster angesehen hätte. Wir, als Engländer, sind manchmal bei unseren Straßenpredigten mit Verwünschungen überhäuft worden, weil, wie man uns vorwarf, wir das verhängnisvolle Gift ins Land gebracht haben. Der Durchschnitts-Chinese kann nicht verstehen wie ein »Teufel«, der es doch darauf angelegt hat, ihn mit Leib und Seele ins Verderben zu führen, plötzlich voller Sorge um sein Seelenheil sein kann. Er zieht den einfachen Schluss: Wer kann aus Unreinem Reines hervorbringen? Wie kann das Evangelium von der Liebe Gottes aus einem Land zu uns kommen, das uns das Opium aufgezwungen hat?

Die folgenden bedeutungsvollen Worte, die Dr. Arthur H. Smith in seiner beeindruckenden Arbeit »China in der Erschütterung«

(Band 1, Seiten 92-94) geschrieben hat, sollten von dem unvoreingenommenen Leser gut bedacht werden, um zu einem rechten Verständnis zu kommen: »Der Gebrauch von Opium in China ist untrennbar mit den Ausländern (d. h. vor allem den Engländern) verbunden.Während die Chinesen fast zu einer Nation von Opiumrauchern geworden sind, existiert noch das nationale Gewissen und protestiert gegen diese Gewohnheit, ist jedoch unfähig, sie zu beenden«. Es ist nicht schwer, aufzuzeigen, dass viele der aufmerksamsten Chinesen im Reich den Verfall Chinas und den Gebrauch von Opium als Ursache und Folge sehen. Die folgende Aussage zu diesem Thema ist einer chinesischen Schrift entnommen: »In den vergangenen Zeiten, bis auf den heutigen Tag hat es noch niemals solch einen Strom von Übel und Elend gegeben, wie er über China gekommen ist durch den Fluch des Opiums. ... Seit das Opium zum ersten Mal nach China kam bis heute, einem Zeitraum von 100 Jahren, muss die Zahl der Opiumtoten wohl bei Millionen liegen. In China gibt es nun viele in den oberen Gesellschaftsschichten, die unwissend sind über die wahre Lage der Dinge, und die nicht bereit sind, die Chinesen für ihren Fehler, Opium zu rauchen, die Schuld zu geben, sondern sie schieben den wahren Grund für die Probleme der Habgier der Ausländer zu. Infolgedessen schauen sie hasserfüllt auf diese herab. Auch bei den unwissenden Massen, die eine noch größere Antipathie gegen die Ausländer hegen, sehen wir überall anti-missionarische Ausbrüche und Aufstände«.

»Diese Annahme ist sehr deutlich bezüglich der Feindschaft gegen die Werkzeuge des nationalen Ruins. Es ist leicht nachzuweisen, dass die intelligentesten Männer in China die herausragendste Meinung bezüglich des Schadens haben, der durch Opium angerichtet wird; z. B. durch das weitverbreitete und bekannte Werk des geehrten Governor-Generals der beiden Hu-kuang Provinzen, Chang Chih Tung. Sein Werk wurde kürzlich unter dem Titel »Chinas einzige Hoffnung« für die englischen Leser übersetzt. Darin befindet sich ein Kapitel mit der Überschrift »Cast out the poison«, (rottet das Gift aus), aus dem wir folgenden Auszug wiedergeben: »Mit Sicherheit ist es nicht der Verkehr mit fremden Menschen, was China ruiniert, sondern dieses schreckliche Gift. Oh, welches Leid und welche Verzweiflung hat es unserem Volk gebracht! Vor 100 Jahren kam dieser Fluch über uns, vernichtender und todbringender als die »Große Flut« oder die Geißel der Wilden Bestien ... Opium hat sich mit beängstigender Geschwindigkeit und herzzerreißenden Ergebnissen durch die Provinzen verbreitet. Millionen und Abermillionen sind von der Plage niedergestreckt worden. Auch heute breitet sie sich aus wie ein Lauffeuer. In ihrem schnellen tödlichen Lauf verbreitet sie überall Verwüstung, dadurch dass sie Menschen zerstört, indem sie die Kraft und den Reichtum ihrer Opfer auffrisst. Die Zerstörung des Verstandes ist die traurigste ihrer vielen schädlichen Auswirkungen. Das Gift schwächt den Willen, entkräftet den Körper, macht den Konsumenten unfähig, seinen täglichen Pflichten nachzukommen und von einem Ort zum anderen zu reisen. Es verzehrt seine Kräfte und macht den Süchtigen arm, unproduktiv und senil. Wenn nicht bald etwas getan wird, um diese schreckliche Geißel in ihrem verheerenden Vormarsch zu stoppen, wird das chinesische Volk in lauter Teufel verwandelt werden. Dies ist der momentane Zustand unseres Landes.«

»Wenn der angesehenste und einflussreichste Chinese des ganzen Reiches solche Worte an sein eigenes Volk richtet, ist es offensichtlich, dass hinter ihnen eine tiefe Überzeugung steht. Während der Kaiser mit großen Schmerzen versucht aufzuzeigen, dass die Chinesen selbst schuld sind am Ruin, den das Opium herbeigeführt hat, ist es sicher, dass die meisten Chinesen das Elend, die Erniedrigung und den Schaden, der durch diese schreckliche Droge entstanden ist, direkt mit dem westlichen Ländern verbinden, durch die sie allgemein bekannt wurde. Diese Tatsache hat einen enorm wichtigen Einfluss im Entstehen und – aus chinesischer Sicht der Dinge – zur Rechtfertigung von Feindschaft gegen die Fremden. Zwar kann man von keinem Aufstand behaupten, dass er den einzigen Ursprung im Gebrauch von Opium hatte, es ist jedoch anzuzweifeln, ob es je einen Gewaltausbruch in China gegen Menschen aus Übersee gegeben hat, der nicht von Opiumrauchern begonnen oder unterstützt wurde …

3.) Eine weitere, lokal begründete Ursache der fremdenfeindlichen Bewegung war der Umstand, dass in der Provinz Schanxi während des Jahres 1899 die Agenten einer Pekinger Firma Schürfungen nach Kohle, Eisen und Petroleum hatten vornehmen lassen. Dadurch waren leider die sehr abergläubischen Befürchtungen im Volk erregt worden. Missionar A. R. Saunders von der China-Inland-Mission war auf den Verdacht hin, dass er einer der verhassten Ingenieure sei, beinahe ums Leben gekommen, und wir selbst wur-

den mehr als einmal auf unserer Flucht in ein scharfes Verhör genommen, ob wir nicht etwa aus dem gleichen Grund im Inland seien.
4.) Außerdem bedeuteten noch die lang anhaltende Trockenheit und das Gespenst einer drohenden Hungersnot für uns eine große Gefahr. Mehrere Jahre nacheinander war die Ernte von Jahr zu Jahr geringer geworden, und die Not der Bevölkerung unserer Station Luan war so groß, dass es im Sommer 1899 beinahe zu einem Aufruhr kam. Unser Missionsgrundstück und unser Leben waren schwer bedroht. Der Tag, an dem man uns und unser Eigentum angreifen wollte, war bereits festgesetzt. Wir wussten, dass nur das unmittelbare Dazwischentreten Gottes die Leute an der Ausführung ihres Vorhabens hindern konnte. Eine Regenprozession wurde veranstaltet. Als sich die tausendköpfige lärmende Volksmenge unseren Toren nahte, waren wir zum Gebet versammelt. Menschlich gesehen, konnte uns nichts retten; aber unser Bitten verwandelte sich in Danken, als wir das laute Gerassel der Gongs und das wilde Getrommel nach und nach schwächer werden und in der Ferne verhallen hörten. Später erfuhren wir, wie Gott unsere Rettung bewirkt hatte. Ein Präfekt hatte ohne unser Wissen eine Abteilung Soldaten geschickt, unsere Tore zu bewachen, und in eigener Person neben einigen angesehenen Männern der Stadt daneben Aufstellung genommen, um die Teilnehmer der Prozession in Schach zu halten. Durch die Trockenheit auch im Jahr 1900, die wieder eine Missernte befürchten ließ, stieg der Preis des Getreides stetig an. Eine Bekanntmachung des Präfekten verbot, Getreide nach auswärts zu verkaufen. Ein Kaufmann der Stadt, der dies Verbot übertreten hatte, wurde mit Geld – und Prügelstrafe belegt. Vor allem musste der Zorn der Götter, die den Regen zurückhielten, besänftigt werden. Für die erste Woche im Juni waren bereits Vorkehrungen für eine Reihe von Bittgängen durch die Straßen der Stadt und die umliegenden Felder getroffen worden. Der Sündenbock für den öffentlichen Notstand war bald gefunden; niemand anders konnte es sein als die verhassten Fremden. Schauerliche Gerüchte, die allgemein geglaubt wurden, waren vorher schon in Umlauf. Es hieß, wir hätten die Brunnen vergiftet. Die Haltung der Bevölkerung gegen uns war von äußerlicher Freundlichkeit in Gleichgültigkeit übergegangen. Jetzt wurde aus der Gleichgültigkeit offene Feindseligkeit und unverhohlene Verachtung. Es wurde zur Regel, während es früher eine Ausnahme war, dass man uns auf der Straße Jang kwei-tsi, d. h. fremde Teufel

nachzischte. Die ungläubigen Frauen schraken vor jeder Berührung mit meiner Frau und unserer treuen Mitarbeiterin Fräulein Gates zurück. Wir bekamen zu unseren Gottesdiensten in der Kirche oder auf der Straße beinahe keine nicht-christlichen Zuhörer mehr. Der Regen blieb aus und warum? – Die Priester gaben die Antwort: »Die Fremden sind daran schuld. Sie haben unsere Götter beleidigt. Sie haben ihre eigenen Götter ins Land gebracht und erklärt, die unseren seien keine Götter. Fremdenblut muss fließen; vorher werden wir keinen Regen bekommen.«

5.) Die von der römisch-katholischen Kirche in China befolgte Praxis war ebenso nicht wenig an der erregten Haltung der Bevölkerung schuld. Es ist unmöglich, die Bitterkeit des Hasses, den die Katholiken sich selbst zugezogen haben, zu beschreiben. Ihr Streben nach weltlicher Macht, ihre Ränkesucht in politischer Beziehung, ihre geheimen und dabei skrupellosen Arbeitsmethoden, ihr Einmischen in die weltliche Gerichtsbarkeit, dem sie durch die Drohung, sich an die Regierung ihres Landes zu wenden, noch besonderen Nachdruck gaben, ihr eheloses Leben, ihr despotisches Ausüben priesterlicher Herrschaft, dies alles und noch manches obendrein erregte den Unwillen der chinesischen Bevölkerung im höchsten Grade. Ein protestantischer Missionar, der in einem von den Katholiken besetzten Gebiet in der Gegend von Anhuei Missionsreisen unternommen hatte, fasst seine Beobachtungen mit folgenden Worten zusammen: »Die Katholiken hatten den Namen Jesu vor den Leuten geradezu stinkend gemacht, und die bloße Tatsache, dass die beiden Religionen, die römische und die protestantische, denselben Jesus als ihren Gott und Herrn bekannten, genügte, um von vornherein jede Anstrengung, dem Evangelium Gehör zu verschaffen, zu vereiteln.

6.) Alle diese Umstände schufen einen günstigen Boden für die Bewegung, die sich nicht bloß an den Patriotismus des Volkes wandte, auch nicht nur eine fremdenfeindliche war, sondern ein bestimmtes religiöses Gepräge trug – die Boxerbewegung.

Sie war von der »Großen Religion«, einer Verschmelzung des Buddhismus, Taoismus und Konfuzianismus, direkt anerkannt worden, ja man kann fast sagen, unter ihrem Schutz ins Leben getreten. Die Kriegsfahnen der Boxer trugen die Inschrift *Feng Chi Mieh Kiau*, d. h. »Rottet auf kaiserlichen Befehl die christliche Religion aus!«

Die von ihnen erlassenen Verfügungen wurden als Kundgebungen der Götter selbst hingestellt und waren von religiösem Fanatismus erfüllt. Der Boxerrekrut musste vor seiner endgültigen Einstellung eine Probe ablegen. Er musste eine kurze Formel stets von neuem wiederholen, bis die Götter von ihm Besitz nahmen und er in einer Art von religiösem Trance-Zustand rückwärts zu Boden fiel. Nachdem er einige Minuten mit schaumbedecktem Mund dagelegen hatte, wurde er für unverwundbar erklärt. Die Boxer kämpften für die Götter, und die Götter waren auf ihrer Seite. Mit einem Wort, der religiöse Gedanke beherrschte die Bewegung.

Wir hatten demnach mit einer Religionsverfolgung zu rechnen.

Einmal saßen wir auf unserer Flucht am Weg, von einem bewaffneten Pöbelhaufen umringt, jeden Augenblick darauf gefasst, von ihm niedergemacht zu werden. Ich versuchte, zu den Leuten von der Liebe Gottes zu sprechen. Sogleich fingen sie an, zu lästern: »Fort mit deinem Schang-ti (Gott)! Übers Meer wollen wir ihn treiben, dass er nie mehr wiederkehrt!«

Ein anderes Mal sprach ich zu den Soldaten, die uns bewachten, von Jesus, als plötzlich einer von ihnen rief: »Hör auf! Weißt du denn nicht, dass der Kaiser es für ein Staatsverbrechen erklärt hat, die Jesuslehre zu predigen? Dein Jesus hat genug Unheil über China gebracht. China will nichts mehr von ihm wissen für alle Zeiten.«

Die Boxerbewegung wurde von Seiten der Regierung ausdrücklich gutgeheißen und unterstützt. Yü-hsien, der neuernannte Vizekönig der Provinz Schanxi, beeilte sich, das Hauptquartier der Bewegung von Schantung, seinem früheren Herrschaftsgebiet, nach Schanxi zu verlegen. Er hatte die Kaiserinwitwe hinter sich, was allgemein bekannt war und was durch das amtliche Verhalten der Beamten ausdrücklich bestätigt wurde. Diese hatten Weisung, uns jeden Schutz zu entziehen. Damit waren wir der Willkür eines grausamen Pöbels ausgesetzt.

7.) Wie überaus wertvoll ist es da nun in solchen Zeiten, imstande zu sein, nicht auf das Sichtbare, sondern auf das Unsichtbare zu sehen. Sämtliche Ursachen der uns drohenden Verfolgung werden ja von einer letzten Ursache, der Ursache aller Ursachen, beherrscht und geleitet, die freilich nur für den Glauben erkennbar war. Sie lagen in Gottes bestimmtem Plan und Willen. Die Heiden mochten sich empören und die Fürsten sich versammeln gegen den Herrn und gegen seine Gesalbten; sie konnten nicht mehr tun, als

»was deine Hand und dein Ratschluss zuvor bestimmt hatte, dass es geschehen sollte« (Apg. 4,25.26.28). Diese Gewissheit hielt uns aufrecht. Gott stand über der Verfolgung. Auch die Wut und den Grimm der Menschen würde er am Ende zur Verherrlichung seines Namens ausschlagen lassen. Das gab uns vollkommene Ruhe und getroste Zuversicht. Wir hatten Frieden in ihm, der uns und mit uns vielen anderen das köstliche Vorrecht gewährte, »zu erkennen die Gemeinschaft der Leiden seines Sohnes« (Phil. 3,10), und »zu erfüllen, was noch an Bedrängnissen des Christus aussteht, um seines Leibes Willen, welcher die Gemeinde ist« (Kol.1,24). Auch für sein Volk in China hatte er Gedanken der Liebe: Er wollte es läutern und reinigen. Er gab uns außerdem Gelegenheit, die Wahrheit, die wir so oft gepredigt hatten, den bekehrten Christen auch vorzuleben, nämlich Wohlgefallen zu haben an Schwachheiten, an Misshandlungen, an Nöten, an Verfolgungen, an Ängsten um des Christus Willen (2.Kor. 12,10) und uns darüber zu freuen, dass wir gewürdigt worden waren, Schmach zu leiden, um seines Namens willen (Apg. 5,41).

Hatte Er nicht ein herrliches Ziel? Denn war es nicht für uns persönlich ein offensichtliches Zeichen unserer Errettung und ein Siegel unserer Sohnschaft und ein Mittel, wodurch wir »Teilhaber Seiner Heiligkeit« werden könnten? Und war dies nicht genau das, was Er uns vorausgesagt hatte als dem auserwählten Teil all derer, die in Jesus Christus leben würden und in das ewige Königreich Gottes einziehen werden? Ja, es gab einen Grund für unsere Leiden. Das silberne Leuchten am Rande der dunklen Wolke aus dem Meer war »nach dem Vorsatz dessen, der alles wirkt nach dem Ratschluss seines Willens« (Eph. 1,11). Und in ihm hatten wir Frieden.

Kapitel zwei
Die Wolke am Horizont

Wenn mir angst ist, vertraue ich auf dich! Ps. 56,4

In der ersten Woche im April des Jahres 1900 durften wir den ehemaligen Missionar Herrn Alexander Grant (der in Singapur und Amoy gedient hatte) auf unserer Station begrüßen. Er kam gerade von T'ai-yüen Fu zurück, der Hauptstadt unserer Provinz wo er seine Tochter und deren Ehemann, Herrn Dr. und Frau Lovitt von der Sheo Iang Mission besucht hatte. Er wurde von Herrn Hoddle begleitet, der in T'ai yüen unabhängig von einer Missionsgesellschaft arbeitete. Obwohl sie aus der Hauptstadt kamen, hatten sie uns nichts Schlechtes zu berichten. Nach außen hin war alles wie sonst auch. Wie wenig ahnten wir davon, als wir so freudig beisammen waren, was die nächsten drei Monate uns bringen würden! Herr Grant würde als Flüchtling, nur mit seinem nackten Leben davongekommen sein, Herr Hoddle (zusammen mit Dr. und Frau Lovitt und vierzig anderen Mitarbeitern) enthauptet sein. Unsere eigene Station würde verwüstet sein und wir selbst in der Hand der Boxer, von allem weggerissen.

Die erste Kunde von einer christenfeindlichen Bewegung erhielt ich durch meinen Diener Tschuri. Dieser hatte in der Provinz Schantung ein kleines Erbteil. Eines Tages – es war wohl im Februar des Jahres 1900 – kommt er zu mir und bittet mich, ich möge ihn in seine Heimat gehen lassen, er wolle nach seinem Erbteil sehen, das von den Ta Tau Hwei bedroht sei (Ta Tau Hwei bedeutet »Große Schwertergilde«. Dies war die im Volksmund gebräuchliche Bezeichnung. Der eigentliche Name der Gilde war J Ho Tschüan, wörtlich die »Vereinigten rechtschaffenen Fäuste«, daher der Name »Boxer«).

»Die Ta Tau Hwei? Wer sind die?« fragte ich ihn.

»O«, antwortete er, »weiß mein Herr nicht, was jetzt in Schantung vorgeht? Die Ta Tau Hwei plündern die Häuser der Christen; sie haben sogar Christen getötet.«

Ich wusste nichts davon. Natürlich ließ ich ihn gehen, ohne jedoch seiner Aussage größere Bedeutung beizumessen. Ich ahnte nicht, wie mich das Wort Ta Tau Hwei, das mir damals zum ersten Mal zu Ohren kam, später mit Angst und Entsetzen erfüllen sollte.

Kurze Zeit später bekam ich einen Rundbrief von meinem Freund Herrn Horace Houlding, der Pionierarbeit in Süd Chih-li verrichtete. Er handelte ausführlich und sehr ernst von den Taten der Boxer und ihrem Erscheinen ganz in der Nähe seiner Mission. Ein Satz ging mir durch und durch: »Wer kann sagen, wohin dies noch führen und was daraus erwachsen wird?« Instinktiv fühlte ich eine undefinierbare Furcht über der Gewissheit, dass wir auch betroffen sein würden. Ich versuchte dieses von mir zu schieben, aber der Gedanke daran blieb; und dann übergab ich es im Geheimen Gott und überließ es Ihm.

Gleich nachdem uns Herr Grant und Herr Hoddle verlassen hatten machte ich mit meinem Freund Dr. Julius Hewett von der Nachbarstation Jüwu eine Predigtreise nach Kauping in der Tsetscheo-Präfektur. Als wir dort am ersten Abend nach unserer Ankunft in der südlichen Vorstadt predigten, ließ sich aus der Mitte unserer Zuhörer der Ruf vernehmen: »Ihr Fremden werdet nicht mehr lange hier sein. Die Ta Tau Hwei werden euch alle töten. Passt nur auf!« Im Übrigen verlief unsere Reise ruhig. Die Leute hörten achtungsvoll unserer Botschaft zu, und so hielten wir jenen Zuruf für leeres Geschwätz.

Am 28. Mai kehrte unser lieber Direktor William Cooper bei uns ein. Er befand sich auf einer Besuchsreise durch die Schanxi-Stationen unserer Mission. Missionar David Barratt begleitete ihn. Er brachte uns Nachrichten aus dem Westen der Provinz. Diese lauteten allerdings sehr ernst. Yü-hsien hatte am 18. April sein Amt als Vizekönig angetreten und schürte nach Kräften die Bewegung. Auf der Station Hungtung war einer unserer Kirchenältesten namens Si von Boxern getötet und sein Haus geplündert worden. Direktor Cooper sah darin einen Vorboten des Sturmes, der im Anzug begriffen sei und über unsere sämtlichen Gemeinden in der Provinz hereinbrechen werde.

In seinen Ermahnungen an die einheimischen Christen nahm er stets Bezug auf die drohende Verfolgung, und sie waren offensichtlich dazu gedacht, die Geschwister auf die schwere Erprobung ihres Glaubens vorzubereiten, die ihnen bevorstand.

Beiläufig bemerkt, hatten auch wir in den Versammlungen auf unserer Station unsere Christen in der letzten Zeit, als noch kein direkter Anlass zu Befürchtungen vorhanden war, ständig auf die Möglichkeit einer Verfolgung und die Pflicht treuen Ausharrens hingewiesen. Es war offenbar derselbe Geist gewesen, der uns hierbei geleitet hatte.

An dieser Stelle möchte ich einen Moment darüber Zeugnis geben, was ich sah und wusste über die Gnade Gottes an Seinem Diener und Märtyrer, Herrn William Cooper. Es war ein Privileg für mich, dass ich bei seinen Diensten auf allen drei Missionsstationen – Yü-wu, Lu-an und Lutscheng – vom 25. Mai bis zum 4. Juni dabei sein durfte. Diese zehn Tage waren eine andauernde Veranschaulichung der Worte »Denn wir verkündigen nicht uns selbst, sondern Christus Jesus, dass er der Herr ist, uns selbst aber als eure Knechte um Jesu willen« (2. Kor. 4,5). Er besuchte uns zwar als Direktor, jedoch tat er seinen Dienst nicht indem er herumkommandierte, sondern indem er sich selbst zu einem Beispiel für die Herde machte. Vor allem war er »unser Knecht um Christi willen«. Wenn je ein Jünger die Füße seiner Brüder gewaschen hat, so war es Herr Cooper. Er vergaß seine eigenen Bedürfnisse angesichts der Bedürfnisse anderer; und wenn er je jemandem zu Diensten sein konnte um Christi willen, war er bereit dazu, zu jeder Zeit und um jeden persönlichen Preis. Wenn er am letzten langen Reisetag einer anstrengenden Woche erschöpft war, war er doch bereit, am Abend die Andacht zu übernehmen oder eine öffentliche Versammlung zu leiten, ganz wie die Gelegenheit gegeben war. Mit großer Leidenschaft war er zu jeder Zeit und Unzeit bereit, dem Herrn zu dienen. Niemand der es einmal gesehen hatte, würde die Freude je vergessen, die sein müdes Gesicht erhellte bei der Anfrage: »Aber fühlen Sie sich nicht zu müde?«, wenn er dann antworten konnte: »Nicht zu müde. Wenn ich auch manchmal müde werde im Dienst für den Herrn, so werde ich doch nie des Dienstes müde, dank dem Herrn.« Er schien sich in diesen letzten Tagen sehr mit Gott zu befassen. Er versuchte so oft als möglich allein zu sein, und seine Art war in der Regel ruhig und nachdenklich. Ich war besonders angetan von seiner Art bei der Reise, die wir zusammen in Karren machten, von Luan nach Lutscheng – die letzte, die er in Begleitung eines »Ausländers« machte. Die Sonne brannte besonders heiß, aber er ging am liebsten zu Fuß, stieg nur ab und zu auf den Karren, »zur

Abwechslung«, wie er sagte. Es war offensichtlich, dass er mit Gott allein sein und in Seiner heiligen Gegenwart mit Ihm reden wollte. In Herrn Coopers Nähe zu sein bedeutete sich bewusst zu werden, dass er in einer Atmosphäre des Gebets lebte, – dass er buchstäblich »atmete in der Furcht des Herrn«. Man kam nicht umhin zu sehen, dass diese intensive Liebe zum Erlöser das Ergebnis eines Gebetslebens war und der Beweis wie tief seine Gemeinschaft mit dem Vater im Himmel und mit Seinem Sohn Jesus Christus war.

Sein Ende war im Einklang mit dem Geist seines ganzen Lebens, über das man getrost sagen konnte: »Wir sollen unser Leben für die Brüder geben«. Ganz sicher liebte er sein Leben nicht bis zum Tod. Sein Antrieb war, seinen Lauf zu vollenden und den Dienst, den ihm der Herr Jesus Christus übertragen hatte, das Evangelium von der Gnade Gottes in China zu verkünden. In seinem fleißigen Streben danach achtete er sein Leben nicht wert um seiner selbst willen. Ohne Zweifel erlebte er dieselbe Freude darin, sein Leben für den Herrn zu geben, wie er sie darin empfand, sein Leben seinem Herrn täglich als Opfer zu geben. Wir sind überzeugt davon, dass Christus durch den Tod seines Leibes nicht weniger gepriesen wurde, als er am 1. Juli enthauptet wurde, als Er durch sein Leben gepriesen worden wäre.

Am Montag, den 4. Juni, reiste unser lieber Direktor wieder ab. Ich gab ihm mit einheimischen Brüdern das Geleit bis Lutscheng und kehrte dann mit Missionar Barratt nach Luan zurück. Die Regenprozessionen hatten jetzt ihren Anfang genommen. Bei solchen Gelegenheiten war die Stimmung der Bevölkerung immer eine besonders brenzlige, und wir konnten uns nicht darüber hinwegtäuschen, dass mit jedem regenlosen Tag unsere Lage ungünstiger wurde. Die Kunde, dass die Boxerbewegung von der Obrigkeit begünstigt werde, war bis in unsere Gegend gedrungen, und die feindselige Haltung des Volkes trat immer offener zutage. Wir befahlen unsere Wege dem Herrn an, dachten jedoch nicht daran, die Station zu verlassen. Derjenige, der im Jahr zuvor so wunderbar zu unseren Gunsten eingegriffen hatte, war »heute derselbe«, und wir ruhten in seiner Liebe und Treue.

In der Nacht zum 5. Juni, zwischen 12 und 1 Uhr, als wir uns bereits zur Ruhe begeben hatten, wurden wir plötzlich durch den Lärm einer Regenprozession, die sich auf der nordwärts gelegenen Hauptstraße unserem Grundstück näherte, aus dem Schlaf aufgeschreckt.

Wir hielten unseren Atem an und merkten bald an dem lauten, von dumpfem Trommelschlag begleiteten Gerassel der Gongs, dass der Zug uns gegenüber still stand. Wildes Schreien und Fluchen drang zu uns herüber; heftiges Klopfen am Hoftor folgte; noch ein Augenblick, und ein Hagel von Steinen und Ziegelstücken flog über die Dächer der Außengebäude in den inneren Hofraum, in dem unsere Wohnung lag. Jetzt war keine Zeit mehr zu verlieren. Wir erwarteten jeden Augenblick, dass das Tor eingebrochen werden würde, und kleideten uns an. In ernsthaftem Gebet schrien wir zu unserem Gott. Gerade wollten wir beginnen, die Kinder aus ihren Betten zu nehmen, als plötzlich das Werfen und klopfen aufhörte. Das laute, entsetzliche Fluchen, der Lärm der Gongs und der Trommeln wurde schwächer. Der Zug setzt sich wieder in Bewegung, jedoch nur, um seinen Weg zur Südseite des Gehöftes zu nehmen. Dort schliefen unsere eingeborenen Helfer. Es wurde ein neuer, noch heftigerer Angriff gemacht. Doch dieselbe Hand, die uns beschützt hatte, hielt auch hier die Menge zurück. Endlich zog sie ab unter heftigen Rachedrohungen für den Fall, dass die Trockenheit noch länger anhielte. Wir aber befahlen uns in großer Dankbarkeit unserem Vater an und legten uns wieder schlafen.

Es war jetzt ungefähr 2 Uhr morgens. Ich lag wach da, teils für den Fall, dass der lärmende Haufe wieder umkehren würde, teils um in ernstem Gebet mir darüber klar zu werden, was ich unter den jetzigen Umständen tun sollte.

Was uns mit besonderer Sorge erfüllte, war der Umstand, dass in etwa drei Monaten die Geburt unseres dritten Kindes bevorstand. In dieser Zeit konnte, wenn die Trockenheit andauerte, ein ähnlicher Angriff, wie wir ihn erlebt hatten, sich zu jeder Stunde, bei Tag oder bei Nacht wiederholen. Aller Wahrscheinlichkeit nach würden früher oder später die Rachedrohungen buchstäblich ausgeführt werden. Durfte ich aber meine Frau nicht nur Tage, nein Wochen und Monate lang solcher Aufregung aussetzen? Sollte ich etwa die mir von meinen Vorgesetzten bereits erteilte Erlaubnis, nach Tschifu zu gehen, benutzen und meine Frau schnellstmöglich dorthin bringen, bis die mit der Trockenheit verbundene Gefahr für uns vorüber sein würde? Dann war allerdings keine Zeit zu verlieren, denn die heiße Jahreszeit hatte bereits begonnen, und es war zu einer längeren Reise schon ziemlich spät. Aber was sollte aus der Gemeinde werden, was aus unserer Mitarbeiterin, Fräulein Gates, die wir in schwieriger, gefahrvoller Lage hätten allein zurücklassen müssen? Diese widerstreitenden Gedanken brachten mich in große Ratlosigkeit, »aber des Herrn Tröstungen erquickten meine Seele« (Ps. 94,19). »Als ich den Herrn suchte antwortete er mir und rettete mich aus allen meinen Ängsten« (Ps. 34,5). Als der Morgen anbrach, war die Last von mir genommen, ich erkannte, was ich zu tun hatte. Ich wusste, dass es recht war vor Gott, wenn ich meine Frau so schnell wie möglich nach Tschifu brachte. Der Gedanke an eine längere Reise war natürlich meiner lieben Frau zunächst schrecklich, und das Unternehmen erschien in der Tat in jeder Beziehung so gewagt, dass wir beide beschlossen, es erst noch einmal in gemeinsamem Gebet dem Herrn vorzulegen. Wir beteten auch zusammen mit Fräulein Gates und Missionar Barratt, der noch unser Gast war. Beide gewannen die feste Überzeugung, dass die Sache vom Herrn sei, und auch meine Frau war gewillt, sie aus des Herrn Hand hinzunehmen. Als noch unser tapferer Evangelist Wang Tschifa und Frau Tschang, die treue Gehilfin meiner Frau, sich einmütig und ohne Zögern bereit erklärten, uns zu begleiten, ein Zeichen, das wir uns ausdrücklich vom Herrn erbeten hatten, war bei uns jeder Zweifel geschwunden und wir trafen sofort die nötigen Vorbereitungen zur Reise.

Nur mit dem größten Unbehagen konnten wir uns überhaupt dazu durchringen, Fräulein Gates in einer solch prekären Situation allein zurückzulassen. Von welchem Standpunkt aus wir es auch betrachteten, war die ganze Sache so kompliziert, dass nur Gott damit fertig werden würde. Ich konnte nur zwei Wege sehen, die ihr offen standen – entweder mit uns zu kommen und die Station eine gewisse Zeit in den Händen unseres einheimischen Mitarbeiters Elder Liu zu lassen; oder sich unseren Mitarbeitern in unserer Station in Lutscheng anzuschließen, die etwa 24 Kilometer weit entfernt war. Beide Vorschläge wurden von ihr jedoch kategorisch abgelehnt, in der Überzeugung, dass es keinen ausreichenden Grund gab, die Station überhaupt zu verlassen. Sie meinte, falls es weitere Unruhen geben sollte, würde sie die Hilfe des Yamen (das Yamen ist Amtssitz einer Lokalbehörde oder eines Mandarins und seine Residenz) suchen, aber mehr als dieses wäre nicht gerechtfertigt. Es war ein offensichtliches Beispiel von Mut, Treue und Selbsthingabe, die nur denen möglich ist, die ihren Gott kennen. Jedoch konnten weder meine Frau noch ich diesem zustimmen.

Wir verabredeten mit ihr, dass sie im Falle weiterer Unruhen sich sofort nach Lutscheng begeben sollte, wo Fräulein Rice und Fräulein Huston sowieso ihren Besuch erwarteten. Auch baten wir sie, damit sie sich nicht so einsam fühle, sich gegenseitig mit den beiden zu besuchen.

So stand unserer Abreise nichts mehr im Weg. Trotzdem war uns ängstlich zumute. Nicht, dass wir fürchteten, es werde uns unterwegs Schlimmes begegnen. Wir zweifelten nicht, dass die Straße nach Tientsin noch vollkommen sicher sei, und dass wir wie Herr William Cooper vor uns, auf derselben Straße genauso sicher durchkommen würden. Aber der Gedanke, unsere kleine Gemeinde bei drohender Hungersnot und vielleicht gar Verfolgung, wenn auch nur, wie wir hofften und glaubten, auf wenige Monate allein lassen zu müssen, war uns sehr schmerzlich. Nicht weniger schmerzlich war es uns, unserer lieben Schwester und geschätzten Mitarbeiterin Lebewohl sagen zu müssen; wussten wir doch – ach, wir wussten nicht alles – wie einsam ihre Tage in unserer Abwesenheit sein würden. Ja, das Herz wurde uns schwer, als wir alles richteten, um unser Haus ordentlich zurückzulassen. Ich erinnere mich noch recht gut an meine Abschiedsworte an die einheimischen Brüder und Schwestern. Ich sprach über: »Euer Herz erschrecke nicht! Glaubt an Gott und glaubt an mich!« (Joh. 14,1). Der Herr gab mir dieses Wort in erster Linie für mich selbst. Das einzige, was uns in unserer Abschiedsstunde aufrecht erhielt, war die Gewissheit, dass der lebendige Heiland, der große Hirte der Schafe (Joh. 10), unter uns gegenwärtig war, dass »Gott ihn als Haupt über alles der Gemeinde gegeben hat« (Eph. 1,22), und dass wir »leben, so leben wir dem Herrn, und sterben wir, so sterben wir dem Herrn« (Röm. 14,8), mochte kommen, was da wollte, in seiner Hand waren.

KAPITEL DREI
Das Dunkel wird dichter

*Wir haben ein Schreckensgeschrei vernommen;
da ist Furcht und kein Friede! (Jer. 30,5)*

Sonnabend, den 9. Juni, frühmorgens, war alles zum Aufbruch fertig. Um unsere Abreise möglichst geheim zu halten, hatten wir beschlossen, bis Lutscheng unsere eigenen Tiere zu benutzen und von da an Maultiersänften zu mieten. Unser Gepäck sandten wir, um kein Aufsehen zu erregen, voraus.

Um 10 Uhr brachen wir auf. Meine Frau und ich ritten je einen Esel, während unsere beiden Kleinen, Hedley und Hope, im Alter von vier und drei Jahren unter Frau Tschangs Obhut in chinesischer Tracht auf einem zweirädrigen Wagen fuhren. Missionar Barratt geleitete uns eine Strecke über die Stadtmauer hinaus. Fräulein Gates war nur imstande, uns bis ans Tor zu begleiten. So bitter empfand sie die Trennung. Später erzählte sie uns, dass das Gefühl der Verzweiflung, das über sie kam als die Tore hinter uns geschlossen wurden, übermächtig war. Auch meiner lieben Frau wurde der Abschied von ihrer geliebten Freundin und Mitarbeiterin sehr schwer. Nur das Bewusstsein, Gottes klar erkannten Willen zu tun, und der Gedanke an das Versprechen, das uns Fräulein Gates gegeben hatte, gaben uns Mut und Freudigkeit zu reisen.

Wir legten die 24 Kilometer bis Lutscheng in fünf Stunden zurück. Fünf Stunden im Sattel unter einer glühendheißen Sonne waren für meine Frau keine Kleinigkeit. Durch ruhige Heiterkeit suchte sie jedoch jede Besorgnis ihretwegen zu zerstreuen. Als wir am Ziel anlangten, war sie sehr, sehr müde.

Was für ein freundliches Willkommen erwartete uns in Lutscheng! Frau E. J. Cooper und meine Frau sahen einander zum ersten Mal, da Herr Cooper erst vor kurzem die Station übernommen hatte. Mit Freuden begrüßten sie die Aussicht, in kommenden Zeiten bei der Arbeit an dem gemeinsamen Werk innige Gemeinschaft haben zu dürfen. Besonders schön war es, als die kleine fünf Jahre alte Edith Cooper in ihrer englischen Kleidung mit ihrem hübschen Haar Hedley und Hope mit in den Garten nahm, und dort alle drei sich fröhlich tummelten, ohne zu ahnen, welch dunkle Wolken sich über ihnen zusammen zogen. Alles in diesem gemütlichen Heim strömte Frieden und Liebe aus. Der Wert von solch einem Heim in nichtchristlichen Ländern, und besonders in China, kann nicht hoch genug eingeschätzt und ihre Notwendigkeit nicht nachdrücklich genug betont werden. Liebe, unvergessliche Erinnerungen knüpfen sich für mich an jenen Sonntag, den letzten, den wir innerhalb der Grenzen unserer Provinz verlebten. Es war für uns ein Ruhetag im schönsten Sinn des Wortes.

Montag früh gegen 8 Uhr kamen die Sänften, die Herr Cooper zu unserer Weiterreise gemietet hatte, in den Hof der Missionsstation. Wir befestigten der Vorsicht halber vor ihrer Öffnung einen Vorhang, der sich nach Belieben herablassen ließ und richteten sie mit Kissen und Polstern so behaglich wie möglich für uns her. Um 10.30 Uhr war alles bereit. Doktor Hewett und Missionar Barratt waren zu unserer Verabschiedung noch von Luan herübergekommen. Sie brachten die Nachricht mit, dass sich die Boxer in der Gegend von Jojang, der Station Barratts, gezeigt und die Absicht erklärt hatten, die dortige Kirche zu zerstören. Missionar Barratt sah darin die Aufforderung, sofort nach seiner Station zurückzukehren, um mit seinem dortigen Kollegen Woodroffe an der Front des Kampfes zu stehen.

Die Nachricht war ernst, sehr ernst für uns alle. Was würde jetzt das nächste Ereignis sein? Mussten wir uns auf das Schlimmste gefasst machen? Unsere Stimmung beim Abschied war eine feierlich ernste. Wir hatten allen Grund dazu. Von uns acht, vier Männer und vier Frauen, sollten in kurzer Zeit fünf den Märtyrertod sterben. Unsere drei Schwestern in Lutscheng sollten innerhalb der nächsten zwei Monate für den Herrn ihr Leben lassen, und nach Verlauf von fünf Monaten sollte keine von den vier Frauen mehr am Leben sein.

Hier ein Wort zu unserem Bruder Herrn David Barratt, der ebenso den Märtyrertod starb. Ich zähle es zu einem der besonderen Vorrechte meines Missionarslebens, dass Gott es mir gestattete, ihn kennen zu lernen. Obwohl er noch jung an Jahren war, war er doch ein reifer Christ. »Ein Mann voll Glaubens und Heiligen Geistes«, viel Gnade war mit unserem lieben David. So kurz unsere Bekanntschaft auch war, so war sie doch lang genug, um die Bande der Liebe zwischen uns zu knüpfen – der Liebe Christi. Seine eigene

Seele war erfüllt mit göttlicher Liebe. Dies war zu allen Zeiten sein Thema. Er zeigte ein zärtliches Interesse an meinen beiden Kleinen, hatte Freude daran, mit ihnen zu spielen und zu singen und ihnen von der Liebe Jesu zu erzählen. Bis heute erinnert sich Hedley daran, dass »der liebe Onkel David« ihm den Text »Wir lieben Ihn, weil Er uns zuerst geliebt hat« beigebracht hat. Einmal hörte ich ihn zu den Kindern sagen: »Ich möchte, dass ihr den Herrn Jesus ganz arg lieb habt. Weißt du, Hedley, ich liebe Jesus jeden Tag mehr« – das war absolut charakteristisch für ihn. Die Liebe Gottes war das Gesetz seines Herzens und das Thema seines Redens. Während der Woche, die er mit uns in Luan war, verbrachte er viel Zeit allein mit Gott, und man konnte seine Stimme oft hören bei seinen persönlichen Übungen der Anbetung und des Gebets. Er hatte einen leidenschaftlichen missionarischen Eifer und sehnte sich nach der Errettung der Chinesen. Er hatte immer das große Ziel vor Augen, und was immer ihm hinderlich schien, dieses Ziel zu erreichen, wurde resolut beiseite geschoben.

Die Umstände, unter welchen Herr Barratt durch die Boxer zu Tode kam, sind nicht vollständig bekannt; aber der beigefügte Brief, den er am Abend seines Martyriums schrieb, ist ein besonderes Zeugnis des Triumphes, den sein Geist über die Mächte der Finsternis hatte. Dr. Julius Hewett, an den der Brief gerichtet war, gestattete mir, ihn in voller Länge wiederzugeben. Er wurde am 6. Juli in Yüwu abgesandt und kam am selben Tag um Mitternacht in Lutscheng an (das ca. 41 Kilometer weit entfernt liegt):

> Nachdem ich heute morgen, am 6. Juli, gebetet hatte, sah ich eine Kopie der Erklärung auf der Straße; Ch'eng und Li glauben nicht, dass sie vom Gouverneur kam, sondern von Tuen-liu Hsien, wobei bekannt ist, dass der Beamte dort zu den Aufständischen gehört. Wir lasen heute Morgen einige der 50 »Fürchte dich nicht«-Verse Gottes und hatten eine sehr gesegnete Zeit. Ich sende Ihnen einige für Christen besonders hilfreiche Verse aus der Konkordanz. Ich werde einige vervielfältigen, so dass die Leute sie mit heim nehmen können und sie nachschlagen können. Wirklich, es ist wunderbar! Jesaja 51,7-16 war mir wie Honig an diesem Morgen. ...
>
> Ich hoffe, am Samstag noch über einige mehr nachdenken zu können. Im Sonntagsgottesdienst dachte ich daran, nach dem Fo-

to Ihrer lieben Mutter zu schauen, da es nicht vernichtet werden soll. Gott segne und führe ihren lieben Jungen! Die große eingerahmte Fotographie habe ich zum Nordhof gebracht.

»Vergiss mich nicht«, dann noch »fürchte nicht« – hier einige von Gottes »fürchte dich nicht«- Versen: 1. Mose 15,1; 26,24; Richter 6,23; Jes. 41,10-11.14; 2. Mose 14,13 – »fürchtet euch nicht, stehet fest und sehet zu ...«; 2. Mose 20,20 – »euch zu versuchen«; 4. Mose 14,9; 1. Chron. 28,20; Jes. 35,3-4, – »sagt zu denen, die ein verzagtes Herz haben: seid tapfer und fürchtet euch nicht!«; Jes. 35,10; Jes. 43,1.5.10.12.21; 51,7-13.16; Daniel 10,19; Joel 2,21 – »Gewaltiges«; Jer. 8,13; Mt. 10,28-31 »Jesus spricht«; Joh. 14,1; Vers 4 – »Antwort«; Hebr. 13,5-6; Psalm 27,3-4; 118,6 – Halleluja.

Später. – Schauen Sie, was ich vor einer Stunde auf verschiedene Zettel geschrieben habe und beachten Sie, was nun folgt. Vor einer Stunde kam Diakon Si, der ein Mitarbeiter von Dr. Edwards war und den Sie in T'ai-yüen bei Dr. Edwards kennen gelernt haben – er ist nun selbst ein Flüchtling auf dem Wege nach Hu-peh (Hankow) in der Hoffnung, sein Leben zu retten, indem er hausieren geht. Er kam, um Ihnen hier von den schrecklichen Vorkommnissen in T'ai –yüen zu berichten und wie Herrn Saunders Gruppe nach Lutscheng gegangen ist, da alle Orte in P'ing-iao zerstört sind. Diese Neuigkeiten brachten mich einer Ohmacht nahe, obwohl Sein Friede meine Seele erfüllt hat, und immer noch erfüllt.

Die Missionare befinden sich alle an einem Ort, und könnten jederzeit auf Erlass »Ihrer schrecklichen Majestät«, der Kaiserinwitwe, getötet werden. Der Mann blieb nicht lange, wollte uns jedoch warnen. Er bat mich um etwas Geld, und nachdem ich mit Ch'eng Chu-ch'eng gesprochen hatte gab ich ihm 500 Käsch (etwa 4 Tageslöhne). Offensichtlich ist er ein treuer Mann; wir alle hörten seiner Geschichte sprachlos zu. Er lebte auf dem Gelände von T'ai-yüen, und weiß nicht, ob seine Frau und Familie weggegangen sind oder nicht. Er möchte lieber fliehen als falsche Götter anbeten, was die einzige Alternative ist, die den Leuten gelassen wird. Er nannte uns Herrn Saunders und einige andere Namen in Englisch, ebenso wie ihre Chinesischen Namen. Nachdem er gegangen war, kamen wir zusammen und beteten für die aktuellen Anliegen, und wir sangen »Iesu ling o« (Er führet mich). Ich habe bis zu dieser Stunde nie die ganze Bedeutung erfasst. Gerade kommt ein Bericht von der Straße herein, dass dieser Ort noch vor oder am Sonntag geplündert und zerstört werden soll. Wenn die Nachrichten über das Feuer in P'ing-iao und T'ai-yüen in Si-t'ing und hier ankommen, kann man nicht sagen, wie die Dinge verlaufen werden. Es sieht so aus, als ginge das alles von der Kaiserinwitwe aus. Das Kaiserreich steht offensichtlich Kopf. Durch die »Boxer« und »Große Messer« ist ein gewaltiger Schuss losgegangen und nun wird »Mene mene tekel u-parsin« über das alte Reich der Mitte geschrieben, und Gottes Königreich wird mit wachsender Macht über dieses Land kommen. Die Ausrottung der »fremden Teufel« begeistert sie. Gott führe und segne uns!

Als ich erkannte, dass Lutscheng kein Ort für einen weiteren Ausländer ist, wurde mir, als ich auf meinen Knien lag, Liang-ma als ein Ort der Zuflucht gezeigt, und ich beschloss, mich den drei einheimischen Mitarbeitern zu überlassen, um mit mir zu verfahren, wie es am besten wäre. Noch während wir von zwei oder drei Orten sprachen zu denen ich gehen könnte, und sie nach Hause gehen wollten, um im Gebet um Gottes Leitung zu bitten, sahen sie den Mob anrücken und mussten fliehen. Jetzt sind die Gouverneure gegen uns, und wir können lediglich auf Gott vertrauen und alles tun, wozu er Weisheit gibt, um unser Leben zu retten. Meine Seele hat großen Frieden, obwohl ich mich körperlich schrecklich fühle; der Ohnmacht nahe, der Leib schwach, wahrlich vergänglicher Lehm, bald zerschmettert! Nun, Ch'eng und Hai-kin meinten, ich könne nichts besseres tun, als Ch'eng Chu-ch'eng zu erlauben, mich heute Abend nach Liang-ma in den Bergen zu bringen. In dem Haus des alten Herrn K'oh würde ich für den Augenblick in Sicherheit sein. Eine beschwerliche Reise! Wie anders war es, als ich herkam! So beten wir nun still darüber, und wenn Gott uns diesen Weg aufzeigt, wird er diese Nachtwache auf dem ganzen Wege mit uns sein. Das alte Schiff sinkt, und das Rettungsboot muss so benutzt werden, wie es unser Vater uns zeigt. Ch'eng und einige andere hoffen, dass sie auch dorthin gelenkt werden, aber es muss geheim bleiben. Wie sehr fürchte ich, sie könnten direkt ins Feuer nach Lutscheng gegangen sein, wo so viele Leute sind, aber ich denke, in Luan ist es noch schlimmer! Ihr Ziel ist es zu plündern, und diese Orte sind sehr unsicher. Ich schaue auf all die schönen Dinge, die in ein paar Stunden vielleicht nicht mehr hier sein werden. Ch'eng wird einige Käsch mit sich tragen, die sie ihm hier gelassen haben. Wir hoffen, einige Wertgegenstände zum Nordhof bringen zu können, dort haben wir vielleicht die Möglichkeit, sie zu verstecken. Das Sparbuch und die Papiere möchte Ch'eng mit sich nach Liang-ma nehmen. Wenn ich dort bin, kann er vielleicht zurückkommen und schauen, wie die Dinge hier stehen. Ja, nur unser lieber Herr weiß es! Alles was wir haben ist Sein, und so fürchten wir uns nicht. »Fürchtet nicht die, die den Leib töten«, sagt Er, »seid ihr nicht viel mehr wert als viele Sperlinge?« »Friede, vollkommener Friede«, mein Bruder, und allen in Lutscheng. Wir sehen uns vielleicht schon in ein paar Stunden oder Tagen in der Herrlichkeit. Ein kürzerer Weg, als nach Lutscheng zu gehen. Ich habe mich gefragt, ob in Honan auch Unruhen sind; Briefe an die Küste könnten über diesen Weg gehen, bevor der Weg abgeschnitten ist. Es tut mir leid, dass der Mann nicht auf einen Brief an die Mission nach Hu-peh warten konnte. Jetzt ein kurzer Schlaf, kein Abendessen, eine stille Zeit mit Gott, dann »Abenddämmerung und die Abendglocken, und danach die Dunkelheit«, und ich weiß … denn »Du wirst denjenigen in wunderbarem Frieden bewahren, dessen Geist auf Dich gegründet ist, denn er traut auf Dich«. Lao-san und Hai-kin werden im k'an-men bleiben (als Türhüter) bis es nicht mehr nötig ist … sagen sie. Sie sind gute Männer! Gott möge sie für die kommende Kirche bewahren, deren Taufe aus Feuer und Blut besteht!

Meine Gegenwart kann jetzt nicht im Geringsten helfen. Lasst uns bis zum Tode treu sein. »Sei treu bis zum Tode, und ich werde dir die Krone des Lebens geben«. Sie sind keine Fremden hier im Land, so wie ich es bin, doch sie möchten mir jetzt gern helfen. »Gott geht manchmal geheimnisvolle Wege, um Seine Wunder zu wirken«. Es gibt einige gute Verstecke im Yoh-yang Distrikt, wo man sich verstecken könnte, Brook Cheriths, nicht wahr? Ich bete für alle unsere westlichen Stationen, P'ing-yang, usw. … Maranatha, Herr!

Um 11 Uhr wurden die Sänften auf die Rücken der Tiere gehoben. Noch ein letztes Abschiedswort, und los ging es. In der ersten Sänfte saß meine Frau mit der kleinen Hope; dann folgte Frau Tschang auf einem Packesel, dann ich mit meinem kleinen Jungen in der zweiten Sänfte. Den Schluss des Zuges bildete Tschifa, ebenfalls auf einem Esel.

Und nun begann eine Reihe von Reiseabschnitten, die von solcher Art waren, dass man es niemals hinlänglich beschreiben kann. Wenn man bedenkt, dass sich die Reise von dem Tag, an dem wir die Station verlassen haben, auf 67 Tage erstreckte (vom 9. Juni bis zum 14. August); und die gesamte Strecke, die wir zurückgelegt haben, über tausend englische Meilen (eine engl. Meile sind etwa 1,6 Kilometer) betrug! Die angegebene Zeitdauer umfasst die heißeste Zeit des Jahres in China. Nicht nur das, sondern der Sommer des Jahres 1900 war der heißeste in China seit dreißig Jahren. Unter gewöhnlichen Umständen würde man eine Reise zu dieser Zeit als Dummheit bezeichnen (das ist noch eine milde Bezeichnung), selbst wenn man die Gelegenheit hätte, die üblichen Vorbereitungen zu treffen. Im Folgenden werden die Umstände unserer Reise, zur Ehre Gottes, geschildert.

Die Sänften waren bis Schente-fu gemietet. Dort wollten wir dann Neue nehmen bis Pauting-fu; und dann würde, so hofften wir, das schwerste Stück unserer Reise hinter uns liegen, da wir von Pauting-fu bis Tientsin den Fluss benutzen konnten. Wir bedauerten unterwegs einige Male, dass wir uns nicht Direktor Cooper angeschlossen hatten, der uns auf demselben Weg nur um eine Woche voraus war. Wir wussten nicht, dass es Gottes Freundlichkeit war, die das verhindert hatte.

Die Reise bis Litscheng, wo wir die erste Nacht verbrachten, verlief ruhig. Es hatte geregnet. Aus diesem Grund hatte sich die erregte Stimmung der Bevölkerung etwas gelegt. Wir hatten keinen Grund, unsere Vorhänge herabzulassen. Am folgenden Tag bogen die Maultiertreiber, entgegen meiner Weisung, von der Hauptstraße ab, und schlugen die Nebenstraße ein. Diese ziehen sie grundsätzlich vor. Unser Weg führte uns jetzt durch den wildesten, unwirtlichsten Teil des Taihang-Gebirges. Mehr als einmal kamen die Treiber vom Weg ab und führten uns in hässliche, pfadlose Gegenden von erschreckender Öde und Einsamkeit. Die alten, knielahmen Tiere stolperten ständig, als sie über die steinigen Abhänge und durch die ausgetrockneten Flussläufe trotteten. Die Sänften wurden dermaßen hin und her geworfen, dass man ein ähnliches Gefühl bekam wie bei der Seekrankheit. Außerdem wurden die Nerven aufs heftigste angespannt, da wir andauernd befürchten mussten, umgeworfen zu werden. Einmal ging es bergauf, dann wieder bergab. Die Tiere mussten öfters ihr Füße in die durch den uralten Verkehr entstandenen Löcher setzen, um nicht abzugleiten. Trotzdem trat das Befürchtete ein. Das vordere der beiden Tiere, die meine Frau trugen, stürzte, während sich das hintere mit Mühe unter den Stangen der Sänfte hervorarbeitete. Meine Frau erlitt dabei heftige Stöße. Ich bot ihr an, mit den Sänften zu tauschen, da meine Tiere noch nicht gestürzt waren. Trotz allem passierte doch noch einmal das gleiche, erst mir, dann ihr.

Erschwerend kam hinzu, dass es an der Nebenstraße nur elende, primitive Herbergen für Maultiertreiber gab, die aber für fremde Reisende bestimmt waren. Wir mussten darum mit den unvorstellbar schmutzigsten Unterkunftsräumen und mit der gröbsten Nahrung Vorlieb nehmen. Man muss das alles selbst erlebt haben, um zu wissen, was dies bedeutet. Nach den Strapazen des Tages, die durch die außerordentliche Hitze noch bedeutend vermehrt wurden, war für meine Frau, von den Kindern ganz zu schweigen, ruhiger, ungestörter Schlaf eine unbedingte Notwendigkeit. Die Luft in den winzigen Räumen war aber auch während der Nacht so schwül, das Ungeziefer so massenhaft, dass an ruhigen Schlaf nicht zu denken war. Die Nächte wurden zur Qual. Die Kinder waren im Gesicht von Wanzen so zerbissen, dass die Leute fragten, ob sie die Pocken hätten.

Wir hätten auf der Hauptstraße verhältnismäßig bequem und sicher reisen können; hier auf der Nebenstraße begegneten wir den größten Schwierigkeiten. Sobald wir rasteten, wurden wir von einer neugierigen Volksmenge umringt. Unter gewöhnlichen Umständen würden wir uns nicht daran gestört haben. So aber mussten wir in ernster Sorge sein, da wir von unseren Treibern erfuhren, dass Gerüchte von der Boxerbewegung bereits bis in diese abgelegenen Ortschaften gedrungen waren. Hinter der Neugier konnte sich recht gut Feindseligkeit verbergen, und wir waren immer froh, wenn wir wieder in unseren Sänften und unterwegs waren.

Am dritten Tag machten wir um die Mittagszeit in einem kleinen, unbedeutenden Dorf Halt. Unsere Sänften wurden auf der schmalen Dorfstraße niedergesetzt. Wir selbst wurden in ein kleines Wirtshaus mit einem kleinen Gastzimmer verwiesen. Hier öffneten wir unseren Behälter mit Lebensmitteln und wollten eben den Kindern ihr Essen zubereiten, als Hof und Zimmer sich mit einer gaffenden Zuschauermenge füllten. Wir sahen uns dicht umdrängt. Höflich und freundlich beantworteten wir die an uns gerichteten Fragen. An Essen war nicht mehr zu denken und an ausruhen sowieso nicht. Die Luft im Zimmer wurde aber bald unerträglich, so dass meine liebe Frau beinahe ohnmächtig wurde. Vergeblich versuchte Tschifa durch höfliches Bitten, die Menge zum Fortgehen zu bewegen.

Als der Wirt die aufgeregte Stimmung der Leute bemerkte, forderte er uns auf, sein Haus zu verlassen. Tschifa gab uns zu bedenken, dass wir in ernste Schwierigkeiten kommen könnten, wenn wir jetzt nicht unverzüglich den Ort verließen. Das war allerdings leichter gesagt als getan. Unser erster Treiber war Opiumsüchtig und nicht vom Fleck zu bringen, bis er nicht sein Quantum zu sich genommen hatte. Wir mussten so, gezwungenermaßen, zwei Stunden in der Sonnenglut auf offener Straße auf ihn warten, umringt von einem rohen Volkshaufen, dessen Haltung von Minute zu Minute drohender wurde. Endlich erschienen die Treiber mit den Tieren. Wie atmeten wir auf, als wir das Dorf hinter uns hatten und die Menge, die uns anfangs nachfolgte, endlich zurückblieb. Im Vergleich zu dem, was wir später durchmachen sollten, war dies Erlebnis ja nur eine Kleinigkeit. Ich erwähne es aber, weil es gewissermaßen den Anfang eines neuen Abschnittes in der Geschichte unserer Leiden bezeichnet und weil es zeigt, wie Gott uns allmählich zum Ertragen weit schwererer Leiden erzog.

Wir waren jetzt in der Provinz Honan. Da wir den fremdenfeindlichen Charakter der Honanesen kannten, fanden wir es ratsam, nur notgedrungen zu rasten und selbst dann unseren Aufenthalt möglichst kurz zu halten. Freitag früh erreichten wir unseren letzten Halteplatz. Noch fünfzig Li, etwa 27 Kilometer, und wir waren am Ziel. Als zum letzten Mal unsere Sänften niedergesetzt wurden, waren unsere Herzen voll Lob und Dank. Froh betraten wir das Haus, wo wir unser letztes Mahl einnehmen sollten. Es war ein Privathaus, da es an dem Ort keine Herberge gab. Unsere Wirtin empfing uns höflich, ja mit ausgesuchter Freundlichkeit. Sie brachte uns das Essen, und während wir es uns schmecken ließen, trat ein Mann herein, der mit Tschifa ein Gespräch anknüpfte. Mit dem Essnapf in der Hand hockten die beiden an der Tür. Plötzlich dämpften sie ihre Stimmen und ich bemerkte, wie Tschifa blass wurde. Er setzte seinen Essnapf auf den Boden und hörte mit gespannter Aufmerksamkeit den Worten des Fremden zu. »Was gibt es, Tschifa?« fragte ich, »ist etwas Schlimmes passiert?« »Gott helfe uns jetzt!« wandte er sich an mich, »Schente-fu befindet sich in Aufruhr. Das Yamen des Unterpräfekten ist niedergebrannt. Die Missionshäuser der Katholiken sind zerstört. Die Fremden haben die Stadt verlassen.«

Ich bekam einen großen Schrecken. Es war mir, als würde ich plötzlich aus hellem Sonnenschein in tiefes Dunkel versetzt werden. Meine Frau hatte sich auf dem Kang, einem Ofenbett, einer Art Plattform aus gebranntem Lehm, neben den Kindern hingelegt, um etwas auszuruhen. Mit dem Instinkt einer Frau ahnte sie jedoch, wovon wir sprachen, und bat mich, ihr nichts zu verheimlichen. Ich versuchte alles, was sie unnötigerweise beunruhigen konnte, von ihr fern zu halten und sie möglichst ruhig über das Wichtigste des Gehörten aufzuklären. Ihr Glaube klammerte sich an den Herrn. Die Finsternis war groß, aber der Herr war da, das genügte ihr. Gott war ihre Zuversicht und ihre Stärke in der Not. Ich hatte das schon oft an ihr beobachtet, aber noch niemals in einer so trüben Stunde wie damals.

Die Frage war jetzt: Was sollten wir tun? Wohin sollten wir uns wenden? Vor uns lagen politische Unruhen und Todesgefahr. Kehrten wir um, so lagen mindestens sechs Reisetage vor uns, wo wir aller Wahrscheinlichkeit nach der Wut einer feindseligen Bevölkerung ausgesetzt sein würden. Auf jeden Fall drohten uns ernste Gefahren. Ich durfte gar nicht daran denken, was das für meine liebe Frau bedeutete. Ich konnte nur im Stillen Gott bitten, er möge sie und die Kleinen in seinen Schutz nehmen. Dann wurde es ruhiger in mir. »Von allen Seiten umgibst du mich und hältst deine Hand über mir« (Ps. 139,5), so sagte eine Stimme in mir, und als wir gemeinsam niederknieten und uns der Leitung des Herrn übergaben, da kam sein Friede in unsere Herzen.

Wir besprachen miteinander die Lage und kamen zu dem Schluss: wir mussten vorwärts gehen. Die Nachrichten konnten ja übertrieben sein, die Gebäude der China-Inland-Mission brauchten noch nicht zerstört zu sein. Da Schente-fu eine Kreisstadt war, konnten wir uns schlimmstenfalls unter behördlichen Schutz stellen. Wir hatten unseren Pass bei uns, der vom englischen Konsul unterzeichnet war, und konnten damit den Präfekten für unsere persönliche Sicherheit verantwortlich machen.

Zunächst mussten wir uns vergewissern, ob noch Missionare in der Stadt waren. Der Mann, der den Unruhen entkommen war und uns die Schreckensnachricht gebracht hatte, war ein Katholik, in gewissem Sinn ein Leidensgefährte von uns. Er war endlich, nach langem Zögern und Tausend Käsch, bereit, dem Leiter unserer Station, Herrn Martin Griffith, einen Brief zu übermitteln. Er sollte, damit wir uns nicht verfehlten, auf einem bestimmten Weg zurückkommen und uns Antwort bringen. Ich schrieb schnell ein Paar Zeilen und händigte sie ihm aus. Er versteckte sie in seiner Socke und eilte davon. Wie viel hing doch von seiner Zuverlässigkeit ab.

Es war jetzt ungefähr 2 Uhr nachmittags. Wir hielten es für ratsam, noch nicht aufzubrechen, damit wir die Stadt nicht vor Einbruch der Dunkelheit erreichen würden. Und doch wurden wir durch einen unangenehmen Zwischenfall zu vorzeitigem Aufbruch gedrängt. Der Hofraum des Hauses, wo wir untergekommen waren, hatte sich mit Leuten angefüllt, die kein unhöfliches Verhalten an den Tag legten. Unsere Wirtin hatte freundlich plaudernd neben meiner Frau Platz genommen. Wir hatten von ihr dankbar einige Aufmerksamkeiten, die über das gewöhnliche Maß hinausgingen, entgegengenommen. Ja, sogar so freundlich gesonnen erschien sie uns, dass meine Frau sich ermutigt fühlte, ihr ein Wort vom Heiland zu sagen. Wie groß aber war unser Entsetzen, als die Frau plötzlich »wai-li« wurde. Viermal habe ich diesen Zustand in China beobachtet. Ich kann ihn nur als eine Art teuflischer Besessenheit beschreiben. Wie wir erfuhren, war die Frau eine Hexe oder ein spiritistisches Medium. Zuerst zeigte sich uns ein kläglicher, dann aber ein erschreckender Anblick. Mit ausdrucksloser Miene stumpf vor sich hinblickend und anscheinend einer Ohnmacht nahe, saß sie zunächst auf der Stufe vor der Haustür. Sie tat uns leid, und in der Meinung, dass ihr plötzlich unwohl geworden sei, suchten wir ihr beizustehen, so gut wir konnten. Tschifa warnte uns jedoch. Mit einemmal richtete sie sich kerzengerade auf, und mit stierem Blick ins Leere begann sie eine Beschwörung. Unheimlich kamen die Worte von ihren Lippen, die gegen niemand anders gerichtet waren, als gegen Jesus, den wir ihr gepredigt hatten. Höher und höher hob sich nach jeder Pause ihre Stimme; lebhafter wurden ihre Gebärden, während sie gegen den heiligen Gottesnamen unerhörte Lästerungen ausstieß. Wir hatten die Empfindung, als kämen wir mit persönlichen Geisteswesen aus dem Reich der Finsternis in wirkliche Berührung. Ja, es war, als stände der Satan selbst neben uns und als wäre die Luft, die wir einatmeten, mit seinem Hauch angefüllt. Auf natürliche Weise ließ sich der ganze Vorgang nicht erklären. Wir mussten befürchten, dass die Umstehenden den Ausbruch von Besessenheit auf unsere, der »fremden Teufel«, Anwesenheit zurückführen würden. Darum bat uns Tschifa, sofort das Haus zu verlassen und draußen auf der Straße in unseren Sänften zu warten, während er nach den Treibern sehen wolle, um sie zu sofortigem Aufbruch zu bewegen. Hier half uns Gott wieder. Zum ersten Mal kamen die Treiber unserem Wunsch bereitwillig nach. Die Tiere wurden herausgeführt, die Sänften auf ihren Rücken gehoben, und fort ging es. Als wir die Dorfstraße hinabgetragen wurden, hörten wir noch das Auf und Ab in den Schreien der Besessenen, bald schwächer und schwächer, bis wir außer Hörweite waren. Die unheimlichen Töne klangen uns nach wie ein Schmerzensruf aus dem Herzen des armen, von der Sünde so hart mitgenommenen, christuslosen China. O wie nötig ist es, dass ihm die Botschaft gebracht wird von dem, der dazu erschienen ist, dass er die Werke des Teufels zerstöre (1.Joh. 3,8)!

Da wir früher als beabsichtigt aufgebrochen waren, mussten wir jetzt unsere Geschwindigkeit mäßigen. Ich kann die Angst, die wir ausstanden, nicht beschreiben. Jeden Moment konnten wir angehalten und als Fremde entdeckt werden, und was würde dann unser Schicksal sein? Vor uns lag eine Stadt in totalem Chaos. Würde es uns gelingen, das Yamen zu erreichen? Würden wir unbeobachtet durch das Stadttor kommen? Ehe wir erwarten konnten, dem Boten zu begegnen, würde es bereits dunkel sein. Wie, wenn wir ihn in der Dunkelheit verfehlen würden? Ein Gefühl von Verlassenheit überkam mich hinter dem herabgelassenen Vorhang meiner Sänfte. Als die Dämmerung in nächtliches Dunkel überging, wurde es auch in mir dunkel. In Schwachheit und Furcht und großem Zittern verbrachte ich jene 8 Stunden und rang mit meinem Gott in heißem Gebet, während ich meine Frau und die Kinder ihm anbefahl.

Nichts unterbrach das nächtliche Schweigen als nur der Schritt der Maultiere, der gelegentliche Zuruf der Treiber und die kurzen, ausweichenden Antworten, die sie den Vorübergehenden auf ihre Frage, wer in den Sänften sei, gaben. Nirgends ließ sich unser Bote blicken. Würde er je wieder zu uns stoßen? Hatte er überhaupt die Absicht gehabt, zurückzukommen? Die Ungewissheit war beinahe unerträglich. Endlich wurde mein Vorhang zur Seite geschoben. Es war Tschifa. »Was befiehlt mein Herr jetzt?«, flüsterte er, »Wir sind schon an der Stelle vorbei, wo uns der Bote treffen sollte; er muss uns verfehlt haben.«Die Antwort ergab sich von selbst:»Sage dem Maultiertreiber, dass er uns direkt in das Yamen des Präfekten bringt.«

Jetzt standen wirklich die dunklen Umrisse der Stadtmauer vor uns. Furcht und Verzagtheit beschlichen mich, als ich unter dem Vorhang meiner Sänfte hervorspähte. Was lag wohl hinter jenen Mauern? In wenigen Augenblicken sollten wir es wissen.

Es war jetzt 23 Uhr. Als wir uns der Stadt näherten, gingen die Treiber noch behutsamer vor. Die Glocken wurden von den Hälsen der Tiere entfernt, damit unser Einzug in Schente-fu möglichst geräuschlos vor sich gehen würde. Nur der Hufschlag der Tiere war zu hören, ansonsten herrschte Totenstille. Es schien kaum zu glauben, dass wir uns einem Ort näherten, in dem Unruhen herrschten. Ich schob noch einmal den Vorhang zur Seite. Richtig, da erhob sich vor mir das große Stadttor und wir waren schon dabei, über die Brücke zu reiten. Ein Seufzer stieg aus der Tiefe meines Herzens zu dem Gott unseres Heils.

Jetzt wurde mein Vorhang zur Seite geschoben. Es war Tschifa. »Sprich, was gibt's?«»Gott sei Dank«, erwiderte er,»Herr Griffith ist in der Stadt und hat seinen Diener geschickt, um unsere Ankunft zu erwarten. Er selbst ist mit Herrn Brown zum andern Stadttor gegangen, um uns dort zu treffen, sollten wir durch dieses Tor kommen.«

Ich kann meine Gefühle nicht beschreiben. Die Spannung von acht Stunden löste sich in Tränen auf. Da stand der Mann, die Laterne in der Hand, ein Engel Gottes in meinen Augen. Ich sah mich um und erkannte die Sänfte meiner lieben Frau dicht neben der meinen.»O Archie!«sagte sie,»ist es nicht zu wunderbar! Er hat unser Schreien gehört.«

Obwohl es fast Mitternacht war, war das Tor doch noch offen, und wir konnten die Stadt unbemerkt betreten. Nun ging es noch vollends über die Brücke, dann durch das Tor, und wir waren innerhalb der Mauern. Die Stadt lag in tiefem Schlaf. Nichts unterbrach die Stille. Ehe wir uns versahen, standen unsere Sänften still. Die Vorhänge wurden beiseite geschoben und im Schein der Laternen sahen wir die Gesichter unserer lieben Freunde, die uns im Flüsterton freundlich willkommen hießen.

KAPITEL VIER
Der Sturm bricht los

An dem Tag, da ich rief, hast du mir geantwortet;
du hast mir Mut verliehen,
in meine Seele kam Kraft. (Ps. 138,3)

Die Nachrichten, die wir unterwegs erhalten hatten, waren übertrieben gewesen. Das Yamen des Unterpräfekten war nicht zerstört. Ein Aufruhr hatte nicht stattgefunden. Die Fremden waren nicht geflohen. Allerdings war die Bevölkerung in einer sehr unruhigen und erregten Stimmung. Man glaubte allgemein, dass niemand von den Fremden mehr in der Stadt sei. Auch unsere Anwesenheit in der Stadt musste ein Geheimnis sein. Herr Griffith bat uns, uns unbedingt verborgen zu halten. Während der elf Tage unseres glücklichen, obwohl auch gefahrvollen Aufenthalts in der Stadt vom 15. bis 26. Juni kamen wir über die Umfassungsmauern des Missionsgrundstückes nicht hinaus.

Wir erfuhren jetzt zum ersten Mal etwas über die Ausdehnung der Boxerbewegung. Soviel war klar, dass wir nicht daran denken konnten, unsere Reise nach Pauting-fu fortzusetzen. Offensichtlich sollten wir Gottes Zeitpunkt abwarten und nicht eilen. Obwohl wir das Ende der Reise gerne schnell herbeigeführt hätten, waren wir sicher, dass diese Verzögerung vom Herrn war und die Ereignisse gaben uns recht, dass es Gottes Fürsorge für uns war, um Sein Ziel zu erreichen.

Wir waren in ernster Sorge um Herrn William Cooper, der in derselben Woche nach Pauting-fu abgereist war. Ein Telegramm von Schanghai, das ihm die Rückkehr durch Honan dringend nahe gelegt hatte, konnte ihn nicht mehr retten, da es zu spät angekommen war. Dieses Telegramm benutzte der Herr, um mir später die Möglichkeit zu zeigen, südwärts zu entkommen. Ich hätte ansonsten diese Möglichkeit wohl kaum in Betracht gezogen. So studierte ich nun während meines Aufenthaltes in Schente-fu die Route und wusste, was ich im Notfall zu tun hatte.

Die Tage, die wir in Schente-fu zubrachten, waren ganz besonders wertvoll für uns. Wir wurden gestärkt für den großen Leidenskampf, der uns bevorstand. Ich kann Gott nicht genug danken für die Tage der Ruhe und Erholung in herzlicher Gemeinschaft mit den lieben Geschwistern, Herrn und Frau Griffith und Herrn R. Brown, die ihr eigenes Leben in Gefahr brachten, indem sie uns bei sich aufnahmen. Wir harrten gemeinsam auf den Herrn und lernten ganz praktisch auszusprechen: »Darum fürchten wir uns nicht, wenn auch die Erde umgekehrt wird« (Ps. 46,3). Es war eine Sache, dies am Tage des Wohlstands zu sagen, doch wir fanden – alle zusammen, daran zweifle ich nicht – dass es eine ganz andere Sache war, dies in Wahrheit zu sagen, als die »Heiden« um uns her tatsächlich »tobten« und die »Königreiche« der Erde »sich auflehnen« (Ps. 2). Die Gemeinschaft im Leiden brachte uns einander sehr nahe; wenn wir auch noch nicht körperlichen Nöten ausgesetzt waren, so wussten wir doch nie, was eine Stunde, Tag oder Nacht uns bringen würde. Wenn wir einmal entdeckt wären, wäre der Aufruhr unumgänglich, und das würde greifbares Leiden bedeuten.

Meine liebe Frau und Frau Griffith waren einander sehr zugetan in diesen besonderen Umständen durch das gemeinsame Band der Mutterschaft; und ich weiß, dass die Gemeinschaft mit dem Herrn, deren sich die beiden miteinander erfreuen durften, von Gott dazu benutzt wurde, sie auf den großen bevorstehenden Leidenskampf vorzubereiten, der vor uns lag.

Das nächste war, dass wir eine Nachricht an unseren Distrikt-Superintendenten Bagnall in Pauting-fu sandten, um unsere Ankunft zu melden und ihn um Rat zu fragen, was wir weiter tun sollten. Vergeblich warteten wir auf Antwort. Wir schrieben in jenen Tagen auch Briefe in unsere Heimat, da wir nicht wussten, dass die Postverbindung abgebrochen war. Unsere Karten erreichten erst nach fünfzehn Monaten, am 11. September 1901 ihren Bestimmungsort!

Zwischenzeitlich kam Herr Coopers Diener, ein Mitglied der Hung-tung Kirche, zurück vom Pao-ting Fu. Er hatte Herrn Cooper begleitet. Er berichtete, dass sie einer Gefangennahme ganz knapp entronnen waren, und das auch nur, weil sie sich in einem geschlossenen Wagen verstecken konnten. Herr Cooper hatte ihm keinen Brief mitgegeben, im Falle dass er gesucht würde, denn für einen Chinesen bedeutete es die sichere Todesstrafe, wenn etwas Fremdes bei ihm gefunden wurde. Dieser junge Mann war nun auf dem

Heimweg und schlug uns vor, mit ihm zurückzukehren. Wir dachten aber, dass wir nicht zurückkehren sollten solange noch Hoffnung bestand durchzukommen, jetzt wo wir so weit gekommen waren, es sei denn wir wären dazu gezwungen. Ich wollte auch bis zum letzten Moment abwarten, was die Anweisungen unseres Superintendenten wären.

Durch den Bericht des jungen Mannes beeinflusst kam nun Tschifah zu mir und sagte, dass das Risiko einer Weiterreise zu groß sei, und welchen Weg ich auch wählen würde, er und Frau Tschang waren beide der Meinung, sie müssten uns davon abraten und sich auch weigern, uns zu begleiten. Diese Aussage zog uns schlichtweg den Boden unter den Füssen weg. Unsere einzige Chance durchzukommen (menschlich gesprochen), war durch die Hilfe absolut treuer Einheimischer, so wie bei Herrn Cooper. Ohne diesen Schutz wäre es verrückt gewesen, weiterzugehen.

Inzwischen erhielten wir sehr ernste Nachrichten von Missionar Green in Hwailu, die sagten, dass die Schienen bei Tientsin aufgerissen, die Drähte zerschnitten und die Straßen zwischen Tientsin und Tschengting-fu von Boxern besetzt seien. Eine große Gruppe von Europäern, darunter auch mehrere Frauen, die mit einem Flussboot von Pauting-fu nach Tientsin zu entkommen versucht hatten, waren anscheinend getötet worden. Daraufhin beschlossen wir, nach Luan zurückzukehren.

Noch aus einem anderen Grund konnten wir in Schente-fu nicht länger bleiben. Unser Aufenthalt in der Stadt war nämlich kein Geheimnis mehr. Frau Tschang war eines Tages in einem unbeobachteten Augenblick mit Tschifa auf die Straße gegangen. An ihrer Kleidung merkte man, dass sie aus einer anderen Gegend stammte, und an ihren nicht nach chinesischer Sitte eingezwängten Füßen erkannte man sie als »fremden Teufel«. Daraufhin schöpften feindselige Trupps Verdacht, und belagerten das Missionsgehöft den ganzen Tag über. Irgendwann wurden die Gerüchte so bedrohlich, dass der Eigentümer darauf bestand, dass wir vier sein Grundstück verließen.

Wir mieteten also Sänften für die Rückreise nach Luan. Es war wirklich höchste Zeit. Als wir uns zum Aufbruch fertig machten, donnerte die Menge bereits ans Hoftor; sie wurde nur durch den Anblick unserer Sänften von weiteren Ausbrüchen ihres Zorns zurückgehalten. So waren sie sicher, dass wir die Stadt verlassen würden.

Ohne Zweifel trug ein neuer Fall von Besessenheit dazu bei, unsere Abreise zu beschleunigen. In der Nachbarschaft wohnte nämlich eine junge Frau, die Tochter vornehmer Eltern, die sich, so oft sie in einen Zustand der Besessenheit verfiel, unbekümmert um den Straßenverkehr oder sonst etwas, mitten auf die Straße setzte und unnutzes Zeug schwätzte. Da ihre Eltern den damit verbundenen Peinlichkeiten aus dem Weg gehen wollten, hatten sie sie von zu Hause weggeschickt. Ganz unerwartet aber war sie wenige Tage vor unserem Aufbruch zurückgekehrt, und mit ihr der Dämon. Ich höre noch ihr unheimliches Schreien und Fluchen draußen auf der Straße vor dem Tor des Missionsgehöftes. Das musste natürlich die abergläubische Furcht der Bevölkerung vermehren und die Flamme ihres Hasses gegen die »fremden Teufel« schüren.

Man sagt, dass kommende Ereignisse ihren Schatten voraus werfen. Wie dem auch sei, sicher ist, dass bei dem Gedanken an die bevorstehende Reise meine Frau und mich eine unsägliche Furcht beschlich. Ich hätte meine rechte Hand dafür gegeben, wenn wir hätten bleiben können. Aber es war der Wille des Vaters, dass wir durch Leiden Gehorsam lernen sollten (Hebr. 5,8). Unsere Freunde ließen uns nur mit schwerem Herzen ziehen; aber zurückhalten wollten sie uns nicht; sie waren einig mit uns: »Der Wille des Herrn geschehe« (Apg. 21,14). Mit uns ging das Wort: »Euer Herz erschrecke nicht! Glaubt an Gott und glaubt an mich!« (Joh. 14,1).

Wir waren dann aber überrascht und auch sehr beruhigt, als die Menschenmenge keine Feindseligkeiten zeigte, als wir in unseren Sänften durch das Hoftor und dann in Richtung Stadttor getragen wurden. Herr Griffith war so lieb, uns zu Fuß noch etwa zwanzig Minuten lang zu begleiten. Dann waren wir wieder allein.

Die Maultiertreiber hatten strenge Anweisung, sich auf der Hauptstraße zu halten. Wir hatten dies ausdrücklich in dem schriftlichen Vertrag festgesetzt, den ich mit ihnen abgeschlossen hatte. Den ersten Aufenthalt nahmen sie in ihrem Heimatdorf, angeblich um ihre Reiseausrüstung zu vervollständigen. Dort verbrachten wir die erste Nacht.

Am nächsten Tag, dem 27. Juni, brachen wir in aller Frühe auf. Ärgerlich bemerkte ich, wie die Treiber den Nebenweg einschlugen. Sie meinten, sie würden später wieder auf die Hauptstraße stoßen. Alle Entgegnungen waren umsonst; wir waren in ihren Händen. Was sollte geschehen, wenn wir eine ähnliche Reise wie die vorige vor uns hätten? Mir wurde sehr ängstlich zumute – und doch, wir standen in unseres Vaters Hand. Er kannte unsere Lage und wollte uns gerade durch eine Schule führen, in der wir lernen sollten, ihm zu vertrauen.

Wir hatten etwa 24 Kilometer zurückgelegt ohne belästigt worden zu sein, als wir um die Mittagszeit in einem Marktflecken namens Itscheng Halt machten. Alles war ruhig, als wir den Hof einer Herberge betraten und uns daran machten, im Wirtszimmer den Kindern ihre Mahlzeit zuzubereiten. Es dauerte jedoch nicht lange, da füllte sich der Hof mit einer neugierigen Volksmenge. Es nützte nichts, dass wir sie baten, uns wegen Hitze und Müdigkeit allein zu lassen. Das Reispapier wurde von den Fenstern des kleinen Zimmers entfernt, und sofort rahmte jede Öffnung ein Gesicht ein.

Kaum hatten wir etwas gegessen, als Tschifa hereinkam und sagte: »Wir müssen sofort aufbrechen, sonst kann ich für nichts garantieren.« So schnell wie möglich, aber ohne zu hastig zu erscheinen, nahmen wir wieder in unseren Sänften Platz. Die Menge war inzwischen bedeutend angeschwollen. Mit verhängnisvollem Schweigen drängte sie uns in unseren Sänften beim Verlassen des Hofs gegen das Hoftor. Plötzlich, als wir das Freie erreicht hatten, begannen sie zu rufen: »Fremde Teufel! Tötet sie!« Und dann folgte ein ganzer Hagel von Steinen und harten Tonklumpen. Ein großer Stein traf meinen kleinen Sohn direkt an der Brust und warf ihn um. Der arme kleine Kerl weinte bitterlich. Ich betete mit ihm und sagte ihm, er solle sich nur nicht fürchten, Gott sei mit uns. Mehrere Steine schlugen in die Sänfte, aber ich wehrte sie mit einem Kissen ab. Die Maultiere wurden getroffen und wurden natürlicherweise sehr widerspenstig, so dass die Gefahr bestand, umgeworfen zu werden. Nur durch mein Gegensteuern konnte ich das Gleichgewicht der Sänfte aufrecht erhalten. Das Dach war aus Strohmatten gebildet, doch hatten wir als Sonnenschutz zusätzlich eine Baumwolldecke darüber gebreitet. Diese wurde abgerissen, und die Steine hagelten nun unmittelbar gegen das Stroh.

Gerade als die Strohmatten auseinander zu fallen begannen, wurden wir umringt. Das Werfen hörte auf. Ein kräftiger, baumlanger Kerl hielt das vorderste Maultier an und befahl mir auszusteigen. Ich fragte ihn, was er von mir wolle. »Ich habe dir etwas zu sagen«, erwiderte er, »sofort steigst du aus!« Ich weigerte mich entschieden, da ich wusste, dass ich nie wieder hinaufkommen würde, wenn ich erst einmal heruntergestiegen war. So sagte ich: »Wenn mein geehrter, älterer Bruder etwas zu sagen wünscht, so kann ich ihn von hier aus anhören.«

»Ihr seid Katholiken«, versetzte er, »marsch heraus!«

Darauf ich: »Wir sind nichts dergleichen: wir wollen mit der römisch- katholischen Religion nichts zu tun haben.«

Er: »Wie das, keine Katholiken? Was seid ihr dann?«

Ich: »Unsere Religion ist die wahre Jesus – Religion; unsere Lehre ist die reine Lehre von Gott.«

Daraufhin wandte sich der Mann an die Menge und sagte: »Sie sind keine Tien Tschu Kiau (Katholiken); sie sind Je-su Kiau (Protestanten); lasst sie gehen.«

Ein großes Geschrei begann. Die meisten wollten uns wieder in den Flecken zurückbringen. Der große, starke Mann aber nahm mein Maultier am Gebiss und zog es vorwärts. Dabei rief er: »Packt euch fort aus diesem Ort, so schnell wie möglich! Wir brauchen euch hier nicht.«

Ich meinerseits war über diese Wendung der Dinge hocherfreut und spornte gleichfalls die Treiber zur Eile an, als plötzlich Tschifa erschien, das Tier beim Kopf fasste und zur Umkehr zwang.

»Ist mein Herr verrückt geworden?«, fragte er, »wir müssen auf jeden Fall in den Ort zurück.« Was, zurück? Wir waren ja eben erst mit Steinwürfen hinausgetrieben worden. Sollten wir in unser Verderben hineinrennen? Das Gefühl äußerster Hilflosigkeit überkam mich von neuem, als wir umkehrten und so gleichsam in den Rachen des wütenden Pöbels hineinliefen; doch tröstete mich das Bewusstsein, dass der Herr mit uns war.

Natürlich hatte ich nicht die Möglichkeit gehabt, mit meiner lieben Frau zu sprechen. Wie mochte es ihr wohl gehen? – Als wir umkehrten, sah ich ihre Sänfte übel zugerichtet inmitten der wogenden Menge. O, wie gern wollte ich ihr ein Wort sagen und hören, wie es ihr und der kleinen Hope ergangen war! Zu meiner Verwunderung wurden wir ruhig zurückgeleitet und in einem kleinen, dunklen Raum hinter einer Gastwirtschaft untergebracht. Die Sänften wurden in den Hof getragen und das Tor geschlossen.

Hier war jedenfalls Stille nach dem Sturm. Wir konnten unsere Kissen auf dem Kang ausbreiten und in verhältnismäßiger Ruhe miteinander sprechen. Als wir unsere Erfahrungen austauschten, wurde uns deutlich, dass wir beide viel Grund zum Danken hatten.

Meine liebe Frau hatte die ganze Zeit über vollkommen ihre Fassung behalten. Sie war mit einigen Beulen infolge des Steinhagels und einigen Quetschungen bei dem Hin- und Hergeworfenwerden in der Sänfte davongekommen. Preis und Dank lag auf ihren Lippen, als sie mir erzählte, wie ein Mann bereits die Pistole auf sie angelegt, aber von den Umstehenden einen Stoß bekommen hatte, so dass ihm die Waffe aus der Hand gefallen war.

Für einige Stunden hatten wir jetzt etwas Ruhe. Man brachte uns eine Mahlzeit, dann legte sich meine Frau mit den Kindern hin, um etwas auszuruhen. Die Kleinen schliefen bald fest. Wir hörten den Lärm der Menge draußen auf der Straße, das laute Klopfen ans Hoftor, das nichts Gutes bedeutete, aber außer einer Handvoll Männer wurde niemand in unser Zimmer gelassen. Als es aber dann Abend wurde, öffnete sich eine Seitentüre, und Männer, Frauen und Kinder strömten herein und füllten bald den winzigen Raum. Die Hitze war erdrückend, und wir waren von all der Aufregung, die wir gehabt hatten, völlig erschöpft. Endlich wurde das Zimmer von Menschen gesäubert, und wir konnten uns ungestört niederlegen, freilich nur, um bald zu entdecken, dass man uns durch das Fenster gerade über dem Kang mit Steinen bombardierte. Der Vorhang, den ich davor befestigte, wurde sofort herabgerissen; ich sperrte deshalb das Fenster durch ein Bündel Kleidungsstücke ab.

Während ich so Wache hielt, verhandelten Tschifa und Frau Tschang mit vier oder fünf Vertretern der Menge. Es war eine Schreckensnacht. Alle Augenblicke kam Tschifa, um mir das Ergebnis der Verhandlungen mitzuteilen. Man forderte von uns eine unerschwinglich hohe Summe als Lösegeld. Würden wir sie nicht zahlen, so sollten wir den Boxern, von denen zwei im Hause schliefen, ausgeliefert werden. Während der Nacht wurde draußen auf der Straße fünfmal in Abständen eine Büchse abgefeuert, um uns nicht im Zweifel zu lassen, was uns bevorstünde. Hände versuchten das Bündel, das ich in die Fensteröffnung geschoben hatte, von draußen beiseite zu schieben. Ich stemmte mich mit dem Rücken dagegen und betete still. Gott sei Dank, schliefen wenigstens meine Frau und die Kinder.

Es war noch dunkel, als Tschifa zu mir kam. Sein verstörtes Gesicht sah um Jahre gealtert aus. »Die Verhandlungen«, flüsterte er, »sind gescheitert, unsere Hoffnung steht jetzt allein auf Gott.« In diesem Augenblick erwachte meine liebe Frau. Sie ahnte sofort, worauf die Dinge hinausliefen, und fragte mich: »Was hat Tschifa eben gesagt? Sag mir alles.« Sie nahm die Nachricht mit vollkommener Ruhe auf. »Komm«, wandte sie sich an mich, »wir wollen ihn und Frau Tschang bitten, mit uns zu beten, so lange wir es noch ungestört tun können.« Und mit unerschütterlicher Glaubenszuversicht betete sie: »Vater, verherrliche deinen Namen.«

Danach besprachen wir leise über die Situation und die Möglichkeit einer Flucht im Schutze der Dunkelheit, die von unseren Maultiertreibern vorgeschlagen worden war. Wir empfanden jedoch das Risiko zu gehen stärker als das zu bleiben; und mit schweren Herzen gaben wir unsere letzte Hoffnung darauf auf. Das war auch gut so, denn wir erfuhren im Laufe des Tages, dass uns außerhalb des Dorfes die ganze Nacht aufgelauert worden war, in der Hoffnung, uns bei einem Fluchtversuch zu töten. Ohne Zweifel war das ein Komplott, um uns loszuwerden, und zwar auf eine Art und Weise, dass das Verbrechen niemals vor eine verantwortliche Person kommen würde. So beschlossen wir, falls wir sterben müssten, dort zu sterben wo wir uns befanden, so dass die Behörden von dem Verbrechen Notiz nehmen mussten.

Sehr früh, sobald es hell wurde, drängten sich die Massen erneut in unser Zimmer. Sie stürmten auf den Kang und durchstöberten unsere Sachen. Nur sehr wenige Worte richteten sie direkt an uns, aber aus allem, was wir hörten und sahen, schlossen wir, dass wir für sie mehr Gegenstand der Verachtung als der Neugierde waren. Endlich erschien der Wirt mit ein oder zwei anderen und wies in gebieterischem Ton alle hinaus. Kaum war das Zimmer leer, als ein Dutzend finster aussehender Männer hereinkamen, die sofort ein genaues und schmachvolles Verhör mit uns anstellten. Frau Tschang saß neben meiner Frau auf dem Kang und antwortete für sie. Tschifa war nicht im Zimmer.

Sie wollten wissen, ob wir die Kennzeichen fremder Teufel hätten, zu denen unter anderem blaue Augen gehörten.

Ein Boxerlied, in gelehrtem Stil abgefasst, war damals sehr verbreitet. A. H. Savage-Landor gibt in seinem Werk »China und die Verbündeten« folgende Übersetzung:

Gott helfe den J Ho Tschüan und J Ho Twan,
  (d. h. den freiwilligen Mitgliedern der Bürgerwehr
und der freiwilligen Boxerwehr).

Die fremden Teufel bringen das Reich der Mitte in Unordnung;
Sie überreden die Leute, ihre Religion anzunehmen,
Dem Himmel den Rücken zu kehren,
Die Götter zu schmähen und die Ahnen zu vergessen.
Männer halten ihre Verpflichtungen nicht,
Weiber begehen Ehebruch.
Die fremden Teufel stammen nicht von Menschen her.
Zweifelst du, so sieh dir sie nur sorgfältig an.
Die Augen der fremden Teufel sind bläulich.
Der Regen bleibt aus,
Der Erdboden ist trocken,
Die christliche Religion verschließt den Himmel.
Die Götter sind böse,
Die Schutzgeister sind beleidigt,
Beide sind von den Bergen herabgestiegen,
Um die wahre Lehre zu retten.
Das ist kein bloßes Gerücht.
Nicht umsonst spricht man Beschwörungsformeln und Zaubersprüche,
Verbrennt man gelbes, beschriebenes Papier,
Zündet man Weihrauchstäbchen an
Und lädt die Götter und Schutzgeister dazu ein.
Die Götter werden ihre Höhlen verlassen,
Die Schutzgeister von ihren Bergen herabkommen
Und zu den Waffenübungen der J Ho Tschüan ihren Beistand leisten.
Wenn alle Regeln der Kriegszunft gründlich eingeübt sind,
Wird es nicht schwer sein, die fremden Teufel auszurotten.
Schiebt die Eisenbahnschienen zur Seite,
Zieht die Telegraphenstangen heraus,
Zerstört die Dampfer!
Das große Frankreich
Wird kalt und verzagt zu Boden sinken (d. i. besiegt werden).
Die Engländer und Russen werden sich zerstreuen.
Die fremden Teufel sollen
Allesamt getötet werden.
Möge das ganze, vornehme
Reich der großen
Tsching-Dynastie für immer gedeihen!

So brachten sie ihre finsteren Gesichter dicht vor unsere Gesichter und untersuchten die Augenfarbe. Ich zitterte, als sie sich auch die Kinder vornahmen. »Seht nur, diese kleinen Teufel!« riefen sie, »sie haben ebensolche blauen Augen wie die großen.«

Ich kann nicht ehrlich sagen, dass ich jemals von dem Schmerz befreit war, weder psychisch noch körperlich, der immer zum Leiden gehört, weder jetzt noch zu anderen Zeiten. Nicht vertraut zu sein mit dem Empfinden des Leidens ist eine Sache, unter ihrer gefühlten Last durch Gott erhalten und gestärkt zu werden ist eine ganz andere. Für mich selbst kann ich sagen, dass ich erfahren habe was es heißt, »in Schwachheit und Angst und in großem Zittern« zu sein. Diese Seiten sollen es immer und immer wieder zeigen, wenn sie eine getreue Widerspiegelung eines echten Erlebens sein sollen. Ich vertraue darauf, dass sie auch aufdecken werden, dass wir mit und durch dieses Erleben gelernt haben, was das Wort bedeutet, »wenn ich schwach bin, bin ich stark«.

Der Zweck ihres Kommens schien mir jetzt klar. Wir zahlten ihnen das geforderte Lösegeld nicht, und damit war unser Schicksal besiegelt. Ich sah in den Männern unsere Mörder. Ihre schreckenerregenden Gesichter bestätigten mir meine Vermutung. Als jetzt auch noch einer von ihnen zwei stählerne Pfrieme hinter seinem Rücken hervorbrachte und mit ihnen vor unseren Augen seine Kunststückchen aufführte, konnte ich nur Gott den Herrn bitten, er möge uns im Tod nahe sein.

Plötzlich erschien Tschifa. Wie dankte ich Gott, als ich ihn sah. Allein sein Aussehen gab keine Hoffnung. »Wir müssen hinaus«, sagte er, »der Wirt will uns hier nicht länger behalten«. Schon bald erschien dieser selbst. Ohne große Umstände raffte er unsere Decken, die auf dem Kang lagen, zusammen und trug sie unter Fluchen und Schimpfen hinaus. Es blieb uns nichts anderes übrig, als ihm zu folgen.

Ein langer, schmaler Gang führte von unserem Zimmer zur Straßenfront. Wir gingen einzeln hinter einander und erwarteten nichts anderes, als dass es unser Gang zum Richtplatz sei. Ich nahm meine liebe Frau zwischen Frau Tschang und mich, und beschloss den Zug mit der kleinen Hope in meinen Armen, während Tschifa mit Hedley voranging. Der Mann mit den Pfriemen folgte mir auf dem Fuße. Ich kann meine Angst nicht beschreiben. Jeden Augenblick meinte ich, der scharfe Stahl würde sich in meinen Rücken bohren. So erleichtert ich war, als wir die Straße erreicht hatten, so erstaunt war ich darüber. Ich konnte nur annehmen, dass der Wirt seine Hände nicht mit unserem Blut beflecken wollte und dass nun der wilde Haufe über uns herfallen würde.

Es kam aber ganz anders. Ein völlig unerwarteter Anblick bot sich uns. Nicht wildes Geschrei empfing uns wie gestern; tiefes, unheimliches Schweigen herrschte unter der dichten Volksmenge. Ich hielt es für die Stille vor dem Sturm. Sicherlich bedeutete es nichts Gutes. Durch eine schmale Gasse, die die Menge freiließ, entdeckten wir mitten auf der Straße unsere Sänften, ausgebessert und fertig bepackt, unsere Maultiere daneben. Hoch über der Menge, auf einer mit Gras bewachsenen Erhebung, stand in einem weißseidenen Gewand eine hohe, gebieterische Gestalt, die leise mit dem Fächer wedelte und im übrigen regungslos dastand. Es war der Ti-fang, der Ortsvorsteher. Ich sehe ihn noch, einer Bildsäule gleich, in würdevoller Haltung, der Mittelpunkt der ganzen Szene. Der Wirt führte uns geradewegs zu unseren Sänften, wo die Ältesten des Ortes standen und uns befahlen, einzusteigen. Kaum hatten wir uns auf unsere Polster niedergelassen, als wir auch schon auf die Rücken der Tiere gehoben wurden. Der Ortsvorsteher verließ seinen Standort, kam auf uns zu, erfasste, ohne ein Wort zu sagen die Zügel des ersten Treibers und führte die Sänfte meiner Frau dem Ausgang des Dorfes zu. Dicht hinter ihm gingen die Ältesten, von denen einer meine Sänfte führte. Niemand aus der ungeheuren Menge rührte sich, als wir die enge Gasse, die sie für uns frei ließen, hinabgetragen wurden. Jetzt wurden wir durch das Tor des Marktfleckens hindurchgetragen. Kein Laut war zu hören. Der Ortsvorsteher und die Ältesten führten die Tiere noch bis an die Ortsgrenze. Dann verabschiedete er sich mit einer höflichen Verbeugung und kehrte um. Die anderen folgten ihm.

Ich kann unsere Gefühle nicht beschreiben, als wir wieder allein waren und von niemand behelligt wurden. Achtzehn Stunden hatten wir dem Tode ins Auge geschaut, ohne jede Hoffnung auf Entrinnen. Nun waren wir frei. Es schien fast zu köstlich, um wahr sein zu können. Nichts anderes als das direkte Eingreifen Gottes hatte unsere Rettung herbeigeführt. Preis und Dank erfüllte unsere Herzen, als wir von unseren Sänften aus das Erlebnis besprachen. Wie kam es doch, dass der Ortsvorsteher sich unser annahm? Wir konnten keine Erklärung dafür finden. Dass aber niemand aus der großen, unübersehbaren Menge eine Hand gegen uns aufheben durfte, das hatte Gott getan. Seine Furcht war auf sie gefallen.

KAPITEL FÜNF

Im dunklen Tale

... so würde auch dort deine Hand mich führen und deine Rechte mich halten! (Psalm 139,10)

Mit von Dank erfüllten Herzen setzten wir unsere Reise fort. Ich konnte es kaum erwarten, dass wir auf die Hauptstraße stoßen würden, denn meine Befürchtungen hinsichtlich der Nebenstraße hatten sich als nicht so haltlos erwiesen, wie die Männer mich hatten glauben lassen wollen. Wir hatten ungefähr zwei Kilometer zurückgelegt, da sah ich plötzlich etwa zwanzig Männer, die am Rande des Weges gehockt hatten, aufspringen und sich an die Sänfte meiner Frau, die der meinen um etwa hundert Schritt voraus war, heranmachen. Andere kamen querfeldein gelaufen und gesellten sich zu ihnen. Mir entfiel der Mut. Neues Unheil erwartete uns. Laut schrie ich zum Herrn, als ich meine Frau und mein kleines Mädchen schutzlos umringt und mich selbst außerstande sah, ihnen zu Hilfe zu eilen. Unwillkürlich rief ich nach Tschifa, der, wie ich vermutete dicht hinter mir her ritt, aber es kam keine Antwort. Ich bohrte mit dem Finger mühsam ein Loch in die hintere Matte meiner Sänfte und sah nun zu meinem Schrecken, wie eine Menge Gesindel in vollem Laufe hinter uns herkam. Von unseren Begleitern entdeckte ich nicht die Spur.

Es dauerte nicht lange, da war auch meine Sänfte umringt. Es war kein Zweifel, wir waren von neuem gefangen und waren vollständig der Gnade unserer Verfolger preisgegeben. Sie begannen sofort, uns auszuplündern und ergriffen einige lose Sachen, die ihnen am nächsten lagen. An der Sänfte meiner Frau zerschnitten sie die Stricke, mit denen die Matten am Gestell befestigt waren, und rissen diese von den Stangen. Die Rückwand war bald herunter, und ich konnte sehen, wie meine liebe Frau, die eine Hand schützend um die kleine Hope gelegt, mit der anderen die diebischen Hände, die nach den Sachen griffen, wegschlug. Als man versuchte, die Kissen unter ihr hervorzuziehen, kippte die Sänfte beinahe um; wie es ihr gelang, das Gleichgewicht wiederherzustellen, ist mir heute noch ein Rätsel. Jeden Augenblick meinte ich sie am Boden liegen zu sehen, und ich kann nicht beschreiben, was ich empfand, als plötzlich an einer Biegung des Weges die Sänfte meinen Blicken entschwand.

Wie würde ich die Meinen nun wiedersehen? Ich machte mich auf alles gefasst und bat den Herrn, er möge mir Kraft geben, alles zu ertragen. Wir kamen an die Biegung; von den Meinen war jedoch nichts zu sehen. Es ging einen steilen Abhang hinunter auf das ausgetrocknete Bett eines Flüsschens zu. Ich hielt ängstlich Ausschau, allerdings vergebens. Währenddessen wurde meine Sänfte weiter geplündert. Am Ende war sie ebenso übel zugerichtet wie die meiner Frau. Doch das alles kümmerte mich jetzt wenig. Mich erfüllte nur ein Gedanke: Wo sind die Meinen? Sind sie noch am Leben? Da, mit einem Male sah ich vor mir am Boden mitten in dem Flussbett die Sänfte meiner lieben Frau. Sie und mein kleines Mädchen waren beide unversehrt. Man setzte meine Sänfte daneben und führte die Tiere hinweg. Mein Herz war voll unbeschreiblichen Dankes gegen Gott. Meine Frau war vollkommen ruhig und gefasst. Keine Spur von Aufgeregtheit war an ihr wahrzunehmen; es war, als befände sie sich in ihrem eigenen Heim.

Es war jetzt ungefähr 9 Uhr vormittags. Heiß brannte die Sonne bei wolkenlosem Himmel auf uns herunter. Was aus unseren Begleitern geworden war, wussten wir nicht. Wir sahen uns von Hunderten umgeben, die teils auf den Abhängen der Schlucht hockten, teils mit mehr als bloßer Neugierde sich an uns herandrängten. Die anhaltende Trockenheit hatte harmlose Leute, die sonst mit Feldarbeit beschäftigt gewesen wären, in eine Horde müßiger Tunichtgute verwandelt. Da plötzlich sahen wir erst Tschifa und dann Frau Tschang auf uns zueilen. Sie teilten uns mit, dass man uns nur gegen Lösegeld freigeben und bis zur Zahlung eines Angeldes in dem Flussbett festhalten würde. Es galt nun, beide Summen festzusetzen, und das brachte für uns ein weiteres, sechs Stunden dauerndes Aushalten in glühender Sonnenhitze mit sich, gegen die uns unsere teilweise zertrümmerten Sänften keinen Schutz boten. Gott war unsere Stärke und unsere Hilfe, ein Schatten über unserer rechten Hand. Er stärkte uns, Hunger und Durst zu ertragen und schenkte uns Langmut und Geduld und ein höfliches, freundliches Wesen gegen die, die sich bereits an uns herandrängten und uns mit verächtlichen Fragen überhäuften. Unser Verhalten machte doch einigen Eindruck auf sie. Eine alte Frau hatte Mitleid mit uns und ließ durch ihren Sohn für uns einen Kessel warmen Wassers zum Trinken holen. Auch ein Schluck kalten Wassers wurde uns gebracht aus einem in der Nähe befindlichen Brunnen.

Endlich kam man überein, hundert Unzen Silber von uns zu fordern. Dies lehnten wir jedoch rundweg ab. Zur Strafe dafür mussten wir immer noch länger in unserer qualvollen Lage verharren. Die Summe wurde endlich zu meinem Erstaunen auf fünfzig, ja auf dreißig Unzen herabgesetzt, von denen wir sofort, ehe wir unseren Platz verlassen durften, zehn Unzen zahlen sollten. Es blieb uns nichts anderes übrig als einzuwilligen; aber wie sollte ich jetzt zu dem Silber gelangen, ohne die Menge merken zu lassen, wie viel ich bei mir trug? Ich hatte zum Glück daheim bereits eine Anzahl Silberbarren abgewogen und jeden Klumpen der Vorsicht halber mit dem genauen Gewicht bezeichnet. Dieses Geld führte ich unter meinem Kissen in einem Beutel bei mir, den ich bequem erreichen konnte. Abgeschirmt von Tschifa öffnete ich ihn rasch, fühlte nach dem Geld, und siehe, eine Kleinigkeit über die geforderte Summe kam zum Vorschein. So wurden kein Verdacht und keine Neugierde weiter erregt.

Wir bezahlten das Angeld nicht eher, als bis der Dorfvorsteher unsere Maultiere einspannen ließ und selbst die Führung der Sänften übernahm. Es ging auf der steinigen Straße steil bergan. Endlich kamen wir an einen großen Torweg, der auf einen geräumigen Hof führte. Wir sahen auf den ersten Blick, dass die ganze Besitzung einem wohlhabenden Mann gehörte. Unsere Sänften wurden niedergesetzt; wir wurden in einen inneren Hofraum geleitet, dessen Tor sich rasch hinter uns schloss. Eine alte Frau, wie sich später herausstellte, die Mutter des Dorfältesten, empfing uns mit dessen Frau zusammen und zeigte uns gegenüber eine gewisse Herzlichkeit, die wohltuend und überraschend zugleich war. Wir wurden in eins der Wohnzimmer geleitet. Schüsseln mit Hirsebrei, ein Kessel warmen Wassers, auch ein Waschbecken standen uns zur Verfügung. Man sagte uns, wir sollten uns nur ausruhen und ohne Furcht sein.

Wir sahen in all dem reichlich Ursache zu Danken. Schon das Alleinsein tat uns äußerst wohl. Wir waren erschöpft durch das lange Fasten und Beobachten, und durch die bedrückende Situation, jederzeit einem gewaltsamen Tode anheim fallen zu können.

Die langen Stunden der Gefangenschaft in der Mittagshitze eines anstrengenden Tages, an dem wir nie wussten, wie uns die Menschen gesonnen waren, die uns zu Hunderten anstarrten, machten sich nun bemerkbar. Wir hatten eine Zuflucht vor dem Sturm, der uns umtost hatte, und ein Obdach gegen die sengende Mittagsglut gefunden und konnten Hunger und Durst reichlich stillen. Die unerwartete Freundlichkeit unserer Wirtin hatte für uns etwas Rührendes. Wir sahen darin einen Beweis der Freundlichkeit unseres himmlischen Vaters.

Allerdings war unsere Lage noch ungewiss genug. Alle uns äußerlich erwiesene Freundlichkeit änderte nichts an der Tatsache, dass wir Gefangene und für die Menge ein Gegenstand der Verachtung waren. Es gab für uns nur zwei Möglichkeiten, unsere Freiheit wiederzuerlangen. Wir mussten entweder Herrn Griffith von unserer Lage in Kenntnis setzen und durch dessen Vermittlung die Hilfe des Präfekten von Schente-fu verlangen, oder uns an den Mandarin (Ehrenamtsträger) in Wuan wenden, der aufgrund der vertragsmäßigen Bestimmungen zwischen China und den fremden Mächten für unsere persönliche Sicherheit verantwortlich war. Aber wie sollten wir das eine oder das andere bewerkstelligen?

Wer würde es wagen, einen Brief von uns einem Fremden zu überbringen? Und wem könnten wir trauen, das Hsien in Wuan zu informieren? Denn Tschifa war selbst in Gefahr; und alle anderen waren gegen uns. Wie oft wurden wir zu dem Gebet getrieben: »Wir haben keine Macht, und wir wissen auch nicht, was wir tun sollen; aber unsere Augen sind auf Dich gerichtet«! Wir hatten kein Schreibpapier und außerdem mussten wir die Absicht zu schreiben streng geheim halten. Da entdeckte ich zum Glück in meiner Tasche ein kleines Stück zusammengeknülltes Reispapier. Wir teilten es miteinander und warteten dann, bis sich eine Gelegenheit bieten würde, ein paar Zeilen an Herrn Griffith zu senden. Bald erfuhren wir, dass ein überzähliger Maultiertreiber, der nur aus irgendeinem Grunde so weit mit uns gegangen war, in der Nacht in sein Heimatdorf in der Nähe von Schente-fu zurückkehren wollte. Er war gegen ein kleines Entgelt bereit, unsere Zettel an ihren Bestimmungsort zu bringen. Um Mitternacht, als alles schlief, brach er auf.

Soweit ich mich erinnere, hatte ich ungefähr folgendes an Herrn Griffith geschrieben:

Lieber Martin!

Am Tage nach unserem Aufbruch von Schente-fu wurden wir in Itscheng mit Steinwürfen verfolgt, gefangen genommen und nur durch Gottes wunderbares Eingreifen wieder befreit. Jetzt sind wir abermals in Gefangenschaft geraten. Wir sind in großer Not. Kannst Du uns Hilfe vom Präfekten verschaffen? Ich wüsste für uns keinen anderen Ausweg. Unsere Lage ist sehr ernst; aber unsere Herzen sind still zu Gott. Er führe Euch und uns.

Dein in Christo engverbundener
Archie Glover

Was meine liebe Frau an Frau Griffith geschrieben hat, weiß ich nicht; aber das Jahr darauf erfuhr ich von dieser, dass sie auf ihrer Flucht und während ihrer langen Gefangenschaft in Tschengting-fu die wenigen Zeilen sorgsam aufbewahrt hatte, bis die Bleistiftzüge verwischt waren und das Papier in Fetzen zerfallen war. Sie sagte, sie könne Gott nicht genug danken, dass er ihr durch jenen kurzen Gruß die dunkle Leidensnacht erhellt und den sinkenden Mut immer wieder aufgerichtet habe.

Der folgende Tag, Freitag, der 29. Juni, verlief ruhig. Tschifa war den ganzen Tag über kaum zu sehen. Ihm lag vor allem daran, dem Mandarin in Wuan eine Mitteilung über unsere Lage zugehen zu lassen, aber er wusste nicht, wie er das anstellen sollte. Keine Möglichkeit schien sich aufzutun. Jeder Gedanke wurde sofort wieder gedämpft und wir waren mit unserer Weisheit am Ende. Solange wir auf den Herrn harrten, durften wir lernen, wie gut es ist, allezeit auf Ihn zu vertrauen und unser Herz vor Ihm auszuschütten.

Endlich – es mochte gegen halb zehn abends sein – kam er herein mit einem freudigen »Kan-sie Tschu ti ngen!« d. h. »Dank sei dem Herrn für seine große Gnade!« Er brachte uns die Nachricht, dass der Dorfvorsteher, in dessen Haus wir uns befanden, ein Opiumsüchtiger und Nichtsnutz obendrein, unsere Verlegenheit ausnutzen wolle und gegen Entrichtung von fünfzehn Silberunzen eingewilligt habe, dass er (Tschifa) bei Tagesanbruch mit seiner alten Mutter zusammen sich nach Wuan auf den Weg mache. Das Geld wurde gezahlt, das Geschäft abgemacht, und mit meinem Pass und meiner Visitenkarte versehen, schlichen sich die beiden noch ehe es hell wurde aus dem Haus. So war nun unser Brief glücklicherweise nach Schente-fu unterwegs und unser Bote nach Wuan.

Den Sonnabend über hielten wir an am Gebet. Wir zweifelten nicht, dass der Herr uns erhören werde. Außer einem oder zwei Verwandten des Hauses durfte niemand zu uns, und wir unsererseits erhielten strenge Weisung, uns nicht an der Pforte des kleinen Hofes zu zeigen. Mehrmals hatten wir Gelegenheit, den Gliedern der Familie, das Familienoberhaupt eingeschlossen, das Wort des Lebens zu sagen. Besonders die junge Frau, die uns zuerst empfangen hatte, hörte mit tiefem Interesse zu, wie meine liebe Frau, neben ihr sitzend und ihre Hand haltend, ihr mit liebevollen Worten die Geschichte von des Heilandes Liebe bis in den Tod, die auch ihr gelte, erzählte. Besonders deutlich hat sich dies Bild meinem Herzen eingeprägt. Konnte Gott nicht unsere Gefangenschaft benutzen, um einer anderen armen Gefangenen auf den Weg zur Freiheit zu verhelfen?

Stunde um Stunde verging. Von Schente-fu traf keine Nachricht ein. Auch Tschifa, der an den frühen Nachmittagsstunden von Wuan hätte zurück sein können, kam nicht. Der Nachmittag verrann; der Abend brach herein; es wurde Nacht. Da, um Mitternacht ließen sich im äußeren Hofraum laute und zornige Stimmen vernehmen. Die innere Pforte wurde aufgestoßen, und im Schein der Laternen erblickten wir die alte Mutter. Sie wurde, auf beiden Seiten gestützt, durch den Hof in ihr Gemach geführt. Sie war in einem Zustand von Besessenheit, und die ganze Nacht hindurch hörten wir sie mit unheimlicher, bald sich hebender, bald wieder sich senkender Stimme schauerliche Verwünschungen ausstoßen.

Eine sehr große Beruhigung war es uns, dass Tschifa wohlbehalten wieder zurückgekehrt war; hätte er doch leicht einem bösen Anschlag zum Opfer fallen können. Er erzählte uns, wie er nach viel Mühe vor den Mandarin vorgelassen worden sei, und wie dieser ihm zehn Soldaten, begleitet von einem Unterbeamten und mehreren Herren vom Yamen, mitgegeben habe. Bei Tagesanbruch sollten wir uns zum Aufbruch rüsten. Inzwischen nahm der Lärm im äußeren Hofraum zu. Von Tschifa erfuhren wir, dass die Soldaten mit dem Dorfvorsteher über den Geldpunkt nicht einig werden konnten. Dieser war plötzlich von dem Abkommen, das er bereits mit ihnen getroffen hatte, wieder zurückgekommen. In unbezähmbarer Leidenschaft wütete er nun gegen uns und schwor, er werde uns nicht freilassen. Zitternd vor Wut kam er bald hereingestürzt und verwünschte uns mit lauten Schmähreden. Vermischt mit dem schrecklichen Gesang der Mutter war das Ganze eine furchtbare Vereinigung, die nur die Teufel hervorbringen können. Es lehrte uns das Zittern – die Gegenwart der Mächte der Finsternis war so nahe.

Da, als unsere Lage immer verzweifelter wurde, kam, wie von Gott gesandt, ein Bote von Schente-fu, ein mir bekannter, wohlhabender Kaufmann dieser Stadt, dem, wie ich wusste, Herr Griffith volles Vertrauen schenkte. Er ging sofort auf den Vorsteher zu, fragte ihn, wie er es wagen könnte, uns dermaßen zu belästigen. Sein Verhalten gegen uns sei bereits dem Präfekten zu Ohren gekommen. Dieser werde die Sache untersuchen lassen und habe schon Herrn Griffith mit einer Abteilung von fünfzig Soldaten abgesandt. Ihn selbst habe er vorausgeschickt, um ihm mitzuteilen, dass er, wenn er, der Vorsteher, uns nur ein Haar krümmte oder einen einzigen Käsch von uns nähme, ihn darüber zur Verantwortung ziehen werde. Die Wirkung dieser Worte war geradezu verblüffend. Der aufgeregte, wutschnaubende Mann, der eben noch schreckliche Verwünschungen ausgespuckt hatte, verwandelte sich augenblicklich in einen friedlichen Schmeichler voll rücksichtsvoller Höflichkeit. Die fünfzehn Silberunzen, die er von uns gefordert hatte, gingen ihm offenbar im Kopfe herum und er bat uns inständig, ihn nicht bloßzustellen. Wir erwiderten ihm, er habe uns, so lange wir unter seinem Dach gewesen seien, freundlich behandelt. Das Silber sei ihm unsererseits versprochen worden als Belohnung für seine Dienste, und wir würden die Sache gewiss nur in diesem Lichte ansehen. Die Dankbarkeit des Mannes war tief und aufrichtig. Er war von da an uns gegenüber die Freundlichkeit selbst. Die Schwierigkeit mit der Bezahlung der Soldaten legte er bei und bald war alles ruhig. Nur die unheimlichen Aussprüche der alten Mutter unterbrachen das Schweigen der letzten beiden Stunden jener unruhevollen Nacht.

Als alles schlief, kam der Bote aus Schente-fu heimlich zu mir und übergab mir eine Bleistiftnotiz von Herrn Griffith. Sie war von Freitagmorgen 5 Uhr datiert und lautete folgendermaßen:

»Dein lieber Brief ist nicht dazu angetan, uns zu beruhigen. Wir bereiten uns selbst zur Flucht vor. Die ganze Nacht hindurch sind wir mit Packen beschäftigt gewesen. Es tut uns sehr leid, dass wir außerstande sind, Euch Hilfe zu verschaffen, da wir tatsächlich in derselben Gefahr sind wie Ihr. Der Präfekt wird nichts für Euch tun. Unsere Augen sehen allein zum Herrn. Wir werden die nächste Nacht außerhalb der Stadt in der Wohnung unseres Maultiertreibers bleiben und dann von dort, wenn möglich, einen Wagen bis Lutscheng nehmen.«

Ich wandte mich an den Überbringer dieser Zeilen. »Das lautet ja ganz anders als was du erst sagtest.« »Pst!« war die Antwort, »es war eine List von mir, um euch aus dieser Falle herauszuhelfen. Schlimmes ist für euch im Anzug. Wenn ihr jetzt nicht davon kommt, werdet ihr es niemals. Ihr habt nichts zu tun, als euch ruhig zu verhalten und die Sache mir zu überlassen.«

Wir legten uns hin, konnten aber nicht schlafen. Unsere Herzen waren voll von Staunen. Gott, unser Gott, war mit uns. Er hatte in Wahrheit eherne Tore und eiserne Riegel entzweigebrochen. Ein Lobgesang stieg aus unseren Herzen empor. Wir beteten zu dem Gott unserer Zuversicht. Wir dachten viel an die lieben Griffiths, die in der gleichen Gefahr waren wie wir. Wir hofften sie in Lutscheng wiederzusehen. Erst am Ende unserer Reise hörten wir von ihnen; bis dahin glaubten wir, dass sie eines gewaltsamen Todes gestorben seien, und sie glaubten dasselbe von uns.

KAPITEL SECHS
Aus der Tiefe

Bei all ihrer Bedrängnis war er auch bedrängt,
und der Engel seines Angesichts rettete sie. (Jes. 63,9)

Unsere Sänften wurden wieder einmal vorgeführt. Am Sonntag, den 1. Juli, früh um 8 Uhr öffneten sich die Tore unseres Gefängnisses. Mit Herzen voller Dank brachen wir auf. Es war gerade der Tag, an dem unsere geliebten Brüder Cooper und Bagnall sowie Frau Bagnall und die kleine Gladys Bagnall vor dem Südtor der Stadt Pauting-fu enthauptet wurden. Es war zugleich der erste Tag eines Monats, der für uns unerdenkliche Schrecken und unsagbare Leiden mit sich brachte.

Von neuem sahen wir uns nach drei Tagen des Alleinseins dem Volkshaufen gegenüber, wohl wissend, was das zu bedeuten hatte. Aber wir reisten ja jetzt unter behördlichem Schutz. Der Dorfvorsteher führte meine Sänfte; neben ihm schritt mit wichtiger Amtsmiene der Bote aus Schente-fu. Er begleitete uns ein Stück über die Dorfgrenze hinaus und verabschiedete sich dann höflich von uns. Der Herr vergelte ihm alle Freundlichkeit, die er an uns getan hat. Die Soldaten und die Herren vom Yamen hielten sich dicht in unserer Nähe. Ihre Gegenwart hielt die Menge in gemessener Entfernung. Jedenfalls war sie uns eine große Beruhigung, wussten wir doch damals noch nichts von der weitverzweigten Bewegung, die, unter kaiserlichem Schutz stehend, unsere Pässe in nichtssagendes Papier und die, die von Rechts wegen unsere Beschützer sein sollten, in unsere schlimmsten Verfolger verwandelte, die uns nach dem Leben trachteten. (Tatsache ist, dass am nächsten Tage, dem 2. Juli, von Peking ein Erlass ausging, der die Vertreibung aller Fremden und die Verfolgung derselben anordnete, und dass vier Tage vorher, am 28. Juni, sämtliche Vizekönige und Gouverneure angewiesen worden waren, die Boxerbewegung zu unterstützen.)

Ohne die Eskorte hätten wir uns auf das Schlimmste gefasst machen müssen. Es hatte sich die Kunde verbreitet, dass wir uns unsere Freilassung mit Geld erkauft hatten. Kein Wunder, dass jede Stadt und jedes Dorf, durch welches wir kamen, ihren Anteil an der Beute haben wollten. Die Leute waren gewöhnlich mit irgendwelchen Geräten bewaffnet, und unser Erscheinen wurde mit dem Ruf: »Jang kwei-tsi! Scha jang kwei-tsi!« d. h. »Tötet die fremden Teufel« begrüßt. Die Vorhänge unserer Sänften wurden schnell zur Seite gerissen. Nach den bösen Blicken und drohenden Gebärden der Volksmenge zu schließen, ließ diese sich nur durch die Tatsache, dass wir unter behördlichem Schutz reisten, zurückhalten, uns tätlich anzugreifen.

Bei unserer Ankunft in Wuan (Wungan) wurden wir nach dem Yamen geleitet, wo uns recht schnell mitgeteilt wurde, dass der Mandarin bereit sei, uns eine Audienz zu gewähren. Ich gestehe, dass ich dem Läufer mit einigem Zittern folgte. Hatte ich doch vorher noch nie mit einem Ta –Ren, einem »Großen Mann«, eine Zusammenkunft gehabt, noch einen Blick getan in das erhabene Heiligtum eines Yamengebäudes. Auch war mein Wortschatz kein übermäßig reicher und meine Kenntnis der Yamen-Etikette immerhin eine ziemlich mangelhafte. Doch Tschifa war bei mir. Das gab mir Mut. Wir gingen durch zwei kleine Hofräume, deren armseliges Aussehen mich überraschte, und gelangten in einen dritten Hof, der sich durch Schmuck und einen gewissen Prunk hervortat als das persönliche Quartier des Mandarins. Im Torweg stand der »Große Mann« selbst in Amtstracht mit einem kleinen Gefolge von Herren, bereit, mich zu empfangen. Als er mich sah, streckte er mir in höchst väterlicher Weise seine Hand entgegen. Er geleitete mich mit heiterem Lächeln zu dem Platz zu seiner Linken, der für Gäste bestimmt war. Sofort wurden zwei Tassen Tee gebracht, eine für ihn und eine für mich, und nun unterhielt er sich in leutseliger Weise mit mir, prüfte meinen Pass und versicherte mir, er würde alles tun, was in seinen Kräften stehe, um mich ohne weitere Belästigung zu meiner Station durchzubringen. Dann stellte er mir einen Geleitbrief an die nächste Behörde aus, einen sogenannten Wenschu, und versprach, mir außerdem eine Eskorte bis Sche-hsien mitzugeben.

Als ich wieder zu meiner Familie kam, sah ich zu meiner Überraschung meine Frau nicht in der Sänfte, sondern am Boden sitzen. Die Kleinen weinten bitterlich. Die Maultiere hatten nämlich das Stehen satt bekommen und die Sänfte umgeworfen. Ihre Insassen waren herausgeschleudert worden; Gott sei Dank hatten sie keine ernsten Verletzungen davongetragen. Trotzdem hatte meine liebe Frau, die mehr auf die Kinder als auf sich gesehen hatte, einige Beulen bekommen. Sie verstand es aber doch, dem Unglück eine heitere Seite abzugewinnen, und es gelang ihr bald, in den noch tränennassen Augen der Kleinen ein Lächeln hervorzuzaubern.

Wir brachen sofort auf, da längeres Bleiben unsere Gefahr nur vermehren konnte. Die Eskorte bestand aus sechs kläglich aussehenden Beamten niederen Ranges, deren Zahl kurz nach unserem Aufbruch auf vier herabsank. Diese Männer, die uns zur Seite stehen sollten, erwiesen sich später als unsere schlimmsten Feinde.

Wir waren etwa vier Stunden unterwegs, als wir auf ein breites, trockenes Flussbett stießen, an dem der Maultierpfad entlang führte. Ich hatte bemerkt, dass sich etwa vor einer Stunde wieder zwei von unserer Eskorte entfernt hatten. Ich redete mir jedoch ein, dass wir noch immer unter behördlichem Schutz reisten, und dass in Gegenwart der beiden Zurückgebliebenen uns niemand anzugreifen wagen würde. Wie täuschte ich mich! Bei einer Biegung des Flusses sahen wir ein großes Dorf vor uns liegen. Schon bald füllte sich auch das Flussbett mit aufgeregten Männern und jungen Burschen, und die Luft hallte wieder von dem Geschrei: »Scha jang kwei-tsi! Scha, scha!« Schon waren einige Steine nach uns geschleudert worden, da hielt Tschifa die Sänften an und fragte die Eskorte, was das bedeute.

Daraufhin gingen sie und zeigten dem Ortsvorsteher unsere Papiere vor, der sofort unsere Sänften beschlagnahmte und uns in eine geräumige, neuerbaute, ganz für sich gelegene Herberge bringen ließ. Kaum waren wir in dem Hofraum angelangt, wurden die Tore geschlossen. Niemand außer den Dorfältesten erhielt Zutritt. Das Gastzimmer lag an der Nordseite des Hofes und war nur teilweise fertiggestellt. Ein guter Kang befand sich jedoch an dem einen Ende des Zimmers, und ein gutes Dach über uns bot uns hinreichend Schutz gegen die ungeheure Hitze, wofür wir Gott dankten. Hier nun in diesem Zimmer sollten wir unvorstellbar angstvolle Stunden durchleben.

Wir wurden aufs Neue vor die Wahl gestellt: Entweder wir zahlten ein Lösegeld oder wir sollten sterben. Die Verhandlungen wurden kalten Blutes in Gegenwart unserer behördlichen Beschützer geführt. Die ganze Sache wurde nicht nur von ihnen stillschweigend gutgeheißen, sondern war eigentlich von ihnen angestiftet worden.

Bei unserer Ankunft in der Herberge hatten sich die beiden geheimnisvoll Verschwundenen wieder eingestellt. Sie hatten von den früheren, nicht ganz erfolglos gebliebenen Versuchen, Geld von uns zu erpressen, gehört, die Dorfleute von unserem Herannahen in Kenntnis gesetzt und unsere Festnahme veranlasst. Sie waren nicht so dumm, sich die fette Beute entgehen zu lassen. Die Schuld, wenn sie überhaupt jemand traf, würde die Dorfleute treffen; denn was konnten *sie* gegen eine lärmende, aufgeregte Volksmenge ausrichten?

Niemals sah ich Tschifa in solch trostloser Stimmung wie jetzt. Wir wurden streng bewacht. Unsere Begleiter zogen sich finster mit ihrem Opium und Tabak an das gegenüberliegende Ende des Zimmers zurück und erweckten nicht einmal den Anschein, als dächten sie daran, ihre Pflicht zu tun. Unsere einzige Hoffnung, menschlich gesehen, lag darin, den Mandarin in Sche-hsien von unserer Not in Kenntnis zu setzen und sein Dazwischentreten zu erwirken. Aber die Entfernung war weit, und wen sollten wir schicken? Die Treiber wollten nichts von unserem Plane wissen, und als Tschifa sich erbot, auf dem Rücken eines ihrer Tiere im Schutze der Dunkelheit den Weg nach Sche-hsien zurückzulegen, da wurden sie so unwirsch, dass davon keine Rede sein konnte. So verging der Nachmittag; an dem einen Ende des Zimmers schmiedeten unsere Feinde ihre Pläne, an dem anderen beteten wir zu Gott.

Die Nacht brach an. Ein Lämpchen wurde hereingebracht, dessen mattes Licht die Dunkelheit nur schwach erhellte und die Umrisse der Gestalten am anderen Ende des Zimmers undeutlich hervortreten ließ. Um den unheimlichen Anblick los zu werden und mehr für uns zu sein, zogen wir von einer Wand zur anderen eine Schnur, an der wir unsere Decken aufhängten. Wir hatten eben die Kinder zum Schlafen niedergelegt, als mir Tschifa mitteilte, dass für uns keine Hoffnung mehr sei, mit dem Leben davonzukommen. Er meinte, es handle sich gar nicht mehr nur um Erpressung von Geld; wir würden vielmehr für die anhaltende Trockenheit verantwortlich gemacht, und es herrsche allgemein der Glaube, dass nur Fremdenblut Regen herbeiführen könne. Wenn nicht Gott selbst ein Wunder tue, so könne uns nichts retten.

»Aber«, sagte ich, »wir stehen doch unter offiziellem Schutz, und wenn uns die Regierung schützt, was haben wir dann zu fürchten?«

»Das bedeutet gar nichts unter diesen Umständen«, antwortete er; »sogar die Eskorte hat uns betrogen, und sie kann sich vor ihren

Vorgesetzten leicht damit herausreden, dass sie von einer Mehrheit überwältigt wurde«.

Große Angst überkam mich jetzt. Meine liebe Frau durfte um keinen Preis erfahren, wie es um uns stand. Ich untersagte daher sowohl Tschifa als auch Frau Tschang, ihr irgendetwas zu sagen, was sie über die Gebühr beunruhigen könne. Ich selbst bemühte mich, nicht durch Blick oder Benehmen meine Gefühle zu verraten. Und doch ahnte sie, wie die Dinge in Wahrheit lagen, und bat mich, doch ja nichts vor ihr geheim zu halten. Sie sei meine Frau und habe ein Recht auf Gebetsgemeinschaft mit mir, da müsse sie aber auch über alles, auch das Schlimmste unterrichtet sein. Von da an verbarg ich nichts mehr.

Wir schütteten gemeinsam unser Herz vor Gott aus und baten um Treue und Standhaftigkeit bis zum Tod. Wir hatten eben geendet, als etwas wirklich Wunderbares geschah. Die Türe wurde aufgerissen und ein Soldat in voller Uniform trat herein. Sein feines Gesicht und sein gebieterisches Auftreten hatten etwas Ungewöhnliches und konnten nicht verfehlen, die Aufmerksamkeit auf sich zu ziehen. Doch beides erklärte die Wirkung seines plötzlichen Erscheinens auf alle Anwesenden nicht zur Genüge. Ich kann dieselbe nicht beschreiben. Sie war einfach verblüffend. Er war nur ein einfacher Unteroffizier, mit einem Auftrag nach Litscheng unterwegs und wollte die Nacht über in der Herberge bleiben. Das war alles, und doch nicht alles. Wir erkannten in ihm niemand anders als unseren gottgesandten Retter. Wie ein Engel Gottes stand er vor uns. Ich möchte fast sagen: »ein Licht schien in dem Gemach«, es war etwas Übernatürliches an seinem Erscheinen. Dementsprechend kehrte auch Furcht und Schrecken ein in die Herzen unserer Feinde. Sie glaubten, dass das Kommen des Soldaten ihnen gelte. Jedenfalls war der allgemeine Eindruck der, dass er einen wichtigen Auftrag mit Bezug auf uns habe.

In unserer Überzeugung unterstützte uns die merkwürdige Tatsache, dass er sich von Anfang an unser annahm. Tschifa lud ihn ein, sein Mahl in unserer Gesellschaft einzunehmen und mit ihm zu plaudern, und er folgte der Einladung. Lebhaft steht das Bild noch vor mir: die beiden Gestalten beim matten Lampenschimmer sich dunkel gegen den Vorhang abhebend in eifriges Gespräch vertieft, das nur im Flüstertone geführt wurde. Obwohl wir noch nichts Näheres von dem Ankömmling wussten und den Inhalt des Gespräches nicht kannten, so ahnten wir doch unmittelbar, dass es vorteilhaft für uns sein würde.

Nachdem der Fremde sein Abendbrot zu sich genommen hatte, zog er sich zurück, und nun kam Tschifa, das Herz übervoll, und berichtete uns, unsere Feinde glaubten, dass der Mann amtlich geschickt sei, um nach uns zu sehen. Auf diesen Glauben hin wolle er, der Fremde, uns am nächsten Morgen hinausbegleiten und gleich selbst nach Litscheng bringen. Welch wunderbare Wendung durch Gottes Fügung! Die dunklen Schatten des Todes verwandelten sich für uns in lauter Licht und Klarheit.

Noch eine Schwierigkeit musste allerdings beseitigt werden; sie lag in der aufgeregten Stimmung der Bevölkerung anlässlich der Trockenheit. Den ganzen Tag über hatten die Leute ans Tor gedonnert und stürmisch unsere Auslieferung gefordert. Das trieb uns ins Gebet. Da es Sonntag war, beschlossen wir, bevor wir uns zur Ruhe niederlegten, eine Andacht zu halten. Mit unseren chinesischen Bibeln und Liederbüchern nahmen wir unter der Lampe neben dem Vorhang am Boden Platz. Als wir sangen und Gott lobten, trat tiefe Stille in dem Raum ein, und schon bald gesellten sich der Soldat und unsere beiden Maultiertreiber zu uns. Ich bat Tschifa, da man ihn besser verstehen würde, einen Schriftabschnitt zu lesen und auszulegen. Dann sangen wir wieder und beteten der Reihe nach. Der Soldat hörte mit größter Aufmerksamkeit zu. In seinem Gesicht und an seinem ganzen Benehmen war etwas, das unsere Herzen unwiderstehlich zu ihm hinzog. Ich sehe noch seine Augen ernst auf den Prediger gerichtet, als er Jesus verkündigte; und ich kann nicht anders als glauben, dass die Saat des ewigen Lebens auf den fruchtbaren Boden eines Herzens fiel, das infolge von Erhörung vieler Bitten vom Geiste Gottes angefasst war.

»Wer Dank opfert, der ehrt mich, und wer seinen Weg recht ausrichtet, dem zeige ich das Heil Gottes« (Ps. 50,23). Das zweite Wunder jenes denkwürdigen Tages folgte fast unmittelbar auf den Schluss unseres Gottesdienstes. Wir hatten mit unserem Gott gerungen, er möge sich über die arme Bevölkerung nicht nur in ihrem geistlichen, sondern auch in ihrem zeitlichen Elend erbarmen. Gezielt hatten wir ihn gebeten, er möge zur Verherrlichung seines großen Namens in jener Nacht Regen in Fülle senden, damit jedermann wüsste, dass er ein barmherziger Gott sei und dass seine Diener nicht an der Trockenheit schuld seien. Kaum hatten wir uns auf den Kang gelegt, da kam die Antwort auf unser Gebet. Ein mächtiger Donnerschlag erschallte, so dass die Wände unseres Gefängnisses erzitterten, und der Regen strömte unaufhörlich die ganze Nacht hindurch. Als der Morgen anbrach, war wieder heller Sonnenschein. Unsere Herzen waren voll Lob und Dank. Die Pforten unseres Gefängnisses öffneten sich jetzt wie von selbst. Wir brachen auf. Unser gottgesandter Retter ritt die ganze Zeit neben uns her. Niemand belästigte uns, als wir auf der Straße nach Schehsien dahineilten. Die Leute wollten die heißersehnte Gelegenheit, den Samen auszustreuen, nutzen und waren eifrig auf den Feldern beschäftigt.

In Sche-hsien musste ich meine Frau und meine Kinder unter der Obhut des Soldaten in einer Herberge allein lassen. Ich wollte nämlich so gut wie möglich einer Wiederholung der letzten Vorgänge vorbeugen und ging deshalb mit Tschifa zum Yamen. Wir mussten von einem Ende der Stadt bis zum anderen gehen, ein endloser Weg! Trotz Zopf und chinesischer Tracht wurde ich als Fremder erkannt, und der unvermeidliche Volkshaufe heftete sich an meine Fersen. Endlich erreichten wir das Yamen. Nach dem, was ich unterwegs hörte, war es keineswegs sicher, ob wir unbehelligt wieder herauskommen würden.

Der Menschang, d. h. der Sekretär des Mandarins, empfing uns recht kühl und erklärte, der Mandarin sei nicht zu sprechen. Ich überreichte ihm meine Karte und bestand darauf, dass er sie ihm vorwies; meine Angelegenheit dulde keinen Aufschub. Er kehrte mit der Entschuldigung zurück, Seiner Exzellenz sei unpässlich und könne mich nicht empfangen. Ich sagte ihm, wenn dem so sein, so bliebe mir nichts anderes übrig, als mich an seinen Vorgesetzten, den Präfekten in Tschangtefu zu wenden. Der zarte Wink hatte den gewünschten Erfolg, und in wenigen Minuten traten wir in das Empfangszimmer des »Großen Mannes«. Ich teilte ihm kurz mit, wie es uns seit Wuan ergangen sei, wie sich unsere Eskorte als zu unserem Schutze gänzlich unzulänglich erwiesen habe und wie unser Geleitbrief als eine Fälschung angesehen worden sei. Ich bat ihn, den Brief mit seinem Amtssiegel zu versehen und für sicheres Geleit bis zur nächsten Kreisstadt Litscheng Sorge zu tragen. Offenbar froh, uns bald wieder los zu werden, gewährte er mir meine Bitte. Ich entfernte mich, nachdem ich mich für den gnädigen Empfang mit der üblichen Verbeugung bedankt hatte.

Die Neugierde des Volkes auf der Straße uns gegenüber und in der Herberge meiner Familie gegenüber hielt sich, Gott sei Dank, in Grenzen. Sobald unsere Eskorte mit den amtlichen Papieren ankam, brachen wir auf. Der Unteroffizier, dessen Gegenwart in der Herberge meiner lieben Frau äußerst wertvoll gewesen war, begleitete uns noch immer. Feindselige Kundgebungen blieben uns erspart. Wir konnten in Frieden unsere Reise fortsetzen. In Litscheng wechselten wir das Geleit. Hier nahm auch unser Retter von uns Abschied. Wir schenkten ihm noch einige Traktate und außerdem fünfhundert Käsch, eine Summe, die allerdings in keinem Verhältnis stand zu den Diensten, die er uns geleistet hatte. Auf Tschifas Rat gaben wir ihm nicht mehr. Als wir ihn beim Auseinandergehen der Barmherzigkeit und Liebe unseres Gottes anbefahlen, da wurden meiner lieben Frau die Augen feucht und mir genauso. Ich schäme mich nicht das zu bekennen.

Der reichlich gefallene Regen hatte die Stimmung der Bevölkerung wenigstens für den Augenblick beruhigt. Die Leute arbeiteten auf den Feldern und nahmen wenig Notiz von uns. Als wir uns Lutscheng näherten, freuten wir uns besonders über die Freundlichkeit unseres Gottes. Die Wüste war zu Wasserseen und das dürre Land zu Wasserquellen geworden, und wir hatten, seitdem wir das letzte Mal hier gewesen waren, ganz praktisch die Herrlichkeit des Herrn gesehen, das Heil unseres Gottes.

Kapitel sieben
»Fliehet, fliehet!«

Der Herr hat euch zwar Brot der Drangsal zu essen und Wasser der Trübsal zu trinken gegeben; ... deine Augen werden deinen Lehrer sehen; und deine Ohren werden das Wort hören, das hinter dir her so spricht: »Dies ist der Weg, den geht!«, wenn ihr zur Rechten oder zur Linken abbiegen wollt. (Jes. 30,20-21)

Wir erreichten Lutscheng am Dienstag, den 3. Juli, vormittags gegen 10 Uhr. Unsere Freunde waren nicht so sehr überrascht uns wiederzusehen und, als sie unsere Erlebnisse gehört hatten, von Herzen froh, uns überhaupt zu sehen. Die Gerüchte waren immer schlimmer geworden, so dass Herr Cooper es für nötig gehalten hatte, sich mit dem Mandarin in Verbindung zu setzen. In Luan schien nach Fräulein Gates Mitteilungen die Lage für Fremde sehr unsicher zu sein. Wir beschlossen darum, die noch übrigen 24 Kilometer ohne Aufenthalt so schnell wie möglich zurückzulegen, und hatten bereits einen Boten vorausgeschickt, um unsere Schwester auf unsere Ankunft vorzubereiten.

Um unsere Rückkehr so gut als möglich geheim zu halten, ließen wir einen Teil unseres Gepäcks in Lutscheng zurück. Auch verzichteten wir auf eine Eskorte, da deren Erscheinen in der Stadt Gerede verursachen konnte. Als wir uns von neuem Lebewohl sagten, wussten wir, dass unsere Trennung diesmal für uns alle eine tiefere Bedeutung hatte als beim letzten Mal. Vier Wochen später sollten wir uns wieder sehen. Bis dahin sollten wir jedoch allesamt wie nie zuvor erfahren, was es heißt: »Des Herrn Kelch trinken und mit seiner Taufe getauft werden« (Mt. 20,23).

Unsere Reise bis Luan ging schnell und ruhig vor sich. Der Vorsicht halber machten wir jedoch unsere Vorhänge herunter. Eine Stunde vor Luan kamen wir durch das Dorf Kwantswen, eine unserer Außenstationen, wo wir eine Kapelle und eine tapfere kleine Schar von Gemeindegliedern und solchen, die noch am Katechismusunterricht teilnahmen, hatten. Als wir durch den Vorhang guckten, sahen wir mehrere von den lieben, wohlbekannten Gesichtern. Wir machten uns ihnen durch den bei den Christen üblichen Gruß »Pingan!«, d. h. »Friede«, bemerkbar und befahlen sie der Gnade Gottes an. (Einer aus der kleinen Schar namens Feng, vielleicht der treuste und standhafteste von ihnen allen, obwohl taub, starb später an den von den Boxern erlittenen Misshandlungen).

Eine Stunde später betraten wir durch das Nordtor die Stadt. Alles war ruhig. Die Hitze war furchtbar, die Straßen wie ausgestorben. Soviel ich hinter dem Vorhang hören konnte, wurden die Treiber nicht ein einziges Mal von Vorübergehenden angerufen. Bald befanden wir uns gegenüber unserem Missionsgehöft. Wie groß war Gottes Freundlichkeit mit uns! Wir bogen in eine Seitenstraße ein, an der ein Nebeneingang lag; eine Minute später standen unsere Sänften innerhalb unseres Grundstückes und wir waren daheim.

Dass wir mit unserer lieben Schwester Fräulein Gates nun wieder vereinigt waren, war uns unter den herrschenden Verhältnissen eine große Beruhigung. Auch ihre Lage war eine immer schwierigere und gefahrvollere geworden. Die Boxerbewegung hatte sich bis in die unmittelbare Nähe Luans ausgebreitet. Täglich erwartete man die Ankunft eines Boxerhauptmanns in der Stadt, der hier die Bewegung in Gang bringen sollte.

Die Regenprozessionen hatten wieder ihren Anfang genommen. Überall fand man aufreizende Plakate angeschlagen, so dass wir doppelt in Sorge waren. Fräulein Gates hatte bereits den Entschluss gefasst, sich im Notfall in das Yamen des Präfekten zu flüchten.

Am Sonntag vor unserer Ankunft hatte eine große Feierlichkeit stattgefunden, bei der der Präfekt und sämtliche hervorragende Persönlichkeiten der Stadt anwesend gewesen waren. Es hatte sich darum gehandelt, geweihtes Wasser, das die Kraft haben sollte, Regen vom Himmel herabzuziehen, unter entsprechenden Zeremonien zum Tempel des Kriegsgottes zu bringen. Der Zug musste dabei an unserem Grundstück vorbeikommen. Unsere eingeborenen Christen befürchteten Schlimmes. Fräulein Gates hatte die eingeborenen Gehilfen und Diener nach Hause geschickt bis auf zwei, die sich weigerten, sie zu verlassen: Tschong Schengmin und Tschang Pauri. Einige von ihnen waren am vorhergehenden Sonnabend gekommen, um in der Stunde der Gefahr bei ihr zu sein und sie wenn nötig bis zum Äußersten zu beschützen. Einer, namens Li Tongtschü, ein

Neubekehrter, machte sogar einen Weg von 60 Kilometer über das Gebirge, sobald er hörte, dass das Leben seiner Herrin in Gefahr war. Solch treue Ergebenheit war unserer Schwester eine große Stärkung und Ermutigung. Als zur festgesetzten Stunde der Zug an unserem Grundstück vorbeikommen sollte, versammelte sich die kleine Schar in der Kapelle und verharrte im Gebet. Näher und näher kamen die Menschenmassen und – wunderbar! – ohne stehen zu bleiben, zogen sie vorüber. Gott hatte die Gebete der Seinen erhört. Der Präfekt und Unterpräfekt hatten ganz aus eigenem Antrieb neben anderen hervorragenden Persönlichkeiten unter unserem Torweg Aufstellung genommen, bis der Zug vorbei war. Übrigens wurde der heftige Regenguss der darauffolgenden Nacht, der durch Gottes Gnade die ungestörte Fortsetzung unserer Reise mit ermöglicht hatte, in Luan jenem geweihten Wasser zugeschrieben und als Zeichen angesehen, dass die Götter von der Anhänglichkeit an die »Große Religion«, wie sie in der Boxerbewegung zum Ausdruck kam, befriedigt seien.

Am folgenden Tage war in der Stadt das Gerücht umgegangen, die Kaiserinwitwe habe geheime Befehle zur Ausrottung der Fremden erlassen. Fräulein Gates hatte nunmehr darauf bestanden, dass die eingeborenen Helfer und Diener heimkehrten, und selbst Vorbereitungen zu einer etwaigen Flucht auf die Berge getroffen. Der treue Schengmin wusste in der Nähe eine Höhle; dorthin wollte er sie bringen und dann weiter für sie sorgen.

So war also die Lage, die wir bei unserer Rückkehr vorfanden. Es war uns klar, dass wir vor einer Gefahr standen, die sich noch gar nicht übersehen ließ, die aber auf jeden Fall sehr ernst war. Eine große Beruhigung war uns das Verhalten der Beamten, die sich eben erst als unsere Freunde und Beschützer erwiesen hatten. Überdies wussten wir, dass von Straßengerüchten, ganz besonders in China, immer ein erheblicher Abzug gemacht werden muss. So hofften wir, dass die Dinge nicht so schlimm seien, wie es den Anschein hatte. Den starken Fremdenhass des Gouverneurs Jü-hsien kannten wir nicht, noch viel weniger wussten wir, dass der Gouverneur bereits wirksame Maßregeln zur Verwirklichung seiner blutigen Pläne getroffen hatte.

Am Tag nach unserer Rückkehr, am 4. Juli, sandte ich unseren Wagen nach Lutscheng um die zurückgelassenen Gepäckstücke abzuholen. Wir suchten gemeinsam in ernstem Gebet Klarheit über den Willen Gottes, glaubten jedoch, für jetzt, wo wir es nur mit Gerüchten zu tun hatten, noch nicht an ein Verlassen unserer Station denken zu sollen.

Um die Mittagszeit, als wir bei Tische saßen, kam einer unserer Ältesten, Liu, herein mit der Nachricht, der Unterpräfekt lasse fragen, »ob wir uns nach Süden wenden würden«. Diese ganz außergewöhnliche Nachfrage fiel uns auf. Wir vermuteten, er könne sich unsere Rückkehr nicht erklären und wolle nun über den Grund derselben Genaueres wissen. Im Nachhinein halte ich es jedoch für wahrscheinlich, dass er uns einen Wink geben wollte, so schnell wie möglich südwärts zu fliehen. Jedenfalls dankten wir Seiner Exzellenz für die gütige Nachfrage und erwiderten ihm, dass wir nicht die Absicht hätten, die Stadt zu verlassen.

Bei anbrechender Dunkelheit kehrte der Bote mit unseren Sachen von Lutscheng zurück. Er überbrachte uns einen Brief von Missionar Cooper mit einer eingelegten Bleistiftmitteilung von Missionar U.R. Saunders aus Pingjau, in der stand, dass er auf seiner Station überfallen worden und nur mit Mühe mit seiner Frau, seinen vier Kindern, Fräulein Guthrie und Herrn U. Jennings mit dem Leben davon gekommen sei. Herr Cooper schrieb uns, dass er in den nächsten Stunden die Flüchtlinge erwarte. Er war der Ansicht, dass auch unsere Stationen bedroht seien und wir uns alle auf eine ähnliche Erfahrung gefasst machen müssten. Er bat uns um unsere besondere Fürbitte, damit ihm Klarheit geschenkt werde, wie er unter den gegebenen Umständen zu handeln habe.

Es war uns klar, dass jetzt die Dinge zur Entscheidung drängten. Wir fragten uns ernstlich, ob wir uns nicht wenigstens für den Notfall zur Flucht bereit machen sollten. Da wurde uns gemeldet, dass der Erlass der Kaiserinwitwe, die Ausrottung der Fremden betreffend, am Yamen angeschlagen und für jedermann zu lesen sei; unsere Ermordung sei das Tagesgespräch. Und nicht allein das; der Tag, an dem wir niedergemacht werden sollten, sei bereits festgesetzt; es sei der zehnte Tag des sechsten Monats.

An der Nordseite unseres Grundstücks befand sich abseits von der großen Fahrstraße eine kleine Pforte, die wir kaum je benutzten. Sie führte auf die Felder hinaus. Am Morgen des 4. Juli kam uns der Gedanke, dass uns diese Pforte noch einmal nützlich werden könne und dass es gut sein würde, wenn wir den Schlüssel zu uns steckten. Ich sah nach, wo der Schlüssel hing; er fehlte. Wir durchsuchten das ganze Haus; nirgends fanden wir den Schlüssel. Und doch, gerade jetzt brauchte ich ihn. Ich wollte zum Yamen gehen und konnte nur hoffen, unbehelligt dorthin zu gelangen, wenn ich den hinteren Weg benutzte, der durch die Felder führte. Wir nahmen in unserer Verlegenheit unsere Zuflucht zum Gebet und siehe, ein erneutes Suchen förderte einige alte ungebrauchte Schlüssel zutage, von denen der eine passte. Ich dankte Gott von Herzen und im Dunkeln schlüpften Schengmin und ich zur Hinterpforte hinaus und gingen zum Yamen des Unterpräfekten. Der Sekretär empfing mich mit der üblichen Höflichkeit. Als ich ihn jedoch dringend bat, vor den Ta Ren, den »Großen Mann«, selbst geführt zu werden, bekam ich den Bescheid, dass davon keine Rede sein könne. Dem Mandarin sei unwohl und dürfe nicht gestört werden. Er, der Sekretär, wolle mein Anliegen hören und dann seinem Vorgesetzten Bericht erstatten. Damit wurden wir aufgefordert, Platz zu nehmen. Ich sagte, ich habe von einem kaiserlichen Erlass gehört, der unsere Niedermetzelung anordne; ich wünsche, Seine Exzellenz davon in Kenntnis zu setzen und ersuche ihn, falls die Nachricht nur ein Gerücht sei, sofort Maßregeln zu ergreifen, um das Gerede zu unterdrücken. Das Benehmen des Sekretärs war tadellos freundlich. Ihm sei allerdings auch ein derartiges Gerede zu Ohren gekommen, aber er könne mir bestimmt versichern, dass daran nichts Wahres sei. Mit einem beruhigenden »Pu pa, pu pa«, d. h. »es ist wirklich nichts zu befürchten«, wurde ich entlassen. Ich kehrte heim. Meine Bedenken waren etwas weniger geworden, aber nicht vollkommen aufgehoben. Noch immer glaubten wir, dass es nicht der Wille Gottes sei, dass wir die Station verließen. Das entgegenkommende Verhalten der Behörden vom vergangenen Sonntag ließ uns glauben, dass wir innerhalb der Stadtmauern weit sicherer seien als außerhalb der Stadt. Und außerdem, wie oft hatten sich schon Gerüchte im Nachhinein als leeres Geschwätz und Drohungen als Schall und Rauch erwiesen.

Als ich am nächsten Morgen, den 5. Juli, erwachte, lag ein leichter Schatten auf mir. Ich fühlte es, als ich meine Morgenandacht halten wollte. Ich schlug meine Bibel an der Stelle auf, die nach meinem Lesezettel dran war. Es war das achte Kapitel im Buch Josua. Ich kam zum fünften Vers: »Und wenn sie, wie zuvor, herausziehen uns entgegen, so wollen wir vor ihnen fliehen.« Meine Gedanken verweilten bei diesen Worten. Es war mir, als hörte ich die ganze Zeit eine Stimme: »Flieht vor ihnen, flieht vor ihnen!« Ich fühlte ein leises Schaudern. All das Schreckliche, was eben hinter uns lag, trat lebendig vor meine Seele. Ich dachte an die Kleinen; ich dachte an meine liebe Frau, die ihrer Entbindung entgegenging. – Da fiel mein Blick auf die Worte des ersten und achten Verses: »Fürchte dich nicht und sei nicht verzagt! ... Seht, ich habe es euch geboten!« Die Aufforderung war so deutlich und so eindringlich, dass ich trotz unseres Entschlusses vom vorhergehenden Tage und trotz der beruhigenden Versicherung des Mandarins zu der Überzeugung kam, dass Gott von uns fordere, unverzüglich zu fliehen. – Nach dem Frühstück versammelten wir uns nach unserer Gewohnheit zur Familienandacht, an der wie gewöhnlich Fräulein Gates teilnahm. Wir lasen gerade fortlaufend in Samuel, und an diesem Morgen war 2. Samuel, Kapitel 15 an der Reihe. Man kann sich denken, wie mir zumute war, als ich beim Lesen an den 14. Vers kam: Da sprach David zu allen seinen Knechten, die bei ihm in Jerusalem waren: »Auf, lasst uns fliehen; denn sonst gibt es für uns kein Entkommen vor Absalom! Macht Euch rasch auf den Weg, damit er uns nicht plötzlich einholt und Unglück über uns bringt ...!« Noch einmal klang es gebieterisch in mir: »Flieht vor ihnen, macht euch eilends davon! Denn sonst gibt es kein Entrinnen.« Das genügte. Ich schloss meine Bibel und sagte: »Dies Wort ist des Herrn Weisung an uns. Der Pfad liegt klar vor uns. Wir haben jetzt nichts zu tun als zu gehorchen und zu fliehen.« Ich erzählte dann den Meinen, was ich vorhin eben erlebt hatte, und dies machte einen solchen Eindruck auf sie, dass auch sie über den Willen des Herrn nicht mehr im Zweifel waren. Wir begannen sogleich unser Haus zu richten und unsere Vorbereitungen zur Flucht zu treffen.

Bald darauf kam ein Bote vom Unterpräfekten mit der Bitte, meinen Diener in das Yamen hinüberzusenden, da er mir etwas Wichtiges mitzuteilen habe, ich aber sollte auf keinen Fall selbst kommen. Eine Stunde später kehrte Schengmin zurück und brachte uns die Bestätigung dessen, was wir gehört hatten. Der Unterpräfekt ließ uns sagen, dass geheime Befehle aus Peking anordneten, den Ausländern jeglichen Schutz seitens der Behörden zu versagen. Er sei somit machtlos, uns zu schützen, ob wir nun fliehen würden oder blieben.

Wir erkannten jetzt, warum uns der Herr vor kurzem die klare Weisung gegeben hatte, zu fliehen. Blieben wir, so waren wir dem Pöbel ausgeliefert, der erst vor vier Tagen beschlossen hatte, uns zu töten. Der Erlass der Obrigkeit musste für die Volksmenge eine Ermutigung bedeuten, ihr Vorhaben auszuführen. Machten wir uns auf und davon, so durften wir hoffen, dass Gott, wenn es sein Wille war, uns durchbringen werde.

Durch das Telegramm aus Schanghai an Direktor Cooper, das ich in Schente-fu gesehen hatte, gab mir Gott jetzt einen weiteren Fingerzeig. Versuchten wir möglichst schnell in südwestlicher Richtung zur Küste zu gelangen, so würden wir uns nach und nach immer weiter von dem eigentlichen Herd der Boxerbewegung entfernen und es bestand die Möglichkeit, dass wir mit dem Leben davon kamen. Ich plante darum zunächst einmal Maultiersänften bis nach Tschaukiakau in Honan, einer Station unserer Mission, zu mieten; von dort konnten wir mit dem Flussboot nach Schanghai gelangen. Kamen wir in Geldverlegenheit, so würden sicher unsere Brüder in Tschaukiakau uns aushelfen. Allerdings wurde dieser Plan später fallen gelassen. Honan war nicht weniger von der Bewegung ergriffen als Schanxi. Dies wussten wir damals noch nicht, sonst würden wir in äußerste Hoffnungslosigkeit versunken sein.

Wir ließen durch Schengmin drei Sänften besorgen. Viel beschäftigt und doch ohne unruhige Hast benutzten wir den Tag, um zu packen, die Angelegenheiten unserer Gemeinde zu ordnen und die nötigen Verfügungen über unser Eigentum zu treffen. Wir wussten, dass die unvermeidliche Folge unserer Flucht die Plünderung des Missionsgrundstückes sein würde. Wir konnten nicht daran denken, irgendwelche Gegenstände retten zu wollen. Allerdings erbot sich ein Freund Schengmins, zwei Koffer an einem sicheren Ort für uns aufzubewahren. Wir übergaben sie ihm voll Vertrauen. Dann erteilten wir unseren Leuten auf der Station die Erlaubnis, sich alles anzueignen, wovon sie glaubten, dass es ihnen von Nutzen sein könnte. Lieber sahen wir unsere Sachen in ihren Händen, als in denen des zügellosen Pöbels. Meine letzte Handlung bestand darin, dem Unterpräfekten unsere Tischglocke als Geschenk zu senden.

Zu den schmerzlichen Pflichten jenes Tages gehörte das Abschiednehmen von den wenigen Gliedern unserer Gemeinde, die während des Tages uns noch einmal aufsuchten. Wir glaubten fest, dass wir einander auf dieser Erde nicht mehr sehen würden. Der Älteste Liu bat uns unter Tränen, doch ja keine Zeit zu verlieren, sondern so schnell wie möglich unsere Flucht anzutreten. »Nur so«, sagte er, »habt ihr Aussicht, mit dem Leben davon zu kommen, so gering diese Aussicht ist. Wenn ihr beim Morgengrauen noch innerhalb der Stadtmauern seid, so bedeutet das für euch den sicheren Tod.« Wir beteten mit denen, die zu uns kamen, erinnerten sie noch einmal an die Ermahnungen und Verheißungen des Wortes Gottes, tauschten gegenseitig die letzten Versicherungen herzlicher Liebe aus, und bald waren sie zerstreut, jeder an seinem Platz.

Oft haben wir uns die Frage gestellt: Durfte ein Mann wie ich fliehen? Haben wir ein Recht, am trüben und dunklen Tag die Herde zu verlassen? Erst nach einem Kampf, den Worte nicht beschreiben können, sind wir darüber vollkommen ruhig geworden in der Gewissheit, dass unsere Flucht nach Gottes Willen und zum Besten unserer Gemeindeglieder war. Blieben wir, so mussten sie darauf gefasst sein, mit uns zu sterben; flohen wir, dann konnten auch sie auf die Berge oder sonst wohin fliehen und ihr Leben, wenn es Gottes Wille war, zu seiner Ehre und zur Förderung seines Reiches retten.

Während wir beim Mittagessen saßen, kam Schengmin zurück und sagte uns, er sei an allen ihm bekannten Plätzen in der Stadt, wo es Wagen oder Sänften zu mieten gäbe, gewesen, aber umsonst; niemand wolle »die fremden Teufel« befördern. Was sollten wir nun tun? Es wurde uns bewusst, dass wir wirklich ein Auskehrricht der Welt waren, gehasst von jedermann (1.Kor. 4,13). O, was würde uns noch an Ängsten und Nöten und Verfolgungen bevorstehen!

Da wir nur auf der Heerstraße die Chance hatten, nach Süden zu entkommen, mussten wir unbedingt irgendeine Reisegelegenheit beschaffen. Ich schickte darum Schengmin von neuem auf die Suche. In der Zwischenzeit beteten wir. Wir beteten ernst und inbrünstig! Alles hing jetzt an dem Erfolg des Botendienstes. Aber hatte nicht Gott zu mir gesagt: »Flieht, fürchtet euch nicht; siehe, ich habe es euch geboten?« Sicher würde er auch die Mittel zur Flucht bereit halten. Bei Sonnenuntergang kam Schengmin zurück. Es war ihm nach langem Suchen gelungen, zwei Maultiertreiber in der westlichen Vorstadt, zwei Katholiken, aufzutreiben, die sich endlich bereit erklärt hatten, uns für die ungeheure Summe von 80.000 Käsch (mehr als zwei Jahreslöhne) nach Tschaukiakau zu bringen.

Am Abend kam ein ehemaliger Diener von uns, namens Mantscheng, voll Teilnahme zu uns. Es war der Befehl ergangen, die Stadttore zu schließen. Er drang in uns, die Flucht zu Fuß zu wagen und nur ein kleines Bündel mit den unentbehrlichsten Sachen mitzunehmen. Einen anderen Ausweg gebe es für uns nicht, als dass wir uns an einem Seil über die Stadtmauer hinab ließen, was freilich als todeswürdiges Verbrechen galt. Er wolle uns jedoch dazu behilflich sein, falls wir mit ihm um Mitternacht zu einer Stelle nahe der nördlichen Mauer gehen wollten.

Neues Schwanken unsererseits. Das Stadttor war geschlossen; was nützten uns die Sänften? Ein Entkommen über die Mauer erschien uns dagegen als die reine Unmöglichkeit. Die Gefahren dabei waren so viele und so große. Dass wir entdeckt werden würden, war fast mit Sicherheit anzunehmen, und wir wollten denn doch lieber für Gutestun sterben als für Bösestun. Gott konnte, wenn er uns einmal die Sänften gab, auch die Tore öffnen. Wir wollten es jedenfalls versuchen, durch das Tor zu entkommen, und wenn das missglücken würde, dann würde es eben nach Gottes Willen missglücken.

Während wir in der Nacht im Schlafzimmer packten, kam Schengmin plötzlich in auffallender Eile herein und rief: »O seht euch nur einmal den Mond an! Der Anblick ist zu merkwürdig. Ich sah so etwas noch niemals; man spricht überall davon.« Ich merkte an seinem Benehmen, das er ein verhängnisvolles Vorzeichen darin sah, und teils um meiner Frau unnötige Aufregung zu ersparen, teils um ihn wegen seiner abergläubischen Furcht zu schelten, erwiderte ich: »Wir glauben an Gott und an ihn allein. Wir geben nichts auf die Dinge, auf welche die Heiden sehen. Wir halten nichts davon und lassen uns nicht dadurch erschrecken.« Als er jedoch gegangen war, meinte Fräulein Gates, sie wolle nach der Erscheinung sehen. Sie ging und kam zurück mit den Worten: »O, ihr müsst euch wirklich den Mond ansehen; es ist ein zu außergewöhnlicher Anblick.« So gingen wir auch noch hinaus.

Niemals werde ich das grausige Schauspiel – ich gebrauche absichtlich dieses Wort – vergessen. Unwillkürlich riefen wir aus, meine Frau und ich: »Nein, wie schrecklich!« Da stand der Mond an dem wolkenlosen, sternenbedeckten Himmel – eine große, blutige Masse! Sofort kamen mir die Worte in den Sinn: »Der Mond soll in Blut verwandelt werden, ehe der große und schreckliche Tag des Herrn kommt« (Joel 3,4). Ja, ein schrecklicher Tag, ein dunkler Gerichtstag sollte auch uns bevorstehen.

Gott allein weiß, warum er gerade in jener Nacht diese Erscheinung zuließ. Für uns konnte, von menschlichem Standpunkt aus gesehen, nichts ungünstiger sein. Unser Schicksal schien jetzt besiegelt. Die abergläubische Bevölkerung konnte die Erscheinung ja nur als Bestätigung ansehen, und sicherlich waren sich alle einig: »Seht da! Mit Blut ist es zu lesen am Himmel! Tien Lau-je selbst bestätigt den Erlass des Kaisers. Die Fremden müssen getötet werden, Blut muss fließen, lasst uns handeln! – Morgen ist der zehnte Tag des sechsten Monats!«

Kapitel acht
Der zehnte Tag des sechsten Monats

Gedenket an das Wort, das ich zu euch gesagt habe: Der Knecht ist nicht größer als sein Herr. (Joh. 15,20)

Es war beinahe Mitternacht, als die Sänften erschienen. Nach besonderer Abmachung sollten sie die Nacht über in unsere eigenen Ställe eingestellt werden, damit der frühe Aufbruch möglichst geheim vor sich gehen könne. Eigentlich hatten wir sie noch etwas früher erwartet. Als die Zeit verging und sie nicht kamen, wurde es uns unbehaglich zumute. Wir befürchteten, dass ihre Inhaber sich durch den blutroten Mond in Schrecken setzen ließen und es sich anders überlegt hatten. Wir waren sehr beruhigt, als wir dann das Getrappel von Hufen auf unserem Hof hörten. Wir dankten Gott, dass er nun wirklich die Mittel zur Flucht in unsere Hände gegeben hatte.

So waren also die letzten Augenblicke unseres glücklichen Lebens auf unserer geliebten Station gekomken. In unseren Herzen waren wir todtraurig. Und doch lag hinter allem Leid Friede, köstlicher Friede, und darüber, wie uns wohl bewusst war, die Herrlichkeit Gottes. Meine teure Frau wurde wie auch wir mit »Kraft aus der Höhe« gestärkt, um den körperlichen Anstrengungen jener Nacht gewachsen zu sein. Unsere beiden kleinen Lieblinge lagen ahnungslos schlafend nebeneinander auf dem kahlen Bett, zum Aufbruch fertig gekleidet. Meine Frau und Fräulein Gates packten zwar zügig alles zusammen, doch ohne Hast. Zum Schluss sah jedes Zimmer und jeder Schrank so freundlich und ordentlich aus, dass man glauben konnte, wir würden nur für wenige Tage verreisen.

Beim Schein der Laternen bepackten wir die drei Sänften. Es kam uns vor wie ein Traum. Eine Reise lag hinter uns, eine neue Reise vor uns. Nach Wochen voller Beschwerden und Gefahren hatten wir unser langersehntes Zuhause glücklich wieder erreicht gehabt, jetzt waren wir dabei, es wiederum zu verlassen, und setzten uns damit nicht weniger schweren Gefahren aus.

Endlich kamen die Maultiertreiber. Sie legten die letzte Hand an die Sänften. Die Stunde zum Aufbruch war da. Wir knieten zum letzten Mal in unseren Räumen neben den schlafenden Kindern zum Gebet nieder und befahlen uns und die kleine Gemeinde, die wir jetzt verlassen mussten, dem Vater im Himmel an – ihrem und unserem Vater. Dann nahmen wir unsere kleinen Schätze in unsere Arme, schlossen hinter uns die Türen ab und nahmen Platz in unseren Sänften, die auf die Rücken der Tiere gehoben wurden.

Der erste Schimmer der Morgendämmerung war über den Bergen sichtbar, als die kleine Reisegesellschaft über den weiten Hof zog, und wie Licht von oben drang die Verheißung in die Seele meiner lieben Frau: »Ich werde nicht sterben, sondern leben und die Taten des Herrn verkündigen« (Ps. 118,17). Köstliches Wort! Immer wieder würde es sie über die Furcht des Todes hinwegtragen in dem dunklen Tal, das wir jetzt betreten sollten.

Schweigend kamen wir durch das große Hoftor in die nördlich gelegene Hauptstraße. Schengmin begleitete uns auf unserem Esel. Pauri blieb zurück, um das Tor abzuschließen und zu verriegeln, damit unsere Flucht möglichst lange unbemerkt bleiben würde. Er kletterte dann über die Mauer und stieß weiter unten auf der Straße wieder zu uns. Noch einer ließ es sich nicht nehmen, mit uns zu kommen, unser alter, treuer Bob. Mit fast menschlichem Instinkt schien der treue Hund zu ahnen, dass uns Schlimmes bevorstand, und dass er uns nicht wiedersehen würde; und obwohl er sonst stets auf unserem Gehöft zurückblieb, wenn wir es verließen, konnte ihn doch damals nichts davon zurückhalten, uns zu folgen.

Totenstille herrschte auf den Straßen der Stadt. Die Glöckchen waren von den Hälsen unserer Tiere entfernt worden; trotzdem kam uns das Aufschlagen ihrer Hufe auf den harten Steinen so laut vor, dass wir glaubten, es müsse manchen Schläfer aus dem Bett locken. Soweit ich es hinter meinem heruntergelassenen Vorhang beurteilen konnte, begegnete uns keine Menschenseele. Wir kreuzten die Ost- und Weststraßen und kamen endlich an das große Südtor der Stadt, das noch fest verriegelt war.

Laut und lange klopften die Treiber an die Tür des Torhüters. Umsonst, kein Ton, keine Antwort kam von innen. Die kostbaren Augenblicke vergingen schnell. Unsere ganze Hoffnung hing am schnellen Öffnen des Tores. »Seid still und erkennt, dass ich Gott bin (Ps. 46,11)!« Dies Wort gab mir der Herr ins Herz, und ich blieb vollkommen ruhig und gefasst.

Plötzlich hörten wir von drinnen eine raue unfreundliche Stimme, die wissen wollte, wer wir wären und was wir zu dieser Stunde wollten. Wir baten, das Tor zu öffnen; eine barsche Weigerung war die Antwort. Was dann geschah, kann ich nicht sagen. Eine Zeitlang war noch alles still. Dann hörte man drinnen Stimmen in lautem Gespräch; dann – war es möglich? – die schweren, eisenbeschlagenen Torflügel bewegten sich knarrend in ihren Angeln und öffneten sich langsam. Nun noch ein Zuruf der Treiber an die Tiere! Noch ein Augenblick, und wir waren draußen außerhalb der Stadt.

Gott war mit uns, der »öffnet, so dass niemand zuschließt« (Offb. 3,7). Wir mussten die verhältnismäßig kleine Summe von 10.000 Käsch zahlen. (Ein guter Tageslohn für einen kräftigen Arbeiter sind 120 Käsch.) Dass sich der Mann unter den gegebenen Umständen überhaupt bereit finden ließ, uns gegen Bezahlung durchzulassen, war fast ein Wunder. Froh und dankbar eilten wir durch die engen Straßen der Vorstadt vorwärts, hinaus ins Freie.

Es war jetzt heller Tag; niemand war uns bisher begegnet, der uns angerufen hätte. Je mehr wir uns von der Stadt entfernten, umso mehr atmeten wir auf in dem guten Gefühl frei zu sein. Wenn wir unseren jetzigen Schritt beibehielten, durften wir hoffen, noch vor Abend Kauping zu erreichen. So dachte ich, und darauf richtete sich mein Gebet.

Wir waren etwa zehn Li, zwischen fünf und sechs Kilometer, unterwegs, als ich bemerkte, dass Fräulein Gates' Sänfte, die sich erst dicht hinter der meinen befunden hatte, nirgends zu erblicken war. Ich meinte, sie sei infolge des schnellen Tempos zurückgeblieben und ließ anhalten, um ihr Zeit zu geben, uns einzuholen. Aber Minuten vergingen, und nichts von ihr ließ sich blicken. Da kam Pauri daher geeilt und brachte uns die Nachricht, die Sänfte sei kurz nach dem Verlassen der Vorstadt von einem Trupp Männer angehalten worden. Diese haben Geld von unserer Schwester erpresst. Jetzt sei sie wieder frei und werde uns bald eingeholt haben. Sofort war mir klar, dass mit der Entdeckung unserer Flucht die Hoffnung zu entkommen uns, menschlich gesehen, genommen war.

Fräulein Gates stieß bald wieder zu uns und trieb uns zu größtmöglicher Eile an, da wir in kurzem von räuberischen Scharen aus der Stadt hart verfolgt werden würden. Welch dunkle Aussicht! Heiße Gebete stiegen aus der Verborgenheit unserer Sänften zu Gott empor. – Unsere Kleinen waren jetzt wach, und es wurde uns nicht leicht, ihrem fröhlichen Lachen und Plaudern Einhalt zu gebieten. Sie konnten nicht verstehen, weshalb sie nicht die Vorhänge aufziehen durften, wo es doch Tag war, und weshalb sie sich so ruhig verhalten mussten, »als sei Schlafenszeit«. Ansonsten waren sie sehr gehorsam, was umso mehr hervorgehoben werden muss, da sie doch in dunkler Sänfte eingepfercht waren und durchaus nicht mit ihrer Lage einverstanden sein konnten. Dass sie da waren, tröstete und ermutigte uns. Abgesehen davon, dass sie gleich großen Gefahren wie wir ausgesetzt waren, konnten wir doch nicht genug dafür danken, dass wir sie bei uns hatten.

Etwa eine Stunde waren wir wieder unterwegs, als wir uns plötzlich angehalten sahen. Von da an bis zu unserem ersten Halteplatz mussten wir von Zeit zu Zeit Käschmünzen in kleineren Beträgen fallen lassen, um die unverschämten Forderungen des räuberischen Gesindels zu befriedigen. Sobald wir uns irgendwie weigerten, wurden wir angehalten und nicht weiter gelassen, bis wir das geforderte Geld gaben. Mit Gewalt begegnete man uns sonst nicht. Die Aufmerksamkeit der Leute richtete sich auf den Inhalt unseres Käschbeutels, und gerade als dieser erschöpft war, erreichten wir den Marktflecken Hantien.

Es war gegen 9 Uhr morgens. Zu unserer Verwunderung wurden wir, anstatt durchzureisen, in eine Herberge geführt und, während die Tiere eingestellt wurden, in ein auf der Ostseite des Hofraumes gelegenes Zimmer gewiesen. Nicht lange danach entdeckten wir, dass unsere Treiber bereits unterwegs falsches Spiel mit uns getrieben und mit unseren Verfolgern unter einer Decke gesteckt und dass sie uns jetzt verraten hatten.

Wir nahmen von unseren Sänften nur diejenigen Sachen mit, die wir zu einer kurzen Rast brauchten, in der Erwartung, dass wir in etwa einer Stunde wieder aufbrechen würden. Aber gar bald schwand diese Hoffnung. Der Hof füllte sich mit Menschen, und unsere beiden Begleiter schlossen aus deren Haltung und Gesprächen, dass sie Schlimmes im Schilde führten. Unter dem Vorwand, unsere Kissen und Decken zu einer Mittagsruhe zu holen, richteten sie es so ein, dass sie alles Silber, das wir bei uns hatten, insgesamt 148 Unzen, hereinbrachten. Wir teilten die Barren unter uns, und es gelang uns, sie, ohne dass es bemerkt wurde, in unseren Gewändern zu verstecken.

Inzwischen hatte sich die Nachricht, dass Jang kwei-tsi, fremde Teufel, in der Stadt seien, überall verbreitet, und die Herberge war bald von Menschen umlagert. Den ganzen Tag über strömten Leute von den umliegenden Dörfern in die Stadt, so dass man sich wundern musste, wie die Straßen sie alle fassen konnten. Die Leute von Sutien, die uns besonders feindselig gesinnt waren, kamen herbei, und mit ihrer Ankunft am frühen Nachmittag begann sich unsere Lage noch zu verschlechtern. Bis dahin hatte ich mich, ohne belästigt zu werden, im Hofraum zeigen können, von nun an war das nicht länger möglich. Wir wussten, dass wir in jeder Hinsicht nicht Gäste, sondern Gefangene waren.

Der Wirt behandelte uns von vornherein mit auffallender Unhöflichkeit und Geringschätzung. Wir hatten die größten Schwierigkeiten, überhaupt nur Essen zu bekommen. Obwohl wir seit Tagesanbruch unterwegs waren, hatten wir bis Mittag nicht das Geringste gegessen, und von da an bis zum folgenden Sonntag Nachmittag – zwei Tage und zwei Nächte – kam kein Bissen über unsere Lippen.

Als der Tag vorrückte, nahm der Lärm draußen zu. Schengmin und Pauri mischten sich unter die Menge, um ihre Absichten auszukundschaften, und alle Augenblicke kam der eine oder der andere hereingeschlüpft, um uns das Ergebnis ihres Horchens mitzuteilen. Man wollte sich an uns für die Trockenheit rächen und verlangte für den Ernteausfall eine Entschädigung.

Die Leute von Sutien machten kurzen Prozess. Wir merkten es an dem Schmerzgeheul unseres treuen »Bob«, den sie draußen vor der Türe zu Tode steinigten. Auch unser Esel wurde, wie wir später erfuhren, weggeführt und grausam getötet.

Bald wandte sich die Aufmerksamkeit der Menge unseren Sänften zu, und es begann eine eifrige Suche nach Silber. Sobald wir dahinter kamen, hielt ich es nicht länger für ratsam, dass wir das Geld in unserer Kleidung verborgen hielten. Ohne Zweifel würden sie, wenn sie sonst nirgends welches fanden, uns gründlich durchsuchen und es konnte uns dabei schlimm ergehen. Deshalb entledigten wir uns unseres kleinen Schatzes, während sie draußen beschäftigt waren; wir verbargen ihn unter unserem Gepäck auf dem Kang. Dass sie sich, entgegen allem sonstigen Brauch, innerhalb einer Herberge an dem Eigentum Fremder vergriffen, zeugt davon, wie groß ihre Wut und ihr Hass gegen uns sein musste.

Mittlerweile stieg eine Abteilung Boxer an der Herberge ab und besprach sofort mit den anwesenden Ältesten aus den verschiedenen Ortschaften, was zu tun sei. Durch den Misserfolg ihres Suchens nach Silber vollends aufgebracht, beschlossen sie, uns zu töten. Ihr Verbrechen wollten sie, wenn es nötig sein sollte, damit rechtfertigen, dass wir ihnen die Zahlung einer Summe verweigerten, die sie von uns als rechtmäßige Entschädigung für die infolge der Trockenheit erlittenen Verluste fordern wollten. Die Summe wurde auf 200 Silberunzen festgesetzt.

Als Schengmin uns die Nachricht brachte, war er in größter Aufregung. Mit den Worten: »Die Boxer sind hier, und wir sollen alle getötet werden«, setzte er sich auf den Kang. Er verbarg sein Gesicht in seinen Händen, lehnte seinen Kopf an Fräulein Gates' Schulter und weinte bitterlich. Wir waren alle sehr bestürzt, um so mehr, als die Kleinen die Worte Schengmins aufgeschnappt hatten und nun auch bitterlich zu weinen anfingen. Ängstlich schmiegten sie sich an uns und fragten: »O Vater, Mutter, was wollen sie tun? Wollen sie uns töten, wirklich töten?« – Wir nahmen unter diesen Umständen unsere Zuflucht zum Gebet. Demütig und zuversichtlich schauten wir auf zu dem, von dem allein uns Hilfe kommen konnte, und als wir uns vertrauensvoll in seine Hand gelegt hatten, und ihn baten, er möge im Leben und im Sterben seinen Namen an uns verherrlichen, da kam sein Friede in unser Herz und vertrieb alle Furcht. Selbst die Kinder erholten sich bald von ihrem Schrecken, als die Mutter ihnen die Tränen von den Wangen küsste. Sie wiederholten die Worte ihrer Mama: »Auf Gott vertraue ich und fürchte mich nicht (Ps. 56,5), und bald lagen sie in tiefem, friedlichem Schlafe.

Wir redeten nun Schengmin und Pauri ernstlich zu, uns unserem unvermeidlichen Schicksal zu überlassen und ihr Leben zu retten, ehe es zu spät sei. Sie weigerten sich allerdings, obwohl sie sich sagen mussten, dass sie dasselbe Los treffen würde wie uns. Die Boxerverfolgung hat in der Tat gezeigt, dass sich unter den so verachteten chinesischen Christen Männer und Frauen fanden von einer Selbstaufopferung, wie sie den Christen aller Länder nur Ehre machen würde. Diese zwei jungen Burschen setzten um unsertwillen freiwillig mit vollem Bedacht ihr Leben aufs Spiel.

Kaum waren sie wieder in den Hof gegangen, um die Ereignisse zu beobachten, hörten wir plötzlich lautes Geschrei, Schläge, Ächzen und Stöhnen. Wir sahen uns an in der festen Überzeugung, dass jetzt unsere Begleiter niedergemacht würden und demnächst die

Reihe an uns kommen würde. Ein dumpfer Schlag folgte dem anderen. Uns stand das Herz still und wir nahmen an, dass sie zu Tode geprügelt würden. In sprachloser Angst riefen wir zum Herrn. Noch einige Augenblicke, dann war es vorüber. Der Lärm hörte ebenso plötzlich wieder auf wie er entstanden war. Die Tür wurde aufgerissen, und herein trat ein Mandarin niederen Ranges, der dem Yamen von Luan angehörte. Sein Name war Ma. Er zündete sich eine Pfeife an und setzte sich nieder. Andere folgten ihm, mit denen er, ohne uns im Mindesten zu beachten, ein gedämpftes Gespräch führte. Endlich stand er auf, wandte sich an uns und sagte, da wir »fremden Teufel« so namenloses Elend über die guten Leute der ganzen Umgegend gebracht hätten, so sei eine Geldstrafe von zweihundert Silberunzen über uns verhängt worden; es läge darum in unserem Interesse, sofort zu zahlen. Natürlich waren Entgegnungen nutzlos, und doch versuchten wir es. Wir erinnerten ihn höflich daran, dass es ihm, da wir mehrere Jahre in der Stadt gewohnt hätten, bekannt sein müsse, dass wir mit unserer Lehre und unserer ganzen Lebensweise das Böse bekämpft hätten, und dass es ungerecht sei, uns unter falscher Anschuldigung unser Geld abzunehmen. Darauf kehrte er uns höhnisch den Rücken und ging mit seinem Gefolge hinaus.

Langsam verging der Nachmittag, der Abend brach herein, und die Dämmerung ging schnell in völliges Dunkel über. Wie düster war jetzt unsere Lage. Wir waren in den Händen der Boxer und hatten den sicheren Tod vor uns; unsere Tiere hatte man bereits getötet, unsere beiden Begleiter, wie wir annahmen, auch. Und dennoch: »Finsternis ist nicht finster für dich« (Ps. 139,12); auch die »Macht der Finsternis« konnte uns nicht das Licht Seines Angesichtes rauben.

Da, als unsere Aussichten so trübe waren, öffnete sich die Tür, und herein trat – Schengmin. Sein Auftauchen war uns ein Beweis der Fürsorge unseres himmlischen Vaters. Nicht er und Pauri, sondern drei aus der Menge, die uns verteidigen wollten, als es hieß, dass wir niedergemacht werden sollten, waren durchgeprügelt worden, waren aber noch am Leben. Später kamen diese armen Kerle herein und zeigten uns ihre Beulen. Wir hatten Mitleid mit ihnen und gaben jedem von ihnen 800 Käsch.

Eine Lampe wurde hereingebracht. Unser Mandarin und andere mit ihm folgten. Diese waren seine willigen Werkzeuge, ein Herz und eine Seele mit ihm. Bänke wurden hereingebracht und um den Tisch herumgestellt, an dessen oberen Ende der Mandarin mit würdevoller Amtsmiene Platz nahm. Ein Scheinverhör begann. Wir wurden nicht aufgefordert, unseren Platz auf dem Kang zu verlassen, auch wurde kein Wort direkt an uns gerichtet. Eine allgemeine Anklage wurde gegen uns aufgestellt, die durch kräftige Beschuldigungen von falschen Zeugen unter Eidschwur gestützt wurden. Unter anderem mussten noch die alten, abgedroschenen Geschichten herhalten, dass wir Kindern zu alchimistischen Zwecken die Augen und die Herzen herausschnitten, dass wir Grund und Boden verhexten und dergleichen. Dann kamen neuere Geschichten, dass wir die Brunnen vergifteten, durch Anlegung von Eisenbahnen die Ruhe des Erddrachens störten, den Himmel verschlössen, die Gebete der Armen und Hilfsbedürftigen unwürdig machten und die Götter verlästerten. Das matte Lampenlicht ließ uns in grausigen Umrissen die fahlen, leidenschaftlichen Gesichter unserer Ankläger erkennen. Beschuldigung auf Beschuldigung wurde gegen uns vorgebracht. Die Erregung steigerte sich dahin, dass wir nicht weiter zu leben verdienten; das Todesurteil wurde über uns gesprochen.

Als Art der Todesstrafe wurde vielerlei vorgeschlagen: uns mit Opium zu vergiften, uns im Hof der Herberge den Kopf abzuschlagen, uns mit einem ausländischen Gewehr, das gerade zur Hand war, zu erschießen, oder auf der Straße über uns herzufallen. Diese letzte Todesart fand am meisten Beifall. Sie schien deshalb besonders empfehlenswert, weil dabei allen Gelegenheit gegeben werden würde, ihren Rachedurst zu befriedigen. Vor allem konnte man dann die Verantwortung für das Verbrechen von den Schultern einzelner auf die große Masse abwälzen, was sich für einen Chinesen immer besser anhört.

Als Zeit der Vollstreckung des Urteils wurde der kommende Morgen festgesetzt. Die Sitzung wurde aufgehoben, und damit endete der zehnte Tag des sechsten Monats.

Wie wenig dachten die ungerechten Richter daran, dass einer hier war, den sie nicht kannten, der aber all ihre Pläne durcheinander bringen konnte, einer, in dessen Augen die hilflosen Kleinen höher geachtet waren als sie, und der ihr Licht und ihr Heil war. Wir empfanden in Wahrheit, was es heißt, »geachtet zu sein wie die Schlachtschafe« (Röm. 8,36) und trugen bei alledem die Gewissheit in uns, dass »weder Tod noch Leben, weder Hohes noch Tiefes, noch irgendein anderes Geschöpf uns zu scheiden vermag von der Liebe Gottes, die in Christus Jesus ist, unserem Herrn« (Röm. 8,38f).

Kapitel neun
Verurteilt

Vater, hilf mir aus dieser Stunde! Vater, verherrliche deinen Namen! (Joh. 12,27-28)

Die wenigen Stunden, die uns bis zur Vollstreckung unseres Todesurteils noch blieben, waren nach außen hin voll Unruhe. Der Mandarin Ma quartierte sich in unserem Zimmer ein und breitete mit noch einem anderen bösen Gesellen seine Kissen auf unserem Kang aus. Bis tief in die Nacht hinein kamen und gingen Leute. Frech und mit höhnischer Offenheit besprachen sie vor unseren Ohren das Ereignis des kommenden Tages. Am gemeinsten benahm sich Ma selbst. Er stieg auf den Kang und durchsuchte mit eigener Hand unser Gepäck Stück für Stück. Endlich fiel das Gewünschte in seine Hände. Mit triumphierender Habgier ergriff er den Beutel mit dem Silber und wandte sich an uns: »Ihr fremden Teufel müsst die 200 Taels noch voll machen, ehe wir mit euch fertig sind. Wo ist der Rest?« Da wir sahen, dass mit Entgegnungen nichts zu erreichen war und wussten, dass Widerstand, selbst wenn er möglich gewesen wäre, nicht nach dem Sinne unseres sanftmütigen Meisters gewesen wäre, »der nicht drohte, als er litt« (1.Petr. 2,23), so überließen wir ihm ruhig unseren kleinen Vorrat, nicht ohne jedoch das Unrecht als solches zu verurteilen.

Als alles in seinen Händen war, ließ Ma eine Waage holen und prüfte das Gewicht. Ich sehe ihn noch, wie er im Schein der Lampe, von einem halben Dutzend Halunken umgeben, das Silber abwog. Der schwelende Docht erhellte die gierigen Züge der vornüber gebeugten Gestalten, und der schmutzige, mit Spinnengewebe überzogene Raum machte durchaus den Eindruck einer Diebeshöhle. Ich lernte damals verstehen, wie Geldgier eine Wurzel alles Bösen ist (1.Tim. 6,10). Jede unreine Leidenschaft lauerte hinter der Gier, die sich auf den Gesichtern widerspiegelte. Sie schienen vom Mammon förmlich besessen zu sein; er war ihr ganzes Leben. Sie waren imstande, ihre Seelen zu verkaufen, um ihn zu besitzen.

Nachdem das Gewicht des Silbers festgestellt war, wandte sich Ma an uns: »Es fehlt noch so und so viel. Heraus mit dem übrigen Geld, oder es geht euch schlecht!« Wir erwiderten, er habe jetzt alles, was wir bei uns hätten. Er habe uns schon selbst durchsucht; wenn er aber Zweifel hege, dann könne er ja noch einmal nachsehen. Daraufhin wurden wir abermals durchsucht; jedoch ohne den gewünschten Erfolg. »Gut«, sagte Ma mit bedeutsamem Blick, »wenn ihr die Summe nicht in Geld aufbringen könnt, dann müsst ihr den Rest in Waren aufbringen«; und sofort machten sie sich über unsere auf dem Kang liegenden Sachen her und eigneten sich davon an, was ihr Herz begehrte. Darauf wandte Ma sich erneut an uns. »Noch immer nicht genug«, herrschte er uns an, »was habt ihr noch? Her damit, aber schnell!« und damit wollte er uns von neuem durchsuchen. So gaben wir ihm denn unsere letzten Habseligkeiten, unsere Uhren, die wir in einer inneren Tasche verborgen trugen. Diese und mein Taschenmesser wurden offensichtlich als ein großer Fund betrachtet und voll Befriedigung hin- und hergewendet. Aber auch das genügte noch nicht. »Noch immer nicht genug«, sagte Ma, »was in unseren Händen ist, bringt die Summe erst auf 150 Silberunzen. Eure Sachen in den Sänften sind somit auch beschlagnahmt.« Das brauchte er uns nicht erst zu sagen. Wir wussten das längst. Es war nur ein echt chinesischer Versuch, einen Diebstahl im Großen zu vertuschen.

Nachdem die Schurken so ihre Bosheit gerechtfertigt hatten, legten sie sich neben uns nieder, jedoch nicht um zu schlafen, sondern um sich dem Opiumgenuss hinzugeben und ihre Beute zu feiern. Es mochte gegen 3 Uhr morgens sein, als ein Mann mit einer großen Yamenlaterne hereinkam, offenbar um Weisungen zu empfangen. Kaum hatte er sich wieder entfernt, da unterbrach der tiefe Ton des Gongs die nächtliche Stille, der sich dann bis Tagesanbruch von Zeit zu Zeit wiederholte.

In diesem allen durften wir erleben was es heißt, sich an der Gnade des Herrn genügen zu lassen. Trotz der ungeheuren Hitze, des Ungeziefers und des Opiumqualms nickte meine Frau ein, wofür ich dem Herrn nicht genug danken konnte. Als sie wieder erwachte, sprachen wir nur wenig und nur im Flüsterton miteinander. Wir wollten keinen Verdacht erregen. Dafür dachten wir in der Stille nach und wurden durch das Wort getröstet: »Ich weiß, an wen ich glaube, und bin überzeugt, dass er mächtig ist, das mir anvertraute Gut zu bewahren bis zu jenem Tag« (2. Tim. 1,12).

Obwohl es noch dunkel war, begann mit dem Schlagen des Gong sich draußen neues Leben zu regen. Alle Augenblicke öffnete sich die Tür; zwei oder drei guckten herein, schielten zu uns herüber, wechselten ein paar Worte mit dem Mandarin und gingen hinaus. Als der Morgen graute, füllte sich der Hof der Herberge wieder mit Menschen; und als es Tag war, wimmelte der ganze Platz von einer dichtgedrängten Volksmenge.

Noch etwa zwei Stunden wurden wir in Gewahrsam gehalten. Der Herr stärkte uns darin, die vielen Fragen, mit denen man uns quälte, höflich zu beantworten, und alle Beleidigung, die man uns antat, geduldig zu ertragen. Es tröstete uns nicht wenig, dass es uns möglich war die zu segnen, die uns fluchten, und für die zu bitten, die uns beleidigten (Mt. 5,44). Während unserer wochenlangen Gefangenschaft machte das mehr als einmal auf unsere Feinde tiefen Eindruck, da es in krassem Gegensatz zu dem stand, was sie in ähnlicher Lage tun würden. Wir hörten sie manchmal unter sich sagen: »Diese Leute können im Grunde nicht so schlecht sein; während wir fluchen und bitter reden, ist ihr Mund voll Güte und voll freundlicher Worte. Sie vergelten nicht Schimpfwort mit Schimpfwort. Sie häufen sich sicherlich große Verdienste auf für das zukünftige Leben.«

Inzwischen war Ma, der Mandarin, eifrig beschäftigt. Der Lärm draußen wurde schwächer; wir schlossen daraus, dass nun die letzten Anstalten zu unserer Niedermetzelung getroffen würden. Ohne es durch Wort oder Gebärde zu verraten, nahmen meine Frau und ich Abschied von einander. Die Herrlichkeit, von der sie mir zuflüsterte, lag auf ihrem Gesicht, und ihr fester Händedruck sagte mir, wie vollständig sie über die Todesfurcht hinweggehoben wurde. Nur als sie ihrem kleinen Sohn den letzten Kuss gab, trat eine Träne in ihre Augen, aber das war alles.

Gemeinsam beteten wir noch; ich befahl ein jedes der Meinen in die Hand des himmlischen Vaters. Doch selbst jetzt legte mir der Herr noch die Bitte auf die Lippen: »Wenn es nicht dein Wille ist, o mein Gott, dass wir jetzt sterben, dann mache den Rat unserer Widersacher zunichte und schwäche ihren Arm um deines wunderbaren Namens willen.«

Fast unmittelbar darauf trat der Mandarin mit seinen Helfershelfern herein und wies uns in gebieterischem Ton hinaus. Ich ging mit meinem kleinen Jungen voran; meine liebe Frau folgte mir mit der kleinen Hope. In seiner Ungeduld konnte Ma sich nicht länger beherrschen. Er ergriff Fräulein Gates bei den Haaren, zerrte sie vom Kang herunter und versetzte ihr mit der geballten Faust einen Schlag, so dass sie zur Türe taumelte.

Draußen standen unsere Sänften zu unserer Aufnahme bereit. Kaum hatten wir uns setzen können, als das Zeichen zum Aufbruch gegeben wurde. Unsere Begleiter, Schengmin und Pauri, wurden mit Gewalt zurückgehalten. Die Sänften setzten sich gleichzeitig in Bewegung, zuerst meine, dicht hinter ihr diejenige meiner lieben Frau, das war mir eine Beruhigung: So sollten wir doch wenigstens im Tode nicht getrennt werden.

Als wir durch das Tor auf die Straße gelangten bot sich uns ein gewaltiger Anblick! Die Straße war auf etwa hundert Meter mit Boxern in roter Uniform, mit Schwert und Spieß bewaffnet, besetzt. Darüber hinaus sah man, so weit das Auge reichte, eine dichte, unzählbare Volksmenge, scheinbar gleichfalls bis auf den letzten Mann mit groben Werkzeugen irgendwelcher Art bewaffnet.

Kaum hatten wir den Hof verlassen, als sich der Pöbel uns anschloss. Es wurde ein Zug gebildet, an dessen Spitze Ma, der Mandarin, schritt. Ein junger Mann mit einem großen Gong stellte sich neben meiner Sänfte auf. Als alles fertig war, setzte sich der Zug auf ein Zeichen des Mandarins nach dem Takt des Gongs in Bewegung. Für mich hatte das alles nur eine Bedeutung: Es handelte sich um eine Opferprozession, *wir* sollten das Opfer sein und wurden in feierlichem Zuge zur Opferstätte abgeführt.

Die Lage war ganz dazu angetan, dem natürlichen Menschen Furcht und Schrecken einzuflössen, aber unsere Augen sahen auf den Herrn, und er stärkte uns. Das einzige, was mich mit Sorge erfüllte, waren die grausamen Mordwerkzeuge in den Händen des Pöbels. Beim Anblick der scharfen Klingen und Lanzenspitzen der Boxersoldaten dankte ich dem Herrn von Herzen; sie ließen doch wenigstens ein schnelles Ende erhoffen. Eine Bande verwegener Raufbolde schritt neben meiner Sänfte her. Ich sehe noch den Mann unmittelbar neben mir, bis auf die Hüften entblößt, den Zopf um den Kopf geschlungen, kampfbereit, mit einem großen Stein in seiner Rechten und einem langen Messer in seiner Linken.

Um zu sehen, wie es um meine Lieben und Fräulein Gates stand, machte ich mit großer Anstrengung ein Loch in die Rückwand meiner Sänfte und blickte hindurch. Welch ein Anblick! Hinter mir wogte ein Meer von Köpfen und Waffen, und die leichten, zerbrechlichen Sänften tanzten wie zwei Muschelschalen auf dem Kamm schäumender Wogen hin und her. Ihre Insassen waren noch darin, obwohl Fräulein Gates weit zurück war. Meine teure Frau saß mit unserer herzigen kleinen Hope mit dem Gesicht mir zugekehrt, so dass ich jeden Zug ihres Gesichts sehen konnte. Sie hatte ihren Arm um die ängstliche Kleine geschlungen und sprach ihr freundlich zu, und während sie sprach, spiegelte sich ihre eigene Ruhe in den blassen Zügen des Kindes wieder. Sie sah von Zeit zu Zeit auf das wilde Treiben vor ihr und sah doch nicht auf dieses, sondern auf den Unsichtbaren, denn ein himmlisches Lächeln umspielte ihren Mund, und ihr Antlitz strahlte von überirdischem Licht, ja, ihr »Angesicht war wie das Angesicht eines Engels« (Apg. 6,15). Ich konnte nur den Herrn preisen, als ich sah, wie in seiner armen, schwachen Magd durch die Seine Kraft, der ihr Leben war, der Tod verschlungen war in den Sieg (1.Kor. 15,54).

Ungefähr zwei Drittel der langen Hauptstraße des Fleckens hatten wir zurückgelegt, als der Mandarin plötzlich dem vorderen meiner beiden Tiere einen heftigen Schlag versetzte und es durch einen Ruck zum Stehen brachte. Dann fing er an, auf echt chinesisch zu fluchen und zu toben. Er schalt die Menge wegen ihrer »Friedfertigkeit«, durch welche sie die ganze Sache verdorben habe. Ich wusste damals nicht, was er meinte; aber offenbar war das verabredete Zeichen zum Angriff auf uns nicht beachtet worden. Wahrscheinlich hatte auf ein von ihm zu gebendes Zeichen an einer bestimmten Stelle beim Verstummen des Gongs die Menge über uns herfallen sollen. Die Steile war erreicht, der Gong war verstummt; letzteres wenigstens war der Fall, und die Menge hatte gezögert, ihr Teil zu tun; nicht umsonst hatten wir vor dem Verlassen der Herberge Gott angerufen, er möge ihre Pläne zunichte machen. Unsere Lage war ja von menschlichem Standpunkt aus durchaus hoffnungslos, und ich bezeuge es, dass unsere Rettung das Werk dessen war, der Gebete erhört und die »Weisen fängt in ihrer List« (Hiob 5,13).

Der Mandarin gab endlich dem Drängen seiner nächsten Umgebung nach, uns zur Grenze des Stadtbezirkes zu bringen. Dies waren dieselben Männer, die in der Herberge gegen uns Anklagen vorgebracht hatten, und dort wollten sie dann, wie sie sagten, zu seiner Befriedigung die Sache zu Ende bringen. Von neuem setzte sich der Zug in Bewegung; zügig ging es durch das Stadttor hindurch.

Wir waren jetzt außerhalb der Stadt. Da steckte Ma seinen Kopf in meine Sänfte und rief mir zu: »Wirf deinen Sänftensitz heraus! Schnell!« Das war leichter gesagt als getan. Denn er war nicht bloß ziemlich umfangreich, wir saßen außerdem darauf; wie sollten wir ihn unter uns hervorbekommen? Dem Mandarin schien die Schwierigkeit nicht geringer als uns, und er begann sie ohne weitere Umstände mit eigener Hand zu lösen. Meine Mithilfe ersparte ihm und gleichzeitig uns viel Mühe und rettete uns ohne Zweifel. Wohl zog die schwerfällige Masse beim Fallen uns und das ganze Gefüge beinahe nach sich, aber das letztere richtete sich wie ein von Ballast erleichtertes Boot wieder auf, und ich taumelte mit meinem kleinen Jungen auf die scharfen Kanten des Gestells meiner Sänfte zurück.

Das Verschwinden des Sänftensitzes und seines Inhalts ließ auch zeitweilig die Männer in unserer unmittelbaren Nähe verschwinden. Wie gierige Wölfe stürzten sie sich auf die Beute und blieben zurück; allerdings nahmen andere sofort ihre Stelle ein. Allmählich sanken wir tiefer hinab in das Netzwerk unserer Sänfte. Um dem abzuhelfen, schwang ich mich mit einem Ruck auf die Querstange und nahm Hedley auf meine Knie. Dabei kamen wir jedoch dem Hinterteil unseres vorderen Maultieres zu nahe, und dieses begann heftig nach hinten auszuschlagen. Jetzt durften wir nicht länger in der Sänfte bleiben, wenn wir uns nicht in die Maschen des Tauwerks verwickeln wollten. Schnell entschlossen nahm ich darum Hedley unter meinen Arm und sprang zur Erde.

Die Szene, die sich mir darbot, spottete jeder Beschreibung. Bisher war es mir, von drei Seiten eingeschlossen, nicht möglich gewesen, sie zu übersehen, jetzt konnte ich es. Der Wunsch des Mandarin, meinen Sänftensitz zu haben, schien das Zeichen zum Angriff gegen uns gewesen zu sein. Der Pöbel stürmte gleichzeitig auf die drei Sänften ein und spaltete sich in einzelne Trupps beutegieriger, kämpferischer Dämonen. Ich hatte meine Sänfte nicht einen Augenblick zu früh verlassen, denn kaum hatten meine Füße den Boden berührt, als sie unter dem Ansturm der Menge zusammenbrach und in Stücke ging.

Aber wo mochten die beiden anderen Sänften sein? Ich konnte mir nicht vorstellen, dass ihre Insassen noch am Leben waren – alles um mich her bedeutete ja Tod, sicheren Tod für uns alle; es konnte sich nur noch um Augenblicke handeln. – Dennoch kam mir der natürliche Gedanke: Wo sind die meinen? Sind wir noch beisammen? Sind sie bereits heimgerufen? – Fräulein Gates' Sänfte war nirgends zu sehen, und ich schloss daraus, dass unsere Schwester nicht mehr am Leben sei. Aber dort in einer Entfernung von etwa zwanzig Metern war die Sänfte meiner Frau und zwischen mir und ihr der wütende, heulende Pöbel, der uns von allen Seiten umringte. Es war, als ginge mir ein Schwert durch die Seele. Außerstande, den Meinen zu Hilfe zu kommen, musste ich zuschauen, wie man sie mit dem Tod bedrohte. Ich sah wie die Sänfte sich erst hob und dann zu Boden fiel, während die Maultiere in wilder Flucht davoneilten. Ich sah die Meinen im nächsten Augenblick unter einer wogenden Menge von Teufeln in Menschengestalt begraben. Ich sah die blinkenden Messer, mit denen sie auf das Tauwerk und Gestell einhieben, und ich rief zu Gott, er möge doch mit meiner geliebten Frau und meinem Töchterchen Erbarmen haben und ihre Leiden verkürzen. Ich wollte ja jetzt gerne sterben.

Da, was war das? Mitten aus dem mordgierigen Haufen kam meine geliebte Frau zum Vorschein und mein Kind, meine Hope, war bei ihr! Wie man auf Lazarus geschaut haben mag, als er aus dem Grabe hervorkam, so blickte ich auf sie. Das Wunder war kaum weniger verblüffend. Es war nichts anderes als die Auferstehung von den Toten. Wie Abraham seinen einzigen geliebten Sohn von den Toten wieder nahm, so – ich spreche in tiefster Ehrfurcht – empfing ich die Meinen wieder. Wie sprang ich auf sie zu! Das Haar meiner Frau war zerzaust, ihr Antlitz totenbleich, aber sie war dabei so ruhig und gefasst wie vorher, als ich sie durch das Loch in meiner Sänfte beobachtet hatte. Beide, Mutter und Kind, waren unverletzt. Sie hatten wohl Beulen und zerrissene Kleider, aber keine Wunde, keinen einzigen Riss davongetragen, und die kleine Hope war so ruhig wie ihre Mutter. Und um das Wunder voll zu machen, war auch Fräulein Gates bei ihnen, ruhig und unverletzt, gleich ihnen. Wie war das alles möglich? Ich weiß nur eine Antwort: Gott hatte es getan; sein Engel hatte sie behütet.

Ich kann die Gefühle, mit denen wir uns wieder beisammen sahen, nicht beschreiben. Wie gingen an eine freie Stelle am Wege und erhoben unsere Herzen in Dank und Anbetung zu dem, der große Wunder tut. Wir sahen in dem eben Erlebten das Zeichen für eine vollständige Errettung und dachten an das Wort, das uns der Herr bei unserem Aufbruch von Luan gegeben hatte: »Ich werde nicht sterben, sondern leben und des Herrn Worte verkündigen.«

Eine Garantie hatten wir natürlich nicht dafür, dass wir am Ende der Vollstreckung des über uns gefällten Urteils entrinnen würden. Wir leben eben »im Glauben und nicht im Schauen« (2.Kor. 5,7), und Glauben heißt: Sehen auf das Unsichtbare, auf Gottes Verheißung, auf Gottes Treue, auf Gottes Macht und ihm die Ehre geben, selbst wenn durch das, was vor Augen ist, eine Errettung aus Not und Gefahr ausgeschlossen erscheint. Es verging in jenen dunklen Wochen kein Augenblick, dass wir nicht im Glauben unsere Blicke zu dem, der die Auferstehung und das Leben ist (Joh. 11,25), erheben mussten, und im Glauben daran festhalten mussten, dass »Gott imstande ist, auch aus den Toten aufzuerwecken« (Hebr. 11,19). Es gab auch Augenblicke, wo mein Fuß gleiten wollte, wo ich im Blick auf die völlige Hoffnungslosigkeit unserer Lage in Versuchung kam, dem lebendigen Gott Schranken zu setzen und die unwürdige Frage zu stellen: »Kann Gott?« Aber ich preise sein Erbarmen, dass er mich immer wieder aufrichtete und mich entschlossen jene Frage zurückweisen ließ im Hinschauen auf Jesus, den Anfänger und Vollender des Glaubens (Hebr. 11,2). So warteten wir denn ab, was Gott jetzt weiter tun würde.

Als die Sänften erst einmal zertrümmert waren, fand ihr Inhalt rasch Abnehmer. Jeder nahm, was er gerade wollte, und machte sich dann mit seiner Beute davon. Zu unserer Verwunderung stob die Menge danach in alle Richtungen davon und ließ uns allein. Wie kam das? Hatte Gottes Geist sie zerstreut? Oder hatte sie, wie früher bei König Nebukadnezar, noch einen bei uns stehen sehen, gleich »einem Sohn der Götter?« (Dan. 3,25). In wenigen Minuten war von dem dichtgedrängten Haufen, der uns zur Vollstreckung des Todesurteils aus der Stadt hinausgeleitet hatte, nichts mehr zu sehen als einige zerstreute Gruppen von drei oder vier Personen, die uns aus der Ferne beobachteten.

Unter den Abziehenden befand sich auch der schreckliche Ma. Gerade als ich mit meinem Jungen aus der Sänfte heraus gesprungen war und nun, den Todesstreich erwartend, mitten unter der Menge dastand, stürzte er plötzlich auf mich los, versetzte mir einen Schlag, der mich taumeln ließ, und befahl mir, sofort herauszugeben, was ich noch bei mir trug. Ich öffnete ruhig mein Unterkleid, wobei er ein kleines Täschchen, in dem sich mein Pass befand, zu Gesicht bekam. Er griff schnell hinein und zog die wertvolle Urkunde heraus. Ein Blick auf die Überschrift genügte, um ihn über den Inhalt des Schriftstücks aufzuklären, und mit einem boshaftem Lachen zerriss er es vor meinen Augen. Dann befahl er mir, ihm die Tasche zu geben und eilte mit ihr davon. Das war das Letzte, was ich von Ma, dem Mandarin, sah.

Sehr merkwürdig war es, dass die Boxer uns nicht zu nahe kamen. Über das Stadttor hinaus folgte uns keiner. Bedenkt man, dass doch die Ausrottung der fremden Teufel der ausdrückliche Zweck ihrer Vereinigung war, und dass wir nicht nur tatsächlich in ihren Händen waren, sondern sie auch beabsichtigten, zusammen mit den anderen das blutige Werk zu vollbringen, so lässt sich die Tatsache, dass wir von ihnen unbehelligt blieben, nur durch Gottes unmittelbares Eingreifen erklären. Wir, die wir selber alles durchlebt haben und die Schrecken des Todes damals empfanden, bezeugen es, dass das ganze Ereignis von Anfang bis Ende eine Kette von Wundern war. Der Herr hatte unser gemeinsames Gebet vor Verlassen der Herberge erhört. »Wenn es nicht dein Wille ist«, so hatten wir ihn gebeten, »dass wir jetzt sterben, dann mache den Rat unserer Widersacher zunichte und schwäche ihren Arm um deines wunderbaren Namens willen.« Der Herr hatte beides getan. »Schmiedet einen Plan – es wird doch nichts daraus! Verabredet etwas – es wird doch nicht ausgeführt; denn Gott ist mit uns!« (Jes. 8,10).

Kapitel zehn
In Todesnöten

Und wer ist hierzu tüchtig? ... unsere Tüchtigkeit kommt von Gott (2.Kor. 2,16; 3,5)

Wir befahlen in unserer jetzigen Lage uns und unsere Wege von neuem dem Herrn an. Unser Leben hatten wir zwar gerettet, sonst aber hatte man uns alles geraubt. Wir besaßen nicht einen einzigen Käsch, um uns Nahrungsmittel zu kaufen, und mussten befürchten, dass die Rachgier unserer Feinde noch nicht gestillt war. Was sollten wir da tun? Wohin sollten wir gehen? Gingen wir weiter, so bestand die Gefahr, einer Schar von Meuchelmördern in die Hände zu fallen. Kehrten wir in die Stadt zurück, so gerieten wir in dieselbe Mördergrube, aus der wir eben erst mit knapper Not entkommen waren. Wir waren wirklich ratlos. Da blickten wir auf zu unserem großen Erretter und baten ihn in aller Demut, uns zu führen, wie er sein Volk von alters her geführt hat nach dem Wort: »Er führte sie sicher, dass sie sich nicht fürchteten« (Ps. 78,53). Unsere Ratlosigkeit war so groß, dass wir buchstäblich keinen Fuß vor den anderen zu setzen wagten, ohne zu ihm aufzublicken.

Im Gebet erhielten wir die Gewissheit, dass wir nach Hantien umkehren sollten. Die »Friedfertigkeit« der Bewohner hatte die Berechnungen des Mandarins umgestoßen, und wir schlossen daraus, dass wir in ihrer Nachbarschaft doch noch sicherer waren als auf offener Landstraße, wo die Ungesetzlichkeit gänzlich ohne Schranken ist. Auch konnten Schengmin und Pauri uns dort leichter finden als anderswo. Außerdem waren wir hungrig und durstig, da wir seit zwanzig Stunden nichts zu uns genommen hatten, und hofften im Stillen, dass sich selbst unter unseren Feinden jemand unser erbarmen und wenigstens den lieben Kleinen etwas zu essen geben werde. So kehrten wir denn um.

Müde gingen wir denselben Weg zurück, der vorher noch unser »Kreuzesweg« gewesen war, traten durch das Tor des Marktfleckens und setzten uns etwa zwanzig Meter davon entfernt auf einem Steinblock nieder. Die lange Straße war jetzt fast verlassen in seltsamem Gegensatz zu der Szene, die sich hier vor einer Stunde noch abgespielt hatte. Hier und da sah man wohl kleinere Menschengruppen, die zusammen sprachen, und in dem Torweg uns gegenüber standen einige Frauen, die uns neugierig beobachteten. Wir warteten ein Weilchen, um zu sehen, welche Wirkung unser Wiedererscheinen haben würde. Als wir jedoch feststellten, dass man uns unbelästigt ließ, sprach Fräulein Gates in der Hoffnung, dass unsere hilflose Lage das Mitleid der Frauen erregen würde, von ihrem Sitz aus zu ihnen. Sie flehte sie um Barmherzigkeit an und bat sie um etwas Wasser. Sie sahen einander an, schüttelten beinahe furchtsam den Kopf und zogen sich in die sichere Abgeschiedenheit des Torwegs zurück.

Schutzlos den glühenden Sonnenstrahlen ausgesetzt, saßen wir da und schauten sehnsüchtig nach unseren beiden Gefährten aus. Ihre Gegenwart erschien uns jetzt dringend nötig. Wo uns niemand Speise zu geben wagte, da konnten sie uns welche verschaffen. Auch anderes, was wir nicht tun konnten, konnten sie für uns tun.

Inzwischen wurde unsere Lage schon wieder kritisch. Das Gesindel, das uns draußen auf freiem Felde aufgelauert hatte, sammelte sich um uns. Zuerst, wie von abergläubischer Furcht zurückgehalten, kam es dann aber allmählich näher und näher, bis es uns dicht umringte. Alle waren bewaffnet. Wir hatten es offenbar mit dem Abschaum des Ortes zu tun, verkommene Leute, die vor nichts zurückschreckten. In verhängnisvollem Schweigen glotzten sie uns an. Ein paar geflüsterte Worte der um uns Stehenden ließen uns schließen, dass es für uns an der Zeit sei aufzubrechen. Doch wohin sollten wir uns wenden, wohin sollten wir fliehen?

Da half uns Gott von neuem. Durch den Kreis der Umstehenden hindurch zwängte sich – Schengmin. Ich werde den Augenblick nie vergessen. Wie wurden wir getröstet durch das Erscheinen des lieben Bruders, den wir gerade jetzt so notwendig brauchten. Er überschaute sofort unsere Lage und sagte leise: »Wie es scheint, will Gott euch retten, da er euch bisher beschützt hat. Aber jetzt kommt schnell! Wir dürfen hier nicht bleiben.«

Wir standen von unserem Sitzplatz auf. Die Wirkung auf die Umstehenden war offenbar eine verwirrende. Finster wichen sie zurück. Nicht ein einziger versuchte uns anzurühren oder auch nur uns zu folgen, als wir an ihnen vorbei durch das Tor wieder hinaus ins

Freie gingen. Als wir so unserem Führer folgten, kamen wir an eine Wegscheide. Die Hauptstraße ging nach links, während geradeaus eine Art Saumpfad durch einen Talgrund führte. Wir wählten den Pfad, weil wir hofften, da leichter unbeobachtet bleiben zu können. Später wollten wir wieder zur Hauptstraße stoßen. Kaum hatten wir den Talgrund betreten, da kamen wir an zwei Landstreichern vorüber, von denen uns der ältere in verdächtiger Weise musterte, worauf sich beide an unsere Fersen hefteten. Es war ein einsamer Ort. Da ich Schlimmes befürchtete, kletterten wir den Abhang in Richtung Hauptstraße hinauf, um dann querfeldein zu gehen.

Das Hantien-Gesindel hatte sich inzwischen so weit von seiner Bestürzung erholt, dass es ihm leid tat, uns unbehelligt entkommen zu lassen. Als wir am Rande des Abhangs auftauchten, sah uns ein bewaffneter Trupp und gab den andern ein Zeichen. Auf Schengmins Rat gingen wir sofort wieder in die Schlucht zurück.

Die beiden Landstreicher waren jetzt dicht hinter uns. Um nicht den Eindruck von Furcht zu erwecken, mäßigten wir unsere Schritte, setzten uns auch von Zeit zu Zeit wie zum Ausruhen nieder. Setzten wir uns allerdings hin, so setzten auch sie sich; standen wir auf, so standen auch sie auf. Ohne Zweifel hatten sie einen bestimmten Plan. Was sehr gut für uns war, war die Anwesenheit von Schengmin. Wären wir allein gewesen, wer weiß, was geschehen wäre.

Dort in jener Schlucht kam mir wie nie zuvor unsere völlige Hilflosigkeit zum Bewusstsein. Man stelle sich unsere Lage vor! Wir waren ohne jegliche Hilfsmittel, über tausend Kilometer vom nächsten Zufluchtsort entfernt, ohne Fahrgelegenheit, ohne die Geldmittel, uns welche zu beschaffen, von feindseligen Massen rings umgeben. Wir »irrten umher in der Wüste, auf ödem Weg; sie fanden keine Stadt, in der sie wohnen konnten. Hungrig und durstig waren sie, ihre Seele verschmachtete in ihnen« (Psalm 107,4). Noch wenige Tage und die heißeste Jahreszeit würde beginnen, die sogenannten Fu-tien, d. h. Hundstage; und wenn ich dann die beiden schwachen Frauen und meine zwei schutzlosen Kinder vor mir sah, da kam mir unausweichlich die Frage: »Kann dein Herz das ertragen? Ja, wer ist hierzu tüchtig?«

Mich hielt und tröstete die wunderbare Ruhe und Heiterkeit, die der Herr den beiden Frauen schenkte. Auch sah ich die Notwendigkeit, den Kindern Zerstreuung zu bieten, was die eigene Sorge vergessen ließ. Wir erzählten ihnen kleine Geschichten, suchten ihnen

Blumen und erklommen die Böschungen, um welche zu pflücken. So kamen wir an eine sumpfige Stelle, wo wir zu unserer Freude zwischen üppig wucherndem Gras eine Wasserlache entdeckten. Wir tranken aus dem kleinen, stillstehenden Teich, das erste Mal wieder seit 22 Stunden und konnten endlich mal wieder Gesicht und Hände kühlen. Wie groß war unsere Dankbarkeit gegen den Vater im Himmel. Da rief plötzlich der ältere Landstreicher Schengmin zu sich. Dieser setzte sich nach Austausch der üblichen Höflichkeitserweise in der Hoffnung, dass jener doch vielleicht freundliche Absichten hätte, neben ihn auf den gegenüberliegenden Abhang und hatte mit ihm ein kurzes Gespräch. Hauptsächlich ging es darum, dass der Landstreicher nicht weit von dem Ort entfernt eine Höhle wusste, wo er uns, wenn wir es wünschten, auf einige Tage verbergen und mit den nötigen Lebensmitteln versorgen wollte. Wir lehnten dies jedoch sofort ab, da es ohne Zweifel eine Falle war.

Von da an änderte sich Schengmins Verhalten uns gegenüber in auffallender Weise. Er antwortete uns, wenn wir ihn anredeten, in unfreundlichem Ton und gab uns die Richtung, die wir einzuschlagen hatten, nur mit einer Handbewegung an. Er gesellte sich zu den beiden Landstreichern und ging mit ihnen hinter uns her. Ob dies nur eine List von ihm war, da er sah, dass wir vollständig in der Hand der beiden waren, oder ob er sich über uns geärgert und sich gegen uns gewendet hatte, was uns freilich nach all den Beweisen von treuer Selbstaufopferung, die er bisher gegeben hatte, undenkbar erschien, konnten wir nicht entscheiden. Es bekümmerte uns aber, ja es machte uns Angst, zumal er uns in Richtung der erwähnten Höhle wies.

Als wir am Ende der Schlucht angelangt waren, lag etwa zehn Minuten vor uns ein kleines Dorf namens Schahokau. Offenbar wurden wir erwartet; denn eine Schar Männer und junger Burschen kam, sobald sie uns entdeckt hatten, auf uns zu. Jeder von ihnen trug eine Waffe oder irgendein Gerät. Man sah Hacken, Gabeln, Sicheln, Messer und sonstiges. Aller Mut verließ mich, als wir uns wiederum dem gewalttätigen Pöbel gegenübersahen. Was sollten wir tun? Wohin sollten wir fliehen? Von allen Seiten, von hinten und von vorn kamen bewaffnete Scharen herbeigeeilt. Auch das Hantien-Gesindel war jetzt zur Stelle und im Nu waren wir dicht umzingelt.

Wiederum schien der Tod uns unausweichlich; darum setzten wir uns ruhig am Wegrand hin und erwarteten unser Ende. Allerdings hatte der Landstreicher wohl andere Gedanken und Pläne. Er befahl uns aufzustehen und lenkte uns zu einer Hütte am Ende des Dorfes. Dankbar dafür, dass die Spannung unserer Lage sich so doch etwas löste, gingen wir mit ihm, geleitet von der bunten Menge.

Die Sonne stand jetzt hoch am Himmel, und wir freuten uns auf die Aussicht, unter dem Binsendach der Hütte etwas Schutz vor ihren glühenden Strahlen zu finden. Der Torwächter des Dorfes, dem die Hütte gehörte, wollte jedoch nichts mit uns zu tun haben und wies uns ab. Ein mit Gras bewachsener Abhang dicht daneben, von einer Gruppe junger Bäume beschattet, bot uns einen freundlicheren Ruheplatz. Kaum hatten wir uns dort niedergelassen, als wir wie zuvor umringt wurden.

In den drei Stunden, die wir an dieser Stelle verbrachten, mussten wir wiederum in vollem Maße die Bitterkeit des Todes und zu gleicher Zeit die Süßigkeit der Tröstungen unseres gegenwärtigen Herrn erfahren. Über das Vorhaben unserer Feinde konnten wir uns nicht täuschen. Offenbar wollten sie zunächst ein wenig mit uns spielen, wie die Katze mit der Maus spielt, ehe sie sie tötet. Sie verbanden unanständige Reden mit grausamen Andeutungen über die Art und Weise, wie sie uns umbringen wollten, während sie dabei ihre Gerätschaften vor unseren Augen wetzten. Der Rädelsführer war der Landstreicher. »Lasst sie uns zuerst ausziehen und ihnen dann den Hals brechen«, hörten wir ihn sagen, und sein Wort ging von Mund zu Mund.

Wir waren so eine kleine Weile furchtsam dagesessen, als ein Boxer-Offizier auf dem Schauplatz erschien, ein junger Mann in strammer Haltung mit scharf geschnittenen, schönen Zügen, aber mit einem harten, gefühllosen Ausdruck im Gesicht. Nachdem er seine Tasche abgelegt hatte, zog er sein Schwert und begann mit den Umstehenden ein Gespräch. Sein oft wiederholtes »Aia!« klingt mir noch in den Ohren und sein Blick zu uns herüber lässt mir noch heute das Blut in den Adern erstarren.

»Was lasst ihr die fremden Teufel ruhig dort sitzen? Warum tötet ihr sie nicht?« fragte er. »Wir wollen sie zuerst ausziehen und durchprügeln«, gab man zurück. »Ach was!« versetzte er, »lasst sie uns gleich töten; das ist unsere Aufgabe.«

Damit trat er auf uns zu, musterte uns von oben bis unten und fragte uns, aus welchem Lande wir wären, was uns nach China geführt hätte und was wir nun vorhätten. Unsere Antworten nahm er hohnlachend auf, und indem er uns seine Verachtung in Worten sehr deutlich machte, wandte er sich wieder an die anderen. Schließlich steckte er sein Schwert in die Scheide, hing seine Tasche über und eilte davon. Im Weggehen bemerkte er noch, dass er unterwegs sei zu einem nur zwei Stunden entfernten Boxerlager und bald mit einer Abteilung Boxer von dort zurück sein werde.

Auf so wunderbare Weise schenkte uns der Herr in seiner Barmherzigkeit wieder einmal eine Frist zum Leben. Das gänzlich unerwartete Weggehen des Offiziers brachte einen schwachen Hoffnungsschimmer in unsere Herzen. Wir stützten uns auf den, bei dem kein Ding unmöglich ist.

Die Menge war inzwischen bedeutend angeschwollen. Sie wurde jetzt aufdringlicher und schloss den Kreis um uns enger. Augenscheinlich beabsichtigte man, die Sache selbst in die Hand zu nehmen, ohne die Ankunft der Boxer abzuwarten. Abermals nahmen wir beide, meine Frau und ich, Abschied von einander. Ich gab ihr noch einige Hinweise, wie sie sich bei dem zu erwartenden Angriff mit der kleinen Hope verhalten sollte.

Mittlerweile zeigte Schengmin wieder die frühere Teilnahme für uns. Er bahnte sich einen Weg durch die Menge und brachte den Kindern einen kleinen, dreieckigen Kuchen aus Reis und Datteln. Die tapferen kleinen Schätze hatten seit 26 Stunden nichts mehr gegessen. Wie leuchteten ihre Augen, als sie die verlockende Mahlzeit erblickten. Doch gerade als sie den Kuchen in den Mund stecken wollten, riss ihn einer der Umstehenden ihnen aus der Hand und aß ihn vor ihren Augen.

Damit waren die Schranken der Zurückhaltung niedergerissen, und der einen feigen Tat folgte schnell eine andere. Der Mann dicht vor meiner Frau stürzte sich plötzlich auf sie, ergriff ihre linke Hand und versuchte, ihr den Trauring vom Finger zu reißen. Mir schoss das Blut ins Gesicht, und als meine liebe Frau mich flehentlich anblickte und ihre Hand fest schloss, um den wertvollen Schatz zu hüten, da kam ich in starke Versuchung, dem schamlosen Dieb einen Schlag zu versetzen. Doch der Herr hielt mich; er gab mir das Wort in den Sinn: »Rächt euch nicht selbst, Geliebte, sondern gebt Raum dem Zorn Gottes« (Röm. 12,19), »vergeltet niemand Böses mit Bösem« (Röm. 12,17); und ich flüsterte meiner Frau zu: »Lass fahren dahin, mein liebes Herz. Sei nicht traurig darüber! Der Herr wird dir mehr schenken als das«. So öffnete sie dann ihre Hand und gab den kostbaren Schatz preis. Was es sie kostete, sich unter solchen Umständen von ihm zu trennen, und was es mich kostete, sie solcher Beschimpfung ausgesetzt zu sehen, können Worte nicht ausdrücken. Aber die Erinnerung an jenen Akt der innerlichen Selbstverleugnung ist mir doch im Grunde wertvoller, als der verlorene Ring es jemals hätte sein können; denn in dieser Selbstverleugnung war das Wesen dessen zu erblicken, wovon der Ring nur ein schwaches Abbild war, sie war der Ausdruck christlicher Frauenliebe und Frauentreue.

Jene rohe Gewalttat war das Zeichen zu einem allgemeinen Angriff. Mit wildem Geschrei stürzte man sich auf uns. Alle drei wurden wir gepackt und auf die Straße geschleudert. Wir fielen mitten hinein in den wütenden Haufen. Ich hielt es für ausgeschlossen, dass einer von uns mit dem Leben davonkommen könnte. Ich wurde von Frau und Kindern fortgerissen, wusste nichts, hörte nichts, sah nichts als den wilden Lärm und das wüste Durcheinander um mich her. Dabei wurden mir, als wollte man mich lynchen, erbarmungslos die Kleider vom Leibe gerissen. Als ich wieder zu mir kam entdeckte ich, dass ich bis auf die Socken und meinen Gürtel vollständig entkleidet war.

Es war nur gut, dass ich nicht dem Gedanken an mich und meine Lage nachhängen konnte. Wo waren meine Lieben? Wo war Fräulein Gates? Als ich mich nach ihnen umschaute, teilte sich die aufgeregte Menge, und ich erblickte meine liebe Frau. Sie stand da und schaute ängstlich nach den Kleinen aus. Die Schmach, die man ihr angetan hatte, hatte ihr die Röte ins Gesicht getrieben. Ihr Obergewand war ihr genommen. Hemd und Unterkleider, die man ihr gelassen hatten, waren zerrissen. Aber sie hatte keine ernsthafte Verletzung davongetragen und bewahrte eine heldenmütige Ruhe. »Gott sei Dank, dass du am Leben bist«, rief sie mir zu. Einen Augenblick war das unser einziger Gedanke. Dann setzte sie hinzu: »Hast du unsere Kleinen gesehen? Wo sind sie?«

Herzzerreißend war es, als wir sie ein oder zwei Sekunden später erblickten. Sie waren nicht tot, auch allem Anschein nach nicht verletzt; aber in namenloser Angst liefen sie hin und her, weinten kläglich und streckten die kleinen Hände suchend nach uns aus. Sie sehen und sie holen war das Werk eines Augenblicks. Die lieben Kleinen! Die Freude, als sie uns sahen, schien alle Furcht von ihnen zu scheuchen und bald waren ihre Tränen vergessen, als sie ihre Hände sicher in den unseren wussten. Nichts hatte man ihnen gelassen außer ihren Strümpfen und ihren leichten Gazejäckchen.

Und Fräulein Gates? Sie lag etwa dreißig Meter von uns ohne Obergewand, mit dem Gesicht am Boden, ohne sich zu rühren. Erst dachten wir, sie sei tot, aber Schengmin war bei ihr, und als ich zu ihr hinging, schlug sie ihre Augen auf, und er half ihr. Kurz darauf konnte sie mit seiner Hilfe gehen, und vereint gingen wir wieder auf die Hütte zu, wo man uns erlaubte, auf einem Brett vor der Türe Platz zu nehmen.

Ich füge hier ein, wie es meiner Frau, Fräulein Gates und den Kleinen erging, als sich die Menge auf sie stürzte. Unsere liebe Schwester wurde eine Strecke weit am Boden entlang geschleift, wobei sie derartig mit dem Kopf aufschlug, dass sie die Besinnung verlor. Hedley wurde sofort mit Gewalt entkleidet, während die kleine Hope grausam geschlagen wurde, als man ihr die Kleider vom Leibe riss. Sie erzählte mir, dass ein Mann mit einem Schwert auf sie zugekommen sei. Da habe sie den lieben Gott gebeten: »Lass ihn mir nicht weh tun!« und da habe sich der Mann von ihr weggewendet. Meine Frau war beim ersten Ansturm zu Boden geworfen und mal am Kopf, mal an den Füssen hin und her gezerrt worden.

Das Maß unserer Leiden und Demütigungen schien jetzt voll zu sein. Wir wussten beinahe nicht, was das Leichtere sein würde, weiter zu leben oder zu sterben. Ich kann die Empfindungen nicht schildern, die über mich kamen, als wir so in tiefster Schmach da saßen. Ich kann nur sagen, dass Scham und Schmerz im Blick auf unsere Lage mich dermaßen übermannten, dass ich das erste und einzige Mal auf unserer Flucht meinen Tränen freien Lauf ließ. Als meine geliebte Frau die stummen Tränen sah, sagte sie sanft: »Warum weinst du, mein Archie? Denke doch daran, dass wir zur Gemeinschaft seiner Leiden berufen sind (Phil. 3,10). Er erachtet uns würdig, um seines Namens willen Schmach zu leiden (Apg. 5,41).« So goss der Herr durch den Dienst ihrer Liebe Heilung in mein Herz.

Der Anblick unseres Elends schien in den Herzen einiger Mitleid zu erwecken. Man reichte uns einen Napf mi-tang, dünne Hirsebrühe zum Trinken. Wir dankten Gott von ganzem Herzen und baten ihn, er möge den Geber segnen; wir sahen darin ein neues Zeichen seiner freundlichen Fürsorge. Bald wurde mir über die Köpfe der Umstehenden hinweg aus dem Innern der Hütte ein kurzer, zerlumpter Rock, über und über mit Schmutz bedeckt, wie ihn in China die Bettler von Beruf tragen, gereicht. Der edle Geber war – mein Landstreicher, der sich jetzt in meinem Gewand ganz respektabel ausnahm. Er hatte seinen Zweck erreicht. Er hatte mein Gewand und ich durfte das seine haben. Er und ich, wir beide hatten die Rollen getauscht. Unter gewöhnlichen Umständen hätte viel Selbstüberwindung dazugehört, ein so ekelhaftes Ding wie den schmutzigen Rock auch nur anzufassen. So musste ich Gott danken, dass ich überhaupt etwas hatte, um meine Nacktheit zu bedecken. Dankend verneigte ich mich vor dem Mann und nahm die Lumpen aus seiner Hand.

Nach einer Weile wurde mir auch einer meiner gestohlenen Schuhe zurückgegeben, der mir dann später sehr nützlich wurde; auch die Schuhe der Kinder erhielten wir zurück. Eine besondere Freundlichkeit Gottes sah ich jedoch darin, dass mir von Pauri ein Paar Hosen ausgehändigt wurden, die den Hauptbestandteil seiner Ausrüstung für die beabsichtigte Reise nach Tschaukiakau bildeten. Sie waren tüchtig geflickt und reichten mir nur bis an die Knie; aber was machte das schon? Sie halfen mir in meiner Not und waren mir im Namen Christi und um seinetwillen gegeben worden und brachten somit seine Liebe sichtbar zum Ausdruck. Als ich dem lieben Kerl im Namen des Herrn Jesus dankte, dachte ich mit Freude an die Anerkennung, die ihm einmal aus dem Mund des Königs ausgesprochen werden würde: »Ich bin ohne Kleidung gewesen und ihr habt mich bekleidet. Was ihr einem dieser meiner geringsten Brüder getan habt, das habt ihr mir getan. Kommet her, ihr Gesegneten meines Vaters« (Mt. 25,31f).

Kapitel elf
Ein großer Leidenskampf

Vater, vergib ihnen! (Lk. 23,34)

Die Zeit verrann. Es war bereits Spätnachmittag und innerhalb kurzer Zeit konnte der Boxeroffizier mit seinen Leuten zurückkommen. Wir hatten keinen Grund anzunehmen, dass die Leute jetzt weniger bereit waren, auch den zweiten Teil des Programms, welches sie selber entworfen hatten, auszuführen. Man hatte uns unsere Kleider ausgezogen. Das sollte das Vorspiel sein zu unserer Ermordung. Man umschwärmte uns noch immer drohend und gab uns zu verstehen, dass uns nur noch eine kurze Frist geblieben sei. Ein deutliches Anzeichen dafür sahen wir auch darin, dass der Besitzer der Hütte uns von seinem Grundstück wegschickte.

Es half nichts, wir mussten wieder unseren früheren Platz unter den jungen Bäumen aufsuchen. Wir wussten, dass wir sterben sollten, dass uns, menschlich gesehen, jede Hoffnung auf Rettung genommen war und dass die Boxer jetzt jederzeit zur Stelle sein konnten. Da jeder Versuch, den Platz zu verlassen, Verdacht hervorgerufen hätte, setzten wir uns denn angesichts des Todes auf den Abhang. Alles hatte man uns geraubt, man konnte uns jetzt nur noch umbringen.

Die innere Erfahrung jener Stunde war eine ganz einzigartige. Angst und Frieden erfüllten gleichzeitig unsere Herzen. Ängstlich wandten sich unsere Blicke immer wieder in die Richtung, in der der Offizier verschwunden war. Wir standen noch ganz unter dem Eindruck des Schrecklichen, das wir soeben erlebt hatten. Und doch, wunderbar wurden Furcht und Schrecken in uns überwunden durch den tiefen, köstlichen Frieden, den der Herr uns gab.

Wie wir so dasaßen, beteten wir natürlich und zwar nicht nur für uns, sondern auch für unsere Feinde, die uns nach dem Leben trachteten. Wir wurden für die Bitterkeit des Kreuzes dadurch reichlich entschädigt, dass uns der Herr in seiner Gnade ein großes Geschenk machte: während der Gemeinschaft seiner Leiden gab er uns auch die Gemeinschaft seiner Liebe, die Herzen bezwingen kann, so dass wir mit seinen eigenen Worten von Herzen beten konnten: »Vater, vergib ihnen, denn sie wissen nicht, was sie tun« (Lk. 23,34)! Dass es wirklich möglich war, in einer solchen Lage wie der unseren vom Geist göttlicher Liebe und göttlichen Erbarmens erfüllt zu sein, anstatt von natürlichen Gefühlen wie Hass und Rachsucht, war uns ein so handgreiflicher Beweis von der Wahrheit des Evangeliums, welches wir gepredigt hatten, dass ihn uns keine Philosophie wegdiskutieren konnte.

Ich möchte wissen, was für Dienste uns der Rationalismus der sogenannten »höheren Kritik« (in England die Bezeichnung für »historisch-kritische Theologie«) geleistet haben würde, als wir stundenlang unseren Feinden gegenübersaßen und es mit ansehen mussten, wie sie die grausamen Todeswerkzeuge bereithielten. Ich wünschte fast, die klugen, gelehrten Herren, die am Schreibtisch die Geheimnisse der ewigen Wahrheit zu erforschen vorgeben, müssten einmal durch die Feuerprobe einer Boxerverfolgung hindurchgehen. Leichten Herzens legen sie von der Kanzel vermeintlich die Schrift aus, und bringen dabei die lebendigen Worte der Schrift um ihre Kraft. Mit keinem anderen Halt und Trost als den, den ihre »höhere« Wissenschaft ihnen bietet, würde ich sie nicht beneiden. Eines jedoch glaube ich bestimmt: Sie würden von ihrem Irrwahn gründlich geheilt werden und das ehrliche Geständnis ablegen müssen, dass sie die elendesten von allen Menschen sind.

Ich kann die Gnade Gottes nicht genug preisen, dass ich damals, als ich sein Wort empfing, »es nicht als Menschenwort aufgenommen habe, sondern als das, was es in Wahrheit ist, als Gottes Wort, das auch wirksam ist in euch, die ihr gläubig seid« (1.Thes. 2,13). Wäre mein Glaube nicht, bevor die Flut kam und die Wellen an ihn stießen, auf jenen Felsen gegründet gewesen (Mt. 7,24f), ich weiß, dass ich in jenen schrecklichen Wochen, in denen uns unaufhörlich die Gegenwart des Königs der Schrecken umgab, den Verstand verloren hätte. Wir lebten damals buchstäblich »von einem jeden Wort, das aus dem Munde Gottes hervorgeht« (Mt. 4,4). Durch das geschriebene Wort, das wir in unseren Herzen bewahrten, bezeugte uns das ewige Wort sich und den Vater. Jesus begegnete uns und redete mit uns auf dem Wege, und wir erlebten, dass Seine Worte Geist und Leben sind.

Es war tatsächlich oft, als hörte ich Seine Stimme neben mir. Einmal war mir, als flüsterte er mir ins Ohr: »Fürchtet euch nicht vor denen, die den Leib töten, und danach nichts weiteres tun können. Fürchtet den, welcher, nachdem er getötet hat, auch Macht besitzt, in die Hölle zu werfen! Ja, ich sage euch, den fürchtet« (Lk. 12,4-5)! – dann wieder: »Fürchte dich nicht, denn ich bin mit dir; sei nicht ängstlich, denn ich bin dein Gott; ich stärke dich, ich helfe dir auch, ja, ich erhalte dich durch die rechte Hand meiner Gerechtigkeit« (Jes. 41,10)! – dann: »Fürchte nichts vor dem, was du erleiden wirst. Sei getreu bis in den Tod, so werde ich dir die Krone des Lebens geben« (Offb. 2,10). Dann wieder sprach er zu mir Worte der Verheißung: »Wenn du durchs Wasser gehst, so will ich bei dir sein, und wenn durch Ströme, so sollen sie dich nicht ersäufen. Wenn du durchs Feuer gehst, sollst du nicht versengt werden, und die Flamme soll dich nicht verbrennen« (Jes. 43,2). Ich erkannte Seine Stimme, wenn es in mir hieß: »Habe ich dir nicht gesagt: Wenn du glaubst, wirst du die Herrlichkeit Gottes sehen« (Joh. 11,40)? »Wahrlich, wahrlich, ich sage euch: So jemand mein Wort bewahrt, so wird er den Tod nicht sehen in Ewigkeit« (Joh. 8,51)!

Diese Stellen sind mir noch besonders in Erinnerung aus der Menge der vielen, die mir damals in den Sinn kamen. Ich stützte mich mit ganzer Seele auf das »Wahrlich, wahrlich, ich sage euch« meines Heilandes. Ich kannte ihn als die Wahrheit und war bemüht sein Wort ernstlich und aufrichtig zu halten. Ich vertraute ihm, dass er seine Verheißungen »du sollst den Tod nicht sehen«, »du sollst die Herrlichkeit Gottes sehen« an mir wahr machen werde, und er rechtfertigte mein Vertrauen in überschwänglicher Weise. Ich erprobte es, dass seine Worte buchstäblich wahr sind, und er gab mir einen solchen Einblick in seine Herrlichkeit, dass ich von der Furcht des Todes völlig befreit wurde.

Durch die Geschichte vom Ende des Stephanus schenkte mir Gott reichlich Trost. Unsere Lage glich ja der seinen, und ich bat den Herrn Jesus, er möge für jeden von uns das sein, was er seinem treuen Diener in demselben großen Leidenskampf gewesen sei. Später haben wir alle, ein jeder von uns, es bezeugt, dass wir dort auf jenem Abhang unter den jungen Bäumen gewürdigt worden sind, die Herrlichkeit Gottes zu sehen.

In einem Brief, den meine liebe Frau von Hankau aus an eine Freundin in Dover gerichtet hat, fasst sie ihre Erfahrung zusammen:

> Die erste Nachricht, die uns nach unserer schrecklichen Reise erreicht hat, öffnet uns vollends die Augen über das, was der

Herr an uns getan hat. Ja, »wenn der Herr nicht für uns gewesen wäre, so hätten sie uns lebendig verschlungen« (Ps. 124,2-3)! Von ganzem Herzen sprechen wir: »Gepriesen sei der Herr, der uns ihren Zähnen nicht zur Beute gab« (Ps. 124,6). – Ich kann nur wenig schreiben, aber du sollst wissen, dass wir glücklich sind, vollkommen glücklich. Unsere Herzen sind voll Preis und Dank. Er hat uns so köstliche und gesegnete Erfahrungen geschenkt, die Erfahrung seiner schützenden Nähe, die Erfahrung seiner zärtlichen Fürsorge. Wir durften seinen Frieden im Herzen tragen und mit seiner Liebe die lieben, die uns hassten. Wir durften nichts als Herrlichkeit schauen selbst im Angesicht des Todes.

Fräulein Gates hat daheim dieselbe Erfahrung öffentlich bezeugen dürfen.

Ein Gedanke war mit im Blick auf unsere schutzlosen Kleinen besonders tröstlich, dass nämlich Stephanus nicht infolge der Steinigung, sondern in unmittelbarer Erhörung seiner Bitte: »Herr Jesu, nimm meinen Geist auf!« aus diesem Leben ging. Denn gerade noch hatte er mit lauter Stimme, also im vollen Besitz seiner Lebenskraft geschrien: »Herr, behalte ihnen diese Sünde nicht!« und unmittelbar darauf, entschlief er (Apg. 7). Auch der Ausdruck »er entschlief« schien mir mit dem Gedanken eines schmerzlichen Todes in Widerspruch zu stehen. So schrecklich auch die begleitenden Umstände unseres Todes sein mochten, das Ende, meinte ich, würde keineswegs schrecklich sein. Der barmherzige Heiland würde auf unsere Bitte durch die leise Berührung seiner Hand unseren Geist in Freiheit setzen, und nicht ein verzweifeltes Ringen mit dem Tod, sondern ein sanftes, friedliches Entschlafen würde uns geschenkt werden, so wie es Stephanus ergangen war.

Ich kann es nicht lassen, noch eine Stelle anzuführen, auf die sich meine ganze Zuversicht im Leben und im Sterben gründete: »Jetzt aber, in Christus Jesus, seid ihr, die ihr einst fern wart, nahe gebracht worden durch das Blut des Christus« (Eph. 2,13). O, diese unaussprechlich köstlichen Worte »nahe gebracht worden durch das Blut des Christus!« Sie standen mir mit leuchtenden Buchstaben vor den Augen des Glaubens. Ja, das war der Grund meines Friedens, dass Gott durch das Blut seines Sohnes Frieden gemacht hatte und dass ich gewiss sein durfte, dass ich durch den Glauben an sein Blut die Erlösung hatte, nämlich die Vergebung der Sünden. Wenn mein

Gewissen mich verklagte und mein eigenes Herz mich verdammte, wenn ich, wie es in solcher Lage wohl unausbleiblich war, mir sagen musste, dass ich auch auf dem Wege der Heiligung in manchem zu kurz gekommen sei, dann gab die Gewissheit mir Trost und Frieden, dass das teure Blut Christi den Forderungen der göttlichen Heiligkeit vollkommen Genüge getan habe und dass Er, der die Versöhnung für unsere und meine Sünde ist, selbst mein Fürsprecher beim Vater sein würde.

Der »Geist Gottes selbst gab Zeugnis zusammen mit meinem Geist« (Röm. 8,16), dass ich aufgrund des stellvertretenden Sühnopfers auf Golgatha ein geliebtes Kind Gottes war, und ich möchte es bezeugen, dass das Blut Christi, der unser Friede ist, der alleinige Grund meines Friedens im Hinblick auf mein bevorstehendes Erscheinen vor meinem himmlischen Richter war. Mit solcher Erfahrung stand ich nicht allein. Sie wurde auch von meinen Leidensgefährten geteilt, und ich weiß, dass viele andere, die damals denselben Weg täglichen Sterbens gegangen sind, in meinem Zeugnis auch ihre eigene Erfahrung ausgedrückt finden. Das ist mir immer wieder ein Anlass, Gott zu preisen!

Ich weiß nicht, wie lange wir dort unter jenen Bäumen gesessen haben. Die Zeit schien uns endlos. Die Sonne neigte sich im Westen, und noch hielt sich der Pöbel zurück, noch waren die Boxer nicht erschienen. Endlich rief uns ein Mann, wahrscheinlich ein Dorfältester, zu: »Wozu seid ihr hier? Wir brauchen euch hier nicht. Fort mit euch! Tseo pa!«

Der Ruf: »Tseo, tseo!« ging von Mund zu Mund, und ich sah darin eine von Gott gegebene Gelegenheit zum Weitergehen.

»Wir wünschen nicht hier zu bleiben«, sagte ich. »Wenn mein geehrter, älterer Bruder uns erlaubt, ruhig unseres Weges zu gehen, werden wir sofort aufbrechen.«

Wir standen auf und gingen. Wieder wich die Menge zurück, wie von einer unsichtbaren Macht gehalten. Nicht einer versuchte uns anzurühren, als wir zur Straße, die nach Kauping führte, hinübergingen.

Wir waren nicht weit gegangen, als sie uns nachkamen und uns zu verstehen gaben, dass sie nicht von unseren Fersen weichen würden. Daraufhin setzten wir uns wieder auf eine Rasenfläche am Wege und waren sofort von neuem umringt. Ein hochmütiger, junger Gelehrter, der zufällig vorbeigeritten kam, stieg ab, als er uns sitzen sah, und wollte offenbar seinen Spott mit uns treiben. Unsere Antworten auf seine Fragen über unsere Religion riefen schreckliche Verwünschungen der Leute hervor.

Bis uns unsere Kleider abgenommen worden waren, hatte meine Frau ihre winzige Taschenbibel in einer inneren Falte ihres Obergewandes versteckt bei sich geführt. Natürlich war die Bibel nun verschwunden. Ihr Verlust war uns allen und ihr ganz besonders unersetzlich. Plötzlich entdeckten wir sie nun aber in den Händen eines unserer Feinde, der gleichgültig damit spielte und den merkwürdigen Gegenstand den Umstehenden zeigte. Natürlich war es niemand anders als unser Landstreicher. Die Freude meiner lieben Frau beim Anblick ihres verlorenen Schatzes war wirklich rührend, hielt aber leider nur allzu kurz an. Trotz all unseren Bitten blieb das harte Herz des Mannes taub. Das Letzte, was wir von dem kostbaren Besitz sahen, war – o traurige Ironie – sein Verschwinden in meiner Tasche.

Der Zwischenfall mit dem Gelehrten brachte die Leute aus ihrer Zurückhaltung heraus, und sie zeigten jetzt mehr Bereitwilligkeit, mit uns zu sprechen, als zuvor. Obwohl sie nach dem Beispiel des Gelehrten freche und geringschätzige Fragen an uns richteten, so gaben sie uns doch Gelegenheit, ihnen Jesus zu predigen. Ein alter Mann, der sich schon während unseres Gespräches mit dem Gelehrten sehr herausfordernd benommen hatte, erhob jetzt gegen unsere Worte heftigen Widerspruch. Seine Wut kannte schließlich keine Grenzen.

»Je-su, Je-su«, brüllte er »was brauchen wir euren Je-su? Wir werden euch fremde Teufel aus China hinausjagen und Je-su dazu. Fort mit ihm und fort mit euch! Tseo pa!«

Unser Ende schien gekommen zu sein. Mit lautem »Tseo, tseo!« machte die Menge eine drohende Bewegung auf uns zu. Wir antworteten den auf uns Eindringenden in höflichem, begütigendem Ton, dass wir sie nicht mit unserer Gegenwart belästigen möchten. Wenn sie uns allein lassen würden, so würden wir weitergehen und sie nicht länger stören. Wiederum wichen sie zurück, als wir aufstanden, um zu gehen. Es war als wäre eine Furcht auf sie gefallen, die sie lähmte. Sie machten keinen Versuch, uns zu folgen, und als wir uns bei einer Wegbiegung umsahen, war die Straße leer.

Jetzt war die Frage, wie wir die neugewonnene Freiheit und die Zeit, die uns gelassen war, ausnutzen konnten. Gab es für uns irgendeine Möglichkeit, weiterer Verfolgung vorzubeugen?

Zum Glück entzogen uns die Anhöhen auf beiden Seiten den Blicken unserer Feinde. Wir nahmen die Kinder auf den Arm und verließen den Weg, den sie uns hatten einschlagen sehen. Wir gingen durch einen Steinbruch und wandten uns dann querfeldein. Hier wurden wir von einem heftigen Regenguss überrascht. Da wir uns nicht schützen konnten, waren wir bald bis auf die Haut durchnässt. Wir sahen jedoch in dem Regen eine freundliche Fügung unseres Gottes, die uns zugute kam. Zum Einen wurden die Gedanken der Leute dadurch beschäftigt, und dann mussten sie doch auch merken, wie unbegründet die abergläubischen, gegen uns erhobenen Beschuldigungen waren. Wir eilten vorwärts und suchten einen Unterschlupf. Doch leider umsonst, wir konnten nichts entdecken.

Inzwischen hörte der Regen auf. Wir hatten mittlerweile eine kleine Strecke zurückgelegt und fingen an, neuen Mut zu fassen. Doch als ich mich umwandte, um Ausschau zu halten, entdeckte ich am Horizont die Gestalten von Kundschaftern. Sie hatten uns gesehen, und sofort wandten wir uns talabwärts, wo wir für kurze Zeit vor ihren Blicken verborgen sein würden. Dabei stießen wir auf eine kleine Vertiefung etwas abseits vom Wege und hoch genug gelegen, dass wir hoffen durften, von den Vorübergehenden nicht bemerkt zu werden. Sie war von Gebüsch umsäumt, der Boden mit Geröll bedeckt. Hier war der Bergungsort, den wir so dringend brauchten, und nacheinander stiegen wir hinab, wobei die verräterisch rollenden Steine uns Schwierigkeiten machten. In ein oder zwei Stunden musste die Sonne untergehen und, wenn wir nur so lange unentdeckt blieben, durften wir hoffen, unter dem Schutze der Dunkelheit zu entkommen. Zusammengekauert saßen wir da und horchten ängstlich, fast fürchtend, der eigene Pulsschlag könnte uns verraten.

Wir hatten nicht lange gesessen, da drangen Stimmen und Schritte an unser Ohr. Die Männer gingen vorüber und wir atmeten auf. Nach einigen Minuten hörten wir andere herankommen, doch auch sie gingen nichtsahnend vorüber. Als sie bereits vorbei waren, drehten einige sich noch einmal um, und – o Schrecken – sie entdeckten uns. Unsere Sache war verloren. Wir mussten gute Miene zum bösen Spiel machen und auf die Straße hinabgehen. Die Männer eilten voraus, um ihre Entdeckung den andern kundzutun.

Erschöpft von allem, was wir an jenem Tage schon durchgemacht hatten, vom Regen durchnässt und von Hunger gequält, gingen wir in tiefer Niedergeschlagenheit weiter, neuen Schrecknissen entgegen. Da gab uns der Herr abermals einen Beweis, dass er freundlich an uns dachte. Zwei Männer kamen über das Feld daher und riefen uns an. Würden sie für oder gegen uns sein? Schengmin ging zu ihnen hin, sprach mit ihnen und rief uns dann näher heran. Der eine der beiden war ein Herr aus Luan. Mit viel Mitleid in Blick und Stimme sagte er zu uns: »Ihr tut mir leid. Ich möchte euch so gerne helfen, doch ist es mir unmöglich. Ihr müsst ganz sicher sterben. Ihr könnt nicht entrinnen. Überall lauert man euch auf. Ich würde euch raten, auf alle Fälle das vor euch liegende Dorf zu meiden. Und doch werdet ihr nicht weit kommen. Euer Leben werdet ihr ohnehin verlieren. Es ist zu hart.« Da«, fügte er hinzu, »nehmt das, es ist alles, was ich bei mir habe«, und damit händigte er uns 25 Käsch aus.

Sein Begleiter kam auf mich zu, und mit einem »Kolien, kolien! Ihr tut mir leid«, steckte er mir eine Büchse kondensierter Milch zu, die er von dem geplünderten Inhalt unserer Sänften an sich gebracht hatte.

Was diese Worte und Werke der Barmherzigkeit in unserer damaligen Lage für uns bedeuteten, lässt sich nicht sagen. Wir waren tief ergriffen. Meine liebe Frau konnte beim Anblick der Milch die Tränen nicht zurückhalten, und immer wieder dankten wir unseren freundlichen Wohltätern im Namen Jesu.

Ihrem Rate folgend, lenkten wir unsere Schritte nicht dem vor uns liegenden Dorfe zu, sondern schlugen die Richtung nach Wangfang ein, wo ein Evangelist unserer Gemeinde Namens Tschinsienfeng wohnte. Er war unseres Wissens gerade abwesend, aber seine Frau war daheim. Wenn wir in der Dunkelheit unbemerkt ihr Haus erreichen könnten, so konnte sie uns, bis der Sturm vorüber war, auf ihrem Dachboden verbergen. Unsere Hoffnung sollte allerdings enttäuscht werden.

Unser Richtungswechsel wurde bald bemerkt, und ein großer Haufe machte Jagd auf uns. Wir wurden hart bedrängt, und die drohende Haltung der Männer ließ jeden Augenblick einen neuen Angriff auf uns erwarten. Plötzlich stürzten sie sich auf unsere Begleiter. Schengmin, ein großer, starker Bursche, wehrte sich kräftig. Da ihm die Menge aber überlegen war, lag er bald überwältigt am Boden. Er kämpfte verzweifelt; bald verschwand er, bald kam er wieder zum Vorschein. »O, sie töten ihn!« riefen meine Frau und Fräulein Gates und bedeckten ihr Gesicht mit den Händen. Dann geriet er ganz außer Sicht, und wir konnten nur annehmen, dass alles mit ihm vorüber sei. Wann würde die Reihe an uns kommen? In banger Erwartung setzten wir uns nieder.

Dann zerstreute sich die Schar. Einige liefen in verschiedene Richtungen davon, andere suchten eifrig am Boden herum. Ein halbes Dutzend rannten auf den armen Pauri zu, der sich in unsere Nähe geflüchtet hatte. Er setzte ihnen keinen Widerstand entgegen, und so durchsuchten sie ihn nur von Kopf bis Fuß, nahmen ihm das wenige Silber, das er bei sich trug, und etliche Käsch ab und machten sich davon.

Unterdessen kam Schengmin zu unserer unaussprechlichen Verwunderung und Freude wieder zum Vorschein. Man sah ihm den Überfall zwar an, er war aber sonst nicht weiter verletzt. Er und Pauri hatten ohne unser Wissen vor dem Verlassen der Herberge in Hantien einen Teil unseres Silbers im Blick auf etwaige künftige Bedürfnisse zu sich gesteckt und bisher ängstlich gehütet. Die Entdeckung, dass beide Geld bei sich trugen, hatte die Leute veranlasst, über sie herzufallen; jetzt, da sie ihnen alles Geld abgenommen hatten, kümmerten sie sich nicht weiter um sie.

Wir schlugen einen Weg ein, der auf einen freien Platz führte. Hier erwartete uns eine große Menge, die uns in eine bestimmte Richtung wies. Eine Frau, die von unserem jammervollen Aussehen betroffen war, zeigte Mitleid und gab meiner Frau und Fräulein Gates Nadel und Faden zum Ausbessern ihrer Kleider. Als sie mitbekam, dass man uns in der Nähe des Dorfes, in das man uns wies, töten wollte, stimmte sie die übliche Totenklage an, woran wir deutlich die Absicht der Menge erkannten. Wir änderten von neuem die Richtung. Schengmin und Pauri gingen voran. Müde schleppten wir uns einen steilen Abhang hinauf. Leute, die uns begegneten, kehrten um und folgten uns.

Die Gegenwart unserer einheimischen Begleiter war für uns besonders wertvoll – ein Geschenk unseres Gottes. Dann aber wollte der Herr uns einen von ihnen nehmen – Pauri. Er ging voraus, und an einer Wegbiegung sah ich ihn unter der Menge verschwinden. Ich vermutete, er wolle Umschau halten und werde bald wieder erscheinen. Aber wir sahen ihn nicht wieder. Das war damals für uns ein harter Schlag; aber der Herr war unsere Zuversicht. Wir fanden Ruhe in der Gewissheit, dass er es in seiner Weisheit so geordnet habe.

Später erfuhren wir den Grund von Pauris Verschwinden. Da das Dorf Wangfang unser Ziel war, wollte er vorausgehen und Frau

Tschin benachrichtigen. Unsere Ankunft sollte sie auf diese Weise nicht erschrecken und das auffällige Warten vor ihrer Türe sollte uns erspart bleiben. Tatsächlich erwartete ihn dann jedoch der denkbar kühlste Empfang. Aus Furcht vor den Boxern, die alle Bekenner der »fremden Religion« mit dem Tode bedrohten, hatte die Frau den Glauben verleugnet. Als er hereintrat, brannte sie gerade Weihrauch ab. Sie erschrak so sehr, dass sie tat, als kenne sie ihn nicht. Daran, dass sie uns bei sich aufnehmen würde, war natürlich nicht zu denken. Sie bat ihn, ihr Haus unverzüglich zu verlassen. Pauri kehrte daraufhin um. Er suchte uns überall, aber ohne Erfolg, bis er endlich das Suchen aufgab und todmüde und traurig heimkehrte.

Kapitel zwölf

Knappes Entrinnen

Denn er deckt mich in seiner Hütte zur Zeit des Unheils,
er verbirgt mich im Schutz seines Zeltes
und erhöht mich auf einen Felsen. (Psalm 27,5)

Der lange, beschwerliche Pfad brachte uns endlich auf eine rückenartige Erhebung, die zu einer Seite steil abfiel. Etwas weiter davon entfernt stand ein einsamer, kleiner Tempel, dahinter lag ein Dorf. Die Menge war, als wir die Höhe erreicht hatten, bedeutend angewachsen. Ihre Haltung war bedrohlich. Leute der besseren Klasse befanden sich unter ihr. Wir mussten leider feststellen, dass die rohen Stöße und Späße, denen wir jetzt ausgesetzt waren, mehr von diesen als von dem gewöhnlichen Volk herrührten.

Die Schatten der kurzen Dämmerung gingen schnell in völliges Dunkel über. Man hatte offenbar einen bestimmten Plan mit uns. Man drängte uns in Richtung Tempel. Als wir uns ihm näherten, drang zum zweiten Male an jenem furchtbaren Tag der unheilverkündende Ton des Gong an unser Ohr. »Geht nicht weiter«, flüsterte Schengmin, »man will euch dort steinigen. Kehrt schnell um!« Die Menge stieß und drängte uns jedoch unter lautem Geschrei weiter.

In dieser kritischen Lage erfuhren wir wiederum Gottes unmittelbares Eingreifen in wunderbarer Weise. Schengmin erkannte die Gefahr. Er sah, dass es weder ein Zurück noch ein Vorwärts für uns gab und flüsterte uns zu: »Den Abhang hinunter! Schnell! Geht dort den schmalen Pfad entlang!« Sofort folgten wir seiner Weisung. Zwischen den Felsen und Sträuchern des Abhanges führte kaum sichtbar ein Pfad entlang. Wir betraten ihn und eilten im Gänsemarsch bergab, bis wir bei einer Biegung des Weges außer Sichtweite kamen. Nun beschleunigten wir unsere Schritte. Mit wunderbar erneuerter Kraft eilten wir vorwärts und erfuhren dabei, was es heißt: »laufen und nicht matt werden, wandeln und nicht müde werden« (Jes. 40,31).

Als wir verschwanden, stand die Menge oben am Rande des Abhangs wie angewurzelt still, es war als wären sie wie von einer unwiderstehlichen Macht gehalten. Das laute Geschrei verstummte. Totenstille trat ein. Dies alles kam so überraschend, dass ich mich umblickte; was für ein Anblick bot sich mir! Oben stand die Menge wie festgebannt und blickte uns ohnmächtig nach, wie wir ihnen entschlüpften, obwohl wir eben noch vollständig in ihrer Gewalt gewesen waren. Niemand versuchte uns zu folgen. Hinter uns ging Schengmin, der den Schluss des Zuges bildete, und vor uns im hellen Mondschein lag der zickzackförmige Pfad.

Will jemand dieses Erlebnis auf bloße natürliche Ursachen im gewöhnlichen Sinne des Wortes zurückführen? Der mag es tun, der von vornherein das Übernatürliche von dem Gebiet des Natürlichen ausschließt und dem allmächtigen Gott die Unumschränktheit seines Wollens und Könnens streitig macht. Die »natürlichsten« aller Ursachen sind die übernatürlichen, wenn wir nur offen und gerade denken wollten. Ich sah in dem Vorgang eine einfache Auswirkung des natürlichen Gesetzes von Ursache und Wirkung in Übereinstimmung mit der von Gott aufgestellten Regel:»Rufe mich an am Tag der Not, so will ich dich erretten, und du sollst mich ehren« (Ps. 50,15).

Ohne anzuhalten eilten wir vorwärts im Schatten des Gebüsches, voll Dank gegen den Herrn, der uns zum dritten Mal an jenem Tage auf wunderbare Weise errettet hatte. Wir achteten nicht auf das Stolpern und Ausrutschen unserer müden Füße auf dem steinigen Pfad. Wangfang lag vor uns. Jeder Schritt brachte uns unserem Ziel näher.

Es kam uns ganz merkwürdig vor, dass wir nach dem Lärm und der Aufregung des Tages jetzt in nächtlicher Stille und Einsamkeit allein waren. Konnte es Wahrheit sein? Ich spähte hierhin und dorthin. Da sah ich auf der gegenüberliegenden Seite des Tales aus dem Schatten der Dunkelheit vier Gestalten auftauchen, die in gleicher Entfernung mit uns Schritt hielten. Sie traten bald ins volle Mondlicht heraus, kamen auf unsere Seite herüber und holten uns innerhalb kurzer Zeit ein. Im Vorbeigehen sprachen sie uns an und fragten uns, wie es in China üblich ist, woher wir kämen und wohin wir gingen. Sie gingen hintereinander her und wir bemerkten, dass sie mit Streitäxten bewaffnet waren, die sie quer über die Schulter trugen.

Am Nachmittag bereits hatte ein Mann aus der Menge Schengmin heimlich einen Wink gegeben, dass »uns die Boxer unten im Tale töten wollten«. Die stramme, soldatische Haltung der Männer ließ uns befürchten, dass diese Warnung doch nicht so ganz unbegründet war. Aber es half nichts, wir mussten die Richtung, die wir eingeschlagen hatten, beibehalten. Wir schauten auf den Herrn. Wenn es so war, wie wir fürchteten, war kein Entrinnen möglich. Die vier beobachteten uns scharf, obwohl sie in einiger Entfernung vor uns hergingen. Sie passten ihren Schritt genau dem unseren an. Endlich setzten wir uns hin, teils vor übermäßiger Ermüdung, teils in der Hoffnung, sie zu verunsichern. Sie taten allerdings das gleiche. Es war klar, dass sie wie unser Schatten vor uns hergingen.

Da sie uns voraus waren, benutzten wir die erste Gelegenheit, die sich uns bot, um die Büchse mit Milch zu öffnen und unseren Kleinen, die seit dem Mittag des letzten Tages nichts mehr zu sich genommen hatten, etwas davon zu geben. Wir Großen überließen die Milch den Kinder ganz. Da die 25 Käsch, die wir Schengmin übergeben hatten, verloren waren, standen wir wiederum völlig mittellos da und wussten nicht, wann wir den Kindern etwas zu essen kaufen konnten. Bevor wir neugestärkt aufstanden und weiter gingen, erhoben wir unsere Herzen in heißem Gebet zu unserem Schutz und Erlöser und baten ihn, uns aus der Hand der vier Boxer, die uns nach dem Leben trachteten, zu erretten, wenn es sein Wille sei. Die Boxer standen ebenfalls auf und gingen weiter.

An einer Stelle weiter unten, wo mehrere Straßen das ausgetrocknete Flussbett kreuzten, war eine kleine Erhebung am Weg. Dort setzten sich die vier weißröckigen Gestalten nieder. Im Mondschein konnten wir das deutlich erkennen. Ihre Absicht schien unverkennbar. Sie warteten unsere Ankunft ab, um uns zu töten.

Als wir näher kamen, standen sie auf und redeten uns an. Was sie sagten, konnte ich nicht verstehen. Schengmin antwortete ihnen, »dass sie das nichts anginge«. Daraufhin verlangten sie in barschem Ton Geld von uns. Da wir sahen, dass keine Möglichkeit bestand an ihnen vorbeizukommen, setzten wir uns auf die grasbewachsene Böschung am Weg nieder.

Sie schenkten unserer Behauptung, dass wir kein Geld bei uns hätten, durchaus keinen Glauben. Unser jämmerliches Aussehen war für sie kein Beweis. Sie setzten sich etwas oberhalb von uns auf dem Abhang nieder und wollten nun auf alle Weise von Schengmin die Wahrheit über unser Geld herausbekommen. Ohne Zweifel dachten sie, dass wir es irgendwo versteckt hätten, und waren entschlossen, uns nicht von der Stelle zu lassen, bis sie das Versteck erfahren hätten.

Wir waren in einer verzweifelten Lage. Der bittere Kelch jenes Tages war noch nicht geleert. Wir blickten auf zu dem, der uns den

Kelch gereicht hatte. Er würde uns auch Kraft schenken, ihn zu trinken, und würde selbst unsere Traurigkeit in Freude kehren und sich so an uns verherrlichen.

Länger als eine Stunde saßen wir so da, von unseren Feinden überwacht. Während sie sich heftig mit Schengmin herumstritten, beteten wir im Stillen. Ab und zu sprang einer von ihnen mit einem derben Fluch auf, und schwang seine Streitaxt über uns, wobei er drohte, uns niederzuschlagen. Als sie weder durch Fragen, noch durch Drohungen zu ihrem Ziele kamen, setzten sie sich nieder, um zu beraten, was weiter zu tun sei. Fräulein Gates, die sie zum Teil verstehen konnte, sagte zu uns: »Wenn Gott nicht ein Wunder tut, so werden wir diesen Platz nicht lebendig verlassen. Wir wollen ihn bitten, diese Männer, einen wie den andern, kurzerhand hinwegzunehmen. Eine andere Rettung gibt es für uns nicht. Aber sollte dem Herrn etwas unmöglich sein?« So brachten wir dieses Anliegen mit denselben Worten, die unsere Schwester gebraucht hatte, in Jesu Namen vor unseren Vater im Himmel.

Kurz darauf sahen wir auf der anderen Seite des Flussbettes Gestalten auftauchen, eine, zwei, dann noch mehr. Es waren ungefähr zwölf bis fünfzehn Personen. Sie waren anscheinend auf dem Heimweg. Der seltsame Anblick ließ sie still stehen und sie kamen heran. Natürlich ergriffen sie die Partei der Boxer, und so hatten wir jetzt nicht mit vier, sondern mit viermal vier Gegnern zu tun.

Durch den Zuwachs wurden die Boxer ermutigt, noch frecher und unanständiger zu sein. Falls wir ihrer Forderung nicht nachkämen, wollten sie uns bis auf den letzten Fetzen entkleiden. Sie ergriffen ihre Streitäxte, stellten sich vor uns hin und versuchten uns mit fürchterlichen Eidschwüren und drohenden Gebärden Schrecken einzuflößen. Es war ein Wunder, dass sie ihre Drohung nicht ausführten. Ich bemerkte an ihnen ein eigentümliches Zögern sobald sie sich uns näherten.

Endlich warfen zwei von ihnen, große, stämmige Burschen, in ihrer Wut ihre Äxte auf den Boden, stellten sich vor meine Frau und Fräulein Gates hin und drohten ihnen die Kleider vom Leibe zu reißen, wenn wir ihnen nicht sagten, wo wir unser Geld hätten. Unser Schweigen beantworteten sie damit, dass sie ihre Äxte von neuem ergriffen und auf die schwachen, wehrlosen Frauen eindrangen. Wenn ich mich je geschämt habe, ein Mann zu sein, dann damals. Sie traten ein paar Schritte vor, zogen sich zurück und traten wieder vor. Ihr seltsames Zögern wurde schließlich, wie ich vermutete, durch das Glitzern eines Mondstrahls auf der Blechbüchse in der Hand meiner Frau vertrieben. Einer von ihnen war mutig genug, ihr die Büchse zu entreißen, und nun war der nächste Schritt leicht. Die beiden stürzten sich auf sie, packten sie am Hals und rissen ihnen die oberen Gewänder herunter. Fräulein Gates behielt noch ein dünnes Gazehemdchen; meine Frau hingegen war bis auf die Taille völlig nackt.

Sanftmütig und ohne Murren ließen beide die Schmach über sich ergehen. Aber wer kann meine Entrüstung und meinen tiefen Kummer ermessen, als ich beide fast entkleidet und dabei der kalten Nachtluft ausgesetzt, dasitzen sah. Zwei schutzlose Frauen, darunter die eigene Ehefrau, die dreimal an einem Tage von gewalttätigen Verbrechern überfallen und dann zuletzt in der Kälte unbekleidet sich selbst überlassen waren – das war empörend! Es war eine große Gnade Gottes, dass ich, obwohl mein Herz blutete, so doch aufrichtig bitten konnte: »Herr, rechne ihnen diese Sünde nicht an« (Apg. 7,60)!

Als jetzt die Diebe mit den Gewändern in der Hand uns gegenüber standen, blickte ich sie fest an und sagte zu ihnen: »Ni-men tsiu schi ren, je mu ju ren tsching« – »Ihr seid wohl menschliche Wesen, aber ihr kennt kein menschliches Fühlen« – wohl mit der schwerste Vorwurf, den man einem Chinesen machen kann, in diesem Falle jedoch durchaus berechtigt.

Ich muss sagen, dass ich auf die Wirkung meiner Worte nicht vorbereitet war. Es war, als habe ein Pfeil sie getroffen. Finster nahmen sie die Gewänder und warfen sie, erst das eine, dann das andere, ihren Eigentümerinnen zu. Ich besitze das Gewand meiner Frau noch. Es spricht zu mir, so oft ich es betrachte, von dem lebendigen Wirken des lebendigen Gottes, lauter als irgendeine gelehrte Abhandlung. »Beweise für das Christentum«, die vom Pult des Redners aus vorgetragen werden, haben ja sicher ihren Wert und ihren Nutzen, aber gegenüber diesem schmutzigen und zerlumpten »Beweis« für das Dasein eines Gottes, der für die wirkt, die auf ihn trauen, schneiden sie für mich recht armselig ab. Außerdem spricht jenes Gewand zu mir so deutlich wie sonst nichts von der Wirklichkeit eines Christus, der in den Seinen wohnt und sie in sein Bild verklärt.

Welchen Eindruck der ganze Vorfall auf die Zuschauer machte, kann ich nicht zu sagen. Nur weiß ich, dass sie einer nach dem anderen verschwanden, und dass wir in kurzem wieder mit den vier

Boxern allein waren. Während sie ihren früheren Platz einnahmen und miteinander redeten, flehten wir weiter zu unserem Gott, dass er sie aus unserer Nähe hinwegschaffe.

Noch einmal bauten sie sich vor uns auf. Sie befahlen uns, aufzustehen und ihnen nach Luan zu folgen. Wir erwiderten, das sei uns unmöglich, da wir zu müde seien. Wenn sie uns vom Fleck bringen wollten, so müssten sie einen Wagen für uns holen.

»Einen Wagen für euch fremde Teufel?« riefen sie, »das wäre noch schöner; Seile wollen wir holen und Männer, und wenn ihr nicht laufen könnt, so wird man euch am Boden hin schleifen.« Kaum hatten sie das gesagt, so schulterten sie mit spöttischem Gelächter und mit der Bemerkung, dass sie in ganz kurzer Zeit zurück sein würden, ihre Äxte und liefen schnell weg, das ganze Quartett; in wenigen Sekunden waren wir allein.

So hatte Gott das Unmögliche, das wir von ihm erbeten hatten, getan; der Berg, der auf uns zu fallen drohte, war in Erhörung unserer Bitte entfernt worden. Unser Glaube war erst auf die Probe gestellt worden, als durch das Dazukommen neuer Scharen die Möglichkeit einer Errettung eher geringer als größer geworden war, und doch: »Ist Gott für uns, wer kann gegen uns sein« (Röm. 8,31)? »So können wir nun zuversichtlich sagen: Der Herr ist mein Helfer, und deshalb fürchte ich mich nicht vor dem, was ein Mensch mir antun könnte« (Hebr. 13,6).

Mit heiliger Ehrfurcht im Blick auf das wunderbare Tun unseres Gottes sahen wir die vier verschwinden. Es würde vollkommen genügt haben, wenn sie zwei oder selbst einen als Boten geschickt hätten, aber nein: Gott hatte nach unseren Worten getan und »sie einen wie den anderen kurzerhand hinweggenommen«; seinem heiligen Namen gaben wir die Ehre.

Kaum war der letzte von ihnen außer Sichtweite, so sagte Schengmin: »Gott sei Dank, dass sie fort sind, aber nun kommt schnell, wir haben keine Zeit zu verlieren.« Damit nahm er Hedley in seine Arme, ich Hope, und im nächsten Augenblick machten wir uns in Eile davon. Es mochte jetzt gegen 23 Uhr sein. Zitternd schlugen wir die Richtung nach Wangfang ein. Unsere Aufregung war groß. Es würde um uns geschehen sein, wenn wir entdeckt wurden. Wir wussten nicht, wo die Boxer ihre Verstärkung holen würden; aber es musste wohl nahe genug sein, denn sie hatten von schneller Rückkehr gesprochen. Zweierlei war für uns ungünstig:

der hell glänzende Mondschein und die hellen Gewänder der beiden Frauen. Auch hatten wir fast keine Deckung. Ich muss bis auf diesen Tag beim Anblick des Vollmondes jedes Mal unwillkürlich an jene Schreckensnacht denken, und es überläuft mich dabei kalt. Wenn die verräterische Helle des Mondes doch nur für eine kurze Stunde dem Dunkel gewichen wäre, doch mussten wir es lernen, uns auf die Verheißung zu stützen: »Er wird dich mit seinen Fittichen decken, und unter seinen Flügeln wirst du dich bergen« (Ps. 91,4).

Das Problem der hellen, auffallenden Gewänder wurde durch Schengmin beseitigt, der auf den klugen Einfall kam, seinen eigenen dunkelblauen Rock über Fräulein Gates Schultern und sein schwarzes ling-kwa-tsi, eine Art Überzieher, über die Schultern meiner Frau zu breiten. Ich selber war durch meine Bettlerlumpen ganz geeignet bekleidet und schlug sie um das hellere Gewand meiner Kleinen, die in meinen Armen ruhte.

So eilten wir vorwärts. Über dem glücklichen Gefühl der neugewonnenen Freiheit und gleichzeitig über der Besorgnis, von neuem angehalten zu werden, vergaßen wir unsere Müdigkeit. Totenstille herrschte rings umher. Die späte Stunde und die Einsamkeit des Weges waren ein großer Vorteil für uns. Ängstlich sah ich mich nach der kleinen Erhebung um, wo unsere Verfolger jeden Augenblick von neuem zum Vorschein kommen konnten. Wie fühlte ich mich erleichtert, als sie endlich bei einer Biegung des Weges verschwand!

Mit neuer Kraft und erleichterten Herzens eilten wir vorwärts.

Unser Weg führte uns höher ins Tal hinauf, und der Charakter der Landschaft machte es uns leichter möglich, uns zu verbergen. Wir waren jetzt ganz in der Nähe der Wangfang-Hügel. Die wellenförmigen, waldbedeckten Erhebungen und das dichte Gebüsch konnten uns leichter einen vorübergehenden Unterschlupf gewähren. Unsere Flucht musste ja bald entdeckt werden, und die Entdeckung musste zu neuer, eifriger Verfolgung führen. Darum war es an der Zeit, dass wir einen Unterschlupf suchten. So verließen wir das Flussbett und gingen über die Felder auf das nächstgelegene Dickicht zu. Dabei entdeckte Schengmin eine Begräbnisstätte mit ihren Kiefern und Grabsteinen, in tiefes Dunkel gehüllt. Dorthin gingen wir, und im tiefsten Schatten, den wir ausfindig machen konnten, unter den Kiefern und hinter den Grabsteinen legten wir uns um Mitternacht erschöpft hin. Im Frieden Gottes, unter dem Schatten seiner Flügel schliefen wir ein.

Kapitel Dreizehn
Mit Gott auf dem Berge

Was kein Auge gesehen und kein Ohr gehört und keinem Menschen ins Herz gekommen ist, was Gott denen bereitet hat, die ihn lieben. (1.Kor. 2,9)

Wir mochten etwa eine halbe Stunde geschlafen haben, als plötzlich Fräulein Gates von dem lauten Geschrei unserer Verfolger aus dem Schlaf aufgeschreckt wurde. Schnell weckte sie uns und teilte uns mit, dass wir uns für den Fall unserer Entdeckung oder falls weitere Flucht notwendig wäre, bereit sein sollten.

Im Nu waren wir zurückversetzt in die traurige Realität. Dem Lärm nach zu urteilen, hatten die Boxer ihre Drohung ausgeführt und waren in größerer Anzahl zurückgekehrt. Sie mussten entdecken, dass der Vogel inzwischen ausgeflogen war. Um ihre Beute betrogen, suchten sie jetzt die ganze Gegend ab, und es konnte leicht sein, dass das Dunkel unseres Versteckes, anstatt uns zu schützen, zu unserer Entdeckung führte. Denn aus demselben Grunde, aus dem wir uns hierher geflüchtet hatten, konnten uns unsere Verfolger hier suchen. Die Laute kamen näher und näher, und unsere Befürchtung schien wahr werden zu sollen. Doch die Suchenden hasteten vorbei und ließen uns in dem Bewusstsein zurück, dass die Hand unseres Gottes uns beschützt hatte.

Voller Dank suchten wir die Leitung des Herrn im Gebet. Fräulein Gates war der Überzeugung, dass wir, wo wir waren, nicht lange unentdeckt bleiben könnten, und dass wir bis zum Anbruch der Morgendämmerung ein neues Versteck aufsuchen müssten. Aber wo? Uns nach Wangfang zu wenden, kam nicht in Frage, da unsere Verfolger uns auf den Fersen waren, und das Buschwerk, so wertvoll es uns zur Nachtzeit war, würde uns am Tage nicht ausreichend schützen können. Unsere einzige Hoffnung war ein Vorschlag Schengmins. Er kannte in der Nähe eine einsame Höhle; dorthin wollte er uns bringen, wenn wir die Gefahr auf uns nehmen wollten.

Der kurze Schlaf hatte uns sehr erfrischt, und da wir in Schengmins Vorschlag eine Führung des Herrn sahen, durften wir ihm alles Weitere getrost überlassen. Wir befahlen uns und unser gefahrvolles Vorhaben ihm an, nahmen die schlafenden Kleinen in unsere Arme und verließen unser Versteck, »ohne zu wissen, wohin wir kommen würden« (Hebr. 11,8).

Gleich zu Anfang unserer Wanderung ließ der Herr uns seine Güte sehen. Unsere Hauptsorge war noch immer die fast übernatürliche Helle des Mondes. Verließen wir das Buschwerk, so setzten wir uns höchstwahrscheinlich der Gefahr erneuter Entdeckung aus. Und doch waren wir einstimmig der Überzeugung, dass Gott uns weiter wies. Da, als wir aus dem tiefen Schatten der Kiefern in die rücksichtslose Helle des Mondes hinaustraten, schrie ich zum Herrn, er möge unseren Pfad beschatten, und schneller als gedacht, versteckte sich das blendende Licht des Mondes hinter dem schwarzen Dunkel einer Wolke, um nicht wieder zum Vorschein zu kommen, bis wir an dem Platz ankamen, wohin Er uns bringen wollte. Es wurde so dunkel, dass wir manchmal die größte Mühe hatten, zusammen zu bleiben.

Die Schrecken der nun folgenden mitternächtlichen Wanderung lassen sich nicht beschreiben. Weit weg von ausgetretenen Wegen und von Ortschaften hasteten wir vorwärts. Einmal ging es felsige Hänge hinauf, dann wieder ging es bergab. Jetzt schleppten wir uns mühsam über frisch gepflügte Äcker, dann wieder gerieten wir in verkrüppeltes Unterholz. Einmal sank meine liebe Frau fast bis an die Knie in sumpfigen Boden ein, und als sie sich wieder herausarbeitete, verlor sie beide Schuhe. Beim Suchen blieb auch ich stecken, und inzwischen waren die anderen – wir gingen hintereinander – in der Dunkelheit verschwunden und wir durften nicht einmal wagen, nach ihnen zu rufen. Oft rutschten unsere Füße auf verräterischen Böschungen aus, oder wir gerieten in unvermutete Löcher und stolperten fast; aber »deine Gnade, o Herr, stützte uns« (Ps. 94,18).

Derjenige, der unsere Füße vor dem Gleiten bewahrte, führte uns auch auf unserem Wege. Manchmal war es so dunkel, dass ich kaum die Umrisse meiner Frau sehen konnte, obwohl sie nur ein paar Schritte vor mir war. Zu meinem Entsetzen verlor ich mehr als einmal die Sicht auf die anderen.

In ein großes Dilemma kamen wir, als Schengmin merkte, dass er in der Dunkelheit die Richtung verloren hatte, und wir die

Hoffnung, die Höhle zu erreichen, aufgeben mussten. Was sollten wir tun? Unser Führer hielt es für das Beste, dass wir uns nach einem außer Gebrauch gesetzten Tempel, wie man sie in China in einsamen Gegenden häufig findet, umschauen sollten. Tatsächlich tauchten bald dicht vor uns die Umrisse eines solchen auf. Schengmin warnte uns, das schützende Dickicht zu verlassen; er ließ uns warten, um das Gebäude zu erforschen. Die Nachricht, die er brachte, war allerdings nicht nur nicht beruhigend, sondern im höchsten Grade beängstigend. Der Tempel war voller Menschen; wahrscheinlich waren es dieselben, die uns nach dem Leben trachteten. So kehrten wir wieder um und flohen schnellstmöglich, ohne zu wissen, wohin.

Doch der Herr, der unser Leben bisher bewahrt hatte, wusste, wohin er uns bringen wollte. Ich erinnere mich noch recht gut an das Gefühl äußerster Ratlosigkeit, das mich überkam. Mit unserer Weisheit waren wir zu Ende, unsere Kraft war so gut wie erschöpft. Da sagte ich mit den Worten des 23. Psalms: »Der Herr ist mein Hirte« – o Herr, zeige das jetzt, denn wir wissen nicht weiter; »er führet mich« – Herr, führe uns jetzt, denn wir wissen nicht, wohin wir uns wenden sollen. Sei du unsere Weisheit in unserer völligen Ratlosigkeit; sei du unsere Stärke in unserer großen Schwachheit zur Ehre deines heiligen Namens.

Da kamen wir auf den Gedanken, dass uns doch noch ein Ausweg blieb, die Flucht auf die Berge. Aber wie sollten wir dorthin gelangen? – Wir schlichen vorsichtig durch das Gebüsch vorwärts, als plötzlich die Stimmen unserer Verfolger von neuem das nächtliche Schweigen unterbrachen. Augenscheinlich kamen sie näher. Wir hielten den Atem an und standen wie angewurzelt still. Wir wagten es nicht, uns zu bewegen. Da, als es schien, dass sie im nächsten Augenblick auf uns stoßen würden, merkten wir an ihrem Geschrei, dass sie plötzlich eine andere Richtung einschlugen. Wieder einmal hatte der treue Gott uns beschützt.

Ein Glück war es, dass die zwei Kleinen in tiefem Schlafe lagen. Da war es doch wenigstens ausgeschlossen, dass sie weinten und jammerten, und im Vergleich dazu bedeutete es uns nichts, dass sich die kleine Last in unseren Armen von Minute zu Minute fühlbarer machte. Wir warteten, bis die Stimmen in genügender Entfernung waren, und schlichen dann weiter, während unsere Herzen beständig auf den Herrn gerichtet waren. Bald kamen wir an eine Stelle, an der das Dickicht von einem ausgetrockneten Flussbett durchschnitten wurde. Da hörten wir in der Ferne wildes Geschrei und das Gebell von Hunden. Ein gespenstisches Licht schoss in der Dunkelheit auf. Der Himmel glühte von dem unheimlichen roten Scheine einer zuckenden Flamme, die größer und größer wurde und die Umrisse der Landschaft schärfer hervortreten ließ. Und da – wie wunderbar! Vor uns lag der Berg, den wir suchten. Gegen den rötlichen Hintergrund des Himmels hob er sich deutlich ab.

Wir warteten geduldig, bis der Schein vorbei war. Dann durchquerten wir das Flussbett, eilten durch das Dickicht auf der gegenüberliegenden Seite und innerhalb kurzer Zeit stiegen wir den Berghang hinauf in Richtung Gipfel. Der Herr hatte uns genau dahin geführt, wo wir ihn gebeten hatten.

Es herrschte jetzt wieder völliges Dunkel, wie wir es brauchten, da der Berghang völlig kahl war und uns nicht die geringste Deckung bot. Wäre der Mond hervorgetreten oder das Licht von vorhin wieder aufgeflammt, hätten wir beim Laufen über die weite, freie Fläche kaum unentdeckt bleiben können. Aber unser Gott war mit uns; er wollte uns »eine Zukunft und eine Hoffnung geben« (Jer. 29,11); und die Dunkelheit, die uns einhüllte, war der Schatten seiner Gegenwart. Der Aufstieg war mühsam und beschwerlich. Wir wurden an den Vers erinnert:

Empor zum Himmel klommen sie,
Auf rauer, steiler Bahn;
O, führ auch uns an deiner Hand
Durch Leiden himmelan!

Von Herzen stimmten wir in die letzten Worte ein.

Endlich erreichten wir den Gipfel. Er war tellerförmig mit einem Durchmesser von ungefähr fünfzehn Fuß, vollständig kahl und ungeschützt. Zum Versteck bei Tag machte ihn ein Umstand geeignet; es befand sich nämlich oben eine beckenförmige Vertiefung, in der man sitzen, zur Not auch stehen konnte, ohne gesehen zu werden, vorausgesetzt, dass man dem Rand nicht zu nahe kam. Dahinein krochen wir jetzt. Wenige Minuten genügten, um die nötigen Vorbereitungen für eine kurze Nachtruhe zu treffen. Wir gruben einige große Steine aus, die die Stelle des Kopfkissens einnehmen sollten, und legten uns dann in der Gewissheit hin, dass der Herr, der so wunderbar über unserem Weg gewacht hatte, auch über unserem Ruheplatz wachen würde.

Die Gegend von Luan bildet eine Hochfläche, die sich etwa dreitausend Fuß über den Meeresspiegel erhebt. Wir konnten damals auf diesem Berg, nur halbwegs angezogen, die Tragweite dieser trockenen, geographischen Tatsache ermessen. Ich habe niemals, weder vorher noch nachher, so unter der Kälte gelitten wie in jener Nacht. Wir nahmen die Kleinen in unsere Mitte, und breiteten unsere Gewänder mit über sie aus so gut wir konnten und versuchten so sie und uns gleichzeitig vor der Kälte zu schützen. Es war jedoch umsonst. Meine Zähne klapperten jedenfalls die ganze Nacht hindurch, ich konnte mich noch so sehr bemühen, es zu verhindern.

Schlafen konnte keiner von uns mit Ausnahme der Kinder. Die Wolken verzogen sich, und wir waren nun wieder den blendenden Strahlen des Mondes ausgesetzt. Wir konnten uns jetzt erklären, wie der Psalmschreiber dazu kam, Gott zu bitten, »er möge ihn behüten, dass ihn der Mond nicht steche bei Nacht« (Ps. 121,6). Ganz in der Ferne hörten wir die heiseren Stimmen unserer Verfolger, die fast bis Tagesanbruch die Jagd auf uns fortsetzten. Gegen Morgen erst sanken wir in einen kurzen, erquickenden Schlaf, frei von Sorge und Unruhe, geborgen »unter dem Schatten seiner Flügel« (Ps. 36,8).

Die Stunden, über die ich nun im Folgenden berichten werde, gehören mit zu den bedeutsamsten und gesegnetsten Stunden meines Lebens. Unter all den Stätten, auf die ich zurückblicken darf als auf »heiliges Land«, ragt jene Bergesspitze hoch hervor. Was der Berg Morija für Abraham und Isaak, was der Berg der Verklärung für die Jünger war, das waren jene Stunden für uns. Der Herr erschien uns und redete zu uns. Wir waren allein mit ihm, und auch der Tag, an dem sich dies ereignete, war sein Tag – Sonntag, der 8. Juli.

Der Sonnenaufgang war prachtvoll. Als die große, feuerrote Scheibe am Horizont sichtbar wurde, war es, als verkündete uns ihr Anblick im Voraus, durch welche Feuerhitze der Anfechtung wir an jenem Tage noch hindurchgehen sollten. Kein Wölkchen war am Himmel zu sehen.

Nach der bitterkalten Nacht tat uns zunächst die belebende Wärme der Sonnenstrahlen äußerst wohl; aber allmählich, als die Wärme zunahm, gab sie uns Grund zu ernster Besorgnis. Der Hügel war, wie gesagt, kahl und ungeschützt. Der Rasen in der Grube war von der Sonne versengt und von nur ein oder zwei verkrüppelten Dattelsträuchern beschattet.

Unsere lieben tapferen Kinder waren schon in aller Frühe wach, da kein schützender Vorhang das helle Licht der Morgensonne fern hielt. Wir durften nur sitzen oder liegen, auch nur im Flüstertone sprechen, was für die Kinder nicht gerade eine verlockende Aussicht war. Die Anfechtung, durch die wir Großen bewährt werden sollten, sollte eben auch die Kleinen bewähren und mehr als sonst etwas feine Eigenschaften ihres Charakters zur Entfaltung bringen. Die süßen Kleinen kamen ganz bereitwillig jedem unserer Wünsche nach. Kein unzufriedenes Murren, kein quengeliges Fragen, als wir ihnen den Grund sagten, weshalb sie sich ruhig verhalten sollten, nur noch leises, gedämpftes Flüstern! Ab und zu krochen sie eine Elle oder zwei am Boden herum, dann saßen sie wieder geduldig still.

Nachdem wir unsere Morgenandacht gehalten hatten, dachten wir an unser Frühstück, oder vielmehr der Magen erinnerte uns tüchtig daran. War doch 42 Stunden lang nichts Festes über unsere Lippen gekommen! Und nun waren wir hier als Flüchtlinge, hatten nichts zu essen und keine Hoffnung, irgendetwas zu bekommen. Ganz wunderbar war es da, wie der Herr uns durchhalf. Die eigentlichen Qualen des Hungers blieben uns erspart. Wir versuchten uns zu helfen, so gut wir konnten, und nach dem Worte: »Denn euer Vater weiß, was ihr benötigt, ehe ihr ihn bittet« (Mt. 6,8), waren wir gewiss, dass wir etwas Essbares erhalten würden zu seiner Zeit. Wenn unser Vater im Himmel uns nichts anderes als das Gras um uns her zu essen gab, so konnte er es doch so fügen, dass das Gras uns ernährte. Die beiden Kleinen, froh, dass sie eine Beschäftigung hatten, machten sich daran, aus den verschiedenen Unkräutern Leckerbissen auszusuchen – zum Frühstück. Voll Entzücken brachten sie uns mehrere Sorten, die sie als »Fleisch« austeilten, mit Blättern des Dattelstrauchs, die als »Brot« dienen mussten. Dann dankten wir unserem himmlischen Vater im Namen des Herrn Jesu, baten ihn, er möge die Gaben segnen, die er uns gnädiglich beschert hatte, und dann hielten wir unsere Mahlzeit. Sagt doch die Schrift: »Sagt allezeit Gott, dem Vater, Dank für alles« (Eph. 5,20). »Ob ihr nun esst oder trinkt oder sonst etwas tut – tut alles zur Ehre Gottes« (1.Kor. 10,31)! Ich lernte damals wie nie zuvor den Segen des Tischgebetes zu verstehen. Die dürren, ungekochten Gräser und Blätter waren in der Tat »Brot des Elends« (5.Mo. 16,3), aber »geheiligt durch das Wort Gottes und Gebet« und »empfangen mit Danksagung« (1.Tim. 4,4-5) erwiesen sie sich als »gesegnetes Brot«.

Gegen 7 Uhr machte sich die Sonnenhitze empfindlich spürbar, zumal wir ohne Kopfbedeckung waren. Die leichte Gazekleidung der Kinder ließ ihre Arme von den Schultern an und ihre Beine von der Mitte der Oberschenkel an unbedeckt. Bald rötete sich ihre empfindliche Haut und es hatte den Anschein, als wäre sie mit lauter Brandwunden bedeckt.

Wie die Feuchtigkeit der Haut allmählich von den glühend heißen Sonnenstrahlen aufgesogen wurde, so wurden auch Zunge und Kehle trocken, und bald empfanden wir einen brennenden Durst. Die Beschwerde des Hungers war nichts dagegen. Keine Hilfe und Erleichterung war in Aussicht. Die Kinder jammerten: »Ach, wir haben solchen Durst, bitte gebt uns zu trinken! Vater, lieber Vater, gib mir Wasser! Liebe, liebe, Mama, kannst du mir Wasser geben?« In ihrer Not konnten sie nicht an sich halten und fingen an, laut zu weinen. Es war uns klar, dass das leicht zu unserer Entdeckung führen könnte, und versuchten sie darum liebevoll zu beschwichtigen: »Weint nur nicht, ihr kleinen Herzchen! Wir wollen Gott bitten, dass er uns Wasser gibt, und wollen geduldig warten, bis er es tut.« Als wir in kindlicher Einfalt unser dringendes Bedürfnis unserem Vater im Himmel vorlegten, beruhigte sie das zunächst. Rührend war es, zu sehen, wie sie heldenmütig ihre Äuglein abwischten: »sie wollten es jetzt versuchen und lieb sein.« Wir bemühten uns auf vielerlei Weise, ihre Gedanken von ihrer Not abzulenken, aber das klägliche Weinen und Jammern brach immer wieder durch. Wir redeten ihnen zu: »Ihr lieben, kleinen tapferen Schätze, ihr dürft nicht laut weinen; sonst finden uns die bösen Männer, die uns gestern unsere Sachen nahmen, und dann nehmen sie uns mit. Gott weiß, wie durstig wir alle sind und wird uns helfen, dass wir es aushalten können, bis er uns Wasser schickt.«

Wieder machten sie den ernstlichen Versuch, sich zu beherrschen, wobei sie sich mit Gras und Erde zu schaffen machten; dann wieder kam der schmerzliche Ruf: »Gebt uns Wasser, nur einen Tropfen, bitte, bitte!« von ihren Lippen, wobei sie uns zärtlich umschlangen. Als ich sah, wie nahe es meiner Frau ging, sagte ich zu ihnen: »Denkt ihr nicht, dass wir euch Wasser geben würden, wenn wir nur könnten? Aber ihr seht doch, wir können nicht; und ihr seht, wie sehr, sehr traurig es die liebe Mama macht, wenn sie euch so weinen hört. Nicht wahr, ihr wollt sie doch nicht traurig machen?«

Entschlossen wischten sie sich wieder die Tränen ab. Doch nach einiger Zeit konnte sich unsere liebe, kleine Hope nicht länger beherrschen. »Vater, Mutter, Wasser, Wasser!« stammelte sie in einem fort, solange sie überhaupt noch einen Laut hervorzubringen vermochte. Ihr klägliches Weinen zerriss uns das Herz. Was Hedley anlangt, so sah ich niemals ein schöneres Muster von spartanischer Tapferkeit und Ausdauer. Als er merkte, wie sehr sein Wehklagen seine Mutter bedrückte, nahm sich der kleine Kerl, noch nicht fünf Jahre alt, fest vor, sich still zu verhalten. Stundenlang saß er in der fürchterlichen Sonnenglut mit vertrockneten Lippen und ausgedörrter Kehle da und spielte tapfer mit dem Gras, ein wahres Wunder an Selbstbeherrschung. Einige Tage danach fragte ich ihn: »Warum verhieltest du dich damals so still, wo du doch solchen Durst hattest?« Die Antwort kam so einfach und natürlich von seine Lippen: »Ich sah, wie traurig es Mama machte, dass ich weinte, und da bat ich Gott, er möge mir helfen, still zu sein, bis das Wasser käme.« Wahrlich, »aus dem Mund der Unmündigen und Säuglinge hast du ein Lob bereitet« (Mt. 21,16).

Endlich konnten wir den Anblick der Qualen der Kinder nicht länger ertragen und sandten Schengmin an den Rand der Vertiefung, um das Gelände zu überschauen. Er entdeckte ungefähr eine Viertelstunde vom Fuße des Hügels entfernt ein kleines Flüsschen; aber wie sollten wir das ersehnte Wasser von dort herbeischaffen? Verließen wir jetzt unser Versteck, so war es um uns geschehen. Schickten wir Schengmin, so bestand die Gefahr, ihn überhaupt zu verlieren. Unsere Not hatte aber jetzt nahezu ihren Höhepunkt erreicht. Über das Ende konnte kein Zweifel sein. So beschlossen wir denn im Aufblick auf den Herrn, Schengmin zu schicken, und schnell machte er sich auf den Weg, mit dem Versprechen, so bald wie möglich zurück zu sein.

Mit gemischten Gefühlen, fast mit Sorge, sahen wir ihn über dem Rand der Grube verschwinden. Von menschlichem Standpunkt aus beruhte all unsere Hoffnung auf ihm. Die zeitweilige Trennung von ihm während unseres Aufenthaltes in Hantien hatte uns zum Bewusstsein gebracht, wie unentbehrlich er uns war. Wir mussten froh sein, dass wir ihn hatten. War es aber da nicht Leichtsinn, ihn wegzuschicken? Dass wir es taten, beweist vielleicht mehr als alles andere, in welcher Bedrängnis wir uns befanden.

Jetzt, wo unser treuer Diener gegangen war, überkam uns das überwältigende Gefühl des totalen Alleingelassenseins. Schengmins Weggang mochte es mit veranlasst haben, aber die eigentliche Ursache war eine andere. Wir bekamen es tatsächlich mit der Macht der Finsternis zu tun. Die Stunde der Versuchung war da.

Unter dem Druck des Hungers und des Durstes und infolge der fürchterlichen Hitze stellten sich bei meiner lieben Frau Zeichen völliger Erschöpfung ein, die mich das Schlimmste befürchten ließen. Wir schrien zu unserem Gott, aber es war, als hörte er uns nicht. Kein Gewölk zog sich wie in der vergangenen Nacht auf sein Gebot hin über uns zusammen. Keine »Rizinusstaude wuchs über uns empor, um unserem Haupt Schatten zu spenden« (Jona 4,6). Der Himmel über unseren Häuptern war und blieb von Erz.

Der notdürftige Schatten, den wir, Fräulein Gates und ich, meiner Frau und den Kindern mit Hilfe unserer Gewänder verschafften, brachte ihnen wenigstens etwas Linderung. Als die Sonne die Mittagshöhe fast erreicht hatte, wurde es dunkel in mir. Ich vermute, wir machten alle drei mehr oder weniger dieselbe Erfahrung. Satan »begehrte uns, um uns zu sichten wie den Weizen« (Lk. 22,31). Das Bewusstsein der Nähe unseres Herrn, das uns bis dahin getröstet hatte, wurde uns jetzt genommen. Wir konnten nun auch sagen: »O dass ich wüsste, wo ich ihn fände« (Hiob 23,3). Ich verstand wie nie zuvor, warum Mose so ernstlich gebetet hatte: »Wo du nicht selbst mitgehst, so führe uns nicht von hier hinauf« (2.Mo. 33,15)! O, was bedeutet es doch, sich in der Stunde der Anfechtung vom Herrn verlassen zu fühlen, nicht mehr das Licht seines Angesichtes zu schauen, dafür aber die schreckliche Nähe böser Geisterscharen zu spüren, ja Satan selbst herannahen zu fühlen, einem »brüllenden Löwen, der sucht, wen er verschlingen kann« (1.Petr. 5,8).

Und doch war uns der Herr die ganze Zeit hindurch in seinem unendlichen Erbarmen nahe, wenn auch nach seinem Willen unsere Augen gehalten wurden, dass wir ihn nicht sehen konnten. »Bei all unserer Bedrängnis war er auch bedrängt« (Jes. 63,9), und er wartete nur auf die Stunde, wo der Böse uns verlassen musste und sein Engel uns wieder dienen konnte. Tage schwerer Anfechtung lagen noch vor uns, und die Prüfung unseres Glaubens sollte die Geduld

Christi in uns hervorbringen, durch diese wir uns als gute Streiter Jesu Christi würden bewähren können.

Auch noch von einem anderen Gesichtspunkte aus durften wir unsere Lage ansehen. Wir sollten nicht bloß als Streiter Christi, sondern auch »als Söhne und Töchter des allmächtigen Herrn« geübt werden. »Das Gericht beginnt beim Hause Gottes« (1.Petr. 4,17), und was wir erlebten, bedeutete nichts anderes, als dass uns Gott unter seine gewaltige Hand brachte, so wie er es an seinem geliebten Sohne genauso getan hatte. Wie dieser berufen wurde, an dem, was er litt, den Gehorsam zu lernen (Hebr. 5,8), so mussten auch wir jetzt durch eine Schule des Gehorsams hindurchgehen. »Soll ich den Kelch nicht trinken, den mir mein Vater gegeben hat« (Joh. 18,11)? Dies Wort hatten wir von ihm und auch das andere: »ihr werdet *meinen* Kelch trinken« (Mt. 20,23).

Höher und höher stieg die Sonne am Himmel empor, und Schengmin kam nicht zurück. Schmäler und schmäler wurde der Schatten am Boden; die Kinder wurden schon kaum noch von ihm erreicht; aber sie schienen für alles abgestumpft. Hedley spielte verträumt mit dem Gras, während die kleine Hope sich hin – und herschaukelte und dabei eintönig stöhnte »Wasser, Wasser! Liebe Mutter, gib mir Wasser!« Es war, als ob auch die oft wiederholte Versicherung, dass Schengmin bald zurück sein würde und sie dann Wasser haben könnten soviel sie wollten, keinen Eindruck mehr auf sie machte. Die Zunge klebte uns buchstäblich am Gaumen, und wenn nicht bald Wasser kam, verloren wir die Fähigkeit, überhaupt noch einen Laut hervorzubringen.

Die Sonne stand jetzt über uns; an Schatten war nun nicht mehr zu denken. Doch sagt nicht die Schrift: »Ein Mann wird sein wie…Wasserbäche in einer dürren Gegend, wie der Schatten eines mächtigen Felsens in einem erschöpften Land« (Jes. 32,2)? – »Die Elenden und Armen suchen Wasser und finden keines; ihre Zunge verdorrt vor Durst; Ich, der Herr, will sie erhören; ich, der Gott Israels, will sie nicht verlassen« (Jes. 41,17). Waren wir nicht arm und elend? Suchten wir nicht Wasser? Verdorrte *unsere* Zunge nicht vor Durst? Wieder schrien wir zum Herrn; er antwortete uns jedoch kein Wort.

Wellen der Versuchung gingen über mich dahin. Die Sonne sandte ihre glühenden Strahlen von oben, der Böse schoss seine feurigen Pfeile von unten. Immer wieder hielt ich ihm das Wort entgegen: »Wer will verurteilen? Christus ist es doch, der gestorben ist, ja mehr noch, der auch auferweckt ist, der auch zur Rechten Gottes ist, der auch für uns eintritt! Gott, der seinen eigenen Sohn nicht verschont, sondern ihn für uns alle dahingegeben hat; wie sollte er uns mit ihm nicht auch alles schenken? Wer will uns scheiden von der Liebe des Christus« (Röm. 8,32f)? Immer wieder stützte ich mich auf das Wort: »Ich aber habe für dich gebetet, dass dein Glaube nicht aufhöre« (Lk. 22,32). Es war wie die Antwort des bösen Feindes, als meine geliebte Frau vollständig zusammenbrach. Bis dahin hatte ihr standhafter Glaube inmitten aller Anfechtung gesprochen: »Wenn mir auch Leib und Seele vergehen, so bleibt doch Gott ewiglich meines Herzens Fels und mein Teil« (Ps. 73,26). Der Anblick ihrer heldenmütigen Ausdauer und ihrer stillen Ergebung in den Willen des Vaters war für mich der Kanal gewesen, durch den mir in Augenblicken besonderer Schwachheit die Kraft Gottes zugeströmt war. Was mir dort auf jenem Berg in den Stunden der Versuchung von innen und außen der Glaube meiner Frau war, weiß Gott allein. Und jetzt lag sie vor mir am Boden, überwältigt von körperlicher Schwachheit, tief bekümmert in ihrem Innern. Als ich sie keuchend vor mir liegen sah, und nichts anderes tun konnte zu ihrer Erleichterung, als ihren Kopf zu stützen, war es mir, als zischte mir Satan zu: »Sollte Gott gesagt haben? Wo sind denn seine Verheißungen? Wo bleibt seine Liebe?« Durch dieselbe Anfechtung musste auch meine geliebte Flora hindurchgehen. »Gott hat uns verlassen!« rief sie aus, »es kann nur sein, dass wir nicht auf der Linie seines Willens sind, sonst würde er es nicht so weit mit uns haben kommen lassen.« Ihre körperliche Erschöpfung war so groß, dass ich sicher glaubte, ihr Ende sei nahe, aber im Vergleich zu ihrer seelischen Niedergeschlagenheit war sie nichts.

Doch der Herr war da. Er war stärker als der Versucher. Wir durften erfahren, was es heißt: »den Verkläger überwinden durch« das Blut des Lammes und durch das Wort unseres Zeugnisses« (Offb. 12,11). Kaum waren jene angstvollen Worte über die Lippen meiner teuren Frau gekommen, da gab Gott Fräulein Gates den wunderbarsten Lobpreis ein, den ich je gehört habe. Neben ihrer am Boden liegenden Schwester kniend und ihre Hand in der ihren haltend, tröstete sie sie wie mit himmlischer Musik mit den teuren Verheißungen des Wortes Gottes. Sie rühmte den Namen des Herrn und pries seine unwandelbare Liebe und Treue, die uns versiegelt ist durch den neuen, ewigen Bund, der gegründet ist auf dem Blute des

Lammes. Es war uns, als wäre der Himmel über uns geöffnet, als würden wir das Rauschen der Harfen aus dem Lande der Herrlichkeit hören. Gierig nahm meine geliebte Flora die Worte in sich auf, sie dürstete nach Gott, nach dem lebendigen Gott. Wir schöpften zusammen aus dem Heilsbrunnen in unsäglicher Freude. Wir tranken von dem klaren Strom des lebendigen Wassers, »der ausgeht vom Thron Gottes und des Lammes« (Offb. 22,1). Die Stunde war gekommen, dass der Herr sich uns zeigte. Unsere Augen wurden geöffnet und wir erkannten ihn. Buchstäblich ging das Wort an uns in Erfüllung: »Ein Mann wird sein... wie Wasserbäche in einer dürren Gegend, wie der Schatten eines mächtigen Felsens in einem erschöpften Land« (Jes. 32,2).

Die Dunkelheit war geschwunden; das Licht strahlte von neuem. Der Ausdruck unaussprechlicher Freude auf dem Gesicht meiner Frau, auf welchem eben noch die Schatten tiefen Leides gelegen hatten, war ein Beweis von dem, was Gott getan hatte. Ich sehe sie noch vor mir, wie sie mit tränenüberströmten Gesicht hoch blickte und sagte: »O, ich will nie, nie wieder an seiner Liebe zweifeln«; und ich darf hinzufügen, dass von da an ihr Glaube niemals wieder ins Wanken geriet, dass sie von Kraft zu Kraft, von Sieg zu Sieg schreiten durfte, bis sich ihr Glaube verwandelte in Schauen droben im himmlischen Zion.

Mit trockenem Gaumen und mit stammelnder Zunge, aber mit einem Herzen, das den himmlischen Freudenwein geschmeckt hatte, stimmten wir das herrliche Lied an, das so sehr unserer damaligen Erfahrung entsprach:

O Jesu Nam', du klingst so süß
In jedes Gläub'gen Ohr!
Du bringst uns nah das Paradies
Und hebst das Herz empor.

Verwund'te Herzen heilest du,
Bist jedes Müden Kraft,
Du gibst den Schwerbelad'nen Ruh
Und Mut zur Ritterschaft.

Mein sich'rer Fels in wilder Flut,
Mein einz'ger Bergungsort,

Mein Schutz bei grauser Stürme Wut,
Mein letzter Ruheport.

Mein Herr und König, Freund und Hirt,
Mein Priester und Prophet,
Mein Weg und Ziel, wenn ich verirrt,
Mein Heil sei hoch erhöht!

Bis ich dich schau von Angesicht
In der Verklärung Pracht,
Will zeugen ich, mein einzig Licht,
Von deiner Liebe Macht.

Die Wirkung dieser Strophen auf meine liebe Frau war eine wunderbare. Eben noch zum Tode erschöpft, lebte sie plötzlich auf und richtete sich zu meinem tiefsten Erstaunen mit neuer Kraft empor. Wir fanden das Wort bestätigt, an welches ihr Glaube sich gehalten hatte: »Wenn mir auch Leib und Seele vergehen, so bleibt doch Gott ewiglich meines Herzens Fels und mein Teil« (Ps. 73,26).

Dieses göttliche Gnadengeschenk gab uns Mut, weiter auf Errettung aus unserer immer schwieriger werdenden Lage zu warten. Mittag war jetzt vorüber, und von Schengmin ließ sich noch immer nichts blicken. Die Sonnenhitze war glühender als je, und das Durstgefühl war nahezu unerträglich. Nicht das allein, sondern auch die Fähigkeit, deutliche Laute hervorzubringen, nahm sehr schnell ab. Wir hatten die größte Schwierigkeit, uns verständlich zu machen, und ich sah, dass es bald unmöglich sein würde, überhaupt noch durch Worte miteinander zu kommunizieren. Das Stöhnen der kleinen Hope wurde zu einem schwachen, undeutlichen Lallen, indem sie sich vergebens mühte, das Wort »Wasser« hervorzubringen.

Unsere Not erreichte ihren Höhepunkt, als plötzlich Fräulein Gates, die in Gottes Hand das Werkzeug zur Wiederherstellung meiner Frau gewesen war, ohnmächtig zusammenbrach. Es war der letzte Angriff unseres schon auf dem Rückzug befindlichen Feindes, um die Schmach seiner Niederlage zu verhüllen (Lk. 9,42); und seine Bosheit musste sich notgedrungen gegen diejenige richten, die zuvor den siegreichen Angriff auf ihn geleitet hatte.

Ich wusste weder Rat noch Hilfe. Als meine Frau und ich den Herrn anflehten, er möge unsere teure Schwester wieder aufrichten, hörte ich mit einem Mal hinter mir ein Wort so deutlich, als würde es mir ins Ohr gesprochen: »Auf, geht hinab und zögert nicht!« Ich sagte zu meiner Frau: »Komm, mein Herz, wir müssen alle unsere Kraft zusammennehmen und hinuntergehen ans Wasser. Es ist nicht der Wille Gottes, dass wir hier oben verdursten.« Dann fasste ich Fräulein Gates am Arm, beugte mich über sie und sagte zu ihr: »Liebe Schwester, wir müssen sofort aufbrechen. Im Namen des Herrn Jesus, stehen Sie auf!« Augenblicklich kehrte ihr Bewusstsein zurück, und mit von oben geschenkter Kraft stand sie auf. Das war uns eine Bestätigung, dass die Sache vom Herrn kam, und in der Gewissheit, dass Er, unser Gott, vor uns herging, verließen wir unser Versteck.

Unten im Sonnenglanz lag in nicht allzu großer Entfernung der dünne, silberhelle Streifen, für uns die »stillen Wasser«, zu denen unser Hirte uns führte. Welche Freude, als wir sie den Kindern zeigen konnten und als bei ihrem Anblick ein mattes Lächeln über die traurigen kleinen Gesichter glitt!

Langsam und mühevoll war unser Abstieg. Weiter unten suchten wir soviel wie nur möglich Deckung hinter dem Gebüsch. Dann ging es geradewegs über Ackerfelder bis hinunter an den Fuß des Berges, dann auf kürzestem Wege an den Rand des Wassers. Unbekümmert, ob wir gesehen würden oder nicht, liefen wir schließlich nicht an das Wasser, sondern in das Wasser hinein. Welch ein Entzücken, als wir unseren kleinen Lieblingen mit der Hand den ersten Schluck an die geschwollenen Lippen führten! Wir gingen weiter hinein in die Mitte des Flüsschens, bückten uns über das Wasser und tranken, tranken in einem fort, bis unser Durst gestillt war. Wir beachteten nicht, dass die Farbe des Wassers eher bronze- oder kupferfarben war als silbern, wie es uns aus der Ferne schien. Wir fühlten nur, dass Zunge und Gaumen nach dem Trinken mit einer dicken Schlammschicht überzogen waren. Und doch hätte uns das reinste Quellwasser nicht besser schmecken können. Unter der glühenden Sonne wagten wir es, noch ein Weilchen in dem seichten, kühlenden Nass zu sitzen und wuschen uns Gesicht und Hände. Dann suchten wir mit innigem Dank gegen den treuen Gott, der so gnädig für uns gesorgt hatte, einen Platz, wo wir uns unbemerkt hinlegen konnten.

Nicht weit vom Flussufer entfernt lag ein ähnlicher Begräbnisplatz wie der, auf dem wir uns in der vorhergehenden Nacht versteckt hatten. Im Schatten der dunklen Eibenbäume und hinter den hohen, grasbewachsenen Grabhügeln suchten wir Schutz und Deckung. Da es ein einsamer Ort war und sich in der Regel um diese Tageszeit, »schang-wu« genannt, nur wenige im Freien aufhielten, so glaubten und hofften wir, dass wir wenigstens ein oder zwei Stunden unbemerkt bleiben könnten. Es war uns klar, dass die Ereignisse auch der allernächsten Zukunft nicht uns gehörten, sondern dem, »dessen Auge auf uns gerichtet war« (Ps. 32,8). Aus seiner Hand wollten wir sie entgegennehmen, und getrost überließen wir uns ihm.

Zum zweiten Male sollte ein heidnischer Begräbnisplatz der Platz »des Gedächtnisses seiner großen Güte« werden. Was der köstliche Schatten für uns bedeutete, nachdem wir wenigstens sieben Stunden der schwülen Gluthitze der Julisonne ausgesetzt gewesen waren, kann sich niemand vorstellen. Der Herr hatte nicht bloß in geistlicher Beziehung, sondern auch nach außen hin sein Wort an uns wahr gemacht: »Ein Mann wird sein...wie Wasserbäche in einer dürren Gegend, wie der Schatten eines mächtigen Felsens in einem erschöpften Land« (Jes. 32,2).

Nicht an letzter Stelle steht unten den Wundern jenes denkwürdigen Tages die Tatsache, dass wir vor dem Sonnenstich bewahrt wurden. Diejenigen, die einen Sommer in China zugebracht haben, werden mit uns voll Verwunderung sein darüber, dass »uns die Sonne am Tag nicht stach« (Ps. 121,6) unter Verhältnissen, wo wenige Minuten ausreichen konnten, um das Unglück herbeizuführen. Wohl schälte sich die Haut auf unseren Gesichtern, und die Arme unserer lieben Kinder waren von der Schulter an eine große Blase; aber darüber hinaus durfte uns die Sonne nicht verletzen. Der Herr war unser Schatten über unserer rechten Hand. Er hatte uns bewahrt »vor dem Pfeil, der bei Tag fliegt, vor der Pest, die im Finstern schleicht, vor der Seuche, die am Mittag verderbt« (Ps. 91,5-6).

Ich kann in meiner Erzählung nicht fortfahren, ohne nochmals die fast übernatürliche Kraft zu erwähnen, die Fräulein Gates beim Halten der schützenden Hülle über meine Frau und meine Kinder geschenkt wurde – ein Dienst heldenmütiger Selbstverleugnung, an den ich stets dankbar denken werde. Der Herr stärkte sie. Von uns konnte oben auf jener geheiligten Bergspitze gesagt werden: »Wir hatten in uns selbst schon das Todesurteil« (2.Kor. 1,9). Wir hatten unser Vertrauen nicht auf uns selbst gestellt, sondern »auf Gott, der imstande ist, auch aus den Toten aufzuerwecken« (Hebr. 11,19). Gewiss ist, dass die übernatürliche Kraft, die uns in jenen Stunden aufrecht erhielt, von Gott war und nicht von uns. Als wir den Berg verließen, geschah es mit dem Bewusstsein, dass wir den Herrn gesehen hatten.

»Denn ich bin überzeugt«, sagt Paulus, »dass die Leiden der jetzigen Zeit nicht ins Gewicht fallen gegenüber der Herrlichkeit, die an uns geoffenbart werden soll« (Röm. 8,18). Während wir uns hinlegten, erschöpft von dem langen Wachen und Fasten, war die Hoffnung dieser zukünftigen Herrlichkeit in unseren Herzen. Sehnsüchtig hielten wir Ausschau nach dem Tag, da die Erlösten des Herrn »nicht mehr hungern noch dürsten wird; auch wird sie die Sonne nicht treffen noch irgendeine Hitze; denn das Lamm, das inmitten des Thrones ist, wird sie weiden und sie leiten zu lebendigen Wasserquellen, und Gott wird abwischen alle Tränen von ihren Augen« (Offb. 7,16-17).

Kapitel vierzehn
Gefangennahme und Verrat

Herr, lass es dir gefallen, mich zu retten;
Herr, eile mir zu Hilfe! (Psalm 40,14)

Wir hatten kaum angefangen, uns über unser friedliches Alleinseins zu freuen, als Musik aus einem nahe gelegenen Tempel an unser Ohr drang. Anscheinend war der Gottesdienst im Gange, und der Gedanke, dass schon bald die Feiernden herauskommen würden und sehr leicht einige von ihnen in der Nähe vorbeikommen könnten, beunruhigte mich. Ich schaute in die Richtung, woher die Klänge kamen, und bemerkte, dass an der kleinen Begräbnisstätte ein schmaler Fahrweg vorüberführte, von dem aus wir, so wie wir lagen, leicht entdeckt werden konnten. Ich schlug also einen Platzwechsel vor – nur war es leider zu spät! Die ersten Tempelbesucher erschienen bereits zwischen den Bäumen, die zwischen uns und dem Heiligtum standen, und gingen den Fahrweg entlang. Ohne uns zu sehen, liefen sie vorbei, und ich hoffte schon, dass wir doch besser gedeckt seien, als ich meinte. Bald darauf verkündete das Rasseln des Gong das Herannahen einer Prozession, und wenige Augenblicke später kam auch schon die übliche Menge von Yamendienern mit ihren Zipfelmützen und ihren bunten Aushängeschildern zum Vorschein und zeigten das Herannahen eines Mandarins an.

Jetzt schwand unsere Hoffnung, unentdeckt zu bleiben, obwohl wir dicht am Boden lagen und uns vollkommen still verhielten. Ich sah, wie plötzlich einer der Läufer stehen blieb, scharf hersah und dann etwas zu seinen Nachbarn sagte, die gleichfalls stehen blieben und hergafften. Dann vernahm ich die gefürchteten Worte »Jang kwei-tsi!« »Fremde Teufel!« und wusste damit, dass wir wiederum in den Händen unserer Feinde waren.

Als der Tragstuhl des Mandarins in Sicht kam, reckte er seinen Hals, um zu sehen, was die Aufmerksamkeit seiner Diener fesselte, dann schickte er einen Läufer und befahl den Trägern, stillzustehen. Der Läufer war natürlich nicht alleine, und es dauerte nicht lange, da war der ganze Begräbnisplatz von lauter Zipfelmützen, Schildern und Sonnenschirmen übersät. Der Läufer kehrte zu seinem Herrn zurück und meldete ihm, dass die Jang kwei-tsi dort lägen. Daraufhin erteilte der Mandarin – es war kein anderer als der Unterpräfekt von Luan – in bestimmtem Ton einen Befehl, und die Prozession nahm ihren Marsch wieder auf.

Noch ehe wir Zeit hatten, den Wechsel unserer Lage zu begreifen, stand ein Tschiau-tsche, ein kleiner Wagen mit Verdeck, vom Yamen neben uns. Er war förmlich aus dem Boden gewachsen. Ein militärischer Beamter niederen Ranges und zwei Soldaten waren mitgekommen. Der Beamte trat auf uns zu und befahl uns einzusteigen. Unterdessen war Fräulein Gates, die Arme, wiederum ohnmächtig zusammengebrochen. Als ich ihr aufhelfen wollte, gab sie keine Antwort, und als sie sich schließlich soweit erholt hatte, dass sie die Sachlage übersehen konnte, sagte sie nur, dass sie sich zu matt fühle, um sich von der Stelle zu bewegen. Der Beamte wiederholte den Befehl und fügte hinzu, dass der Unterpräfekt ihn gesandt habe, uns nach Kauping, der nächsten Kreisstadt, zu bringen. Das klang zu schön, um wahr zu sein, und da wir eine Boxerlist dahinter witterten, weigerten wir uns, aufzustehen. Der Offizier zog jedoch ein amtliches Schreiben hervor, das ganz in der Form eines richtigen »Wen-schu« (ein »Wen-schu« ist ein Passagierschein, der dem Reisenden bis ans Ende seiner Reise sicheres Geleit von einer Behörde zur anderen zusichert) mit Siegel und im Beamtenstil abgefasst war, und wies zum Beweis seiner Zuverlässigkeit auf ein Bündel im Wagen hin, das, wie er sagte, ihm von Mandarin mitgegeben worden sei und Kleidung und eine Geldsumme für uns enthalten sollte. Er fügte hinzu, dass man die ganze Nacht nach uns gesucht habe, und nachdem man die Hoffnung uns zu finden aufgegeben habe, geplant habe, nach Luan zurückzukehren.

Wie viel mochte daran wahr sein und wie viel erlogen?! Unsere Ungläubigkeit muss uns auf den Gesichtern abzulesen gewesen sein, denn der Beamte stampfte mit dem Fuße auf und wiederholte ungeduldig sein »Schang-tsche«, »einsteigen«. So sagte ich zu meiner Frau und Fräulein Gates: »Vielleicht schickt uns das der Herr zu unserer Rettung. Eins ist sicher, wir können unmöglich so weiter leben wie bisher und uns als Bettler umhertreiben, während wir den feindseligen Volksmassen ausgeliefert sind. Sollen wir am Leben bleiben, dann wollen wir zur Ehre des Herrn leben; sollen wir sterben, dann wollen wir nach seinem Willen sterben. Im Vertrauen auf ihn wollen wir in den Wagen steigen.«

Ohne länger zu zögern führten wir unseren Entschluss aus. In wenigen Sekunden waren wir alle fünf oben auf dem Wagen. Fräulein Gates wurde von einem der Soldaten hinaufgehoben, und fast ehe wir uns so recht bewusst geworden waren, wie sich alles so schnell gewendet hatte, platschten wir durch das Wasser zum anderen Ufer und waren unterwegs nach Kauping via Wangfan.

Und wirklich sollte der Wagen das Mittel zu unserer Rettung sein, obwohl unser Argwohn keineswegs unbegründet war, wie sich später herausstellte. Wahr war jedenfalls, dass man die ganze Nacht nach uns gesucht und das Suchen aufgegeben hatte, um zur Stadt zurückzukehren. Wie wunderbar hatte es zeitlich gepasst, dass unsere Ankunft an dem Flüsschen mit der Heimkehr des Mandarins zusammenfiel. Zwanzig Minuten später, und wir würden zu spät gekommen sein! Die Prozession würde vorüber gewesen sein, Wagen und Eskorte wären ohne uns abgefahren, und wir würden früher oder später wieder dem Pöbel in die Hände gefallen sein. Ich verstand jetzt, warum ich auf dem Berge den Ruf vernommen hatte: »Auf, geht hinab und säumet nicht!«, und wusste, dass der Ruf von Gott gekommen war. Gott hatte uns gestärkt, so dass wir an den Fluss hinunter hatten gehen können, und hatte Schengmins Wiedererscheinen verhindert. Hätte uns dieser Wasser gebracht, wären wir sicher in unserem Versteck geblieben. So versorgte uns der barmherzige Gott mit allem Nötigen und bahnte uns den Weg zur Rettung.

Was unseren treuen Schengmin anlangt, so sahen wir ihn nicht wieder. Er hatte, nachdem er von uns gegangen war, zunächst seinen Weg nach dem nächsten Dorf genommen, um dort, möglichst ohne Verdacht zu erregen, ein Gefäß zum Schöpfen zu holen. Die Schwierigkeit war, dass er kein Geld bei sich hatte. Bald wurde er obendrein erkannt. Es hieß, er sei mit den fremden Teufeln zusammen gesehen worden und müsse ein Katholik sein. Dies leugnete er, und so wurde beschlossen, durch ein Gottesurteil die Wahrheit herauszubringen. Es herrschte der Aberglaube, dass, wenn man den Verdächtigen um Mittag den Sonnenstrahlen aussetzte, und er ein Katholik sei, das Kreuzeszeichen an seiner Stirn sichtbar werde; seine Schuld sei dann erwiesen. So nahm man ihn denn, fesselte ihn mit Stricken, stellte seine Füße auf geheimnisvolle Schriftzeichen am Boden und zwang ihn, bis Mittag, d. h. zwei Stunden lang, aufrecht stehend in die Sonne zu blicken. Natürlich misslang die Probe. Lange Zeit war er noch blind und wurde auch erst am Spätnachmittag losgebunden. Er kehrte dann zu dem Berg zurück. Da er die Grube leer fand, suchte er uns auf Hügeln und in Höhlen und gab das Suchen erst auf, nachdem er die ganze Umgebung durchstöbert hatte. Am folgenden Tage kehrte er schweren Herzens nach Luan zurück und setzte den Unterpräfekten von unserer Lage in Kenntnis. Es wurde ihm eröffnet, dass uns ein Wagen mit Kleidern, zehn Silberunzen und sechstausend Käsch nachgeschickt worden sei. Diese Aussage wird allerdings nur teilweise wahr gewesen sein; jedenfalls sahen wir nichts, weder von den Sachen noch von dem Geld.

So endete Schengmins Dienst in selbstverleugnender Liebe. Er und Pauri waren uns so lange gegeben worden, wie wir sie brauchten. Jetzt, wo wir kaiserliche Gefangene waren, konnten sie uns nicht weiter nützen, und darum wurden sie von derselben gnädigen Hand, die sie uns geliehen hatte, weggenommen.

Der eigentliche Zweck unserer Festnahme war uns vorerst einmal noch verborgen. Erst durch eigene traurige Erfahrung sollten wir im weiteren Verlauf der Dinge feststellen, dass man beabsichtigte, uns aus dem Wege zu räumen. Der »Wen-schu« war trotz seines beruhigenden Aussehens nicht das übliche amtliche Geleitschreiben, sondern nur ein halbamtliches Schreiben des Unterpräfekten an seinen Freund und Kollegen in Kauping. Es enthielt die Nachricht, dass »wir im Bereich unseres Wohnortes Unruhen verursacht hätten und auf Nimmerwiederkehr aus der Provinz Schanxi hinausgeschafft werden sollten!« Das Schreiben hatte keine verpflichtende Kraft und war praktisch wertlos. Der Wortlaut war so gehalten, dass jeder Beamte hineinlesen konnte, was er wollte. Was das für uns bedeutete, sollte sich in der Folge zeigen.

Der Gedanke, dass wir jetzt unter amtlicher Bedeckung standen, nachdem wir fast drei Tage hindurch der Volksjustiz preisgegeben waren, war uns eine größere Beruhigung, als ich sagen kann, zumal die uns gegebene Zusicherung recht hoffnungsvoll klang. In Zeiten, wo der Mensch durch tiefe Wasser hindurchgehen muss, greift er dankbar nach jedem Strohhalm, der ihm entgegengeworfen wird; und als wir die ganze Kette göttlicher Führungen überblickten, konnten wir uns von neuem aufrichten an der uns im Anfang gegebenen Verheißung: »Ich werde nicht sterben, sondern leben und des Herrn Werke verkündigen« (Ps. 118,17). So wurden die Versprechungen des Offiziers, so wertlos sie an sich sein mochten, doch zusammen mit der deutlichen Führung des Herrn, für uns eine wertvolle Trostquelle.

Der Genuss des Sonnenschutzes unter dem Peng, dem Verdeck unseres Wagens, sowie das Bewusstsein, dass die Richtung, die wir einschlugen, die rechte war, trug nicht wenig dazu bei, uns Mut schöpfen zu lassen. Als ich in meinen Bettlerlumpen auf der Wagendeichsel saß, hinter mir meine Lieben, kümmerten mich die verwunderten Blicke der Vorübergehenden wenig. Da es die heiße Zeit des Tages war, waren nur wenige im Freien, und wir blieben ungestört. Der Offizier ritt auf seinem Pferd unmittelbar hinter uns her, während die Soldaten das Maultier zu leichtem Trabe anspornten. Meine Frau und Fräulein Gates in ihrem erschöpften Zustand, litten allerdings heftig unter dem Rütteln des Wagens, zumal sie direkt auf den Brettern saßen und der Wagen keine Federung hatte, die Straße aber kaum ihren Namen verdiente. Gegen halb zwei fuhren wir in dem Dörfchen Wangfang ein. Vor einer Gastwirtschaft, die gleichzeitig als Herberge diente, wurde Halt gemacht. Wir mussten aussteigen, und es wurde uns die Wahl gelassen, entweder in der an der Straße gelegenen Wirtsstube oder in einem weiter hinten gelegenen Privatzimmer auszuruhen. Wir zogen natürlich das Zimmer vor, offenbar zur Zufriedenheit unserer Eskorte.

Wir wurden durch die Wirtsstube und dann über einen schmalen Hofraum zur gegenüberliegenden Seite geführt, wo uns ein enges, unbeschreiblich schmutziges Zimmer zugewiesen wurde. Hier hatten wir wenigstens Schutz vor der Hitze und gleichzeitig, wie wir bei der Abgelegenheit des Raumes hofften, Schutz vor dem gefürchteten Pöbel.. Wir schleppten uns mit unseren müden, steifen Gliedern zu dem von Schmutz starrenden, aber auch zur Ruhe einladenden Kang. Dies Zimmer wird mir unvergesslich sein, in welchem wir schon bald dem Tod sehr nahe sein würden. Nur mit Schaudern kann ich an die Stunden, die wir dort zubrachten, zurückdenken.

Zunächst wurde auf Anordnung des Offiziers für unsere Bedürfnisse aufs beste gesorgt. Warmes Trinkwasser wurde hereingebracht. Eine dampfende Schüssel mit Pien-schi, d. h. Klöße und Schweinefleisch, wurde vor uns hingestellt; Essen überhaupt, und noch dazu solche guten Sachen waren ja für uns ein lange entbehrter Anblick, und wir dankten Gott, dass er den Offizier so unerwartet freundlich uns gegenüber gemacht hatte. Fünfzig Stunden lang, seit Freitagmittag, hatten wir außer dem Gras auf dem Berggipfel nichts mehr zu uns genommen. Wir verschlangen darum jetzt mit großem Behagen, was man uns vorgesetzt hatte. In Wirklichkeit freilich war die an uns erwiesene Freundlichkeit nichts als eine List, die uns nur umso sicherer machen sollte.

Inzwischen hatte sich die Kunde von unserer Ankunft verbreitet, und der Platz vor dem Wirtshaus stand bald voller Menschen. Allmählich gelangten einzelne in den Hofraum, und es dauerte nicht lange, da waren wieder zahllose Augen auf uns gerichtet, und der Strom der Kommenden und Gehenden bewegte sich rastlos auf und ab.

Als die Zeit verging, beunruhigte es mich, dass sich unsere Eskorte auch dann nicht blicken ließ, als die gewöhnliche mittägliche Ruhepause überschritten war. Außerdem machte sich draußen eine Geschäftigkeit bemerkbar, die sehr an die Erfahrung, die wir in Hantien gemacht hatten, erinnerte. Die vielsagenden Blicke und die im Flüsterton geführten Gespräche der Zuschauer im Zimmer steigerten den Verdacht, dass nicht alles war, wie es sein sollte. Diesen Verdacht fanden wir letztendlich dadurch bestätigt, dass anhand der vielen Boxerabzeichen ein großer Teil der hin und her wogenden Menge zur »Großen Schwertergilde« gehörte. Bald wurde die Tür von draußen geschlossen, und eine Boxer-Schildwache nahm davor Aufstellung.

Wenn sich unsere Eskorte nicht bald zeigte, würden wir in große Not kommen. Das war uns deutlich bewusst. Obwohl uns der angebliche Wen-schu gezeigt worden war, erhärtete sich unsere Befürchtung, dass wir es mit einer Boxerlist zu tun hatten und wiederum verraten worden waren. Sollte sich etwa die Eskorte mit dem Wagen aus dem Staube gemacht und uns unserem Schicksal überlassen haben? Ich öffnete die Tür und hielt Ausschau. Da stand unser Maultier angebunden in einer Ecke des Hofes und fraß ruhig aus seinem Trog. Wie dankte ich Gott, als ich das Tier sah! Zu gleicher Zeit konnte ich mir jedoch das lange Ausbleiben unserer Eskorte nicht erklären. Als ich wieder ins Zimmer trat, schlug der Posten so heftig die Tür hinter mir zu, dass ich, ohne sonst viel daraus zu machen, mir erlaubte, ihn darauf aufmerksam zu machen, dass wir mit einem Wen-schu hier als Gäste weilten und dass solche Unhöflichkeit gegen den chinesischen Brauch verstoße. Um den Schein des Anstandes zu wahren, gestattete er mir, die Tür zu öffnen und ab und zu einmal einen Blick ins Freie zu werfen, eine Erlaubnis, von der ich dann auch fleißig Gebrauch machte.

Als der Nachmittag verging, wuchs in mir der Verdacht, dass man falsches Spiel mit uns trieb. Hoffnung und Furcht wechselten miteinander. Ich machte mir Vorwürfe, dass ich so leicht in die Falle gegangen war, einmal, indem ich den Wagen überhaupt bestiegen, und auch, indem ich das hintere Zimmer gewählt hatte, wo ein Entkommen vollends unmöglich war. Und doch war gerade das, was ich als »Versehen« bedauerte, das letzte Mittel zu unserer Rettung gewesen, wie sich im Folgenden noch zeigen wird. So ist es manchmal. Wir tun, nachdem wir in großer Ratlosigkeit in bestimmter Weise Gott um seine Leitung gebeten haben, einen Schritt in wirklicher Abhängigkeit von ihm. Wenn uns dann dieser Schritt in unvorhergesehene Schwierigkeiten bringt, beklagen wir das, was wir erst »Gottes Leitung« nannten, als unser »Versehen«. So tief steckt die Sünde des Unglaubens in uns; wir murren gegen Gott, wenn er nach seiner Weisheit, der wir doch angeblich vertrauten, uns einmal in eine Wüste führt.

Hinter dem Zimmer, in dem wir waren, lag ein großer, freier Platz, und auf diesen strömte die Menge unaufhörlich. Ob man dort etwa Anstalten traf, uns zu töten? Ob man uns vielleicht hinter dem Gebäude aufhängen wollte? Ich konnte die Vermutung nicht los werden. – Wir hatten, wie ich bereits erwähnt habe, in vergangenen glücklichen Tagen Wangfang von Zeit zu Zeit besucht, die Leute hier kannten die Botschaft des Evangeliums. Im dem Haus unseres Evangelisten Tschin, hatten wir uns anfänglich verstecken wollen. Jetzt sehnten wir uns danach, seiner Frau, die, wie wir wussten, allein war, »die Hände zu stärken in Gott« (1.Sam. 23,16). Wir wussten ja noch nichts davon, dass sie aus Furcht vor den Boxern ihren Herrn verleugnet hatte.

Unter denen, die zu uns hereinkamen, um uns zu sehen, waren auch viele Frauen. Da, am Spätnachmittag, tat sich die Tür auf und hereingehumpelt kam eine kleine Frau, die auf meine Frau und Fräulein Gates zueilte und neben ihnen auf dem Kang Platz nahm. Sie erkannten in ihr eine Frau, die sie schon oft in Tschins Hause gesehen hatten und der sie das Wort des Lebens verkündigt hatten. Mit verstörter Miene und in kaum hörbaren Worten erzählte sie ihnen, dass die Boxer die ganze Nacht hindurch nach uns gesucht hatten. Schließlich hatten sie auch Tschins Haus von unten bis oben durchsucht, in dem Glauben, dass wir uns dort verborgen hielten. Enttäuscht darüber, dass sie uns nicht fanden, hatten sie schließlich das Haus geplündert, »und«, fügte unsere Besucherin hinzu, »ich wollte euch nur sagen, dass sie jetzt, wo ihr in ihrer Gewalt seid, euch umbringen wollen. Ihr sollt in diesem Zimmer lebendig verbrannt werden und Tschins Frau mit euch. Sie häufen jetzt Holz um das Gebäude auf, das sie dann anzünden wollen. Wenn alles fertig sein wird, wird auch Tschins Frau hergebracht werden.« Und mit einem »kolien, kolien«, »ihr tut mir leid«, glitt sie vom Kang herunter und humpelte davon.

Also verbrannt sollten wir werden, nicht gehenkt. So standen wir denn von neuem dem König der Schrecken gegenüber und von neuem riefen wir aus der Tiefe zu dem, der selbst über diesen König Gewalt hat, der »mächtig ist, zu erretten«. Unsere Lage war nicht weniger hoffnungslos als damals in Itscheng oder in Hantien oder in Schahokau oder in dem Flussbett. Und doch, hatten wir nicht eben die treue Fürsorge unseres Gottes erlebt, der, als wir bei Tschins Frau ein Versteck gesucht hatten, unsere Schritte umgelenkt und uns so vor den Nachforschungen der Boxer in Sicherheit gebracht hatte? Der Gott, der uns bisher die Wege geebnet hatte, war auch jetzt mit uns, unser Immanuel, »derselbe gestern und heute und in Ewigkeit« (Hebr. 13,8). Und denselben Gnadenthron durften wir auch jetzt aufsuchen, »damit wir Barmherzigkeit erlangen und Gnade finden zu rechtzeitiger Hilfe« (Hebr. 4,16)! Gerade jetzt in dieser Lage waren wir darauf angewiesen. Genau vor unseren Augen bereitete man alles für eine Verbrennung vor!

Als plötzlich der Wirt und sein Knecht eintraten, die das Zimmer vollständig zu räumen begannen und sogar die Strohmatten unter den beiden Frauen auf dem Kang hervorzogen und hinaustrugen, blieb kein Zweifel an ihrem Vorhaben. Als sie ihr Werk beendet hatten, wurde die Tür geschlossen; der Posten zog auf Wache, und wir befanden uns allein in dem leeren Raum.

Durch ein Viereck im Fenster, von dem das Papier entfernt worden war, konnte ich unser Maultier im Auge behalten, ohne durch ein beständiges Öffnen der Tür den Unwillen oder Verdacht des Wächters zu erregen. So zweifelhaft es war, ob die Eskorte noch am Platze war, so klammerte ich mich doch andererseits an die durch die Anwesenheit des Tieres geweckte Hoffnung wie ein Ertrinkender an einen Strohhalm. Scharf beobachtete ich jede Bewegung des Tieres, aus Furcht, durch sein plötzliches Verschwinden überlistet zu werden. Mit dieser, wie ich glaubte, mir von Gott geschenkten Hoffnung tröstete ich auch meine liebe Frau und Fräulein Gates.

Schließlich hörte ich, wie die hintere Pforte, neben der das Maultier stand, sich öffnete und sah, wie ein Mann hereinschlüpfte, der dem Tier den Halfter abnahm. »Jetzt oder nie«, sagte ich, »kommt schnell!« Schnell nahmen wir die Kinder, öffneten die Türe unseres Zimmers, wandten uns dann scharf nach rechts und hinter dem Wachtposten her eilten wir über den Hof durch das hintere Tor hindurch, ehe sich Zeit fand, es zu schließen. Richtig, da stand sie, unsere erbärmliche Eskorte! Sie war eben dabei, das Tier in die Deichsel zu spannen, um sich ohne uns davonzumachen. Unser unerwartetes Erscheinen machte sie starr; einen Augenblick lang stand sie wie vom Donner gerührt. Sie konnte nicht leugnen, dass sie die Absicht hatte, ohne uns davonzufahren, denn wir hatten sie auf frischer Tat ertappt. Da sie Befehl hatte, uns nach Kauping zu bringen, so durfte sie dies nicht verweigern, ohne ihren Kopf aufs Spiel zu setzen.

Sofort waren wir mitsamt der Eskorte und dem Wagen von einer ungeheuren Menschenmenge umringt. Die Leute hatten bei unserem Anblick wildes Geschrei erhoben, aber nicht ein einziger wagte jetzt, uns anzurühren. Offenbar waren sie durch den plötzlichen Gegenstreich ganz aus der Fassung gebracht. Sie glaubten schon, die Beute in den Händen zu halten, und jetzt war sie ihnen entwischt. Nach dem Gespräch zwischen der Eskorte und den Umstehenden war Fräulein Gates imstande, unsere Lage zu beurteilen. Sie sprachen nämlich ganz offen miteinander, ohne zu ahnen, dass einer von uns die Unterhaltung verstehen konnte. Es wurde uns jetzt klar, dass unsere angeblichen Retter in heimlichem Einverständnis mit den Boxern am Ort handelten und mit ihnen übereingekommen waren, uns in ihren Händen zu lassen. Da ihre anfänglichen Pläne durchkreuzt waren, so besprachen sie, wie der Schaden wieder gut gemacht werden könne. Sie beschlossen, das Tier einzuspannen, es dabei wild zu machen und dann, ehe es uns gelang, den Wagen zu besteigen, davon zu fahren. So würde der Zweck erreicht werden, und sie waren schuldlos.

Sie ahnten nicht, dass uns ihr Anschlag bekannt war. Als sie das Tier unter Peitschenhieben anspannten, sagte Fräulein Gates zu mir: »Sie wollen ohne uns davonfahren. Unsere einzige Rettung ist, wenn wir sofort den Wagen besteigen, ehe das Maultier angeschirrt ist.« Wie gesagt, so getan. Zum Schrecken der Eskorte und zur Verwunderung aller schwang sich zuerst Fräulein Gates und dann meine Frau geschickt auf den Wagen. Ich reichte ihnen die Kinder zu und saß im selben Augenblick auch schon vor ihnen oben auf der Deichsel. Die Bestürzung des Offiziers verwandelte sich in Wut. Er schimpfte mit den Soldaten auf uns los und befahl uns, sofort auszusteigen. Fräulein Gates sagte ihm in Ruhe, dass wir all ihre Pläne wüssten und dass wir, da uns ein Passagierschein mit sicherem Geleit bis Kauping ausgefertigt sei, den Wagen bis zu unserer Ankunft dort nicht verlassen würden.

Auf diese Weigerung hin beriet man weiter, was zu tun sei, und es wurde der Vorschlag gemacht, den Wagen in Brand zu stecken. Aber die Verantwortung für diesen Schritt, bei welchem sie unmittelbar als schuldig erschien, und der außerdem Yamen-Eigentum vernichten würde, wollte die Eskorte nicht auf sich nehmen. Der Vorschlag wurde mit dem entschuldigenden Hinweis abgelehnt, »dass es ja auch weiterhin Boxer gäbe, die ihnen die Mühe sparen könnten«. Um die erlittene Niederlage zu vertuschen, sagten unsere Führer, sie hätten uns nur deshalb aufgefordert, auszusteigen, um zu ihren Sachen und zu ihrem Gelde auf dem Wagen zu gelangen. Es war für uns eine Kleinigkeit, ihnen das Gewünschte auszuhändigen. Ihr Unwille zeigte sich in finsteren Blicken und unzufriedenem Gemurmel. Als sie sahen, dass sie nichts mit uns ausrichteten, bestieg der Offizier sein Pferd, die Soldaten rissen in das Gebiss des Maultiers, und schon fuhren wir unter dem Heulen und Schreien und Fluchen und Schimpfen des Pöbels los.

Wenn ich auf das alles zurücksehe, so ergreift mich Verwunderung über Gottes unmittelbares Tun. Ihm verdankten wir unsere Errettung. Er führte uns unbeschadet aus dem bewachten Zimmer heraus; er machte die Anschläge unserer Feinde in jeder Beziehung zunichte; er hielt sie jetzt zurück in ihrem großen Zorn. Als wir durch die Straße fuhren, wurde der Wagen von Hunderten von Boxern verfolgt, die mit Knütteln bewaffnet waren und uns unter Zähneknirschen nachriefen: »Tod den fremden Teufeln! Sie denken, sie sind uns entwischt. Wartet nur, bis sie nach Jintscheng kommen, dann wollen wir sehen, was aus ihnen werden wird!«

Kapitel fünfzehn

Erlebnisse in Jintscheng. Die Regenprozession

»*Dich aber will ich an jenem Tag erretten, spricht der Herr, und du sollst nicht den Leuten in die Hand gegeben werden, vor denen du dich fürchtest, sondern ich will dich gewisslich entkommen lassen, weil du auf mich vertraut hast!*«, *spricht der* HERR. *(Jer. 39,17-18)*

Wir sahen in der Tatsache, dass wir überhaupt auf dem Wagen waren, einen greifbaren Beweis, dass der Herr mit uns war. Er schenkte uns denn auch inmitten der Wut unserer Feinde vollkommenem Frieden. Jeder neue Hinweis auf seine errettende Macht und Gnade ließ uns nur um so fester ihm vertrauen und um so zuversichtlicher ihn bitten, dass er, der uns aus so großer Todesgefahr errettet hatte, uns vollends durchbringen möge.

Ich hatte schon mehr als einmal Grund, die Erfahrung der Ruhe und des Vertrauens zu erwähnen, die solch eine Gewissheit im Herzen schenken kann, sogar in den schwierigsten Umständen; und ich freue mich, jedes neue Beispiel aufzeichnen zu dürfen, da es eine Wahrheit ist, die standhält, nicht für diese oder jene bestimmte Art der Prüfung, sondern für alle Prüfungen unter allen denkbaren Umständen.

Unter Verwünschungen wurden wir aus Wangfang hinausgeleitet. Die Boxer verfolgten uns bis an die Dorfgrenze und ließen uns dann mit Ausnahme einiger weniger, die jedoch auch bald verschwanden, ungestört unsere Reise nach Jintscheng fortsetzen. Die kostbare Stille, die jetzt herrschte, ließ in unseren Emotionen die Heftigkeit des vorangegangenen Sturmes nur um so stärker hervortreten. Wenn ich an die mordgierigen Blicke und Gebärden unserer Verfolger, während sie neben dem Wagen herliefen, zurückdenke, wundere ich mich immer wieder von neuem über die Macht der Hand, die sie zurückhielt und dann zerstreute.

Die erregte Stimmung unserer Eskorte zeigte sich in dem raschen Tempo, das sie einschlug. Wir achteten jedoch nicht weiter darauf. Wir standen unter Gottes Schutz, und jeder Schritt musste uns unserem Ziele näher bringen. Ich klammerte mich noch immer an die Hoffnung, die mir der amtliche Charakter der Eskorte gab. Sie hatte amtliche Befehle und würde es nicht wagen, diesen zuwiderzuhandeln.

Es muss gegen 6 Uhr nachmittags gewesen sein, als wir rasselnd in Jintscheng einfuhren. Als der verkehrsreiche Mittelpunkt der Kohlen- und Eisenindustrie jener Gegend hat der Ort eine ziemliche Größe und Bedeutung. Ich kannte ihn von meinen Predigtreisen her. Erst vor zwei Monaten hatte ich ihn mit Dr. Hewett auf dem Wege nach Kauping besucht. Wir hatten dort einige Stunden verbracht, hatten gepredigt und auf den Straßen christliche Schriften verteilt. Wie ganz anders war jetzt meine Lage, wie ganz anders auch meine Erscheinung. Müde und matt, von Leiden entkräftet, unrasiert, ungekämmt, in Bettlerlumpen gehüllt, ein Gefangener auf dem Wege zum Richtplatz – wahrlich, mein Zustand konnte nicht beklagenswerter sein!

Anscheinend war die Eskorte ängstlich bemüht, unsere Ankunft geheim zu halten. Jedenfalls führte sie uns nicht durch die großen Verkehrsstraßen, sondern durch eine ruhige Seitenstraße bis vor ein großes, geschlossenes Tor. Der Offizier setzte den Herbergswirt nicht auf die übliche geräuschvolle Weise anhand eines Klopfers, sondern persönlich von unserer Ankunft in Kenntnis. Bald öffnete sich das Tor und wir fuhren in den ansehnlichen Hof einer bequemen Herberge.

Zu meiner Verwunderung fand ich, dass wir die einzigen Gäste des Herbergswirtes waren; eine weitere Beruhigung war es mir, dass das Hoftor hinter uns geschlossen wurde; so schien es, als sollte uns endlich die heißersehnte Wohltat einer ungestörten Nachtruhe zustehen. Dabei klang mir jedoch der Ruf der Boxer bei unserem Aufbruch aus Wangfang noch in den Ohren: »Wartet nur, bis sie nach Jintscheng kommen; dann wollen wir sehen, was aus ihnen werden wird!« Vorerst einmal deutete jedoch nichts auf neue Belästigungen hin. Ein hübsches Zimmer wurde uns angewiesen, warmes Trinkwasser wurde uns gebracht, und mit dankerfülltem Herzen legten wir uns auf dem Kang nieder.

Wir hatten noch nicht zehn Minuten gelegen, als wir lautes Geschrei und heftige Schläge ans Hoftor hörten. Es blieb dem Wirt nichts anderes übrig, als zu öffnen, und etwa ein Dutzend Menschen drangen in den Hof herein, um »nach den fremden Teufeln zu sehen«. Schnell folgten ihnen andere, und wir sahen, dass es mit unserer Hoffnung auf eine ungestörte Nachtruhe vorbei war. Unser Zimmer füllte sich mit Menschen; die Draußenstehenden rissen das Papier aus den Fensterrahmen, das an Stelle von Glasscheiben benutzt wurde, und kletterten förmlich übereinander, um uns anzugaffen. Die Eskorte erschien und befahl uns, draußen auf einer Bank neben dem Torweg Platz zu nehmen, damit uns alle sehen könnten.

Als wir ins Freie traten, bot sich uns ein überraschender Anblick. Die größere Anzahl unter den Männern und jungen Burschen, die den Hofraum füllten, war bis auf die Hüften entkleidet, den Kopf umwunden mit grünen Stirnbändern, in der Hand einen Knüttel. Was das bedeutete, war uns klar. Wir wussten sofort, dass wir es mit Teilnehmern an einer Regenprozession zu tun hatten. Menschlich gesprochen konnte für uns nichts ungünstiger sein, zumal an sich schon die Stimmung der Bevölkerung eine höchst gereizte war, und es schon unter gewöhnlichen Umständen gefährlich war, einer Regenprozession zu begegnen.

Wir saßen kurze Zeit auf der Bank neben dem Torweg, gaben den Leuten geduldig Gelegenheit, uns anzugaffen, und beantworteten höflich die dreisten Fragen, die sie an uns richteten. Es war jedoch eindeutig, dass sie nicht nur zur Befriedigung ihrer Neugierde gekommen waren. Ihre Unverschämtheit ging rasch von Worten zu Taten über, und sie fingen an, scheinbar zum Scherz nach uns zu schlagen und uns an die Wand zu drängen. Als der Offizier merkte, wie die Dinge liefen, kam er und brachte uns zu einem Zimmer auf der anderen Seite des Hofes, während er ein Schloss hervorzog und Anstalten machte, uns einzuschließen. Das ging zu weit. Die Erfahrung in Wangfang sollte sich hier nicht wiederholen. Einmal eingeschlossen, würden wir lebendig nicht wieder herauskommen; die Eskorte würde mit dem Wagen davongehen, und wir würden der Gnade des fanatischen Pöbels preisgegeben sein. Unsere Weigerung, das Zimmer zu betreten, war jedoch schlimmer als nutzlos; sie brachte den Offizier richtiggehend in Wut, und so hielten wir es schließlich fürs beste, so zu tun, als ob wir seiner Behauptung, dass er uns nur schützen wolle, Glauben schenkten. Allerdings gaben wir ihm noch zu verstehen, dass er uns sicher nach Kauping bringen müsse. Die Tür wurde daraufhin hinter uns zugeschlagen, und wir sahen uns sicher verwahrt hinter Schloss und Riegel.

Als wir auf dem Kang saßen, kam uns die ganze Hilf- und Hoffnungslosigkeit unserer Lage zum Bewusstsein. Draußen tobte die Menge und verlangte wild, dass wir zu ihr herausgeführt würden. Da stellten wir uns wiederum im Glauben auf das Wort: »Gott ist unsere Zuflucht und Stärke, ein Helfer, bewährt in Nöten. Darum fürchten wir uns nicht, wenn auch die Erde umgekehrt wird und die Berge mitten ins Meer sinken« (Ps. 46,2-3).

Der Leser kann sich nur schwerlich einen Begriff von unserer Lage machen. Ein Blick aus den Fenstern genügte, um uns mit Schrecken zu erfüllen. Die halbnackten Fanatiker glotzten durch die leeren Rahmen und überhäuften uns mit Flüchen. Die Stirnbänder gaben ihnen zusätzlich ein wildes Aussehen. Man wurde an den Lärm und die Ausgelassenheit der Bacchanten erinnert, nur dass es sich hier um das Lärmen und Toben nicht einer feiernden Volksmenge, sondern eines mordgierigen Haufens handelte.

Was ihre Erbitterung auf die Spitze trieb, war, dass wir ihrer Meinung nach nicht nur die Trockenheit verschuldet hatten, sondern nun auch noch die Wirkung ihrer Gebete um Regen zunichte machten. Den ganzen Tag über hatten sie zum Himmel geschrien, und nun mussten die fremden Teufel, denen sie ihr ganzes Elend in erster Linie verdankten, durch ihr verwünschtes Dazwischenkommen den Erfolg ihres Tagewerkes in Frage stellen. Nein, das konnten sie nicht dulden, und in wildem Ansturm brachen sie die Tür ein und drangen in das Zimmer.

Was jetzt ohne das gemeinsame Vorgehen des Offiziers und des Wirtes geschehen wäre, wage ich nicht auszudenken. Der Wirt war um sein Eigentum besorgt und erklärte, dass er uns nicht länger auf seinem Grundstück behalten werde. Zusammen kamen sie hereingestürmt, befahlen uns, von dem Kang herunterzusteigen und sofort das Zimmer zu verlassen. Natürlich weigerte ich mich; sollte ich mich mit meinen Lieben in eine Schar reißender Wölfe hineinbegeben? Ich seufzte in meinem Herzen empor zu Gott. Da, im nächsten Augenblick wurde ich von den Meinen getrennt, vom Kang heruntergerissen und durch die Tür hinausgeschleudert, so dass ich mitten hineinfiel in den wütenden Haufen. Im Nu war alle meine Furcht geschwunden. Ich glaubte, dass mein Ende da sei, dachte aber jetzt nur an die Meinen. Wo waren sie? Was war aus ihnen geworden?

Mit bewundernswertem Mut waren meine Frau und Fräulein Gates sofort, nachdem man mich gepackt hatte, vom Kang heruntergesprungen und hatten sich, die Kinder an der Hand, hinter mir her einen Weg gebahnt. Ich sah sie plötzlich dicht neben mir, und in der nächsten Sekunde lagen unsere Hände ineinander.

Wie von einer unwiderstehlichen Strömung wurden wir nun durch das Hoftor hindurch mitgerissen. Mit aller Kraft hielten wir uns gegenseitig fest. Wahrlich, »mächtige Stiere umzingelten uns« (Ps. 22,13). Manchmal war das Gedränge so stark, dass wir den Boden unter den Füßen verloren. Meine liebe Frau wurde aufgrund der heftigen Schläge fast ohnmächtig. Der Herr aber hielt sie aufrecht und gab genauso auch Fräulein Gates und den müden Kindern Kraft. Als wir die Straße erreichten, kreuzte eine Gegenströmung unseren Weg; wir stießen auf die Hauptmasse der Prozession. Es war, wie wenn sich ein dahinschießender Sturzbach mit den Wassern eines angeschwollenen Flusses vereinigt. Hilflos, mit wildem Ungestüm, wie Strohhalme in einem Strudel wurden wir die enge Straße hinabgetragen, ohne zu wissen, wohin.

Ganz merkwürdig war es, dass sich bis jetzt keine Hand gegen uns aufhob, um uns zu schaden. Ohne Zweifel hatte auf dem Hof eine gewisse Achtung vor dem Wirt die Menge davon abgehalten, über uns herzufallen. Aber was konnte sie jetzt auf offener Straße daran hindern? – Dicht neben uns befand sich nach Gottes gnädiger Fügung der Offizier, und soviel hatten wir bemerkt, dass der Mann, so sehr er darauf bedacht war, uns los zu werden, doch selbst nicht dabei bloßgestellt sein wollte. Als wir jetzt auf freiem Feld außerhalb der Stadt waren und das Gedränge etwas nachließ, bemerkte ich, wie er bemüht war, von uns wegzukommen. Ich teilte meine Vermutung den beiden Frauen mit, und meine Frau machte hierauf einen Vorschlag, den sicherlich der Herr als Mittel zu unserer Rettung benutzte. Sie ergriff schnell die rechte Hand des Offiziers, Fräulein Gates seine linke, und beide hielten ihn fest. So war er in den Augen aller unser erklärter Beschützer. Er wagte es nicht, diese Rolle abzulehnen, hatte aber doch böse Pläne. Fräulein Gates hörte, wie er zu den Umstehenden sagte: »Ich will sie da drüben auf dem Platz zum Sitzen und Ruhen einladen. Da brauchen sie dann nicht wieder aufzustehen. Ohne Mühe könnt ihr sie dann niedertreten.« Sie bat uns dringend, uns nur ja nicht niederzusetzen, so sehr er oder sonst jemand uns dazu nötigen würde.

Wir konnten uns, als wir draußen im Freien waren, eine bessere Vorstellung von der ungeheuren Menschenmenge, die uns umschwärmte, machen. Nach bescheidener Schätzung waren es acht- bis zehntausend. Bei einer so außerordentlichen Gelegenheit, wo so viel von der richtigen Einhaltung der vorgeschriebenen Zeremonien abhing, war natürlich die Landbevölkerung scharenweise in die Stadt geströmt. Und nicht allein das; infolge der andauernden Trockenheit war die Feldarbeit zum Stillstand gekommen und viele, die sonst auf den Feldern beschäftigt gewesen wären, trieben sich arbeitslos umher, hatten nichts als dummes Zeug im Kopf und freuten sich über alles, was irgendwie Aufregung mit sich brachte.

Wir waren mittlerweile an dem erwähnten »steinigen Platz« angekommen. Der Offizier machte Halt, und wie auf Verabredung stand der große Zug gleichfalls still. Der Offizier wandte sich an uns, bat uns, zu entschuldigen, dass wir wahrscheinlich ziemlich lang auf den Wagen würden warten müssen, und meinte so nebenbei, wir würden gut tun, uns einstweilen am Wege niederzusetzen. Wir dankten ihm und erwiderten, dass wir lieber wie er stehenbleiben würden. Der arme Mann, seine Bestürzung war kostbar. Sein Wunsch, uns loszuwerden und die Volksmenge zu befriedigen, und andererseits seine Furcht, sich wegen Pflichtverletzung den Tadel seiner Vorgesetzten zuzuziehen, kämpften in ihm. Ich erinnere mich noch recht gut, wie ihm der Schweiß auf der Stirn stand, als er uns nach einiger Zeit nochmals zuredete, wir sollten uns doch setzen und ausruhen. Selbstverständlich lehnten wir seine fürsorgliche Aufmerksamkeit wiederum dankend ab, und ich vermehrte dazu noch seine Verwirrung, indem ich ihn bat, er möge, da er so freundlich zu uns sei, mein kleines Mädchen ein Weilchen für mich tragen. Ich tat das, um ihm zu zeigen, dass wir ihm in seiner amtlichen Eigenschaft unbedingt vertrauten, und um der Menge deutlich zum Bewusstsein zu bringen, dass wir unter dem Schutze des Yamen ständen. Auch hoffte ich, der Anblick eines kleinen Kindes werde als stummer Appell seinen Weg leichter als alles andere zu den Herzen der Leute finden. Wirklich erlaubte er mir, die Kleine in seine Arme zu legen. Wahrscheinlich fürchtete sein Gewissen, eine Weigerung möchte seine Schuld verraten; oder er hoffte, durch ein gewisses Entgegenkommen seinerseits uns in Sicherheit zu wiegen. Wie dem auch sei, ich verzeichne die einfache, merkwürdige Tatsache: Mit Klein-Hope auf den Armen stand er da, weithin sichtbar, vor der dichtgedrängten, von Mordlust erfüllten Menge, im Herzen mit ihr eins, unser erklärter Verbündeter und Beschützer. Es war für ihn keine Möglichkeit, zu entwischen, denn meine Frau und Fräulein Gates hielten ihn, die eine auf dieser, die andere auf jener Seite, an seinem Gewand fest. Wie vor langer Zeit schon Bileam, schien auch er machtlos, seinen Willen durchzusetzen; der Herr war mit uns, und er konnte nichts dagegen tun.

Seine eigene Ohnmacht spiegelte sich in dem Verhalten der Umstehenden wieder. Wie heulende Wölfe umringten sie uns. Sie wollten durchaus, dass wir uns setzten, und wenn wir uns weigerten, drohten sie, im Stehen über uns herzufallen. Ohne Zweifel würden sie es getan haben, wenn uns die Gegenwart des Yamen-Beamten nicht geschützt hätte. So wollten sie uns wenigstens so weit aus der Nähe der Stadt weg haben, dass unser unheilvoller Einfluss ihre Gebete nicht mehr stören konnte. Als sie dies erreicht hatten, besprachen sie untereinander, was weiter zu tun sei.

Der Offizier hatte mir inzwischen die kleine Hope zurückgegeben und wartete nun aufs neue auf eine Gelegenheit, uns zu entwischen. Ich hielt es darum für angebracht, ihn nochmals an seine Verantwortlichkeit zu erinnern. »Deine Pflicht ist«, wandte ich mich an ihn, »uns nach Kauping zu bringen. Wenn wir die Nacht nicht in Jintscheng bleiben können, dann müssen wir eben anderswo übernachten.« »Wie sollen wir denn anderswohin gelangen?« erwiderte er, »der Wagen steht ja weit weg von hier in der Herberge.« »Gut«, versetzte ich, »dann musst du hinüberschicken und den Wagen holen lassen.« Kaum hatte ich dies gesagt, das erschienen in der Ferne zwei Soldaten. Mit ihren Knütteln trieben sie die Menge auseinander, bahnten sich einen Weg in die Nähe des Offiziers und knüpften ein Gespräch mit ihm an. Der Kern dieser Unterredung ist uns entgangen. Ich weiß nur, dass sich der Offizier unter dem Vorwand, mit ihnen allein sein zu wollen, abermals von uns entfernen wollte. Rechtzeitig noch konnten wir es, sehr zu seinem Ärger, verhindern. Das war gut, denn die Sonne war schon untergegangen, und die kurze Dämmerung musste bald in Dunkelheit übergehen. Was würde dann die Menge mit uns anfangen? Wir kannten feindliche Chinesenhaufen nur zu gut, um zu wissen, dass irgendwann einmal ihre Erregung jeden Damm durchbricht. Es war wunderbar genug, dass die Menge bis jetzt in Schach gehalten worden war. Das Erscheinen der Soldaten schien zuletzt mit dazu beigetragen zu haben.

Im Nachhinein scheint es mir nicht unwahrscheinlich, dass sie nach dem Gespräch mit dem Offizier die Menge mit der Versicherung beruhigten, dass wir als kaiserliche Gefangene nach Kauping gebracht und dort auf Befehl des Kaisers hingerichtet werden würden.

Die ganze Zeit hindurch waren unsere Herzen in unablässig heißem Flehen zu Gott, dem Fels unseres Heils, empor gerichtet gewesen. Wie Errettung kommen konnte, war uns völlig unklar. Denn das Herz des Offiziers war voller Gemeinheit, und wozu die Soldaten gekommen waren, wussten wir noch immer nicht. Jeden Augenblick konnten wir auf ein Zeichen hin niedergemacht werden, und was meine Aufforderung betraf, den Wagen holen zu lassen, schien die Art, wie ich sie vorbrachte, ziemlich verrückt. Jedenfalls war, so fürchte ich, mein Glaube kaum auf die Antwort vorbereitet, die Gott jetzt auf unsere Bitten gab. Das Unmögliche geschah. Zu unserer unaussprechlichen Verwunderung sahen wir, wie der Wagen auf uns zukam und dicht vor uns anhielt. Das »Schang-tsche!« (»Einsteigen!«) des Offiziers ließen wir uns nicht zweimal sagen. Der Wagen erschien uns als ein Gefährt, das Gott selbst zu unserer Rettung gesandt hatte.

Unter dem dumpfen Schweigen der Menge nahmen wir unsere Plätze ein. Bei unserer Abfahrt verwandelte sich das Schweigen in wildes Geschrei mit dem bekannten Grundton: »Tod den fremden Teufeln!« Aber kein Versuch wurde gemacht uns anzuhalten, keine Hand erhob sich, uns anzurühren, kein Fuß setzte sich in Bewegung, uns zu verfolgen. In wenigen Minuten war der Lärm in der Ferne verhallt. Als die Dunkelheit hereinbrach, waren wir wieder allein, allein im Schatten Gottes, allein in nächtlicher Stille, allein auf einsamer Landstraße.

KAPITEL SECHSZEHN

Eine denkwürdige Nacht

*... am Abend kehrt das Weinen ein
und am Morgen der Jubel. (Psalm 30,6)*

Unsere Eskorte war nicht in der Stimmung zu sprechen oder uns sprechen zu hören; so verfolgten wir schweigend unseren Weg. Es war uns recht so, denn wir waren unaussprechlich müde. Auf die geistigen und körperlichen Leiden oben auf der einsamen Bergeshöhe war die heftige innere Spannung der folgenden Stunden gefolgt, die wir in den Händen derer zugebracht hatten, die uns nach dem Leben trachteten; da kam jetzt die Nachwirkung. Zu verwundern ist immer noch, dass nicht ein ernster Rückschlag eintrat. Wahrlich, was Gott in jenen Tagen an uns tat, ist von Anfang bis Ende ein Wunder.

Da wo Gottes Macht nicht direkt und offensichtlich zum Ausdruck kam durch sein tatsächliches Eingreifen und Befreien, so war es für uns doch nicht weniger offensichtlich durch die stärkende und nicht nachlassende Gnade für unseren Geist, Seele und Leib.

Als wir noch einmal die Ereignisse des Tages überdachten, wurden wir in der Überzeugung bestärkt, dass der Herr seinen Engel gesandt und uns aus der Hand unserer Feinde errettet hatte. Unsere Erlebnisse in Jintscheng waren sicherlich nicht weniger wunderbar als unser Entkommen aus Wangfang. Ein Umstand beweist das zur Genüge. In unserer Gegend galt es an sich als ein Verbrechen, einer Regenprozession in den Weg zu kommen, und zwar wurde dieses Verbrechen hier und da bei Männern mit schwerer Prügelstrafe, bei Frauen oder Tieren mit dem Tode geahndet. Im Jahre vorher waren unser Evangelist und ich eines Abends in Luan bei unserer Rückkehr aus der Straßenkapelle nur mit knapper Not schweren Misshandlungen entkommen. Wir zogen uns zwar, als wir die Prozession von weitem kommen sahen, in das Dunkel eines Torwegs zurück, wo wir hofften, unbemerkt zu bleiben, doch entdeckte uns die Vorhut, die für das Räumen der Straße zuständig war, und befahl uns bereits, unsere Röcke auszuziehen. Wir weigerten uns damals, merkten aber dabei, dass wir keine Zeit zu verlieren hätten, wenn wir mit heiler Haut davonkommen wollten. So gaben wir Fersengeld, gerade als die Hauptmasse des Zuges herankam. Schon schlug die Vorhut nach unseren Beinen; aber zum Glück kamen wir gerade an eine Stelle, wo sich vier Straßen kreuzten, und die Straße, die wir einschlugen, lag nicht in der Richtung des Zuges. Sonst wären wir der üblichen Strafe nicht entgangen. Meine Besorgnis, als ich in Jintscheng den Stand der Dinge erfasste, lässt sich somit begreifen. Wenn schon Einheimische unter gewöhnlichen Verhältnissen beim Stören einer Regenprozession eine schwere Strafe zu erwarten hatten, was war dann mit uns, den verhassten Jang kwei-tsi? Der Erlass der Kaiserinwitwe, der die Ausrottung der Fremden betraf, war ja schon allgemein bekannt und die Boxer hatten überall Plakate angeschlagen, in denen die Vernichtung der Fremden als besonders verdienstlich hingestellt wurde! Dass wir dennoch mit dem Leben davonkamen, konnten wir uns nur als Wirkung besonderen göttlichen Eingreifens erklären; dem Herrn und Ihm allein schrieben wir unsere Errettung zu.

Ich weiß nicht, wie lange wir unterwegs waren; aber es muss über eine Stunde gewesen sein, als wir in ein mittelgroßes Dorf einfuhren. Die lange, schmale Dorfstraße war verlassen, und alles war ruhig, als wir vor dem baufälligen Tor der einzigen Herberge anhielten. Der Wirt brauchte lange Zeit, ehe er zum Vorschein kam; er wurde wahrscheinlich zu so später Stunde selten von Besuchern gestört. Auf jeden Fall war unsere Ankunft ein Ereignis, das eine eingehendere Untersuchung erforderte; und sobald er entdeckte, dass er für eine Ladung fremder Teufel Sorge tragen sollte, regte sich all sein Einheimischenstolz und noch etwas mehr in ihm; er warf mit einem Fluch die Türe zu und befahl uns, uns fort zu scheren.

Wo sollten wir jetzt ein Obdach finden, da wir von dem einzigen, das uns zur Verfügung stand, weggetrieben wurden? Wir waren todmüde; außerdem wurden wir auf dem harten, federlosen Wagen dermaßen durchgerüttelt, dass uns jedes Glied schmerzte. Jedoch half alles nichts, wir mussten weiter. Wenigstens wollten das unsere Begleiter, und das war genug. So hieß es für uns, nochmals für eine Stunde oder noch länger das Unerträgliche zu ertragen. Und doch wurden wir gewissermaßen dafür entschädigt. Die Stille der einsamen Landstraße, das Freisein von geistiger Anspannung, der Schutz der Dunkelheit und die bloße Tatsache, dass wir vorwärts kamen, hatten für uns etwas Tröstliches. Dazu kam, dass wir beisammen waren, und dass wir uns selbst überlassen waren. Wir konnten so vereint Gott loben in der Stille. Aus seiner Nähe schöpften wir neue Kraft für das, was unmittelbar bevorstand.

Wir langten im nächsten Dorfe an, erfuhren jedoch vor der einzigen Herberge eine nicht weniger unfreundliche Abfuhr. Wir wurden uns bewusst, was es heißt, das Schicksal des Meisters zu teilen und wie er verachtet und verworfen zu werden. Wir dachten an sein Wort: Es ist dem Jünger genug, dass er sei wie sein Meister und der Knecht wie sein Herr (Mt. 10,25). War es wahr, dass sich niemand um ihn kümmerte, und dass er nichts hatte, wo er sein Haupt hinlegen konnte (Mt. 8,20), wie kamen w i r dazu, etwas anderes zu beanspruchen? Nein, wir waren zur Gemeinschaft seiner Leiden berufen (Phil. 3,10), und »die Freude am Herrn war unsere Stärke« (Neh. 8,10). Es blieb uns jetzt nichts anderes übrig als mit dem, was wir bekommen konnten, vorlieb zu nehmen und zu der Zufluchtsstätte der Obdachlosen, dem Ortsheiligtum, zu gehen. So bestimmte es zumindest der Offizier, und in wenigen Minuten befanden wir uns auf dem großen, freien Platz vor dem Heiligtum. Wir mussten aussteigen. Die Soldaten banden das Maultier, ohne es auszuspannen an, und mit dem Bescheid, dass sie mit den Dorfältesten drinnen ein Nachtquartier für uns vereinbaren wollten, verschwanden sie innerhalb der Tempelmauern.

Natürlich glaubten wir, dass sie bald zurück sein würden, und sahen uns nach einem Platz um, wo wir uns inzwischen etwas niedersetzen könnten. Als einzige, freilich höchst unbequeme Sitzgelegenheit bot sich uns ein Steinhaufen. In unserer Müdigkeit und mit den schlafenden Kindern auf den Armen waren wir sogar dafür dankbar.

Die kleine Gesellschaft verlassener Flüchtlinge konnte natürlich nicht verfehlen, die Aufmerksamkeit einiger in der Nähe Herumstehenden auf sich zu ziehen, denen es bei dem hellen Mondschein nicht schwer wurde, unsere Persönlichkeit festzustellen. Die Nachricht, dass »Jang-kwei-tsi« im Dorf seien, verbreitete sich rasch, und zu unserer nicht geringen Besorgnis sahen wir die ursprünglich kleine Zahl schnell zu einer ansehnlichen Menge anwachsen. Dazu kam, dass unsere Eskorte unzuverlässig war und dies möglicherweise eine neue List war, um sich unser auf bequeme Weise zu entledigen. Solange allerdings der Wagen vor uns stand, hatten wir die sichtbare Bürgschaft, dass sie uns nicht verlassen konnte, und hielten sorgfältig Wache.

Wie lange kann ich nicht sagen. Jedenfalls lange genug, um schließlich zu glauben, dass die Eskorte überhaupt nicht zurückkehren würde. Lange genug, um Hunger und Kälte empfindlich zu spüren. Lange genug, um durch die finsteren Blicke, die drohenden Gebärden, die dunklen Andeutungen und offenen Auslassungen der Umstehenden über deren wahre Absichten aufgeklärt zu werden. Sie sangen das Lob der »Großen Schwertergilde« und besprachen, wie sie uns umbringen wollten. Unmittelbar vor dem Tempel brannte ein großes Feuer und der Gedanke, uns lebendig zu braten, wahrscheinlich wie in Hantien mit der zu Grunde liegenden Vorstellung einer Opferung, fand allgemein Beifall. Wir fühlten inniges Mitleid mit den armen Leuten, deren Verstand verfinstert war und die entfremdet waren dem Leben Gottes wegen der Unwissenheit, die in ihren Herzen war (Eph. 4,18); und als sich uns die Gelegenheit bot, sprachen wir zu ihnen von dem Leben, das ihnen Christus gebracht habe durch sein Evangelium, von der Erlösung, durch sein Blut und der Vergebung der Sünden. Aber es kam bald der Punkt, wo sie uns nicht länger anhören wollten. Wir waren in ihren Augen nur die Abgesandten des Teufels und wie er selber Teufel, die man fürchten und hassen, und deren man sich so schnell wie möglich entledigen müsse. So blieb uns nicht anderes übrig, als still für sie zu beten.

Ich war zu sehr mit der Haltung der Menge beschäftigt und gab gerade weniger auf den Wagen acht, als plötzlich meine Frau mir zurief: »Schnell, Archie, schnell! Sie wollen entwischen!« Tatsächlich hatten sie, der Offizier und die Soldaten, während wir von den Leuten umringt waren, die Gelegenheit wahrgenommen und das Maultier losgebunden. Sie wurden aber noch rechtzeitig von meiner Frau bemerkt, als sie durch die Umzäunung davonjagten. Aufspringen und ihnen nachlaufen war eins. Alles Gefühl von Müdigkeit war verschwunden. Ich flog wie mit Flügeln dahin. Das Maultier war ein munteres Tier und wurde jetzt außerdem mit Peitschenhieben bearbeitet, aber in kurzer Zeit holte ich es doch ein. Ich packte die Zügel am Gebiss und hielt es fest, bis meine Frau und Fräulein Gates, die mir mit den Kindern nacheilten, zur Stelle waren. Die Eskorte war natürlich wütend; aber sie war entweder zu verwirrt oder zu sehr in Sorge um ihren Kopf, um etwas Weiteres vorzunehmen. Um eine Entschuldigung ist der Chinese niemals verlegen, und so meinten sie, sie hätten die Absicht gehabt, das Tier des Nachts irgendwo einzustellen. »Gut«, sagten wir, »dann werdet ihr uns mitnehmen«, und schon waren wir oben auf dem Wagen zu ihrem unendlichen Ärger. Die Menge, die auf eine solche Wendung der Dinge nicht vorbereitet war, sah uns verwundert nach, als wir fort fuhren und war offenbar ganz froh, uns los zu werden, wie ihr »Scha Jang kwei-tsi!« bewies.

Bei der feindseligen Haltung der Dorfbevölkerung konnten wir nur Gott danken, dass uns ein Dach über dem Kopf verweigert worden war. Eine ruhige Nacht auf einsamer Landstraße war immer noch der zweifelhaften Behaglichkeit eines Raumes vorzuziehen, der mit böswilligen Beobachtern angefüllt war. Wenig beruhigend war freilich die Entdeckung, dass wir nicht auf unserem Weg weiter fuhren, sondern zurück in Richtung Jintscheng. Wir erlaubten uns, unserer Eskorte zu verstehen zu geben, dass wir weder vorhatten, die Nacht in Jintscheng noch in Wangfang zuzubringen, wo unser Wiedererscheinen ja die schlimmsten Folgen haben musste. Ein Sturm von Scheltworten erging über uns. Ich erinnere mich recht gut, wie mein Herz darunter erbebte. Es war, als ob die Eskorte unsere bloße Gegenwart nicht länger ertragen mochte. Äußerlich verhielten wir uns ruhig, aber innerlich flehten wir zu Gott.

Die Ruhe der einsamen Landstraße hatte jetzt nichts Erfrischendes mehr für uns. Eine namenlose Angst überkam mich, als wir uns Jintscheng näherten und in der Ferne wildes, ausgelassenes Geschrei vernahmen, das darauf schließen ließ, dass sich die Teilnehmer an der Regenprozession noch immer nicht zerstreut hatten. Ich konnte nicht länger an mich halten und sagte in höflichem Ton zu dem Offizier: »Wir sind nicht gewillt, die Stadt wieder zu betreten. Du weißt, dass man uns dort töten wollte, und es ist nicht klug von dir, dass du uns von neuem solcher Gefahr aussetzt. Wir vertrauen dir, dass du anderswo eine geeignete Unterkunft für uns suchen wirst.« Leidenschaftlich wandte er sich an mich: »Wir werden diese Nacht nirgends anders bleiben. Ich muss für mein Tier Stallung haben und kann solche nur in Jintscheng finden. Wenn ihr nicht mitkommen wollt, dann steigt meinetwegen aus und schlaft da drüben unter jener Hecke. Ihr habt ja die letzte Nacht schon im Freien geschlafen; da könnt ihr es auch diesmal tun.«

Und wirklich sah es so aus, als wollten sie uns absetzen. Der Wagen hielt an, und sie sprachen abseits miteinander. Das Gespräch endete jedoch damit, dass der Offizier einem der beiden Soldaten die Aufsicht über uns übergab, den anderen hingegen mit sich nahm, um sein Pferd zu führen, und zu Fuß zur Stadt eilte.

Eine Stunde etwa stand unser Wagen auf offener Landstraße. Unter gewöhnlichen Umständen brauchten wir nicht mit Wanderern zu rechnen. Jetzt aber mussten wir darauf gefasst sein, dass die Teilnehmer an der großen Prozession auf ihrem Heimweg an uns vorüber kamen. Wir mussten immer noch dankbar sein, dass man uns nicht mitten unter sie hineingefahren hatte. Trotzdem waren wir in einer wirklichen Gefahr, die uns von neuem ins Gebet trieb. Ein Wagen bei hellem Mondschein auf offener Landstraße war wohl dazu angetan, Neugierde zu erregen, und die Neugierde derer, die uns vor kurzem nach dem Leben getrachtet hatten, war keine angenehme Aussicht. So stieg unter dem Verdeck des Wagens abermals das Schreien der Verlassenen empor zu Gott.

Nach und nach kamen sie, hier einer, da einer, einzeln und in Trupps. »Was hast du da in dem Wagen?« lautete ihre Frage bei dem ungewohnten Anblick, und alle bis auf den letzten, insgesamt etwa zwanzig, standen still, als die Antwort zurückkam: »Die verfluchten Jang kwei-tsi«. Die Bitterkeit, die in diesen Worten lag, ging mir durch und durch. Sie kamen fast einer Aufforderung an die Dabeistehenden gleich, über uns herzufallen. Aber obwohl diese zusammen mit dem Soldaten uns mit gemeinen Beschimpfungen überhäuften, so hob doch keiner von ihnen eine Hand gegen uns auf. Die Stunde ängstlichen Wartens kam mir endlos vor. Die unverhohlene Feindseligkeit des Soldaten weckte in mir das Gefühl völliger Schutzlosigkeit. Die Leute wussten, dass nichts sie hinderte, mit uns zu machen, was sie wollten, und doch fürchteten sie sich. Wir wussten, dass die Furcht von dem kam, der wie eine feurige Mauer zwischen ihnen und uns stand.

Unsere Ungewissheit endete mit der Rückkehr der beiden anderen. Wir hatten fast gefürchtet, dass mit ihr unsere Lage sich verschlimmern werde, aber es kam anders. Das Benehmen des Offiziers schien anzudeuten, dass er etwas vorhatte, was besondere Eile erforderte. Er richtete ein paar uns unverständliche Worte an die Dabeistehenden, ließ dann den Wagen, der inzwischen infolge der Widerspenstigkeit des Maultieres wieder die entgegengesetzte Richtung eingenommen hatte, umwenden, und erleichterten Herzens fuhren wir davon, während die gefürchteten Wanderer sich zum Weitergehen anschickten.

Ja, erleichterten Herzens, denn wieder lag eine Gefahr hinter uns. Und doch, wir steuerten auf Jintscheng los, und das musste unsere

Herzen aufs Neue mit Sorge erfüllen. So wiederholte es sich immer in jenen angstvollen Tagen. Einerseits hatten wir beständig Ursache zu danken für die uns gnädig erwiesene Durchhilfe, und andererseits mussten wir Hilfe suchen im Blick auf neue Schwierigkeiten und Gefahren, denen wir entgegengingen, und so lebten wir Stunde um Stunde in engster Fühlung mit dem, der für uns sorgte, und lernten es praktisch, was es bedeutet, über alle Widerwärtigkeiten hinweggehoben und sicher und ohne Sorge geführt zu werden an Seiner Hand.

Das Mondlicht wurde zeitweilig von vorüberziehenden Wolken verdunkelt, als wir auf der jetzt gänzlich stillen und verlassenen Landstraße dahinfuhren. Es war nach Mitternacht, als wir das Stadttor erreichten. Also sollten wir wirklich die Nacht in Jintscheng verbleiben, und noch einmal betraten wir diesen Ort, der eben erst für uns ein Ort des Schreckens gewesen war. Anstatt dass wir jedoch in eine ordentliche Herberge geführt wurden, waren wir kaum durch das Tor hindurch, als der Wagen anhielt. Man befahl uns auszusteigen und wies uns den Platz an, wo wir übernachten sollten. Es war die Bühne eines kleinen, aus Stein erbauten Theaters, das, nach vorne hin offen, an der Hauptstraße gelegen war. Solche Bühnen dienen in China gewöhnlich Landstreichern, Ausgestoßenen und berufsmäßigen Bettlern als Nachtquartier; zweifellos war der Ort deshalb für uns ausgewählt worden, um uns das Gefühl der Verachtung, welche uns traf, recht tief einzuprägen. Und was unsere äußere Erscheinung anbelangte, befand sich diese für den gewöhnlichen Beobachter wirklich in natürlicher Übereinstimmung mit unserer Umgebung. Wir machten, nach der Kleidung zu urteilen, besonders ich in der standesgemäßen Tracht des Ordens, durchaus den Eindruck berufsmäßiger chinesischer Bettler. Es war uns klar, dass uns nichts anderes übrig blieb, als der uns erteilten Weisung zu folgen. Dennoch ließen wir uns von dem Offizier das feierliche Versprechen geben, dass er uns vor Tagesanbruch, ehe die Stadt auf den Beinen wäre, abholen werde. Er gab es uns wirklich. Nicht, dass uns sein Wort irgendetwas gegolten hätte, aber ein Appell unsererseits an seine Ehre konnte doch nichts schaden, ja von Gott als Mittel zu unserer Rettung benutzt werden. Unser Glaube klammerte sich daran, und das Gebet, es möge so sein, wurde zur Hoffnung, dass Gott es zu seiner Verherrlichung wirklich so fügen werde.

Der Offizier wies uns die schmalen Stufen der steilen Treppe hinauf, die zu der Bühne führte, und schweren Herzens stiegen wir hinauf. Zum Glück sahen wir in der Dunkelheit nicht den fürchterlichen Schmutz, inmitten dessen wir lagern sollten. Nichts war erkennbar als die dunklen Gestalten von fünf anderen, die, wie wir, Bettler und Ausgestoßene, in schlafender Haltung dahockten. Eine von ihnen, eine Frau, rüttelte der Offizier wach. Er sagte ihr, wer wir wären, und gab ihr den Befehl, uns bis zum Morgen sorgfältig zu bewachen und auf keinen Fall entwischen zu lassen, da wir am nächsten Morgen hingerichtet werden sollten. Dann warf er uns drei oder vier kleine Brote zu, sprang auf den Wagen, und fort war er. Abermals waren wir allein inmitten unserer Feinde, ausgestoßen und verlassen. Ich werde nie vergessen, was ich empfand, als das Rasseln des Wagens allmählich verhallte. Nachdem uns die Eskorte zweimal im Stich gelassen hatte, konnten wir vernünftigerweise kaum hoffen, sie diesmal wieder zu sehen.

Die Alte, die auf uns aufpassen sollte, zeigte Teilnahme für uns. Sie beklagte unsere Lage, bejammerte unser Geschick, das auf uns wartete, und redete uns zu, uns neben ihrer Schar zum Schlafen nieder zu legen. Als sie sah, dass wir uns in den äußersten Winkel und in den tiefsten Schatten zurückzogen, kam sie und hockte sich neben uns. Aufmerksam beobachtete sie uns und machte ihren teilnehmenden Gefühlen in Seufzern und Klagetönen Luft. Mit heiserer, eintöniger Stimme kam es unaufhörlich über ihre Lippen: »Ai-a, ai-a! morgen wird man sie alle töten!« Der Gedanke, von der hässlichen Alten scharf überwacht zu werden und dabei ihre gesetzlose Sippschaft in unmittelbarer Nähe zu haben, verscheuchte den Schlaf von uns. Sie war in zu verdächtiger Weise besorgt, uns einschlafen zu sehen, als dass wir nicht hätten fürchten müssen, dass sie Böses im Sinne hatte. Wie viel die arme, alte Seele von der Evangeliumsbotschaft, die Fräulein Gates ihr freundlich erklärte, in sich aufnahm, lässt sich nicht sagen. Als schließlich alles still war und sie vermuten konnte, dass wir schliefen, sahen wir, wie sie sich heimlich davonschlich, ihre vier Gefährten leise weckte, eine Zeit lang halblaut mit ihnen sprach und dann ihr eintöniges Klagen an unserer Seite fortsetzte, was uns recht verdächtig vorkam. Es war jetzt an der Zeit, sie wissen zu lassen, dass wir ihren Bewegungen nicht eine solche Gleichgültigkeit entgegenbrachten, wie sie wohl meinte. Und der Klang in Fräulein Gates' Stimme, als diese ihr nachdrücklich nahe legte, an ihrem eigenen Platz zu ruhen, anstatt neben uns zu hocken, überraschte wohl sie und ihre Gefährten. Jedenfalls verließ sie uns zu unserer großen Beruhigung, legte sich zu den anderen und stellte sich schlafend.

Wie es uns möglich war, in jener Nacht wach zu bleiben, weiß ich nicht. Unsere Lage erforderte es aber, und ich kann nur sagen, dass der Herr uns insoweit stärkte, dass wir es schafften. Trotz des Schmutzes, den wir, wenn auch nicht sahen, so doch fühlten, und trotz den Ungeziefers, trotz der unbequemen Körperhaltung und trotz der durchdringenden Kälte waren mir die Augen so schwer, dass ich nicht wusste, wie ich sie offen halten sollte. Wir verabredeten, uns beim Wachen abzulösen; aber der wenige Schlaf, der uns blieb, war dermaßen gestört, dass man ihn eigentlich nur ein sich wiederholendes Zusammenfahren bald aus diesem, bald aus jenem Grunde nennen konnte. Es war eine schreckliche Nacht. »O Herr, ich bin elend, hilf mir!« hieß es in mir, so oft die Reihe zu wachen an mir war. Beständig hatten wir den Verdacht, dass die Bettler sich nur schlafend stellten und eine passende Gelegenheit abwarteten, um sich an uns heranzumachen, und jede ihrer Bewegungen hielt unsere Befürchtungen wach. Blickten wir auf die Straße hinaus, hatten wir die Befürchtung, jeden Augenblick die Gestalten unserer Feinde aus der Dunkelheit auftauchen und uns von neuem verfolgt zu sehen. So sehr wir das Ende der Schreckensnacht herbeisehnten, so sehr fürchteten wir andererseits den herannahenden Morgen und die erneute Ansammlung feindseliger Mengen, die er mit sich bringen würde. Unsere nervöse Ängstlichkeit zeigte sich unter anderem darin, dass, als nicht lange nach Mitternacht acht oder zehn Männer am Theater vorüberkamen, Fräulein Gates fest behauptete, dass sie am Fuß der Bühne kauerten, um dann am Tag ihr Werk an uns zu tun. Erst als ich, um den Sachverhalt zu prüfen, mich an den Rand der Bühne schlich, ließ sie sich überzeugen, dass ihre Vermutung grundlos sei. In mehr als einer Beziehung saßen wir in jener Nacht im Finstern; aber wir dachten an den, der Tote lebendig macht, und erinnerten uns daran, dass unser Fürsprecher gleich wie wir in ähnlicher Weise versucht worden ist (Hebr. 4,15). Das Wort aus Micha 7, Vers 8: »Wenn ich auch in der Finsternis sitze, so ist doch der Herr mein Licht«, erfüllte sich buchstäblich an uns.

Der Anbruch des Tages ließ uns erkennen, in welch unwürdiger Lage wir uns tatsächlich befanden. Als ich den Blick von meinen Bettlerlumpen in ihrem unbeschreiblichen Schmutz zu meiner Frau und meinen Kindern neben mir schweifen ließ, blutete mir das Herz.

Jeder Vorübergehende musste glauben, dass wir mit den übrigen eine Gesellschaft bildeten. Und doch hatten wir dabei den süßesten Trost, für den sogar die beiden Kleinen nicht unempfänglich waren. Durften wir uns doch sagen, dass wir gewürdigt wurden, um Christi willen Schmach zu leiden. Oftmals in jenen trüben Leidenswochen wurde unser Dunkel durch ein Wort aus dem Mund unserer Kinder, das in seiner kindlichen Einfalt und Zuversicht unser Herz erfreute, erhellt. So geschah es jetzt. Als wir über ihr jämmerliches Aussehen bekümmert waren, unterbrach uns Hedley: »Papa?« – »Was ist, mein lieber Junge?« – »Ich denke, Jesus muss auch an solch einem Ort geschlafen haben, wenn er nicht wusste, wohin er gehen sollte.« – »Ja, mein Liebling, das kann wohl sein.« – »O, dann können wir uns doch freuen, dass es uns auch so geht wie ihm, nicht?« – Er ahnte wohl kaum, welch trostreiche Botschaft für mich sein Wort enthielt. »Wir können uns freuen, dass es uns auch so geht wie Jesus.« Das war für meinen Jungen Wirklichkeit, machtvolle Wirklichkeit, die ihn bei allem wirklich Schweren dennoch nicht klagen ließ; und mit Klein-Hope verhielt es sich nicht anders. Da lagen sie, die kleinen Herzen, hungrig, mit Blasen bedeckt, kaum bekleidet, ihr Bett der harte, kalte Stein der Bühne, ihr Kissen unsäglicher Schmutz. So klein und zart sie auch waren, so wurde es ihnen doch gegeben, an Jesus zu glauben, ja mehr noch, ganz bewusst um Jesu willen zu leiden. Mein Glaube und meine Geduld wurden durch ihren Glauben oftmals beschämt. Gleichzeitig war ihr Glaube eine Quelle der Kraft und Freude für mich.

Die Bettler waren mit Tagesanbruch auf den Beinen. Sie zündeten ein Holzfeuer an, setzten sich daneben und sahen uns, während sie miteinander sprachen, von der Seite an, blieben uns jedoch vom Leibe. Aus einer Wirtschaft in der Nähe, die zeitig geöffnet wurde, verschafften sie sich etwas zu essen und machten sich dann davon. Anscheinend waren sie froh, von uns wegzukommen. Auch die Alte mochte meinen, dass ihr Auftrag nun erfüllt sei, und es uns sowieso unmöglich sei, bei Tageslicht zu entwischen, und ging darum ebenfalls weg.

Da uns die Eskorte ein Versprechen gegeben hatte, hofften wir, wo nichts zu hoffen war, und schauten sehnsuchtsvoll nach dem Wagen aus. Nach unserer gestrigen Erfahrung mussten wir uns jetzt durchaus auf Feindseligkeiten gefasst machen, zumal wir es gewagt hatten, zurückzukehren, und obendrein unbeschützt waren. Ich brauche nicht zu sagen, dass wir das stille Alleinsein nach dem Weggang der Bettler dazu benutzten, um uns gemeinsam von neuem dem Herrn zu übergeben und im Gebet seinen Schutz zu suchen.

Die Morgendämmerung war vorüber; das Tageslicht war bereits in hellen Sonnenschein übergegangen; kein Wagen kam. In einer Stunde etwa musste die Stadt auf den Beinen sein; die Kunde von unserer Anwesenheit in der Stadt musste sich schnell verbreiten, und es würde uns dann jede Hoffnung, den Ort unbemerkt zu verlassen, genommen sein. Die Frage war: Was sollten wir tun? Sollten wir an Ort und Stelle bleiben, auf den Wagen warten und uns dadurch der Gefahr aussetzen, vom Pöbel behelligt zu werden, oder sollten wir uns querfeldein schlagen, solange wir noch die Möglichkeit hatten, zu entkommen? Wenn je, so fühlte ich damals meine Ratlosigkeit. Leben und Tod lag in der Waagschale, Leben und Tod nicht bloß für mich, sondern für die Meinen. Die endgültige Entscheidung lag bei mir. Die immer geringer werdende Wahrscheinlichkeit, dass die Eskorte jemals wieder auftauchen werde, verbunden mit der Aussicht, abermals dem Pöbel, dem wir erst gestern knapp entronnen waren, in die Hände zu fallen, ließ mich dem verzweifelten Gedanken Raum geben, einen Fluchtversuch zu wagen. Nur die Überzeugung meiner Frau, dass der Wagen uns schon einmal so bestimmt von Gott als Mittel zu unserer Rettung gegeben worden sei, hielt mich davor zurück. Und doch, hier still sitzen zu bleiben, der Straße gegenüber kam mir vor wie der reine Selbstmord. Beides, zu bleiben und zu fliehen, war gleich unsinnig. Und wohin sollten wir denn fliehen, da überall Tod und Verderben auf uns lauerte? Es war eine verzweifelte Lage, aber steht nicht geschrieben: »Gut ist's schweigend zu warten auf die Rettung des Herrn« (Klagel. 3,26)? Mit meiner eigenen Weisheit am Ende, sah ich mich ganz auf den Herrn geworfen. Schließlich kamen wir überein, zu bleiben, wohin der Herr uns gewiesen hatte, und in geduldigem, vertrauensvollem Warten befahlen wir ihm, dem treuen Schöpfer, unsere Seelen an. Dabei überkam uns das klare, kräftige Bewusstsein, in seiner Hand zu stehen, und der Friede Gottes, der allen Verstand übersteigt (Phil. 4,7), ruhte in unseren Herzen.

Bald schon machte sich das erwachende Leben auf der Straße spürbar. Einzeln und zu zweit kamen welche und blieben neugierig stehen beim Anblick der Gruppe von Fremden, die da an der Rückwand des Bühnenraumes hockten. Eine zeitlang begnügten sie sich damit, uns von unten zu besichtigen. Dann, als ihre Zahl wuchs, kamen sie herauf, stellten sich vor uns hin und sprachen miteinander von dem Schicksal, das uns erwarte. Endlich wurden sie so anzüglich, dass wir die Bühne verlassen und unsere Zuflucht bei einem Steinhaufen, wenige Schritte davon entfernt, nehmen mussten. Hier setzten wir uns nieder. Heiß brannte die Sonne hernieder, und wir wurden unter ihren Strahlen und infolge des Gedränges fast ohnmächtig. Um nur etwas Atem zu schöpfen, kehrten wir auf die Bühne zurück. Wohlweislich behandelten wir die Leute achtungsvoll, gaben ihnen auf ihre Fragen höfliche Antworten, fanden es aber doch ratsam, möglichst wenig zu sprechen. Jeder Versuch, vom Evangelium zu reden, wurde von ihnen mit Spott und Hohn zurückgewiesen, und die Erfahrung hatte uns gelehrt, dass es besser sei, nicht viel zu sprechen.

Ich glaube, unter den Zuschauern befanden sich immer einige, die herzliches Mitleid mit uns hatten. So sollten wir jetzt ein bemerkenswertes Beispiel davon erleben. Wir setzten uns mehr an den vorderen Rand der Bühne, um nicht wieder von allen Seiten umringt zu werden. Da sahen wir unten eine alte Frau, auf deren Gesicht die innigste Teilnahme mit uns geschrieben stand. Sie stand ganz in der Nähe, und so wandte sich Fräulein Gates, indem sie auf ihr zerrissenes Kleid zeigte, an sie mit der Bitte, ihr doch Faden und Nadel zu leihen. Die gute Alte zeigte sich sofort bereit dazu und hatte dann die Genugtuung, die Risse ausgebessert zu sehen und unseren heißen Dank für ihre Güte zu empfangen. Dieser kleine Zwischenfall trug ohne Zweifel mit dazu bei, den Ausbruch offener Feindseligkeiten seitens der uns umgebenden Menge vorläufig hinzuhalten, und jede Frist, die wir in dieser Beziehung gewannen, war uns begreiflicherweise hochwillkommen. Musste doch jeden Augenblick der Wagen erscheinen, wenn er überhaupt erschien.

Aber wir warteten und warteten vergebens. Die Minuten wurden zu Stunden, zu langen, qualvollen Stunden; kein Wagen ließ sich blicken. Die Sonnenglut trieb uns an die Rückwand der Bühne, wo sich jetzt ein schmaler Streifen Schatten zeigte. Wieder drängte sich die Menge nach oben und umringte uns mit drohenden Gebärden und bösem Spott. Wir ertrugen es, bis es uns wie vorher schon einmal unerträglich wurde, und suchten dann wiederum auf der Straße Zuflucht.

Hunger und Durst, verbunden mit der drückenden Hitze und dem atemnehmenden Gedränge, versetzte uns in einen Zustand äußerster Erschöpfung, so dass ich mich gezwungen sah, in einer nahegelegenen Wirtschaft um etwas Wasser zu bitten. Der Herr half;

meine Bitte wurde mir nicht abgeschlagen, und ich durfte zu meiner großen Freude mit einem Napf Kai-schwi in jeder Hand wieder erscheinen; und nicht das allein, der Wirt wiederholte die uns erwiesene Gefälligkeit, bis unser Durst gestillt war. Der Herr vergelte ihm seine Güte, die ihm so leicht gefährlich werden konnte.

Solch freundliche Teilnahme tat dem Herzen fast wohler als dem Körper. Es wurde uns dadurch außerdem Gelegenheit geboten, den Leuten zu zeigen, dass wir ihr Bestes suchten. Wir erhoben vor dem Trinken unsere Herzen in Dankbarkeit zu unserem Vater und baten ihn vor den Ohren der Dabeistehenden, er möge ihnen Regen für ihre Felder und lebendiges Wasser für ihre Seelen senden. Sie verhielten sich hierauf merkwürdig ruhiger, wohl ahnend, dass wir die Vorwürfe, die uns gemacht wurden, nicht verdienten.

Unsere Lage konnte aber so, wie sie war, nicht viel länger andauern. Abergläubische Menschen lassen sich ebenso wohl von Furcht als von Hass leiten, und manche Anzeichen deuteten darauf hin, dass wir, wenn die Eskorte nicht bald erschien, rein aus abergläubischer Furcht aus der Stadt hinausgejagt werden würden. Ruhig dasitzen und zusehen zu müssen, wie die Stimmung der Menge immer unruhiger und ungeduldiger wurde, war für mich die reine Feuerprobe. Der Herr ließ sie zu, um uns merken zu lassen, was es heißt, mit aller Kraft gestärkt zu werden gemäß der Macht seiner Herrlichkeit zu allem standhaften Ausharren und aller Langmut, mit Freuden (Kol. 1,11), und um uns deutlich zu machen, dass die Errettung vom Herrn ist.

Es ging jetzt stark auf Mittag zu und noch immer kam der Wagen nicht, obwohl wir ihn nach dem uns gegebenen Versprechen bereits im Morgengrauen erwartet hatten. Wir hatten allerdings den Trost, dass wir an dem Platz waren, den uns der Herr zugewiesen hatte, und unsere Herzen waren im Frieden, weil wir Ihm vertrauten. Ich werde nie die Freude vergessen, als endlich unser Glaube belohnt wurde durch das Erscheinen zwar nicht des Wagens, wohl aber des Offiziers, der mit seiner langen Pfeife zu Fuß daherkam, uns das baldige Erscheinen des Wagens ankündigte und, indem er uns ein Stück Brot zuschob, wieder davoneilte. So wussten wir doch wenigstens, dass die Eskorte noch am Ort war, und konnten außerdem unseren Hunger stillen. Von ganzem Herzen dankten wir dem, dessen Barmherzigkeit ewig währt.

KAPITEL SIEBZEHN
Auf dem Wege zum Richtplatz

Um deinetwillen werden wir getötet den ganzen Tag; wie Schlachtschafe sind wir geachtet! Aber in dem allem überwinden wir weit durch den, der uns geliebt hat. (Röm. 8,36-37)

Einige Zeit verging, ehe der Offizier sein Versprechen einlöste. In mir kam schon die Befürchtung auf, dass seine Worte im Grunde doch nur hsü-kia »leere, nichtige Worte« gewesen seien. Und doch, wenn er wirklich die Absicht hatte zu entwischen, warum hatte er sie nicht längst ausgeführt? Gewiss war Gottes Hand darin; sicherlich sollte der Mann nach Gottes Willen das Werkzeug zu unserer Rettung sein.

Die Leute nahmen wohl nach dem Wiedererscheinen des Beamten an, dass dieser nun das Weitere in die Hand nehmen und uns unserem unentrinnbaren Schicksal überantworten werde. Sonst hätten sie es ohne Zweifel selbst getan. Wir würden den Platz nicht lebendig verlassen haben, denn sie sprachen von nichts anderem als von unserem Tod. Gegen Mittag verließen zwei berittene Soldaten mit gezogenem Säbel durch das nahe gelegene Tor die Stadt, und man gab uns Bescheid, dass diese den Auftrag hätten, uns außerhalb der Stadt auf der Landstraße aufzulauern, um uns den Todesstreich zu versetzen. So schwankten wir zwischen Furcht und Hoffnung hin und her, bis sich uns schließlich der Gedanke unwiderstehlich aufdrängte, dass, selbst wenn die Eskorte uns nach Kauping bringen sollte, dies doch nur geschehen würde, damit wir dort hingerichtet würden. Wir hatten die feste Erwartung und Hoffnung, dass wir in nichts zuschanden werden würden, sondern dass in aller Freimütigkeit, wie allezeit, so auch jetzt, Christus hoch gepriesen werde an unserem Leib, es sei durch Leben oder durch Tod (Phil. 1,20).

Was sich bald darauf ereignete, schien mit unserem Denken übereinzustimmen. Etwa eine halbe Stunde nachdem die Soldaten durch das Stadttor verschwunden waren, erschien der Offizier und befahl uns ihm zu folgen. Er führte uns zur Stadt hinaus, wo statt eines zwei Fuhrwerke für uns bereit standen. Es waren zu meinem Entsetzen zwei niedrige Kohlenkarren, wie sie in jener Gegend üblich sind, mit Rädern ohne Speichen. Der Leichtigkeit nach, mit der sie die steilen und engen Gebirgspässe überschreiten, werden sie »Gebirgstiger« genannt. Kein Verdeck wölbte sich über dem starken, hölzernen Gestell; nichts war vorhanden, um die Erschütterung beim Fahren abzuschwächen. Die Frauen und Kinder mussten den einen Karren besteigen, ich folgte ihnen auf dem anderen. Was anders konnte der Sinn von all dem sein als dass wir als gemeine Verbrecher jetzt zum Richtplatz gefahren werden sollten. Unter Totenstille, die in seltsamem Gegensatz zu unserer gestrigen Erfahrung stand, fuhren wir ab und ließen Jintscheng zum zweiten Mal hinter uns. Keine feindselige Kundgebung erfolgte. Schweigend sah die Menge uns nach, bis wir außer Sichtweite waren.

Ich war jetzt getrennt von meinen Lieben und meinen eigenen Gedanken überlassen. Mein Herz war voll unsäglicher Niedergeschlagenheit. Vielleicht wundert sich der Leser, warum es so war nach den mancherlei Beweisen rettender Gnade, die wir erhalten hatten. Gott allein weiß es. Ich erwähne nur die einfache Tatsache. Zeiten der Dunkelheit deuten nicht immer auf einen Mangel an Glauben hin, sondern beweisen oft das Gegenteil. Der gläubige Christ muss erzogen werden, und dazu führt ihn der Herr bisweilen auf die Hügel der Verklärung, oft aber auch durch das Tal der Tränen. Sein Pfad geht dann durch tiefe Wasser, und seine Fußstapfen sind verborgen. Und war es denn wirklich so sehr zu verwundern, dass ich niedergeschlagen war? Erklärte sich das nicht zum Teil aus der großen, körperlichen Abspannung? Gerade vor einem Monat hatten wir uns auf die Reise gemacht, und was hatten wir in dieser Zeit nicht gelitten! Außerdem war uns jetzt die Hoffnung genommen, dass der Wagen zu unserer Rettung bestimmt sei. Außerdem dachte ich an meine liebe Frau. Sie saß auf dem Karren, der sengenden Sonnenglut ausgesetzt, hin und her gerüttelt auf der holperigen Straße, ohne dass ich imstande war, ihr die geringste Erleichterung zu verschaffen. Ich hatte vor der Abfahrt dem Offizier zu Bedenken gegeben, dass bei ihrem Zustand die Art der Beförderung eine ausgesucht grausame sei, aber die einzige Antwort auf meine Vorstellungen war ein gefühlloses »Mu fa-tsi« »kann nichts helfen« gewesen. Mir blutete das Herz, wenn ich daran dachte, was sie leiden musste.

Auch darf ich vielleicht in diesem Zusammenhang eine Bemerkung machen, die wohl nicht ganz unzutreffend sein dürfte. Gerade in jener Stunde tiefen seelischen Leidens fand in Taijüen-fu innerhalb des Yamens des Gouverneurs jenes grausige Blutbad statt, dem 44 Missionsgeschwister und eine Anzahl einheimischer Christen zum Opfer fielen. Sollte nicht ein Zusammenhang zwischen diesem schrecklichen Ereignis und meiner damaligen Anfechtung bestehen? Ist es nicht ein Gesetz, dass, wenn ein Glied leidet, so Leiden alle Glieder mit (1.Kor. 12,26), und sollte nicht dieses Gesetz weiter gehen als die menschliche Fassungskraft es verstehen kann? Ist es nicht recht wohl denkbar, dass dieselbe dunkle Wolke, die damals so viele unserer geliebten Brüder und Schwestern einhüllte, mit ihrem äußersten Rand auch uns beschattete?

Als wir die Grenze des Kauping-Distriktes erreicht hatten, wurde vor einem kleinen Yamen halt gemacht. Der Offizier ging hinein und kam bald darauf mit zwei kleinen Fähnchen in der gelben kaiserlichen Farbe und der Inschrift »Tschang Tschi hsien tschai« zum Vorschein, das heißt: »Amtlich befördert auf Veranlassung des Unterpräfekten des Luan-Distrikts«. Die Fähnlein wurden von dem Offizier eigenhändig am Geschirr der Maultiere vor beiden Karren befestigt. Dann wurde das Zeichen zur Weiterfahrt gegeben. Der Hinweis des Unterpräfekten auf den geheimen Erlass der Kaiserinwitwe kam mir jetzt wieder in den Sinn, und ich erblickte in den Fähnlein eine Bestätigung dafür, dass wir uns als kaiserliche Gefangene unter amtlicher Bedeckung auf dem Wege zur Hinrichtung befanden. Das Benehmen der Eskorte wie auch die Art unserer Beförderung schien jede andere Annahme auszuschließen. Aber die stärkste Bekräftigung erfuhr jetzt meine Vermutung durch einen höchst merkwürdigen Zwischenfall. Gerade als wir im Begriff waren weiterzufahren, trat aus dem Yamengebäude ein Mann in einem rauen Gewand von grober, weißer Baumwolle, mit einem Strick um die Lenden und einer weißen Baumwollmütze auf dem Kopfe, mit weißen Schuhen an den Füßen und einer weißen Schnur in seinem Zopfe, also ganz in dem üblichen Traueraufzug. Er gesellte sich zu uns und setzte sich mit dem Offizier zusammen an die Spitze des Zuges. Das Ganze machte auf mich den Eindruck, als wolle man uns zu verstehen geben, dass der Zug, den wir mit unseren Begleitern bildeten, ein Trauerzug sei, und als wollte man spottender Weise Chinas Trauer über die Ausrottung der »Jang kwei-tsi« zum Ausdruck bringen.

Ich hielt es unter diesen Umständen für richtig, meine liebe Frau und Fräulein Gates auf das, was uns bevorstand, vorzubereiten. Allein in Gedanken dazusitzen, war mir unerträglich. Ich wagte es also, meinen Karren zu verlassen, lief zu dem ihrigen hin und sprach mit ihnen. Wie köstlich war der Trost, den das kurze Zwiegespräch mit ihnen mir bot! Sie waren derselben Überzeugung wie ich, und ich fand sie vollkommen gefasst. Vereint baten wir den Herrn, uns Kraft zu geben, ihn auch im Tode zu verherrlichen. Nach kurzer Zeit bekam ich den Befehl, wieder meinen einsamen Karren zu besteigen.

Als ich wieder allein war und im Gebet meinen Gott an die uns schon zu wiederholten Malen gewährte wunderbare Durchhilfe erinnerte und an die Namen »Wunderbarer; Ratgeber; Starker Gott« (Jes. 9,6) dachte, die er seinem geliebten Sohne gegeben hatte, durchfuhr mich plötzlich der Gedanke, dass die gelben Fähnchen doch auch die Zeichen kaiserlichen Schutzes sein könnten, und zu dem Zweck angebracht seien, uns in jener als besonders fremdenfeindlich bekannten Gegend größere Sicherheit zu geben. So sehr dieser Gedanke mit der Wirklichkeit in Widerspruch zu stehen schien, so benutzte ihn doch Gott, um mir meine Hoffnung zurückzugeben und mein Vertrauen auf ihn, der mächtig ist zu erretten, zu stärken. Trotz Eskorte sprang ich von meinem Karren herunter und teilte den mir geschenkten Trost meinen Gefährtinnen im andern Karren mit. Die Worte, die der Herr meiner Frau beim Antritt unserer Flucht geschenkt hatte: »Ich werde nicht sterben, sondern leben und die Taten des Herrn verkündigen« (Ps. 118,17) wurden dabei in unseren Herzen lebendig, und von neuem verwandelte Gott das Todesdunkel in helles Licht und gab uns »Feierkleider statt eines betrübten Geistes« (Jes. 61,3).

Er zeigte mir, dass ich meine Hoffnung allzu sehr auf den Wagen gesetzt hatte und mich von nun an auf ihn allein verlassen sollte. Alles sollte ich aus seiner Hand nehmen und mich in jedem Fall nur auf ihn verlassen. Es sollte mir genügen, dass er mit uns war, abgesehen von irgendwelcher Rettungsmöglichkeit. Ihm sollte ich den Ausgang, ob es nun Leben oder Tod war, überlassen.

Als wir die Passhöhe erreicht hatten und nun auf der anderen Seite in der Richtung auf Kauping hinunterfuhren, wurden die Schrecken der Fahrt unbeschreiblich groß. Dass Menschen sich auf den Karren befanden, darauf nahmen unsere Führer keine Rücksicht.

Wahrscheinlich würden sie weit vorsichtiger gefahren sein, wenn sie anstatt fremder Teufel Kohlen oder Eisen auf ihren Karren gehabt hätten. Wenn wir bis dahin Leiden durchzumachen hatten, dies hier war nun eine einzige Qual. Die »Gebirgstiger« eilten mit sorgloser Geschwindigkeit die Stufen hinunter, die das abschüssige Terrain bildete. Anstelle des vorangehenden Rüttelns trat eine geradezu beängstigende Erschütterung. Unaufhörlich krachten die Karren in allen Fugen. Da dies schließlich einfach unerträglich wurde, so erlaubte uns unsere Eskorte, den Abstieg zu Fuß fortzusetzen. So kamen wir wieder zusammen und schleppten uns nun in fürchterlicher Gluthitze vollends bis an den Fuß des Passes hinab.

Das Wort »in Arbeit und Mühe« (2.Kor. 11,27) war wie nie zuvor auf unsere jetzige Lage anwendbar. Die sengende Glut der Sonne traf uns nicht nur von oben, sondern wurde auch von den Felsen ringsumher zurückgeworfen. Keine Erfrischung, kein kühlender Trank, auch keine stärkende Speise wurde uns gegeben, und unsere Glieder schmerzten uns aufs heftigste. Was das alles für die Schwächeren unter uns, die Frauen und unsere Kleinen, bedeutete, lässt sich kaum vorstellen, und doch stimmte jetzt unsere kleine Hope ein Lied an – eine Tatsache, die Zeugnis gab von dem ergebungsvollen Sinn, den ihre Mutter und Fräulein Gates ihr eingepflanzt hatten. Noch immer steht mir der liebliche Gesang meines kleinen, sonnigen Lieblings dort auf dem Wege nach Kauping in lebhafter Erinnerung.

Endlich wurde uns die Bedeutung der gelben Fähnchen von unserer Eskorte enthüllt, indem diese uns offen erklärte, dass wir kraft kaiserlichen Erlasses zum Tode verurteilt seien und in Kauping hingerichtet werden sollten. Damit schwand der Trost, mit dem wir uns eine zeitlang getröstet hatten – trotz allem blieb uns aber die Hoffnung auf den lebendigen Gott. Vor uns sahen wir nichts anderes als den Tod, den sicheren Tod; unser Glaubensauge aber ruhte auf dem, »der zur Rechten des Thrones Gottes sitzt (Hebr. 12,2) und dem gegeben ist alle Macht im Himmel und auf Erden« (Mt. 28,18).

Alles hat ein Ende, sogar jene endlose Fahrt und Wanderung in drückender Sonnenglut. Um 7 Uhr zogen wir in Kauping ein. Die beiden berittenen Soldaten, die man uns als unsere Henker bezeichnet hatte, waren uns von Jintscheng vorausgeeilt, wahrscheinlich um den Unterpräfekten auf unsere Ankunft vorzubereiten. Der ungeheuren Menschenmenge nach zu urteilen, die uns entgegenkam und uns zum Yamen geleitete, wurden wir in der Stadt erwartet. Ich dachte daran, wie ich vor zwei Monaten mit Dr. Hewett unter Johlen und Schreien aus der Stadt hinausgetrieben worden war und wie wir uns damals mit unserem Predigen auf die Vorstadt hatten beschränken müssen. Diesmal konnten unsere schmutzigen Bettlerlumpen und die entwürdigende Art unserer Beförderung kaum freundlichere Gefühle gegen uns erwecken, während das kaiserliche Gelb geradezu zu feindseligen Handlungen gegen uns herausfordern und vollends alle Schranken der Zurückhaltung niederreißen musste.

Als wir in den Hof des Yamen einfuhren, drängte die ungeheure Menge uns nach. Die Karren wurden weggefahren. Die Eskorte ging, um Bericht zu erstatten und ihre Papiere vorzuzeigen, und ließ uns in dem dichten Gedränge allein zurück. Alle Versuche der Läufer, die Massen zu beruhigen und im Zaum zu halten, waren vergeblich. Unter Schreien und Johlen umringten sie uns und drängten uns die Stufen hinauf gegen das Tor des inneren Hofes. Nie werde ich das angstvolle Geschrei der kleinen Hope vergessen, als sie meinen Hals fest umklammerte und mich flehentlich bat, sie doch fortzuschaffen. Die Hitze und das Gedränge waren förmlich erstickend. Die Erregung nahm zu und, hätten wir nicht rechtzeitig noch Einlass in den inneren Hof gefunden, würde es uns schlimm ergangen sein. Gott sei Dank öffnete sich das Tor gerade in dem Augenblick, als wir am härtesten bedrängt wurden. Wir wurden in den inneren Hof gezogen und zu einem kleinen Zimmer mit zwei Kangs gewiesen. Das Tor wurde geschlossen. Das Zimmer war zwar unser Gefängnis, und doch fühlten wir uns jetzt nach dem heulenden Sturm draußen geborgen wie in paradiesischer Sicherheit. Stundenlang, bis gegen Mitternacht, wurde noch ans Tor geklopft; wir dagegen dankten dem Herrn für unser heimliches Versteck und befahlen ihm und seiner Gnade die Menge draußen vor dem Tor und uns selbst an, was auch immer unser ferneres Los sein würde.

Abermals machte der gnädige Gott unsere Befürchtungen zuschanden. Der Mandarin ließ uns ein vortreffliches Abendbrot schicken, bestehend aus Reis, Brot und Eiern; und obwohl er nicht selbst nach uns sah, so schickte er doch seinen Sohn, den Schao-je, mit der beruhigenden Versicherung, dass wir am nächsten Morgen nach der nächsten Präfekturstadt namens Tse-tscheo weitergesandt werden würden, und mit tausend Käsch, die er uns für unsere Reise aushändigen ließ. Auch mehrere kleine Beamte und Leute, die den besseren Ständen angehörten, suchten uns auf und richteten eine Anzahl neugieriger Fragen an uns, ohne uns aber Teilnahme oder Geringschätzung zu erweisen. Nur eine bemerkenswerte Ausnahme erlebten wir. Ein Herr vom Yamen sah mich scharf an und sagte zu mir: »Du bist gewiss einer der beiden Pastoren, die vor zwei Monaten in der südlichen Vorstadt gepredigt haben.« – »Ja«, erwiderte ich, »ich bin der eine von ihnen.« »O«, gab er zur Antwort, »die Jesuslehre ist eine gute Lehre, und deine Worte waren sehr gut. Es ist wirklich traurig, den ehrwürdigen Pastor in solcher Kleidung zu sehen. Willst du, bitte, diese hier dafür nehmen? Sie ist von mir;« und damit überreichte er mir ein blaues Gewand aus Baumwolle, zwar etwas abgetragen, aber doch immer noch sehr anständig, jedenfalls in meinen Augen unter damaligen Verhältnissen ein fürstliches Gewand.

Die unerwartete Freundlichkeit machte auf uns tiefen Eindruck. Es gab also wirklich solche, die, so wenig sie es nach außen hin zeigten, uns doch innerlich wohl wollten. Jedenfalls sah die Behandlung, die man uns hier gab, nicht danach aus, als sollten wir in Kauping hingerichtet werden, und zudem hatten wir ja die beruhigende Versicherung erhalten, dass wir am nächsten Morgen weiterbefördert werden würden. Gott sei Dank wussten wir nichts von den Ereignissen, die sich anderswo in der Provinz gerade damals abspielten, sonst würden wir den Yamen-Versicherungen weit weniger Bedeutung beigemessen haben. Wie bereits erwähnt, fand gerade an jenem Tag das Blutbad in Taijüen-fu, der Hauptstadt der Provinz, statt, wohin man unter schön klingenden Versprechungen eine 44 Köpfe zählende Schar von Männern, Frauen und Kindern, lauter Missionsgeschwister, gelockt hatte, die sämtlich unbarmherzig enthauptet wurden. Nur der rettenden Hand unseres Gottes verdankten wir es, dass wir nicht mit unter dieser Schar waren, denn Jü-hsien hatte ausdrücklich angeordnet, dass jeder Fremde in der Provinz Schanxi zur Hinrichtung nach Taijüen-fu gebracht werden sollte. Weshalb wir nicht nordwärts, sondern südwärts befördert wurden, gehört zu den Geheimnissen göttlicher Leitung. Unsere Errettung aus Schanxi ist umso merkwürdiger, als wir, wie das Folgende zeigen wird, mit Verbrecherpass von Ort zu Ort geschickt wurden. Mit einem »Wen-schu« würden wir auf Schutz und sicheres Geleit seitens der Behörden Anspruch gehabt haben. So konnte jede Behörde auf viererlei Weise mit uns verfahren. Sie hatte die Wahl, uns der nächsten Behörde zu übergeben oder uns zu unserem Wohnsitz zurückzuschicken oder uns direkt an das Yamen des Gouverneurs in Taijüen-fu abzuliefern oder auch selber das Urteil an uns zu vollstrecken. Außerdem konnte jede Behörde sich aus ihrer Verantwortung für uns gänzlich zurückziehen und uns aufs Geratewohl an die Grenze ihres Bezirks bringen lassen, wo dann ihre Gerichtsbarkeit aufhörte. Genau dies erlebten drei Tage später unsere Lutschenger Geschwister, und zwar vonseiten desselben Unterpräfekten, der uns hier in Kauping so freundlich behandelte. So wussten wir, wenn wir die eine Stadt verließen, niemals, was uns in der nächsten erwartete. Mehrmals war es nahe daran, dass wir nach Luan zurückgesandt wurden – und das eine mal war es schon bestimmt, dass wir unmittelbar an Jü-hsien abgeliefert werden sollten. Von den neunzehn Yamens, die wir unterwegs berührten, waren unseres Wissens vierzehn fremdenfeindlich, und auch bei den fünf anderen löste sich die Spannung, ob sie für oder gegen uns waren, erst nach unserer Ankunft. Doch, dies war uns damals verborgen und sollte uns nur nach und nach in dem Maße, wie wir es tragen konnten, enthüllt werden.

Erst spät zogen sich unsere wissbegierigen Besucher zurück. Wir streckten uns auf dem steinernen Kang aus, nachdem wir zuvor das einzige uns zur Verfügung stehende Kopfkissen, meine zusammengerollte Bettlerkleidung, den Kindern unter den Kopf gelegt hatten. Wir dankten dem Herrn für seine gnädige Bewahrung und Durchhilfe auch an diesem Tag und sanken bald in einen erholsamen Schlaf.

Zu den größten Wundern, die Gott für uns tat, zähle ich die Rückkehr unserer Eskorte. Die Männer waren von solcher Falschheit und so offensichtlich darauf aus, uns loszuwerden, dass man es, menschlich gesprochen, nicht erklären kann. Welcher Einfluss sie auch dazu gebracht haben mag, uns weiter zu geleiten, der eigentliche Grund war Gottes fester Ratschluss. Das ist offensichtlich bei näherer Betrachtung.

Am zehnten Juli wurden wir bei Tagesanbruch geweckt. Eine Eskorte, bestehend aus sechs Mann, darunter vier mit Knütteln bewaffnete Soldaten in Uniform, wartete auf uns. Zwei Fuhrwerke, zu meinem Entsetzen unsere Kohlenkarren von gestern, standen zu unserer Aufnahme bereit. Ich erhob Einwendungen dagegen und bat, wenigstens den Damen eine Sänfte zur Verfügung zu stellen. Aber das Ersuchen wurde rundweg abgelehnt. Wenn wir nicht von dem Straßenpöbel angegriffen werden wollten, hieß es, müssten wir schleunigst aufbrechen, es sei jetzt keine Zeit, erst noch eine Sänfte herbeizuschaffen.

So dankbar wir waren, dass wir, ehe es auf den Straßen lebendig wurde, die Stadt verlassen konnten, so ließ uns doch andererseits das Benehmen unserer Wächter befürchten, dass sie gerade das Unheil, welches sie von uns abwenden zu wollen vorgaben, über uns bringen wollten. Ob sie überhaupt die Absicht hatten, uns nach Tse-tscheo zu bringen, wurde uns allmählich immer fraglicher. Äußerlich zeigten sie sich zwar höflich, aber wir entdeckten bald, dass sie doch ebenso falsch und unzuverlässig waren wie ihre Kameraden aus Luan.

Die Fahrt kam uns endlos vor. Die Entfernung von Kauping nach Tse-scheo beträgt ungefähr fünfzig Kilometer. Die Straße ist ein rauer, mit Steinen übersäter Gebirgspfad. Mit Ausnahme einer einstündigen Herbergspause, waren wir den ganzen Tag schutzlos den glühenden Sonnenstrahlen ausgesetzt. Was meine Leiden milderte, war der Umstand, dass mir diesmal gestattet wurde, meinen kleinen Jungen mit auf den Karren zu nehmen. Um die Erschütterung beim Fahren, die mich um sein Rückgrat besorgt machte, möglichst abzuschwächen, nahm ich ihn auf meine Knie. Durch die Heftigkeit der andauernden Stöße fühlte ich mich angetrieben, immer wieder uns und besonders die zarten Körper der Kinder und ihrer Mutter der besonderen Obhut unseres himmlischen Vaters zu befehlen. Es gehört mit zu den Wundern jener Tage, dass wir auf Grund der Erhörung solcher Bitten keinen ernstlichen Schaden davontrugen.

Gegen 9 Uhr vormittags, als wir etwa sechzehn Kilometer zurückgelegt hatten, näherten wir uns einem großen Marktflecken. Unsere Eskorte gab uns zu verstehen, dass die Bewohner als besonders fremdenfeindlich bekannt seien und es die Frage sei, ob wir lebendig wieder herauskommen würden. Wir gingen darum wieder einmal zum Thron der Gnade mit dem Seufzen der Armen und Elenden. Kaum hatten wir das Stadttor passiert, so wurden wir in einen Herbergshof gefahren und dort zu einem hinteren Zimmer geleitet. Wir waren jetzt wieder beisammen und riefen gemeinsam den Herrn an, er möge zur Verherrlichung seines Namens seine Furcht auf die Bewohner des Ortes fallen lassen, dass es ihnen nicht gestattet würde, einen Finger gegen uns aufzuheben. Unser kleiner Vorrat an Geld gab uns eine gewisse Unabhängigkeit, und wir hatten die Genugtuung, uns das erste Mal wieder Nahrungsmittel kaufen und uns sogar den Luxus eines hölzernen Kammes leisten zu können.

Bald sammelte sich wieder eine dichte Volksmenge vor der Herberge, schlug heftig gegen das Hoftor und das schreckliche »Scha kwei-tsi«, »tötet die fremden Teufel«, bestätigte die vorherige Ankündigung der Eskorte. Wir bemerkten, dass die vier Soldaten nicht bei uns waren, und schöpften Verdacht, dass sie die eigentlichen Urheber des Tumultes waren. Als sie schließlich kamen und uns aufforderten, wieder einzusteigen, geschah es mit dem bedeutsamen Hinweis, dass wir kaum Aussicht hätten, den Ort lebendig zu verlassen, und mit dem Tod vor Augen fuhren wir durch das Hoftor hinaus auf die Straße.

»Die Wasserströme brausen, o Herr, die Wasserströme brausen stark, die Wasserströme schwellen mächtig an; doch mächtiger als das Brausen großer Wasser, mächtiger als die Meereswogen ist der Herr in der Höhe« (Ps. 93,3-4). Was war es doch, das die Arme des unübersehbaren Haufens zu beiden Seiten des Weges lähmte? Wir hatten dieselben Leute vor uns, die uns eben noch ungestüm herausgefordert hatten und uns jetzt wie versteinert anblickten. Hunderte, wenn nicht Tausende, hatten ihre Augen auf uns gerichtet, aber niemand sagte ein Wort, niemand erhob einen Finger gegen uns, als wir die enge Gasse, die sie für uns gelassen hatten, hinunterfuhren. Das »Scha kwei-tsi« einiger junger Burschen fand keinen Widerhall. Wir erlebten es, dass der Herr buchstäblich unsere Bitte in der Herberge erhört hatte, und bekannten in tiefster Demut: »Vom Herrn ist das geschehen; es ist wunderbar in unseren Augen« (Ps. 118,23)!

Aus den Gesprächen unserer Begleiter konnten wir schließen, dass das Wunder auch ihrer Aufmerksamkeit nicht entgangen war. Es verhielt sich wirklich so, wie wir vermutet hatten: der Anschlag, den sie selber gegen uns ersonnen hatten, war auf eine ihnen unerklärliche Weise vereitelt worden. Soviel wir von ihrer Unterhaltung verstehen konnten, wünschten sie, uns unterwegs loszuwerden, ohne dass das Yamen mit in die Angelegenheit verwickelt würde.

So setzten wir unsere Reise fort in der Erwartung, dass unser Ende, sei es unterwegs durch Verrat, sei es in Tse-tscheo auf obrigkeitlichen Befehl, nahe sei. Nach dreistündiger Fahrt in der Mittagsglut erreichten wir ein großes Dorf, an dessen äußerstem Ende wir vor einem Heiligtum Halt machten. Die Tiere wurden ausgespannt und zu einem schützenden Obdach geführt; die Soldaten begaben sich ins Wirtshaus um etwas zu essen und auszuruhen; wir dagegen blieben auf den Karren, den sengenden Sonnenstrahlen und der unberechenbaren Stimmung der ständig anwachsenden Dorfbewohnermenge ausgeliefert.

Man könnte denken, nach allem, was wir bereits erlebt hatten, habe für uns die Todesnot ihre Bitterkeit verloren; und doch erlebten wir sie an diesem Platz von neuem mit unverminderter Schärfe. Das Wirtshaus, wo unsere Wächter sich aufhielten, wurde bald der Mittelpunkt eines regen Verkehrs. Unsere vermeintlichen Beschützer überließen uns skrupellos dem Spott und der Verachtung der Menge. Ohne Zweifel hatten sie es auf unser Leben abgesehen, wie uns die Nachrichten, die von Zeit zu Zeit zu uns durchdrangen, bestätigten. Fremdenblut musste wegen der anhaltenden Trockenheit vergossen werden; die Frage war nur, wie viel. Sollten alle sterben oder nur einer? Sollte das Opfer aus der Zahl der Erwachsenen oder der Kinder genommen werden?

Als die Umstehenden darüber hin und her erörterten, bekundeten uns manche in ebenso rührender als unerwarteter Weise ihre Teilnahme. Da kam aus dem Wirtshaus, jeder Ungewissheit ein Ende machend, die Botschaft, dass man beschlossen habe, die Frauen an Ort und Stelle umzubringen und nur die Kinder und mich nach Tse-tscheo zu schaffen. Die fremden Frauen standen nämlich in dem Ruf eines besonders unheilvollen Einflusses; ihnen wurden die Trockenheit und andere Übel hauptsächlich zur Last gelegt. Daraus erklärte sich auch das rücksichtslose, unmenschliche Verhalten gegen meine Frau und Fräulein Gates unterwegs.

Meine liebe Frau zuckte bei dieser Nachricht krampfhaft zusammen. Doch bald strahlte ihr Gesicht von neuem von jenem himmlischen Glanz, den ich bereits mehr als einmal an ihr wahrgenommen hatte wenn sie den Tod vor Augen hatte. Sie wandte sich zu mir und sagte mit fester Stimme: »Ich danke Gott, dass du und die Kinder verschont werden sollen. Es ist mir ein Trost, dass die Kleinen dann dich haben und du für sie sorgen wirst.« Für mich allerdings war es ein furchtbarer Gedanke, mit ansehen zu sollen, wie meine Frau getötet werden würde, und ich konnte den Herrn nur bitten, er möge mir und den Kindern das ersparen und, wenn es sein Wille sei, uns zusammen sterben lassen.

Eine Stunde banger Erwartung folgte der Ankündigung. In Hantien hatten wir doch wenigstens den Trost gehabt, dass wir vereint sterben sollten. Die Aussicht dagegen, die jetzt vor uns lag, war wohl dazu angetan, mich vor lauter Sorgen und Ängsten ganz verrückt werden zu lassen. Das Gespräch um uns herum drehte sich um nichts anderes, als um die Ermordung der beiden Frauen. Sogar der Platz wurde bezeichnet, wo diese vor sich gehen sollte: da drüben, auf dem Feld rechts vom Heiligtum.

In sogenannten christlichen Ländern hört man mitunter sagen, dass der Glaube an den lebendigen Gott den Menschen verrückt mache. Das mögen die behaupten, von denen es zur Schande gesagt werden muss, dass sie keine Erkenntnis von Gott haben (1.Kor. 15,34). Ich bezeuge es aus der Erfahrung jener leidensvollen Tage mit ihrem »täglichen Sterben« (1.Kor. 15,31) und besonders aus der Erfahrung jener furchtbaren Stunde heraus, dass mich der Glaube an den lebendigen Gott im wahren Sinne dieses Wortes und er allein gerade davor bewahrt hat, verrückt zu werden. Gott sei Dank, ich wusste, »an wen ich glaubte« (2.Tim. 1,12), und hielt die Hoffnung fest, »dass er mächtig war, das mir anvertraute Gut zu bewahren«. Wir wussten, dass wir um Jesu Willen litten, und »wie die Leiden des Christus sich reichlich über uns ergossen, so floss auch durch Christus reichlich unser Trost« (2.Kor. 1,5). Selbst als meine liebe Frau und ich im geheimen ein letztes Wort der Liebe austauschten, war, obwohl die Bangigkeit blieb, der »Stachel des Todes verschlungen« (1.Kor. 15,54-55) in dem Bewusstsein der Liebe Christi, die alle Erkenntnis übersteigt.

Dabei hörten wir nicht auf, den Herrn anzurufen, er möge uns zur Verherrlichung seines Namens aus der Todesgefahr erretten. Als endlich die Eskorte, von den Maultieren gefolgt, aus dem Wirtshaus auftauchte, wussten wir, dass der entscheidende Augenblick gekommen war. Die Tiere wurden eingespannt, und was nun? – Wer beschreibt unsere Verwunderung, als der Befehl zur Weiterfahrt gegeben wurde. Unter lautlosem Schweigen setzten sich die Karren in Bewegung. Ein Schrecken war auf die Menge gefallen, der jeden dort festhielt wo er gerade stand, und anstatt dass wir da drüben auf jenes Feld zur Rechten des Heiligtums gefahren wurden, fuhren wir weiter auf der Straße nach Tse-tscheo durch das Tor des Dorfes hindurch. Der Beschluss war im letzten Augenblick umgestoßen worden! Ob das infolge der Unentschlossenheit der Dorfältesten oder aus sonst einem Grunde geschah, tut nichts zur Sache. Unser Erlebnis fand seinen Ausdruck in den Worten des 34. Psalms: »Als ich den Herrn suchte, antwortete er mir und rettete mich aus allen meinen Ängsten.« Was brauchten wir da nach Zwischenursachen zu suchen? Elisas Erfahrung in Dothan (2.Kön.6) war nicht merkwürdiger und wunderbarer als die unsere in jenem namenlosen chinesischen Dorf. Denn genauso wie damals der Berg voll feuriger Pferde und Wagen um Elisa her war, so durften auch wir jetzt feststellen, dass der Engel des Herrn sich um uns lagerte und uns rettete.

Dass in der Gesinnung der Eskorte gegen uns kein Wechsel eingetreten war, ging nicht bloß aus ihren Gesprächen hervor, sondern sollte sich bald bestätigen. Zwei von den Soldaten eilten voraus, um die Bewohner der letzten größeren Ortschaft vor Tse-tscheo von unserer Ankunft zu verständigen und anzuspornen, auf ein gegebenes Zeichen hin, und zwar beim Präsentieren der Knüttel, über uns herzufallen. Ich erschrak beim Anblick der riesigen Menge, die uns erwartete. Zu Hunderten standen sie da. Es schien unmöglich, dass wir unverletzt durch sie hindurchgelangen könnten. Als wir durch das Tor des Ortes fuhren, sah ich, wie plötzlich die Soldaten ihre Knüttel vor sich hielten. Jähes Entsetzen erfasste mich, machte jedoch tiefem Frieden Platz, als ich fast hörbar das Wort vernahm: »Fürchte dich nicht, denn niemand soll sich unterstehen, dir zu schaden« (Apg. 18,9-10). Verwunderung ergriff mich, als die lärmende Menge plötzlich auf beiden Seiten zurückwich und wie eine Mauer dastand, wie vor langer Zeit schon einmal die Wellen im Roten Meer. Dasselbe geheimnisvolle Schweigen, wie wir es schon vorhin erlebt hatten, trat ein. Zum unverhohlenen Ärger der enttäuschten Soldaten folgte nicht ein einziger der stillschweigenden Aufforderung, über uns herzufallen.

Dies war der letzte Versuch, den die Eskorte machte, uns zu verderben. Eigentlich mussten sie selber voller Staunen und Verwunderung über das Erlebte sein, während wir uns der Stadt Tse-tscheo näherten. Wir aber, obwohl wir wie gerädert von der schrecklichen Fahrt waren, vergaßen alles, Hunger, Durst und schmerzende Glieder. Alles ging unter in dem dankbaren Bewusstsein, eine dreifache Errettung erlebt zu haben. Das Rote Meer war vor unseren Augen zurückgewichen; wir wussten, dass es vom Herrn geschehen war.

KAPITEL ACHTZEHN

In den Händen des Pöbels

Aber auch die Haare eures Hauptes sind alle gezählt.
Darum fürchtet euch nicht! (Lukas 12,7)

Was von der Haltung der Bewohner der Stadt Tse-tscheo-fu gegen die Fremden bekannt war, war alles andere als beruhigend. Wohl war es den Katholiken gelungen, sich innerhalb ihrer Mauern niederzulassen, aber nur durch die für sie charakteristische Politik des Druckes und der Drohungen. Man wollte sie nicht und ließ sie das auch gelegentlich fühlen. Protestantische Missionare hatten in Erinnerung an das Wort, dass »sich unser Kampf nicht gegen Fleisch und Blut richtet« (Eph. 6,12), sondern geistlich ist, wohl die Stadt mit der Botschaft des Evangeliums besucht, aber sich bisher nicht dort niederzulassen gewagt. Mehr als einmal hatte man sie sogar aus ihrer Herberge hinausgetrieben und aus der Stadt verjagt. Die Luft war mit Fremdenhass angefüllt. Auch unter den günstigsten Umständen gehörte Mut dazu, die Stadt zu betreten; wie viel mehr, nachdem die kaiserliche Regierung sich gegen die Fremden erklärt hatte. Zudem war schon in der Art unserer Beförderung der Urteilsspruch, der über uns ergangen war, zu lesen. Darum, was auch immer die Karren trugen, eines trugen sie ganz gewiss: heiße, flehentliche Gebete.

Als wir uns der Stadt näherten, überholte uns ein berittener Eilbote, der in schnellem Galopp innerhalb der Mauern verschwand. Sein Auftrag mochte etwas mit uns zu tun haben. Wie dem auch sei, das kleine Erlebnis, an sich unbedeutend, weckte in mir eine Vorahnung kommender Nöte. Ich fühlte mich dadurch umso mehr getrieben, zu wachen und zu beten.

Die Sonne näherte sich ihrem Untergang, als wir vor dem großen Stadttor anlangten. Der mächtige Torbogen, der sich düster und erhaben über uns wölbte, kam mir wie ein neuer Eingang zum Tal der Todesschatten vor und ließ mich erschaudern. Niemand kann sich unsere Gefühle beim Betreten dieser feindseligen, größeren chinesischen Stadt vorstellen. Der bloße Anblick der braunen, mit Zinnen versehenen Mauern, die sich hoch vor uns auftürmten, flößte uns von Stadt zu Stadt in zunehmendem Maß Schrecken ein. Nie war uns der mutmachende Befehl des Herrn: »Fürchte dich nicht!« so tröstlich, nie aber auch so unentbehrlich wie in solchen Augenblicken gewesen.

Wir hatten eine kurze Strecke innerhalb der Stadtmauern zurückgelegt, als wir von einer Schar Yamenbeamter an der Spitze einer Volksmenge angehalten wurden. Unter diesen fanden wir das böse Gesicht des schlimmsten unserer Widersacher in Hantien. Sie fassten mit wildem Ungestüm unsere Tiere beim Kopf, kehren sie mit Gewalt um und befahlen uns, die Stadt zu verlassen. Einige Augenblicke hing unser Schicksal in der Schwebe, wir mussten darauf gefasst sein, entweder nach Kauping zurückgeschickt oder außerhalb der Stadt aufs Geratewohl unserem Schicksal überlassen zu werden. Unterdessen hatte der mit unserer Führung betraute Offizier die Papiere vorgezeigt, die er dem Unterpräfekten überbringen sollte. Damit änderte sich unsere Lage. Die Beamten überflogen rasch ihren Inhalt, verhandelten eine Minute miteinander und gaben dann Befehl, uns zum Yamen zu bringen.

Wenn wir jemals den Schutz der unsichtbaren himmlischen Heerscharen nötig hatten, so damals in den Straßen von Tse-tscheo-fu. Ein lärmender und schnell anwachsender Menschenauflauf folgte den Karren. Als wir in den geräumigen Hof des Yamen einfuhren, drängte die Menge uns nach. Wir mussten aussteigen, die Karren wurden fortgeführt, und dann sahen wir uns wie in Kauping schutzlos dem Pöbel preisgegeben. Auch den Anschein von Schutz in Gestalt von Läufern, die die Menge abhalten hätten können, ersparte man sich, wir waren tatsächlich eine Beute in ihren Händen. Es half uns nichts, wir mussten inmitten der Schläge und Schmähungen des wilden Haufens ausharren und ruhig abwarten, was weiter werden würde.

Wir brauchten nicht lange zu warten. In der Befürchtung, es könnte innerhalb des Bereichs des Yamen zu einem Tumult kommen, ließ uns der Unterpräfekt durch Beamte niederen Ranges von dem Platz wegtreiben. Erst dachte ich, man würde uns wie in Kauping weiter in das Innere des Yamen bringen. Als die Beamten uns jedoch in Richtung Tor zur Straße hin vor sich her drängten, wurde es mir zur schrecklichen Gewissheit, dass wir der Willkür des Straßenpöbels preisgegeben werden sollten. Darin lag eine schreiende

Ungerechtigkeit, und ich weigerte mich darum entschieden, weiterzugehen, und nahm für mich das Recht einer persönlichen Unterredung mit dem Mandarin in Anspruch. Mein Ersuchen wurde aber mit spöttischem Gelächter beantwortet, und meine Weigerung hatte zur Folge, dass man mich mit den Meinen gewaltsam unter Johlen und Schreien auf die Straße hinauswarf; dort sollten wir abwarten, was Seine Exzellenz beschließen würde. Das Ganze war nichts als ein erneuter Versuch, uns los zu werden, indem man uns dem Pöbel überließ.

Nun folgten abermals lange, qualvolle Minuten. Wir fürchteten, auf der Straße von dem Menschenstrom mit fortgerissen zu werden, und hielten uns darum ganz in der Nähe des Tores. In eine Ecke gedrängt, Auge in Auge mit der wütenden, tobenden, johlenden Menge, hatten wir Mühe und Not, die Kinder zu schützen und einigermaßen zu beruhigen; mehr als einmal erhob sich der Mob wie eine gewaltige Woge vor uns und drohte, uns den Atem auszupressen. Endlich erschienen Beamte mit den Weisungen des Mandarin. Wir sollten die Nacht über in einer Herberge an der Straße, wohin sie uns führen würden, untergebracht und dann am nächsten Morgen nach Hwaiking-fu weiterbefördert werden. Was, die Nacht in einer an der Straße gelegenen Herberge verbringen? Ich protestierte entschieden dagegen und ersuchte die Beamten dringend, uns in das Yamen zu führen und mir zu erlauben, den Unterpräfekten zu sprechen. Sie entgegneten, dass, wenn wir irgendetwas vor den Mandarin zu bringen hätten, wir es schriftlich einreichen müssten, nur so dürften wir hoffen, Zugang zu ihm zu finden. Das hieß so viel, als das Seine Exzellenz nichts mit uns zu tun haben wollte. Sie wussten recht wohl, dass wir nicht in der Lage waren, einen Brief zu schreiben, und dass selbst dann unser Brief niemals abgeliefert werden würde. Daraufhin wurden wir die Straße hinabgetrieben, während die Menge uns auf den Fersen folgte.

Die Herberge, zu der wir gebracht wurden, lag auf der Hauptstraße, wo wir natürlich besonderer Gefahr ausgesetzt waren. Hinter der offenen Gastwirtschaft, durch einen schmalen Gang von ihr getrennt, befand sich ein kleiner Hof; dort wurde uns ein kleines Zimmer angewiesen. Indem sie uns einen Posten zurückließen, entfernten sich die Beamten.

Mehrere Stunden hindurch sollten wir nun abermals ein Schauspiel der Menschen sein. Bis lange nach Anbruch der Dunkelheit wogte es von Menschen durch den schmalen Gang hindurch zu dem kleinen, viereckigen Hof hin, an dem unser Zimmer lag. Um meine liebe Frau und die Kinder möglichst zu schonen, versuchten Fräulein Gates und ich, die Menge an der Schwelle festzuhalten, indem wir ihr Gelegenheit gaben, uns von draußen zu betrachten und auszufragen. Eine Weile hatte dies Erfolg; dann aber mussten wir der Obermacht weichen. Jeder Zoll des Fußbodens wurde von den Hereindringenden eingenommen, sogar der Kang wurde besetzt, und wir sahen uns eingemauert zwischen Mauern, grausamer als Stein. Abgesehen von der drohenden Haltung derer, die uns umringten, waren die Hitze und der Gestank geradezu überwältigend. Außerdem quälten uns Hunger und Durst. Alles tat uns weh, ja jeder Knochen schmerzte uns von den bereits erlittenen Strapazen.

In unserer Bedrängnis nahmen wir wiederum zu Gott unsere Zuflucht. Als die Männer um uns und über uns auf dem Kang standen und uns jeden Augenblick hinaus auf die Straße zu drängen drohten, waren wir vollkommen gefasst und ohne Furcht. Die Hand des Herrn hielt sie zurück. Menschenhilfe war ferne von uns; das wussten auch unsere Feinde. Sie hatten volle Freiheit, ihre fremdenfeindliche Gesinnung zu betätigen, und doch krümmten sie uns kein Haar.

Erst als die Herberge geschlossen werden sollte, entfernte sich die Menge. Viele Hunderte hatten uns seit unserer Ankunft umschwärmt; und ein Rückschlag nach den aufregenden Szenen der letzten Stunden war bei uns jetzt nicht zu verwundern. Die Ruhe nach all dem Lärm und Getümmel kam uns ganz wunderbar vor. War es möglich, dass sich alle entfernt hatten bis auf den halbnackten Posten, der da drüben an der anderen Seite des Hofes friedlich am Boden lag und die Opiumpille über der Flamme des Lämpchens zergehen ließ?

Als alles ruhig und die Türe der Gastwirtschaft verriegelt war, suchte ich den Wirt auf und bestellte bei ihm etwas zu essen. Meine bisherigen Versuche, Nahrungsmittel zu bekommen, waren vergeblich gewesen. Auch diesmal wurde meine Bitte unfreundlich aufgenommen. Der Wirt weigerte sich, für uns zu kochen, und wir mussten mit dem Bodensatz der Hirse, die noch vom Abendessen im Kessel war, vorlieb nehmen. Doch auch dafür waren wir dankbar, priesen Gott und befahlen uns für die Nacht seiner Obhut an.

Ich hatte mir vorgenommen, die Nacht über zu wachen. Doch was sind Vorsätze selbst bei ernstester Gefahr? Ich erinnere mich noch, wie eine Schar verdächtig aussehender Männer in unser Zimmer hereingelassen wurde und, während wir dalagen, ein gründliches Verhör mit uns anstellte. Darüber hinaus reicht meine Erinnerung nicht. Ich muss zu meiner Schande gestehen, dass ich bis zum Tagesanbruch in einen festen Schlaf fiel. Als ich erwachte, sagte meine Frau zu mir: »O, was war das doch für eine schreckliche Nacht!« »Wieso?« erwiderte ich, »hast du nicht geschlafen? Was hat dich denn gestört?« »O«, entgegnete sie, »Gott sei Dank, dass du durchgeschlafen hast! Fräulein Gates und ich, wir hatten uns vorgenommen, dich nur im dringendsten Notfall zu wecken; aber es schien wirklich, als sei die Hölle gegen uns losgelassen. Stundenlang haben sie auf der Straße gejohlt und an das Hoftor geklopft und unsere Auslieferung gefordert. Ist es möglich, dass du von dem Lärm nichts gehört hast?« Mit Scham und Verwunderung musste ich zugeben, dass es wirklich möglich gewesen war. Es beschämte mich tief, dass ich mich der Ruhe hingegeben hatte, während die andern gewacht und gebetet und gelitten hatten. Es war eine unfreiwillige Nachlässigkeit meinerseits gewesen, verursacht durch allzu große Ermüdung. Die Selbstvergessenheit und Selbsthingabe der beiden Frauen erschien dafür in umso hellerem Licht. Dies war, fürchte ich, nicht die einzige Gelegenheit, wo das schwächere Geschlecht durch seine Ausdauer und die Kraft seiner selbstverleugnenden Liebe seine Überlegenheit über das stärkere bekundete.

Erst später erfuhren wir, wie gefahrvoll unsere Lage in Wirklichkeit gewesen war. Um Mitternacht war die ganze Stadt in Aufruhr gewesen. Unter schrecklichem Geschrei und Gejohle waren die Massen zu dem Grundstück der römisch-katholischen Mission gestürmt und hatten die Gebäude niedergebrannt, so dass die Priester mit Mühe und Not das nackte Leben hatten retten können. Dann waren sie vor unsere Herberge gekommen und hatten uns unter dem Gerassel der Gongs herausgefordert. Wie sie dazu kamen, sich endlich, endlich nach langer Zeit unverrichteter Sache zu zerstreuen, haben wir niemals erfahren. Ich weiß nur, dass, als ich erwachte, alles ebenso ruhig war, wie als ich mich hinlegte. Vereint gaben wir Gott die Ehre für diese neue gnädige Bewahrung. Dieselbe ist umso bemerkenswerter, als kaum zwei Tage später unsere liebe Schwester, Fräulein Rice, die mit unseren Lutschenger Freunden reiste, vor den Mauern Tse-tscheos grausam getötet wurde.

Es war gegen 7 Uhr morgens, als ein Yamenbeamter niederen Ranges mit dem Posten, der zu unserer Bewachung zurückgelassen worden war, mit sechs Soldaten hereinkam und uns befahl, hinauszugehen. Wir sollten nach Hwaiking-fu befördert werden und, damit die Stadt nicht wieder in Aufruhr käme, sofort aufbrechen. Auf meine Frage nach dem Beförderungsmittel wurde mir entgegnet, dass der Mandarin so gnädig gewesen sei, uns drei Esel zum Reiten zu geben. Der verächtliche Ton der Antwort schien anzudeuten, dass wir uns noch extra bei Seiner Exzellenz bedanken müssten, dass er überhaupt für solche Subjekte wie wir es waren, Vorsorge traf. Mit Entsetzen entdeckte ich, dass die für den fünfzig Kilometer langen Ritt bereit gehaltenen Sättel sogenannte Kia-tsi, nackte hölzerne Gestelle waren, mit denen Packesel zum Tragen von Waren versehen werden. Dies war geradezu verrückt, und ziemlich hitzig bemerkte ich: »Ihr solltet euch doch schämen, zu glauben, dass zwei so zarte Frauen und Kinder eine solche Art der Beförderung vertragen. Wir gehen nicht von der Stelle, wenn ihr uns nicht zwei Maultiersänften beschafft.« Auf diese Worte folgten leidenschaftliche Gefühlsausbrüche. Mir wurde Ruhe und Festigkeit von oben gegeben; dennoch muss ich bekennen, dass ich ebenso dankbar als verwundert war, als die Männer, anstatt ihre Drohung wahr zu machen und über uns herzufallen, zwei von den Eseln wieder mitnahmen und nach Verlauf von einer halben Stunde mit einer Sänfte – es sollte zumindest eine sein – für die Frauen und Kinder zurückkehrten. An zwei Stangen war ein weitmaschiges Netz aus Stricken befestigt, und als Sitz diente ein Stück einer schmutzigen, abgenützten Strohmatte. Eine Plane, die die Insassen den Blicken der Vorübergehenden hätte entziehen und ihnen Schutz vor der Sonne hätte bieten können, war nicht vorhanden.

Ich sah, dass es unklug gewesen wäre, weiteren Einspruch zu erheben, und so fügten wir uns denn ins Unvermeidliche, dankten höflich für den vollzogenen Umtausch und machten uns zum Aufbruch bereit. Die Insassen der Sänfte boten in ihrer eingeengten Lage einen jammervollen Anblick. Meine Frau und Fräulein Gates saßen mit dem Rücken gegen die Querstangen einander gegenüber; zwischen ihnen wurden die Kinder eingepfercht, aber so eng, dass sie kaum ihre Beine unterbringen konnten. Dann wurden die Sänften auf die Rücken der Maultiere gehoben. Ich setzte mich rittlings auf das hölzerne Sattelgestell, für mich das reine Foltergerät. Die

Eskorte schloss uns ein, und fort ging es. Eine ungeheure Menschenmenge hängte sich an unsere Fersen, als wir die Hauptstraße nach dem Südtor hinabzogen. Wir mussten jeden Augenblick einen Ausbruch der Volksleidenschaften befürchten und richteten darum unsere Augen auf den unsichtbar gegenwärtigen Herrn, der uns stärkte. Nach den Vorgängen in der Nacht war es ein Wunder, dass wir überhaupt lebendig die Stadt verlassen konnten, und ein noch größeres, dass dies ohne Belästigung geschehen konnte. Allgemein schien man anzunehmen, dass wir zum Ing-pan, dem militärischen Lager, gebracht und dort hingerichtet werden würden. So gab man sich zufrieden.

Wieder lag ein heißer Tag vor uns. Nur zu sehr wurde uns das bewusst, als wir durch die Vorstadt ins Freie gelangten. Die schreckliche Erfahrung der letzten drei Tage sollte sich, wie es schien, wiederholen. Gott sei Dank hatten wir einen kleinen Vorrat an Geld bei uns, der ausreichte, unsere dringendsten Bedürfnisse zu decken. Die einzige Schwierigkeit war, dass wir als Fremde und zudem als verurteilte Gefangene nicht in der Lage waren, selbst Einkäufe zu machen. Es half nichts, wir mussten den größeren Teil unseres Geldes dem Yamenbeamten zum Einkauf der nötigen Hüte und Fächer übergeben. Dieser Betrüger kam bald darauf mit fünf winzigen Binsenfächern gewöhnlichster Sorte zurück und der stets fertigen Ausrede, Hüte seien nicht zu bekommen, da alles ausverkauft sei. Kichernd warf er seinen Käschbeutel über die Schulter, der jetzt um einige Hundert Käsch schwerer war. Welchen Nutzen hatte er von diesem unverhofften Gewinn? War er nicht eher eine Last? Ein Sprichwort besagt: Eine Lüge, welche die Taschen füllt, liegt überall auf der Straße.

Inzwischen näherten wir uns dem gefürchteten Ing-pan. Die Nachricht unseres Kommens verbreitete sich schnell. Uniformen tauchten unter der Menge auf. Als wir an der Lehmmauer, hinter der sich das Lager befand, entlang kamen, sahen wir Dutzende von Soldaten dem Eingang zueilen. Die erregte Haltung unserer Eskorte schien anzukünden, dass wir uns in der Tat unserem Richtplatz näherten. Immer wieder drangen die Worte eines Liedes an unser Ohr, das folgenden Kehrreim hatte:

Kein Regen, kein Regen!
Der Himmel von Erz!

Lasst Fremdenblut fließen,
Dann weicht unser Schmerz.

Es waren schreckliche Augenblicke, ein Hangen und Bangen, ein totales Ausgeliefertsein. Aber die Hand unseres Gottes schützte uns. Niemand wagte sich an uns heran. Nur Schmähungen und Verwünschungen trafen uns. Der Oberstkommandierende hatte augenscheinlich nicht die ausdrückliche Weisung, uns zu töten. Endlich verlief sich auch die Menge. Der Lärm wurde schwächer, und wir durften unter der verhältnismäßigen Ruhe der Landstraße unsere Reise fortsetzen.

Sicherlich, auch da konnten wir, selbst in entlegenen Ortschaften, niemals darauf zählen, unbeschadet zu bleiben. Oft habe ich mich schon gewundert, wo eigentlich die Leute herkamen. Sie schienen wie durch Zauber aus der Erde zu wachsen. Diesmal befanden wir uns auf der Hauptstraße mit dem regen Grenzverkehr zwischen Schanxi und Honan, da durften wir uns nicht wundern, dass öfters Leute an uns vorüber kamen. Immer entspann sich dann das eintönige Zwiegespräch zwischen ihnen und unseren Wächtern: »Wo kommt ihr her?« – »Aus der Kreisstadt (Tse-tscheo)« – »Wen habt ihr da?« – »Fremde Teufel.« »Wo wollt ihr mit ihnen hin?« – »Zum Richtplatz.« Dann erschallte immer wieder der schreckliche Kehrreim:

Der Götter Zorn laut um Rache schreit.
Lasst Fremdenblut fließen;
So regnet's noch heut'!

Bald, nachdem wir an dem Ing-pan vorüber waren, gesellte sich ein mit Schwert und Pistolen bewaffneter Reiter in Uniform zu unserer Eskorte, der die Führung übernahm. Sein finsteres Schweigen und rohes Benehmen verkündete Unheil. Jedenfalls stand es ganz im Einklang mit dem schrecklichen Kehrreim, den wir immer wieder zu hören bekamen.

Als der Tag vorrückte, steigerte sich die Sonnenglut, und damit wuchsen auch unsere Leiden. Vergeblich suchten wir unseren Kopf mit den kleinen Binsenfächern zu schützen. Sie waren völlig unzureichend, und außerdem brauchten wir sie, um uns Luft zuzufächeln und die lästigen Fliegenschwärme abzuwehren. Welch trauriges Bild bot unser Zug. Die Frauen mit den Kindern waren in der Sänfte zusammengepfercht, keine Spur von Erleichterung für sie. Das Gesicht meiner lieben Frau trug die Spuren tiefer Leiden; zusätzlich zu allen Strapazen plagte sie noch die Rote Ruhr, eine in heißen Gegenden häufig vorkommende Darmerkrankung. Die beiden Kleinen stöhnten andauernd infolge der Blasen und offenen Wunden an Armen und Beinen. Allmählich verspürte sogar der Beamte ein menschliches Rühren. Er lieh meiner Frau seinen breitkrempigen Strohhut und erlaubte mir ohne Widerstreben, belaubte Zweige von den Bäumen am Wege zu pflücken, um damit die mit Blasen überzogenen Arme und Beine der Kinder zu schützen.

Als der Mittag herannahte, fragten wir ganz harmlos, wo wir diesmal ta-tschien, d. h. über Nacht bleiben würden. »Ui-ja!« war die Antwort, »ta-tschien? Das wird nicht nötig sein.« So gab man uns zu verstehen, dass wir das Ende des Tages nicht erleben würden.

Unter sorgenvollem Schweigen zogen wir auf der holperigen Gebirgsstraße dahin. Schließlich machten wir in der engen Seitenstraße eines kleinen Dorfes vor einer verfallenen Hütte Halt. Die Maultiere wurden ausgespannt. Eine ärmlich aussehende Frau, die Bewohnerin der Hütte, sollte auf uns acht geben, und dankbar für jeden uns gewährten Schutz folgten wir ihr ins Innere der Behausung. Diese sah erbärmlich genug aus, aber mehr noch erweckte das schmale, sorgenvolle Gesicht unserer Gastgeberin unsere Teilnahme. Sie selbst drückte, als sie, von unseren Wächtern unbelauscht, ruhig mit den Frauen sprechen konnte, diesen im Blick auf das uns bevorstehende Geschick ihr inniges Mitleid aus und gab dann eine herzzerreißende Schilderung ihrer Not und der ihrer Nachbarn infolge der lang anhaltenden Trockenheit. Das war für uns eine gottgegebene Gelegenheit, ihr die Botschaft des Evangeliums zu verkündigen. Das Herz der lieben Alten schien für dieses empfänglich zu sein. Die große Freude, einer armen, hilfsbedürftigen Seele Brot des Lebens und lebendiges Wasser anbieten zu dürfen, ließ uns Hunger und Durst vergessen, und alle Todesangst ging unter in dem frohen Bewusstsein, eine Mühselige und Beladene auf den Heiland, von dem sie noch nie gehört hatte, hinweisen zu dürfen.

Inzwischen kamen und gingen viele; auf jede Frage erteilten unsere Wächter dieselbe Auskunft: »Wir nehmen die fremden Teufel zur Hinrichtung mit.« Nach einiger Zeit brachen wir auf. Unter dem finstern Schweigen und dem unfreundlichen, abstoßenden Benehmen unserer Eskorte zogen wir wieder einmal weiter. Der die

Sänfte führende Treiber zeigte sich gegen die Frauen und Kinder hart und grausam; auf jeden Versuch, ihn zum Mitleid zu stimmen, folgte ein Sturm von Flüchen und Beschimpfungen. – Ich war von Tse-tscheo aus fast beständig zu Fuß gegangen, da mich der Packsattel dermaßen rieb, dass ich ihn immer nur auf wenige Minuten benutzen konnte und schließlich ganz aufgeben musste. Endlich stieg einmal unser Führer vom Pferd, um seine steif gewordenen Glieder etwas zu bewegen. Sehnsüchtig blickte ich zu seinem schön gepolsterten, bequemen Sattel hinüber, und da ich mich kaum mehr fortschleppen konnte, bat ich ihn, mich sein Pferd benutzen zu lassen, bis er es wieder bestiege. Meine Bitte wurde mit verächtlichem Schweigen beantwortet; allein der Blick, der mich traf, besagte, dass ich mich nicht unterstehen dürfe, sie zu wiederholen. Ich habe mich später manchmal gewundert, dass wir lebendig aus den Händen dieser Eskorte herauskamen, besonders in Anbetracht dessen, dass nicht wenige unserer Brüder und Schwestern aus der Provinz Schanxi von ihren amtlich beauftragten Wächtern mit dem Schwert getötet wurden.

Kapitel neunzehn

Der Mordanschlag in Lantschen-tscheo

Warum wird es bei euch für unglaublich gehalten, dass Gott Tote auferweckt? (Apg. 26,8)
Er zählte darauf, dass Gott imstande ist, auch aus den Toten aufzuerwecken ... (Hebr. 11,19)

Es war nun nicht mehr weit bis zur Grenze, und der Gedanke, dass wir nun bald außerhalb Schanxis sein würden, ließ mein Herz schneller schlagen in froher Ungeduld. Denn, soviel wir damals wussten, hatte sich die Boxerbewegung noch nicht in Richtung der Provinz Honan ausgebreitet, und jeder Schritt gen Süden vermehrte die Hoffnung schlussendlicher Errettung. Allein der Name »Schanxi« war für uns gleichbedeutend mit Schrecken und Entsetzen. Noch brannte die Sonne heiß, als wir in Lantschen-tscheo, einer bedeutenden Stadt an der Grenze, ankamen. Ich war betroffen, als wir Halt machten. Die Sänfte wurde niedergesetzt und ihre Insassen wurden veranlasst, auszusteigen. Aus dem gegenüberliegenden Haus, dem Li-kin-Yamen oder Zollamt, kamen zwei Männer heraus und prüften die ihnen von dem Tse-tscheoer Beamten überreichten Papiere.

»Ai-a! Was ist das? Kein Passagierschein? Nicht vorschriftsmäßig?« hörten wir sie sagen, indem sie die Papiere zu genauerer Prüfung mit ins Haus nahmen.

Der Inhalt der nun anschließenden Besprechung ließ sich bis zu einem gewissen Grade aus den Stimmen, Blicken und Gebärden der Männer, die wir durch die geöffnete Türe beobachten konnten erschließen. Zum Mindesten mussten wir uns auf Gefangenhaltung gefasst machen. Mir, der ich mich bereits an die Aussicht, nun bald die Provinz Schanxi im Rücken zu haben, gewöhnt hatte, war der Aufschub unerträglich. Auf das, was dann weiter geschah, war ich nicht vorbereitet. Wir wurden gezwungen einzutreten und zu einem

Zimmer gewiesen, von dem aus wir zu unserem Schrecken sahen, wie unsere Eskorte, deren Pflicht es doch war, uns sicher nach Kwaiking-fu zu bringen, mit unseren Tieren ganz gemütlich den Rückweg antrat.

Verlassen und noch in Schanxi – wie hoffnungslos war unsere Lage. Würden wir je lebendig aus der Provinz entkommen? Unsere Papiere waren für wertlos erklärt, unsere Eskorte auf und davon! Und nicht das allein, wir selbst gefangen, wie uns das Benehmen der Männer, die bei uns waren, erkennen ließ. Fünf von ihnen übernahmen unsere Bewachung und beobachteten scharf jede unserer Bewegungen.

Inzwischen hatte unsere Ankunft die unvermeidliche Volksmenge herbeigelockt. Um die Erregung der Leute zu beschwichtigen, befahlen uns unsere Wächter, hinauszugehen. Wir saßen ziemlich lange auf der Türstufe, ohne zu wissen, was uns die nächste Minute bringen würde. Unter dem Vorwand, die Kinder zum Schlafen bringen zu wollen, durfte sich schließlich meine Frau zurückziehen, während Fräulein Gates und ich zurückblieben, um die Menge in Schach zu halten. Als die Dunkelheit hereinbrach, wurden wir hineingerufen und, während das Zimmer mit Männern angefüllt war, eingeschlossen.

Der Lärm draußen zeigte an, dass die Erregung wuchs. Unter wildem Geschrei und Weibergekreische wurde heftig an die Türe geklopft. Der Ruf »Tötet die fremden Teufel, tötet sie! Tötet sie!« war deutlich vernehmbar. Unter solchen Umständen wurde drinnen beratschlagt, was mit uns geschehen solle. In Anbetracht der Unbrauchbarkeit unserer Papiere ging der Spruch der großen Mehrheit gegen uns. Um der Volksstimmung Rechnung zu tragen, die durchaus Fremdenblut vergossen sehen wollte, ging man mit dem Beschluss, uns zu töten, auseinander.

Unsere Lage war verzweifelt. Kein Schutz von den Behörden, keine Möglichkeit zu entrinnen, und dabei das ungestüme Verlangen nach unserem Blut! Ich kann unsere Lage dort in Lantschen-tscheo nur mit den Worten des Apostels Paulus beschreiben: »... dass wir übermäßig schwer zu tragen hatten, über unser Vermögen hinaus, so dass wir selbst am Leben verzweifelten; ja, wir hatten in uns selbst schon das Todesurteil« (2.Kor. 1,8-9). Nach allen Seiten hin hatten wir den Tod vor Augen. Mit dem Vertrauen auf uns und dem Vertrauen auf Menschen waren wir ausweglos gescheitert. Nichts, gar nichts blieb uns als der Schrei: »Hilf mir, o Gott, denn die Wasser gehen mir bis an die Seele! ... ich bin in tiefes Wasser geraten, und die Flut überströmt mich« (Ps. 69,2-3). So dem Tod ausgeliefert, waren wir angewiesen auf den, »der die Toten auferweckt« (2.Kor. 1,9).

Es war eine schrecklich heiße Sommernacht. Unser Zimmer, etwa sieben Meter lang und vier Meter breit, war niedrig und sehr schmutzig. Ventilation gab es nicht, wenn man nicht eine fingergroße Öffnung in den papierenen Fensterscheiben so nennen will. Die Türe, der einzige Weg, auf dem Luft zu uns hätte hereindringen können, wurde abgeschlossen und fest verriegelt. Das Feuer, das tagsüber zum Kochen benutzt worden war, wurde die ganze Nacht hindurch unterhalten; und dabei waren zehn Personen im Zimmer. Außerdem war die Luft von dem ekelhaften Opium- und Tabaksqualm angefüllt, der von den Pfeifen unserer fünf splitternackt beim Schein des Opiumlämpchens vor uns liegenden Wächter aufstieg. Dazu kam noch, um das Maß unserer Leiden voll zu machen, dass der Kang von Ungeziefer wimmelte, dessen Raubzüge noch durch die Angriffe der Moskitos verstärkt wurden.

Nicht um zu schlafen, sondern um zu wachen und zu beten legten wir uns nieder. Ab und zu tauschten die Wächter ein paar Worte aus, sahen auch wohl gelegentlich nach uns, um sich zu vergewissern, dass alles in Ordnung sei. Dabei ließen sie es jedoch bewenden. Der Herr erquickte uns mit Licht von seinem Angesicht, während wir zu ihm aufblickten.

Bei Tagesanbruch sammelten sich erneut die Massen. Stürmisch forderten sie, dass nun das Urteil vollstreckt werde. Noch vor Sonnenaufgang hallte die Luft wider von dem Geschrei: »Tötet sie, tötet sie, tötet sie!« Wir wussten, dass die Entscheidung herannahte, und dass wiederum nur das unmittelbare Eingreifen Gottes uns retten könne.

In diesem Augenblick kam mir das Wort in den Sinn: »Rufe mich an am Tag der Not, so will ich dich erretten, und du sollst mich ehren!« Ich nahm es als eine Verheißung, für welche Gott seinen Namen eingesetzt hat, uns gegeben für die gegenwärtige Stunde der Not. An uns war es, ihn anzurufen. Und da die lang anhaltende Trockenheit die nachgewiesene Ursache des Wütens der Volksmenge gegen uns war, so baten wir vereint den Herrn, er möge um seines großen Namens willen uns zu Hilfe kommen, indem er diesen armen

Leuten den heißersehnten Regen sende, und er möge ihn mit Rücksicht auf unsere große Not und Bedrängnis sogleich senden. Wir stützten uns auf jene Verheißung. Auf dem Kang kniend schütteten wir vor ihm unser Herz aus, und zwar auf Chinesisch, damit unsere Wächter genau wussten, was wir taten und um was wir beteten.

Wie dumm von uns! Anzunehmen, dass von einem wolkenlosen Himmel, von einem Himmel, der wie vorher aus Erz zu sein schien, Regen herabfallen könnte, und noch dazu sofort! Hatten nicht unsere Wächter uns eben verständigt, dass unsere Stunde herannahe, da sich nicht die leiseste Spur von Regen zeige noch zeigen werde, bis unser Blut vergossen sei?

Ich weiß nicht, wie lange wir im Gebet blieben; ich weiß nur, dass wir uns kaum von unseren Knien erhoben hatten, als sich die Fenster des Himmels öffneten und sich ein wolkenbruchartiger Regen über die tobende Volksmenge draußen ergoss. In wenigen Sekunden war die Straße leer. O, ich kann dir versichern, mein Leser: die Worte »Gott ist unsere Zuflucht und Stärke, ein Helfer bewährt in Nöten« (Ps. 46,2), wurden damals für uns eine große, lebendige Wirklichkeit. Wir würden Gottes Gegenwart in dem Zimmer, das als unser Gefängnis diente, nicht deutlicher wahrgenommen haben, wenn wir ihn mit unseren Augen gesehen hätten. Das Plätschern des Regens draußen war in unseren Ohren das Echo seiner eigenen Stimme, war die Begleitung zu dem neuen Lied, das er uns jetzt in den Mund gab. Aus der niedrigen Hütte stieg das Lied Moses und das Lied des Lammes empor: »Groß und wunderbar sind deine Werke, o Herr, Gott, du Allmächtiger! Gerecht und wahrhaftig sind deine Wege, du König der Heiligen« (Offb. 15,3)! Das Schreien der Armen und Verlassenen wandelte sich in Lob und Dank!

Die Wirkung des Ereignisses auf unsere Wächter zeigte sich in verschiedener Weise. Eine Art ehrfurchtsvolle Scheu trat an Stelle ihrer Ungläubigkeit. Und obwohl sie uns gegenüber noch Gefühllosigkeit und Gleichgültigkeit zeigten, so ließ doch ihre grausame Härte gegen uns bedeutend nach. Gestern noch hatten wir die größte Schwierigkeit gehabt, überhaupt etwas zu Essen zu bekommen, jetzt versorgten sie uns damit aufs freigiebigste. Die Türe wurde geöffnet und uns erlaubt, auf die Schwelle zu treten und die köstliche Luft einzuatmen.

Ein kleiner Zwischenfall beweist, wie man in der Tat den Regen der Wirkung unserer Gebete zuschrieb. Ich stand mit den beiden

Kleinen in der Türe und beobachtete das Wasser, wie es die schmale, abschüssige Straße dahinschoss, die noch vor wenigen Stunden mit zolltiefem Staube bedeckt gewesen war und jetzt eher einem Fluss glich. Dabei sangen und priesen wir Gott mit einigen ihrer Kinderlieder. Einen Chorus sangen sie besonders gern auf Chinesisch:

Preiset, preiset den Herrn Jesus,
Der sein Leben für die Welt gab,
Und der auferstanden ist von den Toten.
Preis sei Jesus, dem Herrn der Gnade!

Als wir den Chorus sangen, verstummte das Gespräch. Unsere Wächter hörten aufmerksam zu, und nach kurzer Zeit sagte einer zu dem andern: »Sie beten zu ihrem Gott ‚Jesu', dass er den Regen schneller fallen lässt, und seht nur, wie er schneller fällt!« Wirklich, er fiel in Strömen, als ob plötzlich ein mächtiger Behälter oben geborsten wäre und nun seinen gewaltigen Inhalt herabsenden würde. Ich habe nie in meinem Leben solchen Regen gesehen. Den ganzen Tag über bis tief in die Nacht hinein regnete es in einem fort, bald mehr, bald minder heftig. O, ein wunderbarer Gott, der so Großes an uns tat!

Sein Tun hatte eine doppelte Wirkung. Einmal war jetzt jedermann der Mund gestopft. Der Vorwand für unsere Verurteilung war hinfällig, und die abergläubische Vorstellung, dass unsere Gegenwart und unsere Gebete ausreichen, um den Regen hinzuhalten, war aufs kräftigste widerlegt. Freilich machten uns unsere Wächter deutlich, dass wir für unser Leben keine Hoffnung haben dürften, wenn nicht der durstige Boden vollständig vom Regen durchweicht wäre, und wenn wir von Zeit zu Zeit fragten: »Ist es jetzt genug?« so verlachten sie uns zuerst und gaben uns dann ausweichende Antworten. Schließlich ließen sie uns nicht länger im Unklaren darüber, dass wir auf alle Fälle sterben müssten, auch wenn der zuerst dafür angegebene Grund wegfiele.

Die zweite Wirkung des Regens war, dass er uns einen Tag verhältnismäßiger Ruhe und Zurückgezogenheit verschaffte. Worte vermögen nicht zu sagen, was das für uns bedeutete. Der Schatten des Todes blieb zwar, aber das, was diesen Schatten für uns so fühlbar machte, das Heulen und Toben des wilden, nach unserem Blut dürstenden Menschenhaufens, fiel weg.

Die angenehme Ruhe und Eintönigkeit des Vormittags wurde durch die Ankunft eines Eilboten von dem Yamen in Tse-tscheo unterbrochen. Wir grüßten ihn nach Art der Einheimischen und fragten ihn, welcher Auftrag ihn herführe. Unser höfliches und doch ungehöriges Benehmen erfuhr die gebührende Zurückweisung. Aus der Art, wie er den Wärtern seine kurzen Mitteilungen machte, konnten wir deren Hauptinhalt erraten. Nach beendetem Zwiegespräch machte er sich schnell, wie er gekommen war, wieder davon.

Es fing bereits an dunkel zu werden, als zwei Männer ankamen, die trotz ihrer beschmutzten Kleider und ihres jammervollen Aussehens an ihrem Benehmen als Beamte des Yamen zu erkennen waren. Anscheinend wurden sie erwartet. Sie vertieften sich bald in ein Gespräch mit dem Offizier, der für uns zuständig war. In der Zwischenzeit nahmen zwei neuangekommene Soldaten, jeder mit drei Gewehren versehen, auf der gegenüberliegenden Seite der Straße Aufstellung.

War durch den rechtzeitigen Eintritt des Regens unsere Hoffnung, lebendig aus Schanxi zu entkommen, einigermaßen belebt worden, so wurde sie jetzt wieder völlig vernichtet. Die drei Beamten besprachen offen die Art, wie man mit uns verfahren solle. »Wir können«, so meinten sie, »nicht länger den Vorwurf gegen sie erheben, dass es nicht regnet. Doch was tut's? Sie sind unwissende, fremde Teufel, die nichts von chinesischen Bräuchen wissen und ein Fluch für unser Land sind. Wozu sollen wir ihnen das Leben schenken? Da sind ihre Papiere. Von Kauping aus ist uns die Weisung erteilt worden, sie auf Nimmerwiedersehen aus Schanxi hinauszubefördern. Wir wollen dafür sorgen. Wir haben Gewehre bei uns. Morgen früh wollen wir sie da drüben erschießen.«

Es war jetzt klar, dass mit Schweigen nichts mehr zu gewinnen war. Darum sagte ich zu Fräulein Gates, die mir das Wesentliche der Unterredung übersetzt hatte: »Wenn sie meinen, dass sie uns ungestraft auf unbewiesene Anklagen hin töten können, so wird es Zeit, dass wir sie eines Besseren belehren. Sie denken, wir sind unwissende Fremde, die nichts von chinesischen Bräuchen verstehen. Machen Sie ihnen klar, liebe Schwester, dass sie im Irrtum sind.«

Mit bewundernswertem Mut verließ Fräulein Gates den Kang und wandte sich in ruhigem und höflichem Ton an den ersten Beamten: »Eure Exzellenz sprachen eben davon, uns zu töten, ohne dass uns etwas vorgeworfen werden kann. Sie sollten wissen, dass dies gegen das Gesetz und den Brauch dieses ehrwürdigen Landes ist. Sie sollten auch wissen, dass Sie verpflichtet sind, uns als Fremde, die aus dem mächtigen England kommen, zu beschützen. Wenn wir irgendetwas Unrechtes getan haben, was gegen die Gesetze des Landes verstößt, so müssen Eure Exzellenz uns der Untersuchungsbehörde überweisen, und wenn es uns dann nachgewiesen werden kann, dass wir ein todeswürdiges Verbrechen begangen haben, so wollen wir gerne sterben. Aber erst muss unsere Schuld vor einem regelrechten Gerichtshof erwiesen werden, sonst wird Eure Exzellenz und Ihr Land eine schreckliche Vergeltung treffen.«

Diese Worte waren von außerordentlicher Wirkung. Die Beamten, die bis dahin gegen uns voll gleichgültiger Geringschätzung waren, zeigten sofort eine geradezu unterwürfige Höflichkeit. Das Li, d. h. das Recht, war so offenbar auf unserer Seite, dass sie sich anstandshalber genötigt sahen, unter allen Umständen zu leugnen, dass sie uns hätten unrecht tun wollen. Sie verneigten sich tief vor Fräulein Gates, um ihre Verwirrung zu verbergen, sagten: »Wir versichern euch, dass ihr nichts von uns zu fürchten habt«, und gingen hinaus in die Dunkelheit und den strömenden Regen.

Froh, dass wir sie los waren, wussten wir doch, dass ihre Worte wie ihr Inneres voller Falschheit und Gemeinheit waren. Sie würden ihren Plan doch nicht aufgeben, und wir hatten noch immer den Tod vor uns. Spätestens morgen früh sollten wir erschossen werden. Da war uns nun die Nähe unseres Gottes unsäglich tröstlich. Meine liebe Frau traf mit derselben Ruhe und Sorgfalt wie daheim Anstalten, die Kinder zum Schlafen hinzulegen. Wie immer nach dem Abendgebet sangen wir mit ihnen ihr Abendlied:

Du meiner Seele Sonn' und Zier!
Es flieht die Nacht, wenn du bist hier.
Lass' keine Wolke drängen sich,
Mein Jesus, zwischen mich und dich!

Ja, seg'n uns, wenn wir stehen auf,
Eh' durch die Welt geht unser Lauf,
Bis dort in jenem Liebesmeer
Wir jubeln mit des Himmels Heer;

Dann schlossen sie beruhigt die müden Äuglein und schliefen trotz Wunden und Schmerzen schnell ein.

Als die Dunkelheit hereinbrach, wurde die Türe wieder abgeschlossen und verriegelt. Es herrschte eine dunstige Schwüle, die Luft im Zimmer wurde bald unerträglich. Der ekelerregende Opiumdampf, der Tabaksqualm, der Kohlengeruch von dem Feuer, welches für die Nacht angezündet worden war, und der Umstand, dass die zehn Paar Lungen das bisschen Sauerstoff in dem kleinen Raum rasch aufbrauchten, machte den Aufenthalt im Zimmer bald untragbar. Doch das alles war nichts im Vergleich zu der schamlosen Unanständigkeit der Soldaten, die in ihrer Unverschämtheit den Anstand grob verletzten.

Wir wachten und beteten wie sonst auch. »Opfere Gott Dank – und rufe mich an« (Ps. 50,14-15) – auf diesen beiden Linien bewegten sich unsere Gebete. Als wir Gottes wunderbare Güte an jenem Tage überdachten, fühlten wir uns getrieben, ihn zu preisen und dem Lamm, dem Überwinder auf dem Thron, die Ehre zu geben. Köstliche, reich gesegnete Stunden verbrachten wir in jener Nacht vor dem Kreuz. Ein wunderbarer Friede kam in unsere Herzen, ja, ein Gefühl des Sieges. Unser schwankender Glaube wurde in der Gewissheit, dass Gott auch wohl von den Toten erwecken und aus dem Rachen des Löwen erretten kann, neugestärkt. Wir kamen überein, abermals vor den Ohren unserer Wächter Gott in ihrer eigenen Sprache um sein unmittelbares Eingreifen zu bitten. Wir gebrauchten in unserem Gebet die bestimmte Wendung, er möge um seines großen Namens willen den Beamten von Tse-tscheo und denen, die uns gefangen hielten, nicht gestatten, uns ein Haar zu krümmen, und möge ihnen keine Macht über uns geben. Wir beteten weiter ernstlich für unsere Feinde, Verfolger und Widersacher, Gott möge um seines geliebten Sohnes willen ihnen vergeben und ihre Herzen lenken.

Während des Gebetes herrschte Totenstille. Die fünf Männer lagen oder saßen in verschiedenen Stellungen im Zimmer umher. Bei dem matten Licht des Opiumlämpchens konnten wir ihren Gesichtsausdruck nicht erkennen. Bald aber drangen aus dem Halbdunkel die Worte an unsere Ohren: »Sie haben zu ihrem Gott um Errettung gebetet. Ai-ja, das ist jetzt zu spät. Was hilft das Beten, wenn alles schon bestimmt ist?«

Die Luft in dem Zimmer war jetzt so verpestet, dass wir kaum noch imstande waren, zu atmen. Die Kräfte meiner Frau schwanden zusehends. Abgesehen davon, dass dies bereits der siebente Tag außerordentlicher Leiden und Entbehrungen war, Donnerstag, der 12. Juli, hatte sich bei ihr der Durchfall verschlimmert. Hatte sie doch keinen Schutz vor dem Regen, wenn sie gezwungen war, hinauszugehen, keine Möglichkeit, ihre durchnässten Kleider zu trocknen, und auch ihre Nahrung war völlig ungenügend. Ihr Zustand erforderte ernstliche Fürbitte.

Es muss kurz nach Mitternacht gewesen sein, als ein leises Klopfen an der Türe zu hören war und eine Stimme Einlass begehrte. Der Riegel wurde zurückgeschoben, die Türe geöffnet und zum Vorschein kam die hohe Gestalt des Tse-tscheoer Mandarins. »Auf!«, sagte er, »ans Werk! Die Stunde zum Handeln ist da. Diese fremden Teufel sind jetzt in eurer Hand, ihr müsst sie töten. Fangt es an, wie ihr wollt; aber töten müsst ihr sie, und zwar gleich. Fürchtet euch nicht! Vergiftet sie mit Opium, wenn ihr wollt! Brennt erst ein Betäubungsmittel ab, da habt ihr dann leichtere Arbeit! Tut, wie ich euch sage!« Und dann verschwand die Gestalt im Dunkeln. Fräulein Gates dolmetschte mir die schreckliche Botschaft. »Unser Ende ist da«, flüsterte sie, »der Mandarin hat sie angewiesen, uns zu töten.«

Ohne die Wächter auch nur ahnen zu lassen, dass wir die Bedeutung des Zwischenfalles verstanden hatten, beteten wir zu unserem Gott und hielten Wache. Mittlerweile wurde die Türe aufs Neue fest verriegelt. Eine kurze Beratung wurde gehalten, und dann legten die Männer sich wieder hin. In kurzer Zeit waren sie anscheinend eingeschlafen.

Die Zeit verging und wir merkten nicht, dass etwas im Gange war. Fräulein Gates lehnte in halbsitzender Stellung an der Rückseite des Kang und war in dem matten Schimmer der Opiumlampe nur schwach zu erkennen. Ich kniete neben meiner Frau und meinen Kindern und fächelte ihnen Luft zu. Endlich stand einer der Männer auf, machte sich an einem Gefäß zu schaffen, tat etwas hinein, stellte ein Licht darunter und kehrte an seinen Platz zurück.

Da, was war das mit einem Male? Mein Arm wurde mir so schwer. Eine unbezwingliche Müdigkeit überkam mich. Ich stellte mich aufrecht, um mich wach zu erhalten; denn unter allen Umständen musste bei der erstickenden Atmosphäre der Fächer in Bewegung bleiben. Ich kniete wieder nieder, stand dann von neuem auf. Es war ein harter Kampf; ich merkte, dass ich unterliegen werde. Die Mattigkeit war zu groß. Ich schwankte. Vergebens kämpfte ich gegen die

Müdigkeit an. Die Bewegungen meines Armes wurden schlaff und schlaffer, dann ganz mechanisch, dann krampfhaft; noch ein Augenblick – und der Fächer entglitt meiner Hand. Ich vermochte mich nicht mehr auf den Füßen zu halten. Ich sank zu Boden. Ob sie uns töten würden oder nicht, ich konnte es nicht verhindern, der Schlaf übermannte mich; bewusstlos lag ich auf dem Kang.

Die giftigen Dämpfe taten ihre Wirkung zur Zufriedenheit des beobachtenden Wächters. Totenstille herrschte. Der Wächter verließ seinen Platz und sah mit dem Lämpchen in der Hand nach seinen Opfern. Wie groß war seine Verwunderung, als er Fräulein Gates die Lampe ins Gesicht hielt und entdeckte, dass diese völlig wach war, und so wenigstens an einem der fremden Teufel das Betäubungsmittel seine Wirkung noch nicht getan hatte. Eine rasche Bewegung, die ihm anzeigen sollte, dass sie, die er schlafend wähnte, auf alles, was vorging, acht hatte, überraschte ihn dermaßen, dass er mit einem »Ai-ja! Noch nicht eingeschlafen? Die Wanzen sind wohl heute Nacht recht lebhaft?« sich wieder an seinen Platz begab und weiter rauchte. In der Kraft Gottes und der Geduld Christi, in selbstverleugnender Liebe und unter unablässig heißem Flehen hielt unsere Schwester an mit Wachen. Ohne Zweifel hatten wir ihr damals unser Leben zu verdanken.

Es war noch finster, als ich durch lautes Stöhnen neben mir aus meiner Betäubung aufgeschreckt wurde. Ich sprang auf. Da lag meine geliebte Flora in Fräulein Gates' Armen und kämpfte mit einem Erstickungsanfall. »Luft, Luft!« keuchte sie und stöhnte heftig. Ich wandte mich an die Wächter: »Meine Frau stirbt. Seht ihr nicht? Erbarmt euch, erbarmt euch und öffnet die Türe, wenn auch nur für eine Minute!« Aber ach, mit gefühlloser Gleichgültigkeit, ja unter Verwünschungen wurde mir meine Bitte abgeschlagen. Konnte ich denn etwas anderes erwarten, wo man es ja doch darauf anlegte, uns zu töten?

Ich bat Gott, er möge den harten Männern vergeben, nahm zwei unserer kleinen Binsenfächer, in jede Hand einen, und wedelte aus Leibeskräften mit ihnen. Merkwürdig war, dass ich während des Schlafens nicht nur die schädliche Wirkung des Betäubungsmittels überwunden, sondern auch bis zu einem gewissen Grade neue Kräfte gesammelt hatte. Ich war somit der Lage gewachsen. Aber ach, meine liebe Frau, sie litt unsäglich, und keine Erleichterung konnte ich ihr bieten. Da kam mir das Wort in den Sinn, das ihr zu Beginn unserer Flucht gegeben worden war: »Ich werde nicht sterben, sondern leben und die Taten des Herrn verkündigen« (Ps. 118,17). So bewegte ich denn die Fächer und hielt gleichzeitig zusammen mit Fräulein Gates dem Herrn dieses teure Wort der Verheißung vor, und als der Morgen graute, hatten wir die unaussprechliche Freude, sie wieder natürlich und ruhig atmen zu sehen, zwar körperlich am Ende, aber fröhlich im Geist während sie Gott die Ehre gab.

Die Nacht war vorüber, der Anschlag war noch nicht ausgeführt. Wir durften trotzdem mit Wachen und Beten nicht nachlassen. Sollten wir doch außerhalb des Stadttores erschossen werden. Wir mussten uns bereit machen, Jesus Christus an unserem Leib, ganz gleich durch welche Todesart, zu verherrlichen.

Zwei angstvolle Stunden vergingen und die Männer rührten sich nicht. Das Aufschlagen der Hufe verkündete uns, dass das geschäftige Treiben des Tages begonnen hatte. Endlich erwachten unsere Wächter. Während sie sich anzogen, besprachen sie die Ereignisse der Nacht. Was sollten sie dem Mandarin auf seine Anordnung antworten? Sie überlegten hin und her. Endlich hatten sie es. Sie wollten ihm sagen: »Diese Fremden haben zu Schang-ti Je-ho-va (Gott Jehova) gebetet, und wir konnten gegen ihre Gebete nichts ausrichten.« Das war das Geständnis der Heiden um uns her, der Männer, die vor wenigen Stunden die Nutzlosigkeit des Gebetes betont und über den Gedanken an einen Gott, der aus ihrer Hand erretten könne, gespottet hatten.

Hierauf wurde die Türe aufgeriegelt und weit geöffnet. In unser verpestetes Gefängnis strömte die köstliche Luft und das helle Tageslicht herein. Es schien uns, als würde Gott selbst gnädiglich vorbeischauen bei uns, um unseren Geist zu erquicken und unsere Kraft neu zu beleben. Wir bekamen den tiefen Eindruck, dass eine Macht, gegen die keine menschliche Waffe anzukämpfen vermochte, auf unserer Seite war. Mir fiel das Wort ein, das so sieghaft klingt: »In sechs Bedrängnissen wird er dich erretten, und in sieben wird dich nichts Böses antasten« (Hiob 5,19). Neue Hoffnung durchdrang mich, nicht schwächliche, dem Gefühl entstammende Ungewissheit, sondern Hoffnung, geboren aus dem Glauben an das lebendige Wort des lebendigen Gottes. Es war eine feste Überzeugung, dass er das, was er in dem Wort, auf welches er selbst mein hoffendes Auge gerichtet hatte, versprochen hatte, auch tun könne und tun werde. Schon zweimal hatte Gott hier in unserem Gefängnis seinen rettenden Arm gezeigt. Sollten wir das nicht als ein Zeichen dafür nehmen, dass er uns auch schließlich über die Grenze nach Hwaiking-fu bringen werde? Das »Wie?« mussten wir ihm überlassen. »Sei nicht ängstlich, denn ich bin dein Gott« (Jes. 41,10). Hatten wir auch keinen Passagierschein, der uns durchbringen konnte, keine Tiere, kein amtliches Geleit, war auch der äußere Schein völlig gegen uns; er wusste, was er mit uns vorhatte, und daran ließen wir uns genügen.

Wunderbarerweise wurden keine Einwendungen dagegen erhoben, dass wir in der Türe des Zimmers standen oder saßen. Die frische Kühle des Morgens fachte die Lebensgeister meiner Frau von neuem an. Der Regen hatte aufgehört. Die Sonne erstrahlte wieder hell bei wolkenlosem Himmel. Der ausgedörrte Boden war zu einem Sumpf und das durstige Land zu Wasserquellen geworden. Wasser flossen in der Wüste und Ströme in der Einöde. Das hatte für uns zur Folge, dass die Leute in ihrer Freude ihre Feindschaft gegen uns zeitweilig vergessen hatten und, um möglichst die gute Gelegenheit auszunutzen, auf den Feldern beschäftigt waren.

Aber was war aus den beiden Beamten aus Tse-tscheo geworden? Ja, was war aus ihnen geworden? Ich habe nicht die geringste Ahnung. Ob sie dem Li-kin-Beamten Anordnungen hinterlassen hatten, uns heimlich beiseite zu schaffen, und sich dann in der Nacht davon gemacht hatten? Gewiss ist, dass sie sich nie wieder gezeigt haben. Ich kann nur annehmen, dass Gott die ernste Warnung von Fräulein Gates benutzt hatte, um ihnen Furcht einzuflößen, und dass sie sich, nachdem sie andere ermuntert hatten zu tun, was sie selbst nicht zu tun wagten, in tiefster Nacht, um nicht in die Angelegenheit verwickelt zu werden, aus dem Staube gemacht hatten. Gott hatte ihnen nicht erlaubt, uns ein Haar zu krümmen, und ihnen keine Macht über uns gegeben, gerade so, wie wir ihn ausdrücklich gebeten hatten.

Damals meinten wir natürlich nicht anders, als dass sie sich noch an dem Ort befänden und jederzeit erscheinen könnten, ihre schlimmen Absichten zu verwirklichen. Wir verrieten unsere Gedanken jedoch nicht weder durch Wort noch durch Blick, gaben uns vielmehr den Anschein, als erwarteten wir nunmehr von unseren Wächtern, dass sie ihre Pflicht tun und uns zügig weiterbefördern würden. Am Tage vorher hatten sie den heftigen Regenguss als Grund für unser Bleiben an Ort und Stelle angegeben. Jetzt dagegen machten wir die Sache dringlich und forderten, dass sie, nachdem jedes Hindernis unserer Weiterreise beseitigt sei, nach den Weisungen des Tse-tscheoer Präfekten handeln würden und unverzüglich mit uns aufbrächen.

Lange Zeit blieben wir in Ungewissheit. Die Meinungen, die bei der erregten Besprechung laut wurden, waren geteilt. Das Verschwinden der beiden Yamenbeamten hatte die anfänglichen Pläne durchkreuzt. Einige waren dafür, uns zu töten, andere, uns weiter zu schicken und die Verantwortlichkeit für das Verbrechen auf die Schultern des nächsten Präfekten abzuladen. Endlich fiel auf eine höchst unerwartete Weise die Entscheidung. Niemand anders erschien plötzlich als der Maultiertreiber, der uns vor zwei Tagen geführt hatte, und von dem wir annahmen, dass er mit der verräterischen Eskorte längst zurückgekehrt sei. Grausam, wie er seiner Zeit gegen uns gewesen war, nahm er sich jetzt wunderbarerweise unser an, wenigstens in dem Sinne, dass er das jetzt zunächst erwünschte Ende herbeiführen half. Unbekümmert stand er da mit trotziger Miene und sagte zu dem anderen: »Ich gebe nicht einen Pfifferling auf all euer Geschwätz. Ich habe den Befehl, die fremden Teufel nach Hwaiking-fu zu bringen und ich bringe sie nach Hwaiking-fu. Unnütze Mühe, sie hier zu töten! Wisst ihr nicht, dass die Boxer alle Furten des Gelben Flusses besetzt halten. Selbst wenn sie nach Hwaiking-fu gelangen, werden sie doch nicht weiter kommen als bis an den Gelben Fluss. Außerdem ist ein Trupp Boxer hier in der Nähe. Sie werden rasche Arbeit tun und euch eure Mühe sparen.«

Mit diesen Worten ging er über die Straße hinüber und holte aus einem Schuppen das Sänftengestell. Ich kann nicht sagen, was wir bei seinem Anblick empfanden. Der Herr schickte uns eine deutliche Wende und uns war zumute wie Träumenden. Dann ging alles nach dem Wort »Eile mit Weile« seinen Gang, wie es im »Himmlischen Reiche« Brauch ist. Drei Männer vom Li-kin-Yamen wurden Unterschriften ausgehändigt und dem führenden Offizier übergeben. Jetzt war also auch die Schwierigkeit mit dem Passagierschein beseitigt. Und was die Tiere zu unserer Beförderung anlangt, so wurden von einem langen Zug mit Kohlen beladener Seng-keos, die zufällig vorüberkamen, zwei Maultiere und ein Esel einfach für Yamen-Zwecke mit Beschlag belegt. Als die Sänften mit ihrer kostbaren Last auf die Rücken der Tiere gehoben wurden, wusste ich beinahe nicht, ob ich ganz bei mir war. Keine Volksmassen folgten uns nach, da alles auf den Feldern beschäftigt war; keine Beschimpfungen wurden uns von den Zurückbleibenden nachgeschleudert. Ruhig brachen wir auf, entlassen von denselben Männern, die uns nach dem Leben getrachtet hatten.

Lantschen-tscheo lag hinter uns! Dreimal hatte Gott uns errettet: Aus den Händen des Pöbels, aus den Händen unserer Wächter, aus den Händen der Tse-tscheoer Beamten. Sichtliche Gebetserhörungen hatten wir erlebt. Berge von Schwierigkeiten, die unserer Weiterreise erst entgegenstanden, waren entfernt worden. Über den furchtbaren Minuten, ja Stunden, wo wir nur ein »Vater, ist's möglich...« stammeln konnten, hatte sich schützend des Herrn Gegenwart ausgebreitet. Die Erinnerung daran kann niemals etwas anderes sein als Freude, unaussprechliche Freude.

Darum loben wir Deinen herrlichen Namen, zusammen mit Engeln und Erzengeln und allen Bewohnern des Himmels, und preisen Dich immerdar und sagen:

Heilig, heilig, heilig ist Gott, der Herr, der Allmächtige!
Himmel und Erde sind voll Deiner Herrlichkeit.
Preis sei Dir, O Herr, Du Höchster!

Kapitel zwanzig
Neue Gefahren in Honan

Er führte sie heraus aus Finsternis und Todesschatten und zerriss ihre Fesseln. Sie sollen dem Herrn danken für seine Gnade und für seine Wunder an den Menschenkindern. (Psalm 107,14-15)

Freitag, der 13. Juli, der siebzehnte Tag des sechsten chinesischen Monats, der achte Tag unserer zweiten Flucht, war der Tag unseres Aufbruchs aus Lantschen-tscheo. Eine Woche lag hinter uns, die wahrscheinlich mit ihren inneren und äußeren Leiden einerseits und ihren Erlebnissen göttlicher Durchhilfe andererseits in der Geschichte meines Lebens einzig dastehen wird.

Unser Weg führte jetzt durch herrliche Landschaften über die hohe Tai-hang-Kette, die die Provinzen Schanxi und Honan voneinander trennt. Der uralte Verkehr der großen Handelsstraße hat das felsige Gelände in eine Reihe von Abstufungen verwandelt, die so regelmäßig sind, dass man sich fragt, ob Menschenkunst daran gearbeitet hat. Die Straße steigt zwischen zerklüfteten Felsen beständig an bis sie eine Höhe von wenigstens 700 Meter erreicht, um dann in Richtung Honan-Ebene abzufallen. Die Großartigkeit der Landschaft ist stellenweise überwältigend. Wunderbare Fernsichten tun sich hier und da vor einem auf, wo die Straße eine Biegung macht oder die Felsspitzen auseinander treten. Mir erschien die Landschaft noch herrlicher, da ich im Besitz der neu gewonnen Freiheit war.

Und doch, eigentlich frei waren wir noch nicht. Obwohl wir eine wunderbare Befreiung erfahren hatten, waren wir noch Gefangene, und man ließ uns das fühlen. Weder die Eskorte noch der Treiber zeigten sich irgendwie weniger feindselig gegen uns. Im Gegenteil wetteiferten sie miteinander, uns ihre hartherzige Verachtung zu zeigen.

Auch die Umstände unter denen wir reisten, waren nicht günstiger als vorher. Die Sonne brannte ebenso heiß wie die letzten Tage auf unsere unbedeckten Köpfe herunter. Nur den Kindern wurde eine kleine Erleichterung zuteil. Meine Frau hatte sich für jedes ein kleines, viereckiges Stück Tuch von grobem chinesischem Stoff irgendwie zu verschaffen gewusst. Dies wurde doppelt gelegt und reichte gerade für eine spärliche Kopfbedeckung aus. Um die Tücher sonnendicht zu erhalten, feuchtete ich sie von Zeit zu Zeit an, indem ich sie in die Pfützen tauchte, die sich in den Löchern der felsigen Straße gebildet hatten. Mit zunehmender Hitze wurde jedoch das Wasser in diesen Felsenlöchern so warm, dass von Kühlung nicht mehr die Rede sein konnte.

Die Gluthitze jenes Vormittags werde ich nie vergessen. Über uns brannte es wie Feuer, aber nicht nur über uns, die Hitze kam von allen Seiten. Die trockenen Felsen und die schimmernde Luft strömten eine wahre Glut aus. Da mein Esel wieder mit dem harten, unbequemen Sattel gesattelt war, zog ich es vor, zu gehen, anstatt zu reiten. Wie freundlich hatte es da Gott gefügt, dass mir bei der Plünderung in Schahokau meine chinesischen Socken gelassen worden waren! Die feste, nach Einheimischenart genähte Baumwollsohle war jetzt ein Glück für mich. Ohne sie würde das Gehen auf den zackigen, glühend heißen Steinen für mich kaum möglich gewesen sein. Auch so konnte ich nur dadurch die Schmerzen an den Füßen erträglich machen, dass ich von Zeit zu Zeit in die warmen Pfützen trat und den einen Schuh, der mir verblieben war, bald an diesen, bald an jenen Fuß zog.

Die Leiden der Frauen und Kinder wurden nicht nur durch die eingeengte Sitzweise in der Sänfte, sondern auch durch die Unebenheit des Bodens und die nachlässige Bauart des Sänftengestells bedeutend vermehrt. Infolge der fortwährenden, heftigen Stöße rieben sich die Frauen an dem nur lose befestigten Holzwerk ihre Rücken wund. Meine liebe Frau hatte außerdem das Pech, in das Tauwerk der Sänfte hinabzurutschen, da die Strohmatte unter ihr langsam nachgab. In dieser verzweifelten Lage wurde sie, als es bergab ging, gegen das Hinterteil des Tieres geschleudert, das nun seinerseits nach hinten ausschlug und dadurch nicht sie allein, sondern sämtliche Insassen der Sänfte in ernsthafte Gefahr brachte. Als ich den Treiber dringend bat, doch ein paar Minuten zu halten, damit das Tauwerk wieder in Ordnung gebracht werden könne, erntete ich mit meiner Bitte nur Spott und Hohn. Auch der Hinweis auf die besonderen Umstände meiner Frau fruchtete nichts. Mit Geduld und Sanftmut, als eine echte Jüngerin ihres Herrn, trug sie die Beschwerden. Kein Wort des Vorwurfs oder der Klage kam über ihre

Lippen. Erst bei der nächsten Haltestelle wurden die Taue wieder festgeknüpft, nicht eher.

Die Sonne stand in Mittagshöhe, als wir die Grenze überschritten und uns sagen durften: »Schanxi mit seinen Schrecken liegt jetzt hinter uns. Der furchtbare Jü-hsien kann uns nichts mehr anhaben.« Ja, wir waren wirklich in Honan, und der Abstieg hinunter zu den grünen Gegenden der Provinz hatte bereits begonnen. Nie freute ich mich mehr beim Anblick einer Landschaft als damals über die paradiesische Pracht der vor uns liegenden Felder. Welch ein Gegensatz zu den kahlen, braunen Flächen des armen, von der Trockenheit so schwer heimgesuchten Schanxi! In der Ferne winkte uns die volle Freiheit, und darum trat der Unterschied für uns wohl noch deutlicher heraus.

Wir mussten es erst noch durch eigene traurige Erfahrung lernen, dass wir damit, dass wir außerhalb Schanxis waren, noch keineswegs außer Gefahr oder auch nur außer Gefahr von Seiten der Boxer waren. Der Geist jener schrecklichen Bewegung hatte bereits Honan angesteckt und sich auf den Gouverneur namens Jü-tschang übertragen, der kaum weniger von Fremdenhass glühte als sein Amtsgenosse, der »Schlächter von Schanxi«. Auch mussten wir, da unsere Papiere nicht vollständig waren, damit rechnen, von jedem Kontrollpunkt aus in die gefürchtete Provinz zurückgeschickt zu werden. Dies hing stets von dem Belieben des Mandarins ab, durch dessen Gebiet wir kamen. Zudem hatten sich gerade auch in Honan Vorkommnisse ereignet, von denen wir bis dahin noch überhaupt nichts wussten. Die Schreckensherrschaft, die hier wie auch in anderen Provinzen durch die blutigen Erlasse der Kaiserinwitwe errichtet worden war, die Flucht aller Fremden, die wilden Angriffe auf unsere Missionsbrüder und -Schwestern, die Verwüstung ihrer Stationen, das alles entzog sich unserer Kenntnis. Nichts, was über die Andeutung des Maultiertreibers in Lantschen-tscheo hinausging, war uns bekannt.

Der lange Abstieg lag hinter uns und unser Weg führte uns jetzt durch grünende Reisfelder dahin. Die große Tai-hang-Kette lag zwischen uns und Jü-hsien. Und als ich in inniger Dankbarkeit gegenüber Gott zurückblickte, wurde mir der gewaltige Gebirgszug mit seinen drohenden Abgründen zum Abbild unserer wunderbaren Erlebnisse. Jeder Berg und Hügel war erniedrigt worden, dem Starken war seine Beute entrissen worden, Gott, der Fels unseres Heils und unsere Zuflucht, hatte mit denen gestritten, die gegen uns waren. Gerade als ich diese Betrachtungen anstellte, wurde unsere liebe Schwester Rice vor den Toren Tse-tscheofus grausam zu Tode gefoltert.

Nach einer Stunde kamen wir in einen großen Marktflecken. Wir machten in der Hauptstraße Halt. Die Tiere wurden ausgespannt, die Sänfte niedergesetzt, aber nicht etwa auf einem Herbergshof, sondern auf offener Straße in zolltiefem Schmutz. Von allen Seiten strömten die Leute herbei, und wir waren bald dicht umdrängt. Unsere Eskorte war zur bequemen Herberge gegangen und ruhte sich dort aus. Uns hatten sie angedeutet, dass wir, wenn wir Nahrungsmittel brauchten, in der südlichen Vorstadt welche kaufen könnten. Einige von den eher hilfsbereiteren Leuten aus der Menge warnten uns jedoch, uns dorthin zu wagen, da sich dort eine Abteilung Boxer aufhielte. So war es wirklich so, wie wir aus den Andeutungen des Maultiertreibers schließen mussten: die Boxer waren in Honan. Bereits an der Schwelle der Provinz, die wir für friedlich gehalten hatten, erfüllte uns diese Tatsache mit Schrecken. Wir verstanden auch, weshalb die Eskorte uns geraten hatte, gerade in die südliche Vorstadt zu gehen, um Essen zu kaufen. Wir sollten den Boxern in die Hände fallen.

Matt und müde suchten wir vor der Sonnenglut und dem erdrückenden Gedränge Schutz unter dem Vordach eines kleinen Brotladens in der Nähe, wo wir zugleich etwas Essbares zu bekommen hofften. Die erste Erfahrung, die wir mit der Gesinnung der Honanesen Fremden gegenüber machten, war nicht gerade ermutigend. Mit derben Schimpfworten schickte uns der Ladenbesitzer von seinem Grundstück weg, nicht ein Stückchen Brot sollten wir von ihm haben. So mussten die beiden Frauen und unsere Kinder wieder zur Sänfte zurückgehen, um hinter deren Stangen vor dem ungeheuren Gedränge Schutz zu suchen.

Was wir jetzt zu bestehen hatten, waren wirkliche Qualen. Drei volle Stunden erwarteten wir jeden Augenblick, dass die Menge zu Tätlichkeiten übergehen werde. Unmöglich konnte ich die Meinen verlassen, um Essen zu kaufen. Einmal auseinander, würden wir in dieser Welt nicht wieder zusammengekommen sein. Mehrere Tausende umringten uns. Die Straße vor uns war gesperrt. Bis an die Läden standen sie, Männer und junge Burschen, reihenweise, alle sichtlich bemüht, in unsere Nähe zu kommen. Eine Hitze und ein Gestank herrschten – nicht zu beschreiben! Zudem quälte uns Hunger und Durst. Mir war schon übel genug, obwohl ich einen

Kopf größer war als die Menge und dadurch mehr Luft bekam. Was mussten da die Insassen der Sänfte ausstehen! Dass ich beständig mit den Fächern wedelte, die allerdings von dem steten Gebrauch jetzt völlig abgenutzt waren, verhinderte, menschlich gesehen, ein Unglück. Die beiden Kleinen schluchzten und weinten in einem fort vor Hunger, Angst, Hitze, Schmerzen und äußerster Mattigkeit. Meine liebe Frau, vollkommen erschöpft von all den Leiden und Entbehrungen, fiel in einen ohnmachtsähnlichen Zustand. Da Kopf und Rücken nicht gestützt waren, fiel sie heftig nach einer Seite und schlug mit dem Kopf mit aller Gewalt gegen eine der aufrecht stehenden Sänftenstangen, an denen die Querstangen befestigt waren. Das also war die Ruhe, die den Erschöpften geboten wurde von Seiten derer, zu denen sie niemals anders als in Worten des Lebens und der Liebe gesprochen hatte, für die sie gern selbst der Abschaum der Welt sein wollte, nur um einige von ihnen retten zu können. Der heftige Schlag brachte sie zum Bewusstsein zurück, und die schreckliche Wirklichkeit, die sie umgab, konnte ihr nur ein himmlisches Lächeln entlocken, das deutlich ihre Herzensgesinnung offenbarte. Mir wird dieses Lächeln unvergesslich sein. Die bloße Erinnerung daran ist mir köstlich und erhebend.

Ab und zu kam ein Fleisch- oder Obsthändler auf seinem Weg an uns vorbei, aber niemand verkaufte uns etwas. Schließlich ließ sich ein Händler herab, uns einige Pflaumen für einen unverschämt hohen Preis zu verkaufen. Eine zweite Bitte unsererseits wurde jedoch abgeschlagen, und das war vielleicht gut für uns, denn die Pflaumen, die wir bekamen, waren nur halbreif, wie es in China, wenigstens im Norden, gewöhnlich der Fall ist.

Allmählich wurden aus der lästigen Neugierde jene beunruhigenden Anzeichen drohenden Unheils, die uns aus Erfahrung schon bekannt waren. Der Lärm wurde größer. Das Stoßen und Puffen nahm überhand. Ein Geist offener Feindseligkeit zeigte sich. Das verhängnisvolle »Jang kwei-tsi« ließ sich hören und deutete auf ein Steigen der Erregung. Rohe Späße wurden gemacht und in vielen Augen leuchtete der Rassenhass auf, der sich in halblauten Verwünschungen Luft machte.

Ich wurde gegen die Stangen der Sänfte gedrängt und musste mich zu meiner Sicherheit schließlich hineinflüchten. Wenn das Gestell nachgab, so könnte das leicht für die Menge das Zeichen sein, es vollständig zu zertrümmern und uns niederzumachen. Angstvoll blickte ich hinüber zu der Herberge, wo unsere Eskorte weilte. Mein Glaubensauge sah zum Himmel empor und ich rief meinen Gott an in meiner Not. Und siehe, es war nicht umsonst. Als unsere Not ihren Höhepunkt erreicht hatte, erschien der Treiber mit den Tieren, gefolgt von der Eskorte. Die Menge machte Platz, die Tiere standen, die Sänfte wurde auf ihren Rücken gehoben und wir brachen auf nach Hwaiking-fu. Der Pöbel drängte uns nach. Als wir in die südliche Vorstadt kamen, erblickten wir Scharen von Boxern, die als solche an ihren Abzeichen kenntlich waren. Wie wir durch ihre Reihen hindurchgekommen sind, ist mir noch ein Rätsel. Es gehört gleichfalls mit zu den Geheimnissen der wunderbaren Führung unseres Gottes. Sie wollten wissen, wohin die Kwei-tsi gebracht werden sollten und was mit ihnen geschehen sollte. Die Eskorte gab zur Antwort: »Wir bringen sie nach Hwaiking-fu. Dort sollten sie hingerichtet werden.« Diese Antwort rettete uns wahrscheinlich das Leben. Trotzdem forderten sie, dass wir in ihren Händen gelassen würden. Aber auch diesmal kam uns der Maultiertreiber ohne sein Wissen zu Hilfe mit der kühnen Antwort: »Zu spät! Stundenlang sind wir hier am Ort gewesen und ihr seid untätig geblieben. Jetzt müsst ihr warten, bis wir nach Hwaiking kommen.« Was sie auch bei diesen Worten empfunden haben mögen, sie erhoben keinen Einspruch dagegen und ließen sich daran genügen, uns zu verfluchen. Eine kleine Abteilung nur folgte uns von weitem. Ich erfuhr später in Schanghai von einem Bruder, der in jener Gegend tätig war, dass die Stadt – ihr Name ist mir entfallen – durch ihren Fremdenhass ganz besonders berüchtigt ist. Umso merkwürdiger ist es, dass wir sie lebendig verließen.

Die Straße war jetzt unbeschreiblich. Schwere Wagen und anderes Fuhrwerk hatten das aufgeweichte Erdreich in einen förmlichen Sumpf verwandelt. Ihn zu durchwaten war eine Aufgabe, die mich fast zur Verzweiflung brachte. Mein Schuh blieb so oft im Schlamm stecken, dass ich ihn schließlich, wenn auch höchst ungern, ganz auszog. Meine Socken wurden mir auch vom Schlamm buchstäblich von den Füßen gezogen, und da ich sonst keine Möglichkeit sah, sie zu retten, so blieb mir nichts anderes übrig, als sie auszuziehen und meine Wanderung barfuss fortzusetzen. Stellenweise musste ich wegen der Tiefe des Schlammes den schrecklichen Sattel benutzen. Das war mir nicht bloß wegen der damit verbundenen Qualen, sondern auch wegen der Langsamkeit meines Tieres recht unangenehm. Solange ich zu Fuß watete, konnte ich gleichen Schritt mit der Sänfte halten, jetzt aber blieb ich weiter hinter den Meinen zurück. Jedoch das Schlimmste kam erst noch. Wir kamen an eine Schlammlagune von besonderer Tiefe und Länge. Die Sänfte war zuerst zur Stelle. Mein Esel und die Eskorte nahmen sich wie gewöhnlich Zeit. Die beiden kräftigen Tiere, die die Sänfte trugen, hatten die wasserbedeckte Lagune bereits zu drei Viertel durchschritten, als wir sie glücklich erreichten. Ich schlug nach Kräften auf mein Tier los, doch sein Fell schien aus gegerbtem Leder zu sein, so gering war der Erfolg. Ich bat seine Eigentümer, ihre sanften Überredungskünste, auf die es vermutlich eher reagieren würde, aufzubieten. Aber auch sie richteten nichts aus. Es half nichts, ich musste mich ins Unvermeidliche fügen und den Ausgang abwarten. Die Sänfte hatte inzwischen festes Land erreicht und eilte jetzt davon. Jede Minute vergrößerte die Entfernung. Ich bemerkte es mit wachsender Unruhe. Wie leicht konnte ich, wenn ich die Sänfte aus den Augen verlor, den Weg verfehlen? Und wie, wenn man mich absichtlich von den Meinen trennen wollte? Die gemachten Erfahrungen legten ja den Verdacht außerordentlich nahe. Meine Unruhe stieg aufs Höchste, als das Tier an der tiefsten Stelle der Lagune, wo das Wasser richtig strömend war, baden wollte und in träumerischem Behagen hartnäckig stillstand. Die Sänfte war in weiter Entfernung nur noch schwach sichtbar, bis sie endlich gespenstergleich bei einer Biegung des Weges meinen Blicken entschwand.

Ich schrie zu meinem Gott, er möge mich zu meinen Lieben bringen, ehe ihnen etwas Schlimmes zustoßen würde, und möge mir den Weg, den sie eingeschlagen hätten, zeigen. Am liebsten hätte ich mich selbst ins Wasser gestürzt, aber ich durfte es wegen der verborgenen Löcher und Gruben – die Straße war vor Schlamm nicht sichtbar – nicht wagen. Sobald wir in seichtem Wasser waren, sprang ich von meinem Tier herunter in den Schlamm hinein und eilte, ohne weiter auf Einsinken und Ausgleiten zu achten, barfuss vorwärts, den Meinen nach. Als ich an die Stelle kam, wo sie verschwunden waren, hatte ich wieder die Straße vor mir, und in weiter Ferne war abermals eine Biegung. Ich stürmte in größter Eile vorwärts, und endlich, endlich – meine Freude kannte keine Grenzen – tauchte die Sänfte vor mir auf. Das Glück der Wiedervereinigung war auf beiden Seiten groß und lohnte reichlich den dafür gezahlten Preis. Die Sorge der Meinigen war kaum geringer gewesen als die meine.

Ich verließ sie nicht mehr. Es war auch kein Grund dazu, denn schon näherten wir uns Hwaiking-fu. In wenigen Minuten hatten wir das Stadttor erreicht.

Wir müssen der ungeheuren Menschenmenge, die uns auf den Straßen der Stadt umdrängte, einen jammervollen Anblick dargeboten haben. In ihren Augen waren wir nichts anderes als Verbrecher, reif zur Hinrichtung. Unsere ganze für uns äußerst demütigende Erscheinung erregte schallendes Gelächter, das uns lärmend begleitete. Ein Wort lag auf aller Lippen: »Seht da die fremden Teufel! Sie werden ins Gefängnis und zur Hinrichtung geführt.« Das Herz entsank mir, als Fräulein Gates zu mir sagte: »Nach ihren Reden kann keine Frage sein, dass wir hier umkommen sollen. Man will uns überhaupt nicht zum Yamen, sondern zum Volksgefängnis bringen.« Voll Entrüstung lief ich zu unserem Führer hin, und forderte von ihm, dass wir zum Yamen gebracht und unsere Papiere dem Präfekten ausgehändigt würden. Ich wurde allerdings mit Schimpfworten überhäuft und unsanft weggestoßen und musste die Sache gehen lassen, wie sie ging.

Zu meiner großen Beruhigung war unser Ziel nicht das Gefängnis, sondern das Yamen des Unterpräfekten. Wir wurden in den äußeren Hof geleitet. Unsere Ankunft war sorgfältig vorbereitet worden. Soldaten und Läufer liefen hin und her, um die nachdrängende Menge zurückzuhalten, und nicht das allein, der Palankin (kastenartige Sänfte mit Seitenöffnung) des Mandarins wurde zu sofortigem Gebrauch bereitgestellt. Fast ehe wir wussten wie uns geschah und wo wir uns befanden, kündigte auch schon die Aufforderung der Läufer, Platz zu machen, das Erscheinen des »großen Mannes« an. Eilends bestieg er die Sänfte, die auf die Schultern der Träger gehoben wurde. Das Rasseln des Gongs und das Geschrei der Beamten schaffte Raum für den Zug, und schon gondelte Seine Gnaden an uns vorüber, ohne uns eines Blickes zu würdigen. Im nächsten Augenblick wurden wir in den Wirbel von Soldaten und Dienern mit hineingezogen und erhielten die Weisung, zu Fuß »dem Stuhl zu folgen«.

Was sollte das heißen, »dem Stuhl folgen«? Dies war die größte Schmach, die in den Augen eines Chinesen Europäerinnen angetan werden konnte. Dass die beiden Frauen genötigt wurden, den Blicken der männlichen Bevölkerung ausgesetzt durch die Straßen zu ziehen, drückte einen Grad von Verachtung aus, der nicht übertroffen werden konnte. Gesteigert wurde das Ganze noch dadurch, dass solch eine Schande ihnen von amtlicher Seite angetan wurde. Es geschah auf ausdrücklichen Befehl des Mandarins, dass sie den entehrenden Platz unter der niederen Dienerschaft einnehmen mussten. Im Nachhinein muss ich allerdings annehmen, dass der Mandarin uns im Stillen freundlich gesinnt war und nur, um den Pöbel über seine wahren Absichten zu täuschen, ein solches Verfahren gegen uns einschlug.

Nie werde ich jene Wanderung durch die Straßen der Stadt vergessen. Wenn wir jemals etwas empfanden von dem, was es heißt, ein Schauspiel der Menschen zu sein (1.Kor. 4,9), als der Abschaum aller Dinge zu gelten, so war es damals. Zu beiden Seiten der Straße standen die Leute zu Tausenden. Um uns her wimmelte es von korrupten Beamten und Schmarotzern, die mit dem Yamen in Verbindung standen. Vor uns hatten wir die Sänfte des Mandarins, die von acht kräftigen Läufern getragen wurde. Das Tempo war das übliche, so dass es uns rein unmöglich war, mit ihr Schritt zu halten. Sehr besorgt sahen wir, wie der Zwischenraum zwischen ihr und uns immer größer wurde. Das Vorwärtskommen wurde uns durch den lehmigen Boden, der uns für jeden Schritt, den wir vorwärts taten, einen halben Schritt rückwärts brachte, sehr erschwert. Trotzdem wurde von uns das Unmögliche erwartet, und eine Abteilung Yamensoldaten unterstützte uns in unseren verzweifelten Bemühungen. So viel wir konnten, blieben wir zusammen, jedoch die hastenden, schiebenden, drängenden Läufer um uns her machten es uns sehr schwer. Fräulein Gates lief mit Hedley etwas voraus, während ich an der einen Hand Hope hielt und mit der anderen meine liebe Frau stützte, die ihr unerschütterlicher Glaubensmut aufrecht erhielt und stärkte, standhaft zu leiden, ohne zu klagen.

Wir müssen die ganze Stadt von einem Ende bis zum andern durchquert haben, so endlos lang war der Weg. Schließlich wurde die Sänfte des »großen Mannes« vor dem sogenannten Kong-kwan, einer Herberge, die ausschließlich für den Gebrauch des Yamens bestimmt ist, niedergesetzt. Man hieß uns eintreten. Das Tor wurde hinter uns geschlossen, und wir wurden in ein luftiges und verhältnismäßig reines, aber völlig leeres Zimmer gebracht. Nicht einmal eine Strohmatte gab es, auf der wir hätten sitzen oder liegen können. Kurz darauf wurden ein paar Stühle für uns hereingebracht. Ein anderer Stuhl wurde in den Hof gestellt, auf dem Seine Exzellenz, umgeben von Ihrem Gefolge, Platz nahm. Obwohl er ein kleiner

Mann war, noch nicht mittelgroß, so war er sich doch seiner Würde voll bewusst, welche durch den Reichtum seiner Gewänder und das prunkvolle Zeremoniell noch besonders hervorgehoben wurde. Er war in unseren Augen ein fast ebenso gewaltiger Machthaber, wie in seinen eigenen. Wir wurden jetzt in seine erlauchte Nähe geführt. Meiner Frau wurde, da sie sich vor Erschöpfung nicht mehr auf den Füssen halten konnte, erlaubt, an der Türe sitzen zu bleiben. Unsere achtungsvolle Verbeugung wurde nicht im Mindesten erwidert. Wie konnte es auch anders sein, da wir anmaßend genug waren, den üblichen Kotau, wobei man mit der Stirne den Boden berührt, zu unterlassen. Der »große Mann« erhob sich und fragte uns gründlich über unsere Reise aus, über den Grund, weshalb wir unsere Station verlassen hätten, und unser Reiseziel. Als er hörte, dass wir nach Hankau wollten, sagte er: »Ihr seid wohl närrisch; ihr werdet lebend nicht dorthin gelangen.« Er erteilte den Dabeistehenden noch einige Weisungen und ging dann stolz davon.

Die verhältnismäßig große Freundlichkeit in seinem Verhalten gegen uns kam uns nach allem, was wir bisher an Behandlung seitens chinesischer Würdenträger erfahren hatten, so unerwartet, dass wir neuen Mut schöpften. Auch waren wir jetzt vor feindseligen Volkshaufen geschützt und durften uns ungestört ausruhen. Als dann noch ein duftendes, dampfendes Essen hereingebracht wurde, da war für uns kein Zweifel mehr, dass wir in gute Hände geraten waren, und dankbar gaben wir unserem Gott die Ehre.

Da wir allerdings nicht alles im Verhalten des Mandarins gegen uns klar deuten konnten, fielen doch nicht alle Befürchtungen, die damals in unserem Denken einen breiten Raum einnahmen, von uns ab. Die Drohung, dass nichts als Gefängnis und Tod vor uns lag, hatte uns bisher beständig in den Ohren geklungen. Auch konnten wir unseren jetzigen Aufenthaltsort nur als eine Zelle für Gefangene ansehen. Und war nicht des Mandarins letztes Wort an uns gewesen, dass wir lebend nicht nach Kankau kommen würden? Konnte das nicht auch heißen, dass hier noch unsere Hinrichtung stattfinden würde? Diese Gedanken wollten uns nicht loslassen, und als nach ein oder zwei Stunden eine Abteilung Soldaten, mit Schwertern und Flinten bewaffnet, durch das geöffnete Hoftor eintrat, konnten wir uns der Annahme nicht erwehren, dass noch in dieser Nacht in dem Kong-kwan das Urteil an uns vollstreckt werden sollte, und dass die Soldaten unsere Scharfrichter seien.

Mit einer guten Nacht konnten wir unter solchen Umständen nicht rechnen, und doch, wir verbrachten eine gute. Wir erfuhren die Freundlichkeit unseres Gottes auf mancherlei Weise. Die Türe unserer Zelle wurde nicht verschlossen, und wir durften ungehindert in den Hof hinaustreten, dessen Tor von Posten bewacht wurde. Auch durften wir aus einem großen steinernen Wasserbehälter nach Belieben Wasser nehmen zum Waschen. Zwei Strohmatten, die zwar schmutzig genug, aber doch noch der unmittelbaren Berührung mit der blanken Erde vorzuziehen waren, wurden für die Frauen und Kinder hereingebracht. Wir hielten uns an jede Kleinigkeit, die etwa als ein Zeichen von Wohlwollen gegen uns gedeutet werden konnte, und suchten uns dafür unseren Wächtern gegenüber in mancherlei Weise erkenntlich zu zeigen. Wir sagten ihnen die gute Botschaft, soweit sie es uns erlaubten, und beteten, dass unser Wort in ihren Herzen hängen bleiben würde.

Meine Bettlerlumpen, in denen sich noch ein kleiner Vorrat an Kupfer befand, bildeten ein Kopfkissen für die Kinder, und beim Herumstöbern in einem kleinen Nebenräumchen hatte ich das Glück, auf zwei Ziegelsteine zu stoßen, die meine Frau und Fräulein Gates als Kopfkissen nutzen konnten. Weiteres Suchen förderte einen halben Ziegelstein für mich selbst zutage, so dass wir schließlich alle mit Kopfkissen versehen waren. Die Nacht war drückend heiß, und im Freien vor der Türschwelle hielt ich unter dem Sternenhimmel Wache. Welch ein Gegensatz zwischen dieser stillen, friedlichen Nacht und der schrecklichen Aufregung, der wir bisher fast ununterbrochen Tag und Nacht ausgesetzt gewesen waren! Nichts unterbrach das nächtliche Schweigen als ein gelegentlicher Zuruf des Postens, wenn ich aufstand, um meine schmerzenden Glieder zu dehnen.

Nach und nach verblichen die Sterne, der Himmel rötete sich im Osten. Bei Sonnenaufgang bot der kleine Hof ein ganz bewegtes Bild. Zwei große, mit je drei Maultieren bespannte Wagen standen bereit. Eilends wurden wir hineingeschoben, meine Frau und Fräulein Gates zusammen mit Klein-Hope in den ersten, ich mit Hedley in den zweiten, und noch ehe die Stadt auf den Beinen war, rasselten wir durch das große Stadttor hindurch. Acht Soldaten mit aufgepflanztem Bajonett bildeten unsere Bedeckung, angeführt von dem auf einem Pferd reitenden Sohn des Mandarin. Einige berittene Soldaten beschlossen den Zug.

Kapitel Einundzwanzig
In Mühen und Beschwerden

Und er hat zu mir gesagt: Lass dir an meiner Gnade genügen, denn meine Kraft wird in der Schwachheit vollkommen! (2.Kor. 12,9)

Die Art unserer Beförderung war auch weiterhin mit großen Beschwerden für uns verbunden. Dreizehn Tage hindurch wurden wir Tag für Tag auf Wagen oder Reisekarren von Ort zu Ort gebracht. Geächtet, wie wir waren, ohne irgendwelchen Anspruch auf Mitleid und Erbarmen, unterlagen wir derselben Behandlung wie gemeine Verbrecher und mussten aus einem Gefängnis ins andere wandern.

Ich habe mich bisher in meiner Erzählung stets bemüht, unsere Erlebnisse, so wie sie waren, in voller Unparteilichkeit schlicht und natürlich wiederzugeben. Dabei war es unvermeidlich, die unerfreuliche Seite des chinesischen Charakters zu beleuchten. Vielleicht denken manche Leser, dass ich dabei zu weit gegangen bin und der Sache der Mission keinen Dienst geleistet habe. In Wirklichkeit liegt die Sache jedoch anders. Es ist für die Wahrheit nichts gewonnen, wenn man versucht, aus schwarz weiß zu machen. Andererseits sollte in der Enthüllung der Wahrheit und der Schilderung der Heiden, wie sie in ihrem unerleuchteten Zustand wirklich sind, einer der stärksten Antriebe zur Evangelisationsarbeit unter ihnen und zur Fürbitte für sie liegen. Wenn damals der Anblick eines reich begnadigten Volkes, das die Boten Gottes verfolgte und diejenigen, die zu ihm gesandt waren, steinigte, den Herrn Jesus zu Tränen rührte, kann dann eine Aufzeichnung ähnlicher Taten, die obendrein aus Mangel an Erkenntnis begangen sind, irgendetwas anderes als tiefstes Mitleid und Erbarmen im Geiste Christi in uns hervorrufen?

Ich darf es darum auch jetzt ohne Bedenken sagen, dass wir auf unserer Weiterreise, indem wir als böse Verbrecher behandelt wurden, vielen Rohheiten und Grausamkeiten ausgesetzt waren. Keinerlei Rücksicht wurde auf Geschlecht, Alter oder körperliche

Verfassung genommen. Unsere Wächter fragten nicht danach, ob sie es mit einer hochschwangeren Frau, mit zarten Kindern oder mit Erwachsenen zu tun hatten. Wir waren alle sehr ausgebrannt und entnervt, besonders meine liebe Frau, die heftig an Durchfall litt, und die Kleinen, die mit Wunden bedeckt waren. Und doch wurden auch sie zehn Tage lang, Tag für Tag, durchschnittlich zehn Stunden, auf einem ungefederten Wagen und seinem harten Sitzbrett, durchgeschüttelt. Fräulein Gates war selbstlos genug, den schlechtesten Platz ganz hinten auf dem Wagen einzunehmen, so dass meine Frau und mein kleines Mädchen vorn sitzen konnten. Die Erschütterung blieb wohl dieselbe, aber das Hin- und Herschwanken war dann doch für sie nicht so heftig zu spüren.

Mein Junge und ich hatten keine Wahl. Wir wurden in den hinteren Teil des Wagens gewiesen, während die Eskorte sich vorne relativ breit machte. Die Soldaten schliefen teils lang hingestreckt am Boden, teils rauchten sie zusammengekauert und brauchten allen Platz für sich. Ich musste infolgedessen mit herangezogenen Beinen in sitzender Stellung verharren. Hedley nahm ich zwischen meine Beine. Mit den Händen musste ich mich ständig an den Wagenwänden halten, um zu verhindern, hinausgeschleudert zu werden. Einmal, als ich für ein oder zwei Sekunden meine Arme ausruhen wollte, brachte mich ein plötzlicher Ruck dazu, mein Wagnis für den Rest des Tages zu bereuen. Ich erhielt einen betäubenden Schlag an den Kopf erst auf diese, dann auf jene Seite. Auf die Dauer wurde mir meine eingezwängte Lage unerträglich. Einmal versuchte ich sie zu ändern, was mir heftige Flüche und Verwünschungen seitens der Soldaten eintrug, die dadurch in ihrem Schlaf gestört wurden. Die Muskeln schmerzten mich infolge der fortwährenden heftigen Anspannung. Außerdem wurden durch das Sitzen auf den harten Brettern die Knochen am unteren Ende des Rückgrates und durch das Knarren und Quietschen der Räder die Nerven in empfindliche Mitleidenschaft gezogen. Ein Glück war es, dass der Erdboden erweicht war. So oft wir über holpriges Pflaster, über eine Brücke oder über eine in Unordnung gekommene Schicht großer Steinblöcke unter dem Torbogen einer Stadt dahinrasselten, mussten wir Qualen ausstehen. Einen Vorzug hatte der Wagen: Er war nämlich zum Schutz gegen die Sonnenstrahlen mit einem Verdeck versehen. Das Verdeck bestand aus einem gewölbten, mit Strohmatten und einem Binsengeflecht bedeckten Gestell, das man abnehmen konnte.

Durch eine Öffnung in der Plane konnte Luft eintreten, zeitweilig brannte uns durch diese Öffnung die Sonne heiß ins Genick.

Reisen unter solchen Umständen war – das wird jeder zugeben – eine unwahrscheinliche Geduldsprobe. Wie meine liebe Frau dies alles überstehen konnte, war später den Ärzten ein Rätsel. Die einzig vernünftige Erklärung dafür ist, wie von den Ärzten selbst eingestanden wurde, dass ihr übernatürliche Kraft von Gott verliehen worden war.

Von Kwaiking-fu wandten wir uns ostwärts nach Wutschi, die nächste Stadt mit dem Sitz eines Unterpräfekten. Die Wege standen weit und breit unter Wasser, und es war nichts Ungewöhnliches, dass die Wagen bis an die Achsen in den Matsch einsanken. Oft neigte sich unser Wagen in bedenklicher Weise zur Seite, und es war ein Wunder, dass er nicht umfiel. Einmal steckten wir in dem Morast so fest, dass trotz aller Zurufe und Peitschenhiebe unsere drei kräftigen Zugtiere nichts ausrichten konnten, und der Wagen erst vorwärtsgebracht werden konnte, nachdem wir abgestiegen waren.

Um Mittag wurden wir in einem großen Dorf in den Hof einer Herberge gefahren. Wir erhielten Befehl, auszusteigen. Dass wir nach langer Trennung wieder beisammen waren, ließ uns Hunger, Durst, Schmerz und Müdigkeit für den Augenblick vergessen. Wir erkundigten uns gegenseitig, wie es uns ginge, und tauschten unsere Erfahrungen aus. Wir wurden in ein bequemes Gastzimmer geleitet, während das Hoftor geschlossen wurde. Noch halb im Zweifel, ob wir es mit Freunden oder mit Feinden zu tun bekämen, saßen wir in Sorge und Hoffnung zugleich da und warteten der Dinge, die da kommen sollten. Da ging die Türe auf und hereintrat – der Sohn des Mandarins. Sein freundlicher Gruß und sein höfliches Benehmen beruhigten uns sogleich. Während wir das reichliche Mahl, das er für uns bestellt hatte, verzehrten, setzte er sich in unsere Nähe und plauderte freundlich mit uns, während er seine lange Pfeife rauchte. Als die Mahlzeit vorüber war, nahm er mit einer wohlwollenden Verbeugung von uns Abschied und überreichte uns noch die Summe von 1.500 Käsch. Er kehrte dann mit seinen beiden Ordonanzen nach Hwaiking-fu zurück und überließ uns der Obhut der Soldaten. Zwei Stunden köstlicher Ruhe wurden uns gewährt. Lang hingestreckt lagen wir auf unseren Matten, bis das Zeichen zum Aufbruch gegeben wurde.

Als wir uns Wutschi näherten, schritten die Soldaten wieder mit aufgepflanzten Gewehren zu beiden Seiten der Wagen her. Daran erkannte jedermann, dass wir Gefangene waren. Es versteht sich von selbst, dass unsere Ankunft einen ungeheuren Menschenauflauf zur Folge hatte. Die Menge drängte uns nach bis auf den Hof des Yamen. Die Szene spottete jeder Beschreibung. Ich weiß nicht, ob ich dem Leser eine annähernde Vorstellung davon geben kann. Ich will es versuchen, und die Schilderung mag zugleich als allgemeine Beschreibung dessen, was uns in jeder Stadt und in jedem Yamen erwartete, dienen.

Man stelle sich also die beiden Wagen vor, wie sie so schnell, wie es die tiefen Spurrillen nur erlauben, durch die Stadt fahren. Die bewaffnete Eskorte zieht sofort die allgemeine Aufmerksamkeit auf sich – wer mag wohl etwas verbrochen haben? Die Kunde, dass »Jang ren« auf den Wagen sind, verbreitet sich wie ein Lauffeuer. Die anfänglich wenigen Neugierigen vermehren sich rasch. Bald sind es Hunderte. Die Hunderte schwellen an zu Tausenden. Gewöhnlich werden wir in den Hof des Yamen gefahren. Hier müssen wir aussteigen. Die ungeheure Menge lärmt und drängt hinter uns her. Jeder will uns zuerst ansehen, während wir aus dem Hintergrund des Wagens auftauchen. Die Wagen werden, nachdem wir ausgestiegen sind, weggefahren. Unsere Begleiter gehen, ohne sich weiter um uns zu kümmern, weg, um Bericht zu erstatten und unsere Papiere zu überreichen. Wo wir abgesetzt werden, lässt man uns stehen. Was für ein Schauspiel für die sich stoßende und drängende Menge! Ich in meinem zerrissenen, mit Schlamm bespritzten Rock, mit Socken, die von festgebackenem Schmutz überzogen sind, unter meinem Arm die zusammengerollten Bettlerlumpen, die tagsüber als Geldbeutel, nachts als Kopfkissen dienen. Die Frauen mit beschmutzten und zerrissenen Kleidern, Fräulein Gates ohne Schuhe, mit durchgelaufenen Strümpfen. Die Kinder in leichten, zerlumpten, fast durchsichtigen Jäckchen und Höschen, mit Wunden bedeckt, in ihren Gesichtern deutliche Spuren von Furcht und Schmerz. Meine Frau eine wahre Jammergestalt, durch Durchfall und Entbehrungen geschwächt. Wir alle von Leiden entstellt! Kein Wunder, dass wir die Neugierde auf uns ziehen. Aber dass man Erbarmen mit uns gehabt hätte! Nein! Man lässt uns mit Schmerzen in allen Gliedern und unendlicher Sehnsucht nach Ruhe und Alleinsein stehen. Wilder Lärm umtobt uns, die Hitze will uns erdrücken, und beständig sind wir von tätlichen Angriffen bedroht. Ich nehme die kleine Hope in meine Arme, um sie vor dem Gedränge zu schützen und zu beruhigen. Angstvoll klammert sie sich an mich, versteckt ihr Gesichtchen an meinem Hals und schluchzt leise. Und Hedley, der tapfere, kleine Mann, er steht unerschrocken neben seiner Mutter mit seinem traurigen, gedankenvollen Gesicht, nie kommt ein Murren über seine fest geschlossenen Lippen.

Früher oder später erscheinen Soldaten und Läufer, die die Menge in ihre Schranken zurückweisen. Das geschieht unter ebensoviel Kraftaufwand seitens der Lungen wie der Arme und gewöhnlich unter Zuhilfenahme des Bambusstockes. Der Lärm ist betäubend. Manchmal müssen wir unter solchen Umständen lange auf dem Hofe des Yamen warten, manchmal werden wir auch direkt zum Yamen-Gefängnis geführt und entweder in einer Zelle oder in der anstoßenden Wachtstube untergebracht, um die weiteren Befehle des Mandarins abzuwarten. Froh, dem Getümmel entkommen zu sein, begrüßen wir unsere Zelle als eine wahre Zufluchtsstätte, und doch sind wir selbst hier noch nicht sicher vor Belästigungen, besonders dann, wenn sich die Zelle am Eingang des Yamen und nicht an der Seite eines abgeschlossenen, inneren Hofes befindet. Ist das nicht der Fall, so finden wir erst Ruhe, wenn die Dunkelheit hereinbricht und das große Tor geschlossen wird.

In Wutschi machten wir unsere erste Bekanntschaft mit einem echten chinesischen Gefängnis. Wir wurden bald nach unserer Ankunft in einen kleinen, inneren Hof geführt und aufgefordert, auf einer ganz schmalen Bank an der Mauer Platz zu nehmen. Da es sich zu unbequem darauf saß, zogen wir lieber vor, zu stehen. Ein Überblick über unsere Umgebung sagte uns bald, wo wir uns befanden, und die schreckliche Wirklichkeit der Tatsache wurde uns bewusst, dass wir die gleiche Behandlung wie gewöhnliche chinesische Verbrecher erhalten sollten. Es ging mir durch und durch, als ich zum ersten Male unmittelbar hinter mir das Klirren der Ketten hörte und zum Greifen nahe die armen, verkommenen Geschöpfe erblickte, die uns durch das hölzerne Gittertor ihres Gefängnisses anstarrten. Endlich kam ein Bote mit einer Schar Läufer und führte uns über den ersten Hof zu einem zweiten, dessen Tor hinter uns geschlossen wurde. Hier wies man uns ein Zimmer zu. Kaum waren wir eingetreten, erhielten wir Besuch. Wir wurden bald umlagert von Scharen von Beamten und sonstigen Herren, die mit dem Yamen in Verbindung standen. Sie waren rücksichtsvoll genug, uns wirkliche Teilnahme zu bekunden, dabei aber rücksichtslos genug, bis Mitternacht zu bleiben. Vor Müdigkeit und Schmerzen in allen Gliedern konnten wir kaum auf all die zahllosen, mitunter recht kindischen Fragen Antwort geben, mit denen wir überhäuft wurden, und die von jedem neuen Trupp von Ankömmlingen wiederholt wurden.

Unter unseren ersten Besuchern war der Mandarin selbst. Mit gebührender Ehrfurcht rüsteten wir uns, ihn zu empfangen. Läufer machten ihm Bahn. Ein Stuhl wurde bereitgestellt, und einen Augenblick später sahen wir uns dem »großen Manne« gegenüber. Vom Aussehen her fast noch ein Junge, lang, mager, von schlaffer, nachlässiger Haltung, so war er, von seiner Tracht abgesehen, das volle Gegenteil zu seinem Hwaikinger Kollegen. Würde besaß er keine, dafür kehrte er ein unecht wirkendes vornehmes Benehmen heraus, das seine geistige Bedeutungslosigkeit nur mühsam verdeckte. Sobald er Platz genommen hatte, wandte er sich in lautem, polterndem Ton mit vielleicht mehr erheuchelter als wirklicher Geringschätzung an uns, während ihm ein Diener seine lange Tabakspfeife reichte. Die ganze Zeit über blieb er sitzen, nur einmal sprang er auf und stampfte mit dem Fuß, als das Lärmen der Bittsteller draußen vor dem Tor die erlaubten Grenzen überschritt. Bei all seinem gekünstelten Benehmen zeigte er sich uns gegenüber doch freundlich. Als er sich erhob, um aufzubrechen, drückten wir ihm für seine Güte aufrichtig unseren Dank aus. Schon die Tatsache, dass er uns überhaupt eine Audienz gewährt hatte, war ihm hoch anzurechnen.

Hier in Wutschi erhielten wir auch die ersten Nachrichten von der Außenwelt und dem besorgniserregenden Verlauf der Dinge in China. Wir vernahmen, dass zwischen sämtlichen Großmächten und China Krieg ausgebrochen sei, dass die Fremden sogar von Hankau und Schanghai bestürzt geflohen seien, und dass sich weiter im Inneren des Landes kein einziger von ihnen mehr befände. Wieviel daran wahr war, konnten wir nicht wissen. Jedenfalls stimmten diese Nachrichten unsere Hoffnung, die Küste sicher zu erreichen, bedeutend herab und wir verstanden jetzt besser die bisher für uns rätselhaft gebliebenen Worte des Hwaikinger Präfekten, als er von unserem Reiseziel gehört hatte.

Dass diese Nachrichten auf Tatsachen basierten, wurde uns durch die schreckliche Kunde von dem Blutbad in Panting-fu, die wir hier in Wutschi erhielten, bestätigt. Man teilte uns mit, dass sämtliche Fremde in jener Stadt niedergemacht worden seien und zwar die Frauen in grausamster Weise, indem man ihnen die Brüste abgeschnitten und sie selbst über der Stadtmauer aufgehängt habe. Man warnte uns, auf dem gewöhnlichen Wege über Nanjang-fu nach Hankau zu gehen, da dies mit den größten Gefahren verbunden sei. Mehrere Missionsstationen seien schon zerstört worden, und in gewissen Gegenden könne kein Fremder hoffen, unbehelligt durchzukommen. Am sichersten sei es noch, wenn wir uns westwärts nach Schensi wendeten und dann durch Sztschuan und Kweitschau nach Tongking zu entkommen versuchten. Dieser Vorschlag konnte für uns jedoch von vornherein nicht in Betracht gezogen werden, wir mussten auf jede Gefahr hin unseren bisherigen Reiseplan aufrecht erhalten.

Unsere Entscheidung rief allgemeine Teilnahme und Bestürzung hervor. Alle stimmten darin überein, dass wir nicht lebendig die Küste erreichen würden. Meine Frau benutzte die Gelegenheit und bat die Anwesenden, ihre offenbar ungeheuchelte Teilnahme praktisch zu bestätigen, indem sie den Kindern alte abgelegte Kleidungsstücke bringen würden. Der Erfolg war ein überraschender. Bald darauf wurden mehrere Kleidungsstücke hereingebracht im Auftrag der Tai-tai, der Frau des Sekretärs. Sofort wurden unsere kleinen Lieblinge in Yamenhöschen und -röckchen gekleidet. Meine Frau war zu Tränen gerührt und vermochte kaum ihren Dank in Worten auszudrücken. Ich kann diese Kleider jetzt niemals betrachten, ohne lebhaft an jene Szene erinnert zu werden und ohne, wie damals, dem Herrn zu danken.

Ein wirkliches Suchen nach Wahrheit schien unter den Anwesenden vorhanden zu sein, und es bot sich uns eine köstliche Gelegenheit, in Beantwortung der an uns gestellten Fragen Jesus Christus zu predigen. Besonders Fräulein Gates erfuhr beim Sprechen des Herrn Hilfe, und wir hofften zuversichtlich, dass die ausgestreute Saat wenigstens für einige eine Saat zum ewigen Leben sein werde.

Schließlich zogen sie sich zurück, und wir konnten in Ruhe über die Bedeutung der schwerwiegenden Nachrichten nachdenken. Was wir gehört hatten, war nicht dazu angetan, uns Mut zu machen und uns in unserer Meinung zu bestärken, dass wir in Honan besser aufgehoben seien als in Schanxi. Die Aussichten waren eher düsterer geworden. Wie bald konnten wir denselben Weg wie unsere Geschwister in Tschili zu gehen haben! Morgen sollten wir am Hwangho, am Gelben Fluss, anlangen, dessen Furten angeblich von Boxern besetzt waren. Wie würde es uns da ergehen? – Und dennoch waren wir gefasst. Unser Gott hatte bisher so Großes an uns getan, ihm befahlen wir auch für die Zukunft unsere Seelen. Dann streckten wir uns auf den nackten Ziegelsteinen des Kang nieder, genossen dankbar, dass wir nicht mit den Gefangenen zusammen zu sein brauchten, das Glück stillen Alleinseins und sanken bald in tiefen Schlaf.

Am folgenden Morgen, Sonntag, den 15. Juli, waren unsere Wagen in früher Stunde reisefertig. Man hatte den Weg über Tschengtscheo, Hii-tscheo und Sinjang-tschau als den weniger gefahrvollen gewählt. Frühstück und ein kleiner Geldvorrat wurde uns mitgegeben. Außerdem gab man uns noch einen wohlgemeinten Rat, betreffend Hopes Haar. Der Sekretär des Mandarins kam mit einer altmodischen Schere und riet uns, wir sollten doch der Kleinen, um Aufsehen zu vermeiden, so viel als möglich das Aussehen eines Einheimischenkindes geben. Das ging nun freilich meiner Frau sehr gegen den Strich, sie sah aber ein, dass es ein guter Rat war, und schnitt tapfer die geliebten Locken ab.

Wir waren jetzt unterwegs zum Gelben Fluss, Jung-tsi-hsien an der anderen Seite des Flusses war unser Ziel. Die Hoffnung, jenseits des Flusses in Sicherheit zu sein, weckten umso mehr den Wunsch, schnellstmöglich durch das Wasser von dem Schauplatz des Schreckens getrennt zu sein. In freudiger Zuversicht lehnte ich mich auf den Herrn.

Unsere Eskorte war allerdings alles andere als vertrauenerweckend. Sechs kräftige Gestalten mit finsteren Mienen, die uns deutlich fühlen ließen, dass ihnen nicht viel an uns gelegen war. Es waren die Gleichen, die schon einmal, als ich zu ihnen von der Gnade Gottes sprechen wollte, sich zornig nach mir umgedreht hatten mit den Worten: »Hör auf! Weißt du denn nicht, dass der Kaiser es für ein Staatsverbrechen erklärt hat, die Jesuslehre zu predigen? Dein Jesus hat genug Unglück über China gebracht. China will nichts mehr von ihm wissen für alle Zeiten.« Diejenigen, die die Frauen begleiteten, vertrieben sich die Zeit damit, dass sie unsere Papiere, aus denen hervorging, dass der Mandarin in Wutschi trotz seiner Freundlichkeit doch nichts getan hatte, um unsere elende Lage zu erleichtern, laut lasen. Kein Passagierschein war uns an Stelle des Lu-piau, des für Verbrecher üblichen Geleitschreibens, ausgefertigt worden. Ob in dieser Beziehung der Mandarin freie Hand hatte, kann ich nicht sagen, aber nach dem fremdenfreundlichen Verhalten einiger edel denkender Gouverneure zu urteilen, war doch die Behandlung der Fremden auch sehr von dem Gutdünken der einzelnen Beamten abhängig. Die Soldaten machten mit scherzhafter Genugtuung ihre Bemerkungen zu der Stelle im Schreiben des Präfekten von Luan, die auf unsere Landesverweisung Bezug nahm. Sie verstanden darunter, dass wir von Amts wegen hingerichtet werden sollten. Damit stand das Begleitschreiben des Mandarins aus Wutschi durchaus nicht in Widerspruch, und das war natürlich von Einfluss auf das Verhalten der Eskorte uns gegenüber.

In der Nähe des Gelben Flusses stiegen wir an einem ruhigen Halteplatz ab, wo kein Pöbel uns belästigte. Der Aufenthalt dort ist mir jedoch nicht deshalb, sondern weil wir damals beinahe der Feindseligkeit unserer Eskorte zum Opfer gefallen wären, im Gedächtnis geblieben. Erst im Nachhinein durchschauten wir ihre ganze Gemeinheit. Während der Mahlzeit traten zwei von den Soldaten ein und setzten sich uns gegenüber. »Noch ein paar Kilometer, und wir sind am Fluss«, wandten sie sich an uns, »dort lauern große Gefahren für euch Fremde, und ihr könnt nicht erwarten, dass wir euch sicher hinüberbringen, wenn ihr uns nicht für unsere Mühe bezahlt.« Diese Forderung erschreckte uns nicht wenig, mussten wir doch mit unserem dürftigen Geldvorrat sehr sparsam umgehen. Selbst unser tägliches Zehrgeld in Höhe von 30 Käsch pro Person und Tag konnte uns, wie es dann in einem Falle wirklich geschah, entzogen werden. Ohne unsere Gefühle zu verraten, antworteten wir ihnen in anscheinend guter Laune: »Was? Euch für eure Mühe bezahlen? Ihr wisst ja doch, das ist nicht unsere Sache; das ist Sache des Yamen. Seine Exzellenz, der Mandarin von Wutschi, wird für alle Kosten unserer Reise, auch für eure Bezahlung aufkommen.« »Was uns der Mandarin gibt«, erwiderten sie, »wird uns bei weitem nicht für die Gefahr, in die wir uns begeben, entschädigen. Wir müssen noch so und soviel hundert Käsch für die Person mehr haben, sonst werden wir euch nicht hinüberbringen.«

Als ich bemerkte, dass ihr Benehmen bedrohlich für uns wurde, sagte ich zu meiner Frau und Fräulein Gates, dass es vielleicht ganz klug wäre, ihnen auf halbem Wege entgegen zu kommen und ihnen eine kleine Summe zu gewähren. Die ganze Forderung konnten wir ihnen ja nicht bewilligen, das würde unsere Schatzkammer erschöpft haben. Ich wurde allerdings überstimmt und gab schließlich Fräulein Gates in Anbetracht ihrer beachtlichen Erfahrung in chinesischen Dingen darin recht, dass es verhängnisvoll sein würde, ihnen auch nur ein Haar breit nachzugeben. Sie würden sich dadurch ermutigt fühlen, ihre Forderung zu steigern, und uns schließlich unter Drohungen alles abnehmen, was wir besäßen. So weigerten wir uns also, ihnen einen einzigen Käsch zu geben. Wir hatten nun zunächst Zeit, über unseren kühnen Bescheid nachzudenken, sie verließen nämlich das Zimmer. Doch bald schon kehrten sie in Begleitung ihrer Kameraden zurück. »Nun«, herrschten sie uns an, »seid ihr jetzt einig, was ihr uns geben wollt?« »O«, entgegneten wir, »wir haben's euch ja schon gesagt. Wir besitzen kaum genug für uns selbst, um ein paar Lebensmittel zu kaufen! Dass ihr uns über den Fluss setzt, ist nicht unsere Sache, sondern Sache des Mandarin!«

Darauf folgte wüstes Schimpfen, und als auch das keinen Erfolg hatte, meinten sie durch Drohungen auf uns Eindruck machen zu können. »Wer außer uns«, warfen sie ein, »kann euch sicher hinüberbringen? Wenn ihr uns das Geld, das wir fordern, nicht gebt, dann machen wir uns mit den Wagen aus dem Staub, und ihr könnt dann sehen, wie ihr nach Jungtsi kommt.»Ihre wütenden Blicke machten uns angst und bange. Dennoch durften wir ihnen jetzt auf keinen Fall nachgeben. Es galt, unter allen Umständen diesen Raufbolden gegenüber eine feste, unbeugsame Haltung einzunehmen, und wir verhielten uns dementsprechend. Als sie sahen, dass wir fest blieben, gingen sie mit der Drohung auf den Lippen, uns im Stich zu lassen, und mit der Lust in den Augen, uns auf der Stelle umzubringen, hinaus, und sicherlich hielt nur die Hand Gottes sie von beidem zurück. Den Rest der Reise bis zum Ufer des Flusses verbrachten wir unter viel Furcht und viel innerem Schreien zu unserem Gott.

Seine Gnade brachte uns an unser nächstes Ziel, und mit was für Freude und Furcht zugleich wir die trüben Wellen des berühmten Hwangho vor uns sahen, lässt sich nicht beschreiben. Voll Sehnsucht schaute ich über den breiten Strom zum südlichen Ufer hinüber, betend, dass Gott uns dahin bringen möge. In Lantschen-tscheo hatte man uns vorhergesagt, dass wir, selbst wenn es uns gelänge, bis hierher zu kommen, doch nicht weiter gelangen würden. Das war nicht bloß leeres Gerede. Gemäß dem kaiserlichen Befehl waren die Furten gegen alle Fremden zu sperren. Später in Hankau fanden wir das Gerücht verbreitet, anscheinend »aus bester Quelle« stammend, dass wir am Gelben Fluss in Stücke gehauen worden seien. Man hatte alle Hoffnung aufgegeben, uns jemals wiederzusehen.

Die Stelle, an der wir den Fluss erreichten, war eine verhältnismäßig ruhige, sonst würde längeres Warten am Ufer für uns schlimme Folgen nach sich gezogen haben. Wahrscheinlich hatte man, da sie nicht an einem der gewöhnlichen Wege lag, es nicht für nötig gehalten, eine Boxerabteilung zur Bewachung dorthin zu legen. Keine Boxer waren sichtbar, nur wenige Menschen nahmen überhaupt Notiz von uns.

Und doch, wie wir an das andere Ufer gelangten, weiß Gott allein. Die Soldaten machten erst noch einen Versuch, Geld von uns zu erpressen, und als wir fest blieben, ratschlagten sie miteinander, was sie tun sollten. Stundenlang hing unser Leben in der Schwebe. Ich glaube, wir waren dem Tode eben so nahe wie seither, ja sogar näher, als wir damals ahnten. Wir bekamen es nicht nur mit den Soldaten, sondern obendrein noch mit den Fährleuten zu tun. Die Verhandlungen mit Letzteren scheiterten. Zu jeder anderen Zeit würden wir die Verzögerung als eine der gewöhnlichen Reiseerfahrungen in China in Kauf genommen haben. So aber war gleichsam alles aus den Fugen – die Zeit, die Verhältnisse, die Nerven, alles. Jeder Augenblick erschien uns kostbar. Es handelte sich für uns um Leben oder Tod. Auf unserer Flussseite sahen wir Tod, drüben Leben, und dabei weigerten sich die Männer, uns hinüberzubringen an das Ufer des Lebens.

Wir setzten unser ganzes Vertrauen auf Gott, weder auf die Eskorte, noch auf die Fährleute, nur ganz allein auf den, der die Herzen der Menschen lenkt, um seine Gedanken zu verwirklichen. Die Unentschlossenheit der Soldaten, ihr Schwanken, ob sie uns im Stich lassen oder niedermachen sollten, gab den Fährleuten Zeit, noch einmal zu überlegen, ob sie nicht das Fährgeld, das sie bekommen sollten, nehmen wollten. In der Meinung, dass ein Sperling in der Hand besser sei als eine Taube auf dem Dach, nahmen sie einen neuen Anlauf. Ob darin die Eskorte eine willkommene Gelegenheit sah, aus ihrer Verlegenheit herauszukommen, weiß ich nicht. Auf jeden Fall fiel plötzlich die Entscheidung zu unseren Gunsten, und wir sahen darin einen neuen Beweis des Eingreifens unseres Gottes, wie vor langen Zeiten Israel, als es zu Fuß durch die Fluten des Roten Meeres hindurchging. Bretter wurden zur Fähre hinübergelegt und die Wagen darauf hinübergefahren. Die sechs Maultiere wurden auf dem Vorderteil der Fähre nicht ohne Mühe zusammengedrängt, dann die Taue gelöst und das Segel gehisst, und zügig trug uns die Strömung hinüber vom Tode zum Leben.

Kapitel zweiundzwanzig
Von Gefängnis zu Gefängnis

Gott aber sei Dank, der uns allezeit in Christus triumphieren lässt. (2.Kor. 2,14)

Die Überfahrt nahm ungefähr drei Stunden in Anspruch. Nichts Bemerkenswertes ereignete sich dabei. Die kahlen, eintönigen Flussufer hatten nichts Anziehendes, auch hatte die Fähre, die außer Eskorte und Bemannung die beiden Wagen und sechs Maultiere trug, keinerlei Bequemlichkeiten aufzuweisen. Und doch hatte jene Fahrt über den Hwangho für uns so etwas Wunderschönes an sich, mehr als irgendeine Bootsfahrt in vergangenen sorglosen Tagen auf heimischen Gewässern. Während wir erst auf den Wagen ohne Federn Qualen ausgestanden hatten, glitten wir jetzt leise und unmerklich auf dem Wasser dahin. Das Bewusstsein, dass wiederum eine gefürchtete Schranke überwunden war, und wir stetig unserem Ziel näher kamen, ließ Furcht und Sorge zurücktreten. Vor allem aber war es der tiefe, köstliche Friede im Gefühl der abermals erprobten schützenden Gegenwart unseres Gottes, der jener Fahrt einen solch unvergleichlichen Reiz verlieh.

Wir wurden nicht unmittelbar an das gegenüberliegende Ufer, sondern zu einer Stelle in beträchtlicher Entfernung stromabwärts übergesetzt, entweder um uns mehr im Verborgenen zu halten, oder um einen für die Weiterreise bequemeren Landungsplatz zu gewinnen. Bis auf ein oder zwei Hütten für Reisende, die tiefen Wagengleise, die vom Flussufer ausgingen, und kleine Gruppen von Müßiggängern, die nebenbei ein Geschäftchen machen wollten, deutete nichts darauf hin, dass wir uns an einer Überfahrtstelle befanden. Als die Fähre am Ufer auf den Grund stieß, war es mir, als hätten wir das andere Ufer des Roten Meeres erreicht. Wir hatten es von neuem erlebt: »Seine Rechte hat ihm den Sieg verschafft und sein heiliger Arm« (Ps. 98,1). Und in diesem Lichte konnten wir ruhig auch den etwa noch vor uns liegenden Gefahren entgegengehen. Als wir unseren Fuß auf das andere Flussufer setzten, ein

Augenblick, den wir so heiß herbeigesehnt hatten, war es uns wie ein Traum, und beim Rückblick auf den Weg, den wir bisher geführt worden waren, klang es in unseren Herzen: »Der Herr ist meine Stärke und mein Lobgesang, und er wurde mir zum Heil« (2.Mo. 15,2).

Ein unangenehmer Aufschub entstand dann doch noch, als alles schon zur Weiterreise fertig war, als die Fährleute lauthals ihr übliches Trinkgeld einforderten, unterstützt von den Soldaten, Tsiu-tsien, d. i. Weingeld, genannt. Streng genommen war es Sache der Eskorte, ihnen dieses zu geben, denn wir waren Gefangene der Regierung und wurden auf Kosten der Regierung befördert. Die Eskorte scherte sich jedoch nicht darum. Nachdem sie erst schon keinen Erfolg damit gehabt hatte, uns die Taschen zu erleichtern, versuchte sie es jetzt von neuem, indem sie die Forderung der Fährleute kräftigst unterstützte, ohne Zweifel in der Erwartung, dass ihr der Hauptanteil des Trinkgeldes zufallen werde. Nun, Trinkgeld war nicht gleichbedeutend mit Erpressung, und von Herzen gern, nicht widerwillig und gezwungen, händigte ich ihnen aus, was ich konnte, dankbar, dass ich mit den Meinen am andern Ufer war. Meine Freigebigkeit wurde mit anscheinender Befriedigung aufgenommen, und wir wurden für den Rest unserer Reise nach Jungtsi-hsien in Ruhe gelassen.

Da wir kein Tagebuch führen konnten, so bin ich nur imstande, dem Leser einen allgemeinen Überblick über unsere Reise während der nächsten elf Tage durch die Provinz Honan bis Sinjang-tschau an der Grenze von Hupe zu geben. Wir reisten täglich im Durchschnitt neunzig Li, d. i. etwa fünfzig Kilometer, und kamen innerhalb der nächsten elf Tage durch zehn Städte, einschließlich Jungtsi. Hier sind die Namen:

auf Wagen: 15. Juli Jungtsi-hsien
                16. Juli Tscheng-tscheo
                17. Juli Sintscheng-hsien
                18. Juli Hü-tscheo
                19. Juli Jinling-hsien
                20. Juli Jentscheng-hsien
                21. Juli Siping-hsien
                22. Juli Swipongh-sein
                23. Juli unterwegs

auf Karren: 24. Juli Kioschan-hsien
                25. Juli unterwegs
                26. Juli Sinjang-tschau

Eine langweilige Liste seltsam klingender Namen! Und doch, wie manches Bild lässt sie vor meinem geistigen Auge erstehen! Wie manchen Klang von Freud und Leid, von Hoffnung und Niedergeschlagenheit, von Trost und Enttäuschung weckt sie im Herzen! Neben jeden dieser Namen muss man sich das Wort »Gefängnis« geschrieben denken, und zwischen den einzelnen Namen muss man sich die Leiden von Gefangenen auf dem Transport vorstellen.

Unsere Reise fiel in die Hundstage eines ungewöhnlich heißen Sommers. Und doch, so sehr wir auch unter der Hitze litten, habe ich Gott oftmals gedankt, dass unsere Flucht »nicht im Winter« (Mt. 24,20) geschah. Ich kann mir nichts Schrecklicheres denken, als eine Reise wie die unsere unter den zusätzlichen Beschwerden großer Kälte. Ich wüsste nicht, wie wir, nur mit einem dünnen Baumwollkleid auf dem Körper, die Kälte des Winters überstanden hätten. Es fehlte uns ja an den lebensnotwendigen Dingen. Wenn ich allerdings an das denke, was wir überstanden, vielleicht gehe ich dann zu weit. Gott ist Herr auch über die Jahreszeiten und kann den, der auf ihn traut, in Kälte so wie auch in Hitze beschirmen.

In jedem Yamen wurden uns die Nachrichten, die wir in Wutschi erhalten hatten, bestätigt. Auf diese Weise blieben wir in einem Zustand beständiger Ungewissheit über das, was uns erwarten würde. Die Möglichkeit eines Überfalls unterwegs zusammen mit der Möglichkeit, auf Befehl des nächsten Mandarin niedergemacht zu werden, hielt unsere Nerven in beständiger Spannung, die uns nur die Gemeinschaft mit unserem Gott erträglich machte. So oft eine Stadt als Ziel unserer Reise vor uns lag, schrie ich in meinem Innern zu meinem Gott: »O mein Gott, führe uns in Frieden aus diesem Ort heraus, wenn es dein Wille ist,« und so oft wir, um eine Gebetserhörung reicher, die betreffende Stadt verließen, betete ich wieder im Blick auf die nächste vor uns liegende Stadt: »O, mein Gott, geh' du uns voran um deines herrlichen Namens willen, und geleite uns weiter in Frieden«. So oft wir ein Yamen verließen, wussten wir nicht, was uns auf der Straße, ehe wir das Stadttor erreichten, zustoßen konnte. Und so oft wir eine Stadt betraten, mussten wir damit rechnen, dass der Pöbel auf dem Weg bis zum

Yamen über uns herfallen könnte. Auch auf dem Weg von einer Stadt zur andern konnten unvorhergesehene Zwischenfälle eintreten. Wir konnten mit einer Götzenprozession zusammenstoßen oder Bühnenkünstlern begegnen oder auf einen Jahrmarkt geraten, abgesehen davon, dass wir uns ununterbrochen auf einen Ausbruch von Fremdenhass in irgendeinem Marktflecken oder Dörfchen gefasst machen mussten. Ob Dorf, ob Marktflecken, ob Stadt, ob Yamen – wir hatten stets Ursache, unseren Eingang und unseren Ausgang Gott anzubefehlen.

In kindlichem Glauben klammerten wir uns an den Unsichtbaren, ob wir nun seine Nähe fühlten oder nicht. Manchmal kam uns seine schützende Gegenwart kaum weniger deutlich zum Bewusstsein als dem Elisa in Dotan (2.Kön. 6,13f) oder dem Paulus in Korinth (Apg. 18,12). Das geschah zwar nicht allzu oft, aber wenn es geschah, dann war auch inmitten aufgeregter Volkshaufen jede Spur von Furcht bei mir verschwunden, und ich durfte dann im Bewusstsein vollkommener Sicherheit zu meinem kleinen Jungen sagen: »Wir brauchen nichts zu fürchten, mein Herzensjunge. Diese Leute können uns nicht schaden, denn Gott deckt uns mit dem Schatten seiner Flügel. Nicht diese Soldaten, sondern die himmlischen Heerscharen sind unsere wahren Beschützer. Und wenn Gott uns die Augen öffnen würde wie dem Knechte Elisas, so würden wir dasselbe sehen, was dieser sah – feurige Rosse und Wagen rings um uns her.«

Am Ende einer anstrengenden Tagesreise wurden wir gewöhnlich in der Wachstube des Yamen oder in einer an die Sträflingszelle anstoßenden Zelle untergebracht. Letztere war dann in der Regel nur durch einen Lattenverschlag von dem Raum, in dem die Verbrecher in Ketten schmachteten, getrennt. Noch ehe wir in dem Halbdunkel die Gestalten selbst erkennen konnten, wurden wir durch das Klirren der Ketten auf sie aufmerksam. Welch entsetzlicher, menschenunwürdige Anblick bot sich uns dann dar! So sehr wir uns an ihn gewöhnten, seine Schrecken empfanden wir unvermindert. Gott sei Dank, das Schicksal einiger unserer Brüder, die zu den Gefangenen selbst gesteckt wurden, blieb uns erspart. Gleichzeitig empfanden wir natürlich inniges Mitleid mit den armen, verfinsterten Seelen, die zusätzlich zu ihren traurigen äußeren Umständen noch in dem Elend einer noch weit schrecklicheren Gebundenheit gefangen waren.

Eine der Wachstuben, die uns hier und da als Aufenthaltsort diente, ist mir noch besonders deutlich in Erinnerung. Wir wurden in völliger körperlicher Erschöpfung auf den geräumigen Hof eines Yamen geführt und sahen uns von Hunderten umringt. Die Soldaten und Läufer konnten gegen die Menge nichts ausrichten, bis sie den Bambusstock zu Hilfe nahmen. Man ließ uns stehen, wo man uns abgesetzt hatte, bis bestimmte Weisungen vom Mandarin eintrafen. Dann wurden wir zur Wachstube geführt und bis zum Dunkelwerden eingeschlossen. Das Zimmer hatte einen höchst seltsamen, altertümlichen Anstrich. In der Mitte, dem Eingang gegenüber stand eine kunstvolle Holzschnitzerei mit grotesken Ungeheuern und Pagoden, in echt chinesischem Stil gehalten, mit dickem Staub bedeckt und mit Spinnengewebe überzogen. Das Ganze machte einen lächerlichen Eindruck und sah aus wie ein ungeheures Spielzeug, aus irgendeinem chinesischen Kinderzimmer hierher verpflanzt. Ohne Zweifel hatte es religiöse Bedeutung und nahm die Stelle der üblichen Votivtafel ein. Von der niedrigen Decke hingen, an Nägeln befestigt, reihenweise pilzförmige Hüte mit roten Quasten, wie das Yamenvolk sie trägt, und die schmutzigen Wände waren mit einem bunten Gemisch vorgeschichtlicher Waffen, Knüttel, Uniformen und Rüstungen ausgeschmückt. An dem andern Ende des Raumes uns gegenüber befand sich ein stabiler Lattenverschlag, hinter dem die unheimlichen Gesichter der Verbrecher hervorlugten. Sie schwatzten und unterhielten sich lachend mit dem diensttuenden Wärter über den neuesten Zuwachs an Gefangenen in Gestalt der »fremden Teufel« und betrachteten uns neugierig. Die Essenszeit bot ihnen eine Abwechslung für ihren Magen. Die Speisen wurden ihnen durch ein Schiebefenster gereicht und unter vielem Kettengeklirr gierig verschlungen. Halbnackt lagen sie auf Binsenmatten oder saßen auf niedrigen Bänken an den Wänden umher. Es werden ungefähr zwölf bis fünfzehn Mann gewesen sein. Sie rauchten mit ihrem Wärter um die Wette ihr Opium oder ihren Tabak, und waren dabei in ausgelassenster Stimmung.

In unserem erschöpften Zustand waren uns Lärm und Gestank schier unerträglich. Außerdem war die ganze moralische Atmosphäre so verpestet, dass wir darum baten, man möge uns erlassen, die Nacht hier zu verbringen. Ernstliche Hinweise auf den bedenklichen Gesundheitszustand meiner Frau hatten einen besseren Erfolg, als ich mir zuerst davon versprochen hatte. Es wurde ein Läufer abgeschickt, um uns eine Unterredung mit einem der Sekretäre zu erwirken. Derselbe kehrte mit der Nachricht zurück, dass uns »der Tschang-fang«, ein Beamter im Rang eines Schatzmeisters, sehen möchte, und so machten wir uns, Fräulein Gates und ich, unter Führung des Läufers beim Schein einer Laterne auf den Weg. Uns erwartete der freundlichste Empfang. Unserer Bitte kam man gerne entgegen, und obwohl wir in der Gefangenenabteilung verblieben und in der uns zugewiesenen Zelle das Dach halb abgedeckt und der Boden mit Steinen und Mauerwerk bestreut war, so hatten wir doch das hohe Vorrecht, bei frischer Luft allein zu sein. Dagegen kamen die kleinen Unbequemlichkeiten nicht in Betracht. Dass wir dabei noch als Gefangene betrachtet wurden, brachte uns ein kleiner Zwischenfall zum Bewusstsein. Da unsere Türe nicht verschlossen war und wir somit frei aus- und eingehen konnten, begab ich mich auf eine kleine Entdeckungsreise. Ein schmaler Gang führte von unserer Zelle zu einem kleinen Viereck, an dem ein langes, niedriges Gebäude lag. In der Dunkelheit bemerkte ich nicht, dass die Türe des Gebäudes mit Riegeln versehen war, und als ich neugierig versuchte, die Geheimnisse des düsteren Raumes zu lüften, ging plötzlich solch ein Kettengeklirre los, dass ich heftig erschrocken zurückprallte. Gleichzeitig erhob sich eine Gestalt von einer Bank in der Nähe und befahl mir in rauem Tone, in mein Quartier zurückzukehren. Wir wurden also auch jetzt bewacht, und es war nicht ausgeschlossen, dass der freundliche Empfang, der uns gegeben worden war, bloße hsü-kia war, d. h. dass ihm bewusste Täuschung zu Grunde lag.

Mit den Unterkünften hatten wir nicht viel Glück. Jene baufällige Zelle war noch die gesündeste Unterkunft ihrer Art. Einmal wurden wir auf einige Stunden in ein finsteres, ungesundes Loch gesteckt, etwa drei Meter lang und zwei Meter breit, mit einem schmalen Spalt in der Ziegelmauer. Der führte auf einen kleinen Hofraum hinaus, an dessen beiden Seiten sich Käfige befanden, angefüllt mit Verbrechern. Nur dem Interesse der Tai-tai, der Frau des Sekretärs, für die Kinder hatten wir es zu verdanken, dass wir nicht die Nacht dort zuzubringen brauchten. Gewöhnlich wurden wir in einem dunklen, schmutzigen, völlig leeren Raum untergebracht, dessen Luft verpestet war und der von Ungeziefer wimmelte,. Man wagte kaum, auf den Boden zu sehen, ehe man sich niederlegte. Der ekelhafte Gestank besagte genug, und wir konnten nur um Kraft bitten, ihn ertragen zu können.

Gern wende ich mich von diesen traurigen Erinnerungen weg. Unsere Erlebnisse als Gefangene waren nicht ohne Lichtblicke. Immer wieder fanden wir Beweise der Erbarmung und Güte dessen, der uns niemals verlassen hat, und von dem wir die Zusage hatten, dass er uns nicht verlassen werde. Dreimal ließ der eine oder andere Mandarin auf Wunsch seiner Frau die Kinder holen, die dann stets mit großer Freundlichkeit behandelt wurden. Das eine Mal jedoch mussten sie allein gehen. Es half nichts, der Befehl klang zu bestimmt, und obwohl uns angst und bange wurde, mussten wir uns fügen. Ich entsinne mich noch, wie die Augen meiner Frau sich mit Tränen füllten, als wir die beiden Kleinen, die weinend, aber widerspruchslos unserem Wunsche nachkamen, Hand in Hand unter der Obhut eines Läufers über den Hof laufen und innerhalb des inneren Hofraumes verschwinden sahen. Wie, wenn sie zurückbehalten und als Yamenkinder aufgezogen werden sollten? – Tatsächlich waren in einem der Yamen, durch die wir kamen, die Damen von den »Jang wa-tsi« (den fremden Kindern) so entzückt, dass allen Ernstes der Vorschlag gemacht wurde, sie dazubehalten, und der Mandarin sie uns um eine hohe Summe abkaufen wollte. Er war wohl der Meinung, dass wir in Anbetracht unserer Armut einem so verlockenden Angebot nicht würden widerstehen können! Wie atmeten wir auf, als die Kleinen wieder zum Vorschein kamen! Wie dankbar waren wir nicht nur dafür, sondern auch für die Beweise freundlichen Wohlwollens, die sie uns in Gestalt von Käsch-Schnüren und feinem Zuckergebäck brachten! Soviel wussten wir, dass uns in jener Nacht kein Leid geschehen würde.

Ein anderer ähnlicher Fall ist mir noch in besonders freundlicher Erinnerung, nur dass dabei der Ablauf genau umgekehrt war. Anstatt dass die Kinder das Yamen besuchten, erschien dieses zum Besuch der Kinder. Wir wurden tatsächlich in unserem Gefängnis mit einem Besuch der Frau des Sekretärs und ihrer Familie in Begleitung mehrer Gefolgsdamen beehrt. Das war für uns ein großes Ereignis, und da wir im Voraus davon in Kenntnis gesetzt worden waren, hatten wir auch Zeit, uns, soweit es die Umstände erlaubten, auf den Besuch vorzubereiten. Zur bestimmten Zeit kamen die Damen ohne Prunk und irgendwelchen Lärm, schlicht und natürlich gekleidet, herein, oder richtiger hereingehumpelt und nahmen auf den Stühlen Platz, die man in dem kleinen Hofraum für sie aufgestellt hatte. Die reichen Schattierungen ihrer prächtig gestickten, seidenen Gewänder und die hellfarbigen Kleider der Kinder standen in seltsamem Gegensatz zu unserem jammervollen Aussehen und unserer schmutzigen Umgebung. Dennoch waren sie über den Anblick wirklicher, lebendiger fremder Kinder sehr erfreut, und in lebhafter Weise bekundeten sie ihr Interesse. Die Familie bestand aus drei kleinen Mädchen, von denen das älteste etwa zehn Jahre alt war, mit allerliebsten Blicken und Manieren. Die Kinder hatten allem Anschein nach eine für chinesische Verhältnisse wirklich sorgfältige Erziehung erhalten. Als sie erst etwas aufgetaut waren und ihre Furcht der Freude über die Entdeckung, dass die kleinen Fremden auch Fleisch und Blut an sich hatten, gewichen war, nahm die Älteste sie bei der Hand und plauderte in ihrer Muttersprache mit ihnen. Die Schrecken und Entbehrungen der letzten Wochen hatten auf den Gesichtern unserer Lieblinge deutliche Spuren hinterlassen. Das heitere Lächeln, das sonst auf ihren Gesichtchen zu sehen war, war vollständig verschwunden. Ernst und traurig blickten sie drein, es schien fast, als ob sie niemals wieder würden lachen können. Nur als dann die Kleine ihnen beim Abschied Süßigkeiten gab, glitt der Schatten eines Lächelns über ihre gleichgültigen Züge und nach Einheimischensitte verneigten sie sich dankend. Ihre Mutter schickte uns später noch Geld und, was uns höchst willkommen war, eine Wattdecke, Pi-tsi genannt, für die Kinder. Der Herr vergelte es ihr.

Dies war nicht der einzige »Becher kalten Wassers« (Mt. 10,42), der uns in jenen elf Tagen gereicht wurde und uns zu Dank gegen Gott und Bitte für die Geber trieb. Eine andere Tai-tai schickte auch nach einem Besuch der Kinder ein Pi-tsi als Geschenk für ihre Mutter, worüber wir um so mehr erfreut waren, da solch eine Decke sehr notwendig für meine Frau geworden war und wir schon angefangen hatten, genau dafür zu beten. Ab und zu wurde uns ein Kleidungsstück für die Kleinen zugeschickt, sodass wir schließlich ein ordentliches Bündel Kleider, klein genug und doch ein Bündel, unser eigen nennen konnten. Vielleicht die wichtigste Verwendung, die sowohl das Bündel als die Decken fanden, war die, dass wir uns während der Fahrt darauf setzten. Welche Wohltat war es, auf den schrecklichen Fahrten im Wagen oder Reisekarren etwas Weiches zwischen sich und dem harten Brett und zugleich etwas zu haben, das es möglich machte, etwas erhöht zu sitzen.

Eines Tages – es war furchtbar heiß – wurden wir am Spätnachmittag auf dem Hofe eines Yamen abgesetzt und nach den üblichen, aufregenden Szenen zur Wachstube geführt. Die stetig wachsende Menge geriet vor Verlangen, sich uns zu nähern, dermaßen außer Rand und Band, dass der Posten mich ins Freie treten hieß, in der Hoffnung, dass sich die Leute mit der Zeit beruhigen und ihren Argwohn fahren lassen würden. Ein Stuhl wurde mitten unter die Menge gestellt. Da saß ich dann ein paar Stunden in beglückender Einsamkeit und gab mir in Blick und Benehmen ein möglichst unschuldiges Aussehen. Mit einem Mal arbeitete sich ein Mann mit seinen Ellenbogen durch das Gedränge hindurch und kam dicht an mich heran. Er redete mich Scheng fu, d. i. heiliger Vater, an und machte vor mir den Ko-tan, indem er dreimal mit seiner Stirne den Boden berührte. Ich war entsetzt. Der Mann war Katholik und ich wusste, dass, wenn erst der Verdacht aufkam, dass wir seine Glaubensgenossen seien, wir das Schlimmste zu befürchten hatten. Ich stand darum sofort auf, hob ihn auf seine Füße und sagte ihm mit großer Bestimmtheit und mit lauter, für alle Umstehenden hörbarer Stimme, dass sein Benehmen für mich beleidigend sei. Ich gehöre zu der Je-su Kiau, d. h. zu der protestantischen Kirche, die Je-su Kiau und die Tien Tschu Kiau (die römisch-katholische Kirche) seien zwei verschiedene Kirchen und haben kein Lai-wang, keine Gemeinschaft, miteinander. Ich könne darum nichts mit ihm zu schaffen haben. Er jedoch ließ sich in seiner Rede nicht stören. Er sei Flüchtling. Die Kirche, zu welcher er gehöre, sei von Boxern zerstört worden und, da er gehört habe, dass ein Priester – damit meinte er mich – in der Stadt angekommen sei, habe er mir die traurige Kunde überbringen wollen, dass für mich keine Hoffnung sei, durchzukommen. Ich sagte dem armen Kerl, dass er mir aufrichtig leid täte, Gott möge ihm gnädig sein. Weiter aber durfte ich nicht gehen. Es war durchaus nicht angebracht, ihm zu sagen, dass ich seine Teilnahme zu schätzen wisse. Besonders schwierig wurde es, als er wieder auf die Knie fiel und als Ausweis ein römisches Gebetbuch hervorzog mit inliegendem Bildchen, das seinen Schutzheiligen, den heiligen Joseph, darstellte. Ich musste als guter Protestant laut dagegen Protest erheben und aufs Bestimmteste erklären, dass ich von dergleichen nichts wissen wolle. Ich bat ihn, er möge machen, dass er fortkäme. Dieses deutliche und kräftige Vorgehen meinerseits offenbarte die Gedanken der Leute. Sie hatten den Verdacht gehabt, dass wir Katholiken seien. Jetzt, nachdem dieser Verdacht durch meine offene Ablehnung der Römisch-Katholischen Kirche widerlegt worden war, trat auch in ihren Gefühlen gegen uns eine Wandlung ein. Der leidige Tröster wurde unsanft beiseite geschafft und verschwand auf Nimmerwiedersehen, wir hingegen hatten jetzt Ruhe. Viele besuchten uns aus bloßer Neugierde in der Wachstube. Darunter eine alte Frau, die eine geradezu rührende Teilnahme gegen uns an den Tag legte. Sie setzte sich neben Fräulein Gates und sog die Worte ewigen Lebens begierig ein, als ob sie ihr wirklich »lebendige Worte« wären. Als sie schließlich wider ihren Willen gehen musste, schenkte sie ihr ihren eigenen Fächer, da sie bemerkt hatte, dass Kiau-sis kleiner Fächer in Fetzen zerrissen war. Wertvoller als der Fächer an sich war uns die ungefärbte Liebe, die wir darin sahen.

Das Verhalten der Mandarine in den verschiedenen Städten gegen uns machte auf uns den Eindruck, als liege ihnen daran, egal ob sie uns freundlich oder feindlich gesinnt waren, uns möglichst bald los zu werden, und als wünschten sie die Verantwortung für ernste Maßnahmen, die unser unbequemes Erscheinen nötig machen könnte, dem nächsten Mandarin aufzubürden. Darum verweigerten sie uns auch durchweg eine Audienz, mit einer bemerkenswerten Ausnahme, auf die ich jetzt näher eingehen möchte.

Der Mandarin in Jung-tsi ließ uns erst eine lange Zeit bange warten. Dass wir keinen Passagierschein hatten, brachte ihn fast dazu, uns über den Gelben Fluss zurückzuschicken. Schließlich gaben jedoch andere Gründe, die nur ihm und Gott bekannt sind, den Ausschlag, und er hielt es für angezeigt, uns an seinen Kollegen in Tschen-tscheo weiterzusenden. Vielleicht kannte er die Gemütsart dieses Mannes und kam darum zu dem Urteil, dass die Methode, die derselbe anwenden werde, die Frage, was mit den fremden Teufeln zu machen sei, schneller lösen werde. In Tscheng-tscheo angekommen, drängte uns eine ungeheure Menschenmenge zum Yamen, dessen Hof bald einen sehenswerten Anblick darbot. Wie gewöhnlich wurden wir mitten auf dem großen, viereckigen Platz abgesetzt und uns selber überlassen. Der natürliche Selbsterhaltungstrieb ließ uns beim Tor des zweiten Hofes Zuflucht nehmen. Wir meinten, dass wir im Falle von Belästigungen dort in der Nähe des Einganges leichter Einlass finden würden. Vor dem Eingang befand sich eine breite Plattform, zu der etwa ein Dutzend lange, steinerne Stufen hinaufführten. Hierher, an den Fuß dieser Stufen, schleppten wir uns. Da es früh am Nachmittag war, herrschte noch eine ungewöhnliche Hitze, die zusammen mit dem Gedränge und der wachsenden Unruhe der Menge uns wirkliche Qualen bereitete. Bald schon öffnete sich das Tor, und der Men-schang, d. i. der Sekretär des Mandarins erschien, mit unseren Papieren in der Hand. Er kam an den Rand der Plattform und befahl uns hinaufzukommen. Wir folgten der Aufforderung und standen gleich darauf auf der obersten Stufe. Hinter uns war ein tosendes Meer von erregten Gesichtern und vor uns ein Mann, dessen Gesicht einem Angst machen konnte. Wir mussten nun folgendes Verhör bestehen, wobei Fräulein Gates unser Wortführer war:

»Aus welchem Land kommt ihr fremden Teufel?«

»Eurer Exzellenz kleine Kinder sind aus dem großen England.«

»Und wie weit ist es bis nach dem großen England?«

»Dreißigtausend Li zur See« (d. i. 10.000 Seemeilen).

»Ai-ja! Ihr habt sicher die ganze Strecke bis ins »Reich der Mitte« nicht für nichts und wieder nichts zurückgelegt. Wozu seid ihr hier?«

»Wir sind hier, weil uns der eine, wahre, lebendige Gott, der Schöpfer und Heiland aller Menschen, hierher geschickt hat, damit wir den Leuten die frohe Botschaft von der Errettung aller Menschen durch die Vergebung der Sünden verkündigen.«

»Gewiss gehört ihr zu der Tien Tschu Kiau« (der römisch-katholischen Kirche).

»Nein. Wir haben mit der Tien Tschu Kiau ganz und gar nichts zu tun. Wir gehören zu der Je-su Kiau. Das sind zwei ganz verschiedene Kirchen.«

»Je-su Kiau? Je-su Kiau? – Wozu seid ihr sonst noch in dieses Land gekommen, doch nicht nur zum Predigen?«

»Zu nichts anderem.«

»Macht mir doch nichts vor. Sicher seid ihr doch hier, um an uns Geld zu verdienen. Was ist euer Mai-Mai?« (Handel, Geschäft)

»Wir haben kein Geschäft. Unsere einzige Beschäftigung ist, Menschen dahin zu bringen, dass sie Buße tun und sich von ihren Götzen zu dem lebendigen Gott bekehren, indem sie an Jesus glauben, seinen Sohn, der für sie gestorben und auferstanden ist.«

»Wie lange seid ihr schon in diesem Land, um diese Lehre zu verkündigen?«

Hierauf antwortete Fräulein Gates für sich: »Vierzehn Jahre« und ich für mich und meine Familie: »Drei Jahre.«

Meinen Zopf betrachtend, wandte er sich spöttisch an mich: »Du bist erst drei Jahre in China, und schon solches Haar? Das ist ja spaßig. – Wo habt ihr in China gewohnt?«

»In der Provinz Schanxi, in der Präfekturstadt Luan.«

»Ei, sieh doch! In Schanxi, in Luan! – Wohin geht ihr jetzt?«

»Wir gehen auf einige Zeit in unsere Heimat zurück und sind auf dem Weg nach Hankau.«

»Ah so?« spottete er wieder, »Ausreißer seid ihr; und weshalb macht ihr euch davon, wenn ich bitten darf?«

»Nicht auf unseren Wunsch verlassen wir das Land. Eure Exzellenz wissen recht gut, dass uns nichts anderes übrig bleibt infolge der Unruhen, die von den Ta Tau Hwei hervorgerufen sind.«

Diese Anschuldigung gegen die patriotische Vereinigung der Boxer brachte die verhaltene Wut des Beamten offen zum Ausbruch. Er blickte uns wütend an, zeigte auf unsere Papiere, die in seiner Hand zitterten, und fuhr uns an: »Ich will euch sagen, was ihr seid. Ihr seid eine Bande Ausreißer und werdet dem gemäß behandelt werden.«

Das Benehmen des Mannes und noch mehr seine Worte ließen Schlimmes ahnen und weckten in uns ernste Befürchtungen. Wir befanden uns anscheinend in den Händen eines Beamten nach dem Muster Jü-hsiens. Wenn wir nicht an Ort und Stelle getötet werden würden, so sollte der Schlächter von Schanxi später die Genugtuung haben, uns umzubringen. Da wir doch seiner Gerichtsbarkeit unterstanden, mussten wir als Ausreißer damit rechnen, an unseren früheren Wohnsitz zurückgeschickt zu werden. So verstanden wir die Worte des Sekretärs des Mandarins.

Kaum hatte er ausgeredet, erschien der Mandarin selbst im Tor. Und nun spielte sich eine der aufregendsten und zugleich verabscheuungswürdigsten Szenen ab, die wir je auf unserer Flucht erlebt haben. In seiner Erregung hatte sich der Mandarin nicht einmal Zeit genommen, sein Amtskleid anzulegen. Unbedeckten Hauptes und in langem, beschmutzten Rock stürmte er auf uns los. Den fremden Teufeln gegenüber brauchte er sich ja nicht an die üblichen Vorschriften des Anstandes halten. Dass er sich dadurch allerdings in den Augen seiner eigenen Leute lächerlich und verächtlich machte, daran hatte er wohl nicht gedacht. Von der ersten Sekunde seines Erscheinens an war sein Mund voll von Fluchen und Bitterkeit. Wie ein Besessener rannte er auf der Plattform hin und her, schrie, tobte, wütete und schleuderte mit unerschöpflichem Eifer seine Flüche und Bannsprüche gegen uns. Plötzlich kam er auf mich los und sagte, nein, schrie mir ins Gesicht: »Euch Teufeln müsste allen der Kopf herunter, hörst du? Ein kaiserlicher Erlass befiehlt, euch zu töten, weißt du das nicht? Ihr müsst euch bei eurem Glücksstern bedanken, wenn ich euch nicht auf der Stelle enthaupten lasse. Es ist eine außerordentliche Gnade, wenn ich euch verschone.«

Dabei veranschaulichte er seine Worte durch die Tat: Er hackte und sägte so derb auf meinem Hals herum, dass ich es noch Stunden später fühlte. Dann, nachdem er seiner Wut Luft gemacht hatte, verschwand er wie er gekommen war.

Ich hatte seinen Worten nicht ganz folgen können und nur aus der Art, wie er sie herauspolterte, geschlossen, dass sie Schlimmes für uns bedeuteten. Als er ihre Bedeutung durch die Tat veranschaulichte, war ich nicht mehr im Zweifel und wandte mich nun an meine Frau und Fräulein Gates mit den Worten: »Es besteht kein Zweifel mehr. Anscheinend will er sagen, dass uns der Kopf heruntergenommen werden soll.« Fräulein Gates gab mir zu meiner Beruhigung den genauen Inhalt seiner Worte wieder, und ich verstand jetzt auch, was die an mir vorgenommene Handlung bedeuten sollte. Ich weiß nicht, was größer war, das Gefühl der Beruhigung oder der Verwunderung, das mich überkam. Einen solchen Hass, eine solch bittere Verachtung hatten wir vonseiten eines Beamten bisher noch nicht erfahren. Warum tötete er, der Mandarin, uns nicht auf der Stelle oder warum ließ er es andere nicht tun? Es wäre ihm doch ein Leichtes gewesen. Ich weiß keine Erklärung dafür. Wie wunderbar damals unser Entrinnen war, zeigt sich an folgenden Tatsachen.

Zunächst muss man die starke Abneigung des Mandarins gegen die Fremden als solche in Betracht ziehen. Dann den kaiserlichen Erlass, der uns zu töten befahl und damals noch in voller Kraft stand. Als eine Woche später die Abteilung Saunders-Cooper in Tscheng-tscheo ankam, wurde ihnen von Seiten des Mandarins fast dieselbe verabscheuungswürdige Behandlung zuteil, wobei der alte Mann jedoch ausdrücklich bemerkte, dass er, indem er Gnade vor Recht ergehen lasse, dies einzig und allein auf Grund eines kaiserlichen Gegenerlasses tun dürfe, der erst wenige Stunden vor ihrer Ankunft eingetroffen sei. Der besage, dass allen Fremden sicheres Geleit an die Küste gewährt werden solle. Wie kam es aber, dass wir, die wir doch noch nicht durch diesen neuen Erlass geschützt wurden, durchschlüpfen durften? Je mehr ich darüber nachdenke, umso unerklärlicher, um so wunderbarer will es mir scheinen.

Mit dem erwähnten Gegenerlass hatte es übrigens folgende Bewandtnis. Ursprünglich hatte die Kaiserwitwe mit diesem Gegenerlass einen noch verstärkten Befehl der Fremdenausrottung erklärt. Der eigentliche Text lautete: »Jang ren pi scha, Jang ren twi hau tsi scha«, d. i. die Fremden sind zu töten; Fremde, die flüchten, sind dennoch zu töten. Die beiden Beamten, durch deren Hände das Telegramm hindurchging, hatten jedoch den Mut, das verhängnisvolle Wort »scha«, d. h. »töten« in pau, d. h. »beschützen« abzuändern, so dass folgender Sinn entstand: »Die Fremden sind zu beschützen; Fremde, die flüchten, sind gleichfalls zu beschützen.« Für diese heldenmütige Tat wurden später beide Beamte ergriffen und unter grausamer Folter getötet.

Ein anderes Wunder der Bewahrung damals in Tscheng-tscheo war die Tatsache, dass die Tausende, die den mächtigen Hofraum füllten, nicht unsere Tötung verlangten oder gar sofort vollzogen. Durch den Wutausbruch des Mandarins hätten sie sich dazu angestachelt fühlen können. Wenn es sich jemals hätte entschuldigen lassen können, dass ein Pöbelhaufe seinen fremdenfeindlichen Gefühlen freien Lauf ließ, so damals. Man konnte denken, dass der Mandarin durch sein Verhalten gegen uns absichtlich die Leute ermuntern wollte, unsere sofortige Hinrichtung zu verlangen, damit für den Fall einer späteren Untersuchung die Verantwortung für das Verbrechen nicht auf ihn, sondern auf sie fiel. Dennoch griffen sie uns nicht an, veranstalteten nicht einmal eine feindliche Kundgebung gegen uns. Wer die Chinesen kennt, kann das Unbegreifliche an ihrer Haltung so recht verstehen. Wir wurden nicht bloß nicht getötet, auch nicht einmal nach Schanxi zurückgeschickt, Gott gab sogar in der kurzen Zeit, die wir in Tschen-tscheo verweilten, dem wilden Men-schang etwas wie Mitleid mit den Kindern ins Herz. Als wir die Stadt verließen, waren wir um ein Geldgeschenk von 1.000 Käsch, 500 für jedes Kind, und damit gleichzeitig um eine neue Erfahrung der bewahrenden Gnade unseres Gottes reicher. Es ging uns wie früher dem Volke Israel, dass uns der Herr nicht bloß ausziehen ließ, sondern außerdem nicht leer ausziehen ließ.

Die Behandlung, die wir in dem nächsten Yamen in Sin-tschenghsien erfuhren, bildete einen wohltuenden Gegensatz zu der vorangehenden. Zwar empfing uns der Mandarin nicht selbst, aber sein erster Sekretär war uns gegenüber ausnehmend freundlich. Als er beim Prüfen unserer Papiere entdeckte, dass wir keinen regelrechten Passagierschein besaßen, ließ er uns kommen, und fragte uns nach dem Grund. »Das hier ist kein Passagierschein. Wie kommt das?« wandte er sich an mich. Ich musste damit rechnen, dass er fortfahren würde: »Es bleibt uns nichts anderes übrig, als euch zurückzuschicken, da wir nicht ermächtigt sind, euch weiteres Geleit zu geben.« Er tat es nicht. Wir gaben ihm die nötigen Erklärungen. Einige Minuten besprach er sich hierauf mit seinen Kollegen und sagte dann: »Ich will mein Bestes für euch tun.« Das Ende war, dass er uns ein Schreiben anfertigte, das den begehrten Passagierschein fast ersetzte. Die ungekünstelte Freundlichkeit des Mannes passte sehr gut zu dieser gnädigen amtlichen Maßnahme. Auch ein chinesischer Machthaber ist recht wohl edlerer Regungen fähig. Die Schwierigkeit mit dem Passagierschein war jetzt ein für allemal beseitigt. Wohl war auch in Zukunft ein Mandarin nicht unbedingt gezwungen, uns weiterzuschicken, Tatsache ist jedoch, dass uns weiterhin kein Hindernis mehr in den Weg gelegt wurde.

Sehr unfreundlich benahm sich der Mandarin in Kioschau-hsien gegen uns. Ich bat in Anbetracht der zunehmenden Verschlimmerung in dem Befinden meiner Frau um eine Audienz in der Hoffnung, eine Linderung unserer Beschwerden auf dem Transport zu erwirken. Die Audienz wurde mir mit beleidigender Schroffheit verweigert. Als die Stunde zum Aufbruch kam, stellte es sich heraus, dass wir die Reise auf Karren fortsetzen sollten, da ein Wagen für solches Gesindel wie wir, zu kostbar sei. Wir hatten von da an unter Umständen zu reisen, im Vergleich zu denen selbst die bisherigen bequem zu nennen waren. Und außerdem wurde uns diesmal obendrein das übliche Kostgeld für Gefangene – 30 Käsch pro Kopf – vorenthalten.

Das Reisen auf Karren mag sich unter gewöhnlichen Umständen nicht bloß erträglich, sondern wirklich angenehm gestalten lassen. Wenn man gesund ist und wenn man nach Belieben Halt machen und aufbrechen kann, dann geht es. Wenn man aber nicht die Wahl hat in Bezug auf Karren, Leute, Zeit, Halteplatz usw., dann wird es wirklich schwierig. Ich kann dem Leser nichts Schlimmeres wünschen, als Reisen auf Karren nach der Weise chinesischer Verbrecher.

Der Karren wird von zwei Männern bedient, von denen der eine vorne zieht, der andere hinten schiebt. In der Mitte ist ein einziges Rad, welches von einer Holzbekleidung überdeckt ist, zu beiden Seiten dieses Rades ein schmales Brett, auf dem je einer sitzen kann. Man sitzt mit dem Rücken gegen die Fahrtrichtung. Die Beine muss man unterbringen, so gut man kann. Man hat zu sorgen, dass das Gleichgewicht der Maschine nicht gestört wird, da man ansonsten von den Führern derbe Schimpfworte zu hören bekommt. Günstigenfalls ist der Karren mit einem Verdeck versehen, der allerdings kaum diesen Namen verdient. Wir sind froh, wenn die Strohmatte, die an dünnen Bambusstöcken über uns befestigt ist, nicht zu sehr durchlöchert ist und die Bindfäden, mit denen sie befestigt ist, sich nicht loslösen. Zusätzlich angenehm ist die liebliche Musik, die vom Rad her an unser Ohr dringt, und gegen die das Knarren eines ungeschmierten Wagenrades sich etwa anhören würde wie eine Mendelsohn'sche Melodie gegenüber der Weise eines Dudelsacks. Diese Musik kann kein echter Karrenfahrer entbehren. Das nervenzermürbende Knarren und Quietschen ist gewissermaßen der Stempel der Echtheit auf seiner Ware. Er kann nicht ohne sein, ebenso wenig wie der Höker ohne sein Rufen. Je nach Beschaffenheit des Weges lässt sich durch Umlegen eines dicken Hanfreifens um das Rad eine kleine Abhilfe schaffen. Aber leider fanden unsere Führer, so oft wir auch darum baten, dass die Beschaffenheit des Weges es eben nicht erforderte.

Glühend brennt die Sonne Tag für Tag herunter. In größeren Entfernungen sind am Weg entlang zur Erholung für Reisende Buden errichtet, meist nur dürftige Blockhütten aus Lehm und Stoppeln, hie und da ein etwas massiverer Ziegelbau. Davor ist in der Regel ein kleiner, mit Stroh gedeckter Vorbau mit Tischen und Bänken und stets willkommenem Schatten. Sehnsüchtig warten wir darauf, die ausgedörrten Lippen mit einem Schluck Wasser oder mit einem Melonenscheibchen zu befeuchten. Dann lassen wir uns entkräftet auf den Boden fallen, um dem schmerzenden Körper etwas Ruhe zu gönnen. Manchmal muss ich zusehen, wie meine arme Frau und Fräulein Gates, sobald wir Halt machen, vom Karren heruntergleiten und vor Erschöpfung direkt in den Staub sinken.

Wenn wir gegen Abend an unserem Bestimmungsort angekommen und in unserer Zelle untergebracht waren, mussten wir natürlich an die Befriedigung unserer nächstliegenden Bedürfnisse denken. Ließ sich ein Läufer für ein Trinkgeld bereit finden, uns

Essen und Trinken zu beschaffen, dann waren wir noch gut daran. Oft genug mussten wir stundenlang warten, bis wir das Gewünschte erhielten, und waren bis dahin auf die Güte unseres Wärters angewiesen, uns einen Becher abgekochten Trinkwassers, Kaischwi genannt, zu geben. Waschwasser in genügender Menge gab es nicht. Wozu solche Verschwendung! Wenn wir, nachdem die Kinder gewaschen waren, das kleine Becken für uns drei Erwachsene noch einmal gefüllt bekamen, so mussten wir darin schon eine besondere Vergünstigung sehen. Manchmal wuschen wir uns alle fünf in demselben Wasser. Ab und zu gab es auch überhaupt keines, und das in den besonders heißen Hundstagen.

Meine liebe Frau versuchte die Kinder so sorgfältig wie daheim zu umsorgen. In treuer, hingebender Liebe versorgte sie die Kinder mit eigener Hand fast bis zuletzt, das heißt bis ihre Kraft verzehrt war. Die Tatsache, dass sie sich gegen Ende unserer Flucht dieser Aufgabe nicht mehr gewachsen fühlte, bewies mehr als alles andere den hohen Grad ihrer Erschöpfung. Wie oft baten wir sie, ihren Platz einnehmen zu dürfen, damit sie inzwischen ruhen könne. Jedes Mal lehnte sie dankbar lächelnd unser Anerbieten bestimmt ab. So gut wie möglich hielt sie mit Hilfe eines hölzernen Kammes die Haare der Kleinen in Ordnung, und mit unsäglicher Mühe reinigte sie immer wieder ihre Kleider von Ungeziefer. Ihrer sorgfältigen Pflege ist nächst Gott das merkwürdig schnelle Heilen der Wunden zuzuschreiben, die die Sonne den Kindern verursacht hatte. Die entzündeten Blasen, die eine Zeitlang hässliche Anzeichen von Eiterung zeigten, vertrockneten und vernarbten in höchst befriedigender Weise. Als wir Sinjang-tschau erreichten, war kaum noch eine Spur davon zu sehen. Ich bin überzeugt, dass die Kinder ohne die selbstverleugnende Pflege meiner Frau nicht mit dem Leben davongekommen wären. Ich habe beobachtet, wie sie, sobald die Nahrung knapp oder schwer zu bekommen war, die eigene Portion an sie abtrat, wo sie doch für sich hätte unbedingt Nahrung haben müssen. Bei Tag und Nacht war sie ängstlich besorgt, dass die Kleinen die nötige Ruhe hatten, und niemals legte sie sich zum Schlafen nieder, bis sie es ihnen so bequem wie möglich gemacht hatte.

Für eines mussten wir Gott danken: wir wurden niemals in Ketten gelegt. Da der Befehl der Fremdenausrottung, bis wir nach Kioschan-hsien kamen, noch in voller Kraft war und wir immer nur als Gefangene behandelt wurden, ist das sehr erstaunlich. Einmal machte man uns darauf aufmerksam, dass der Mandarin in der nächsten Stadt bekannt dafür sei, dass er seine Gefangenen in Ketten legen ließ. Wir breiteten unsere Not vor dem Herrn aus, bereit, wenn es sein Wille sei, selbst »uns binden zu lassen für den Namen des Herrn Jesus« (Apg. 21,13). Wunderbar erhörte er unsere Bitte. Nicht nur die Ketten blieben uns erspart, wir erfuhren außerdem eine gegen alle Erwartung milde Behandlung.

Noch eins, wofür wir zu danken hatten: Wir stießen südlich vom Gelben Fluss auf keine Boxer mehr. Leute, die die Gesinnung der Boxer teilten, gab es ja reichlich in großen und kleinen Städten, aber eigentliche Boxer mit ihren eigentümlichen Abzeichen und ihrer besonderen Tracht sahen wir nirgends. Auch die hasserfüllte Bezeichnung »Jang kwei-tsi«, fremde Teufel, wurde seltener, an ihre Stelle trat das harmlose »Jang ren«, d. i. Fremde. Darin lag für uns eine größere Beruhigung, als der Leser sich denken kann. Der Ausdruck »Jang kwei-tsi« erfüllte uns, so oft wir ihn vernahmen, mit nervöser Angst und Unruhe. Bei dem milderen »Jang ren« hatten wir nicht zu befürchten, dass uns etwas geschehen könne.

Die Landbevölkerung war meist ruhig und harmlos. Länger als einige Stunden durften wir allerdings im Interesse unserer Sicherheit an den einzelnen Orten, durch die wir kamen, auch nicht bleiben. Zweimal nur wurde es uns gestattet, die Nacht in einer Herberge am Weg zuzubringen, als die Entfernung zwischen zwei Bezirksstädten besonders groß war. Das eine Mal mussten wir bis Mitternacht, wo dann alles ruhig war und unsere Ankunft nicht weiter bemerkt wurde, auf dem Wagen bleiben. Das andere Mal wurden wir vom Regen überrascht und in einer staatlichen Herberge, »Kong-kwan« genannt, untergebracht mit einer starken Bedeckung am Eingang.

Unsere Hauptnahrung bestand aus Reis, trockenem Reis, Kanfan, und feuchtem Reis, Hsi-fan genannt. Manchmal durften wir ihn mit rohen Eiern und einer Art Bohnenbrei, in dicker Milch zubereitet, vertauschen. Besondere Leckerbissen waren Wassermelonen und gelegentlich einmal eine Gurke. Das gewöhnliche Getränk war ein Aufguss von Blättern, soweit ich es beurteilen konnte, Buchen- oder Ulmenblätter, von blasser, teebrauner Farbe, mit dem Ehrennamen »Tscha«, d. i. Tee. Wurde er warm gereicht, so schmeckte er nicht unangenehm, lauwarm dagegen konnte er Ekel erregen. Allerdings fragt der Durst nicht viel danach, was gut schmeckt, und begierig nahmen wir, was uns gereicht wurde, und genossen es mit Danksagung (1.Tim. 4,4). Manchmal konnten wir weder »Tscha« noch »Kaischwi« bekommen, dann tranken wir wohl auch aus einem Brunnen oder Wassertrog, unbekümmert um die Regeln der Hygiene. Einmal, als wir vor einer Bude am Weg Halt machten, verlangten wir halb verdurstet »Tscha«. Die Soldaten und Karrenfahrer tranken schnell den geringen Vorrat bis auf den letzten Tropfen aus, und für uns blieb nur Wasser in einem Trog übrig. Den ersten Schluck nahm meine Frau, den nächsten die Kinder, dann war ich an der Reihe. Wie erschrak ich, als ich entdeckte, dass das Wasser richtig faulig war. So durstig war meine liebe Frau, dass sie das gar nicht bemerkt hatte! Sicherlich war »der Tod in dem Topf«, und ich konnte Gott nur bitten, die natürlichen Folgen unserer Unvorsichtigkeit abzuwenden. Mit der Zeit wurde uns die gleichbleibende und unappetitliche Ernährung ordentlich zuwider und machte das Essen zu einer wahren Strafe. Der trockene Reis war zu trocken, der feuchte zu feucht, und selbst das Tsai und Tsu, d.i. Grünes und Essig konnte ihn nicht schmackhaft machen. Eines schönen Tages trafen wir vor einer Bude am Weg einen Mann, der ein Getränk verkaufte, von dem ich nie zuvor gehört hatte. Er nannte es Tien-tsiu, d.h. Himmelswein. Ich befürchtete, dass eine verdächtige Verwandtschaft mit dem chinesischen Tsiu, der mit dem Branntwein Ähnlichkeit hat, bestehen würde und wollte nicht davon kosten. Doch da Fräulein Gates es kannte und mir versicherte, es sei ein ungegorenes Getränk, ähnlich unserer Limonade, so waren meine Enthaltsamkeitsbedenken hinfällig, und ich bezahlte acht Käsch dafür. Welch erfrischendes Getränk! Himmelswein war es in der Tat für mich und für uns alle, ein freundliches Geschenk von der Hand unseres himmlischen Vaters.

Die Behandlung der uns begleitenden Soldaten war nicht gleich hart und unfreundlich. Wahre Freundlichkeit war wohl eine Ausnahme, aber eine gewisse nicht unfreundliche Gleichgültigkeit war nichts Ungewöhnliches. Sogar eine raue Gutmütigkeit legten sie mitunter den Kleinen gegenüber an den Tag. Sie spielten und lachten mit ihnen, und dann ging wohl auch einmal ein mattes Lächeln über die kleinen Gesichter, als haben sie das Lächeln fast verlernt oder seien sie zu müde dazu. Zwei liebe Burschen gaben uns ihren Schau-kin als schützende Kopfbedeckung, und fast immer waren sie bereit zu helfen, wenn wir unterwegs Schwierigkeiten hatten, an

Nahrungsmittel zu kommen. Manchmal bedauerten wir wirklich, eine Eskorte gegen eine andere vertauschen zu müssen, besonders natürlich dann, wenn die neue bezüglich Freundlichkeit keinem Vergleich mit der alten standhalten konnte. Oft habe ich Gott für die Art gedankt, wie diese Soldaten ihre Pflicht uns gegenüber taten. Ein Beispiel soll genügen. Wir kamen auf einen Markt in einem großen Dorf. Es wurde uns klar, dass man Böses gegen uns im Schilde führte. Die Leute umschwärmten die Karren mit Flüchen und Drohungen, und wenn die Eskorte sich nur einen Augenblick schwankend gezeigt hätte, so würde es uns schlimm ergangen sein. Sie nahm uns jedoch in die Mitte und bildete so, während Tausende uns umringten, für uns eine kleine Leibwache, bereit, jeden Angriff abzuwehren. Wir zogen die lange, steinige Straße hinunter, andauernd darauf gefasst, mitsamt unseren Verteidigern von der Menge verschlungen zu werden. Diese drängte uns nach und begann mit Steinen nach uns zu werfen. Die Eskorte wandte sich um und lud ihre Gewehre, woraufhin die Menge sich auflöste.

Unser Gott erwies sich so inmitten aller Nöte und Gefahren als der Treue und Wahrhaftige. Er war unsere Zuversicht und Stärke auf der Reise durch das zwar schöne, aber von uns so gefürchtete Honan. Unter seinem gnädigen Schutz gelangten wir nach Sinjangtschau, nahe der Grenze der Provinz Hupe.

KAPITEL DREIUNDZWANZIG

Samariterdienst

Mein Gott, meine Seele ist betrübt in mir;
Was betrübst du dich, meine Seele,
und bist so unruhig in mir?
Harre auf Gott, denn ich werde ihm noch danken,
dass er meine Rettung und mein Gott ist! (Psalm 42,7.12)

Unsere Ankunft in Sinjang-tschau, Donnerstag, den 26. Juli, teilt unsere zweite Flucht in zwei Abschnitte, die sich wesentlich voneinander unterscheiden. Drei Wochen waren wir unterwegs, drei Wochen Gefangenschaft, allerdings unter ganz veränderten Umständen lagen noch vor uns. Zu jedem der beiden Abschnitte gehörte sein volles Maß an Leiden. Jeder in seiner Weise war aber auch reich an Erfahrungen von Gottes wunderbarer Durchhilfe.

Als wir durch die Straßen der Stadt fuhren, von einem dichten Menschenschwarm begleitet, und in dem geräumigen Hof des Yamen anlangten, warteten wir wie gewöhnlich mit Zittern und Zagen der Dinge, die da kommen sollten, und beteten zu unserem Gott: »Bringe uns in Frieden aus diesem Yamen und aus dieser Stadt hinaus, um deines herrlichen Namens willen.« Wir wurden auf dem Hofraum abgesetzt und wie gewöhnlich uns selbst überlassen, während eine dichte Menge uns umringte.

Unser Zustand lässt sich leichter vorstellen als beschreiben. Ich erinnere mich noch genau, wie meine Familie und Fräulein Gates aussahen, als wir vor der Wachstube inmitten des betäubenden Lärmes standen. Ich wusste, wie ihnen zumute war, und fühlte mich mit ihnen matt, kraftlos, beinahe hoffnungslos – kurz unfähig, viel länger standzuhalten.

Nach kurzer Zeit kamen zwei Herren vom Yamen in tadellosen, seidenen Gewändern durch die Menge auf uns zu. Als sie vor uns standen, redete mich der jüngere von ihnen höflich an: »What is your country? Are you English?« »Aus welchem Lande stammen Sie? Sind Sie Engländer?«

Ich traute meinen Ohren kaum. Die Frage war ja in meiner Muttersprache an mich gerichtet. Niemand kann sich meine Freude vorstellen. Ich vergaß fast, dass ich der Kleidung nach ein Chinese und überdies ein Gefangener war, und hätte beinahe gerührt die Hand des Sprechers ergriffen. Aber die Klugheit hielt mich davon zurück und mit einer regelrechten Verbeugung nach Einheimischenart sagte ich: »O, mein Herr, sprechen Sie Englisch? Ja, wir sind Engländer und hoffen, Sie werden uns in unserem Elend helfen.« »Bitte, kommen Sie mit mir«, versetzte der Angeredete, und mitten durch die erstaunte Menge hindurch führte er uns zu einem inneren Hof und dann in einen zweiten, noch mehr nach innen gelegenen. Hier war eine große Anzahl gewöhnlicher Beamter, die mit dem Yamen in Verbindung standen, versammelt. Der Empfang, den sie uns bereiteten, war insgesamt sehr freundlich. Sie zeigten lebhafte Teilnahme für uns und brachten dies auch praktisch dadurch zum Ausdruck, dass sie uns etwas zu Essen kommen ließen, darunter ausländische Kekse und verschiedene Süßigkeiten. Sie ließen einen Frisör kommen, und zum ersten Mal seit drei Wochen ging wieder ein Schermesser durch meine Haare und ein Kamm durch meinen Zopf. Als ich mich meiner Frau vorstellte, kannte sie mich kaum wieder. »O«, rief sie, »wie sauber du aussiehst, aber ach, wie schmal und wie verändert!«

Nachdem diese einleitende Handlung vorüber war, wurde uns unser Quartier zugewiesen, diesmal, Gott sei Dank, weder Gefängniszelle noch Wachstube, sonder ein kleiner Tempel, der an der Nordseite innerhalb des kleinen, viereckigen, dazugehörenden Hofraumes lag. Der Raum an der Ostseite war für die Wache bestimmt. An der Südseite lagen ein paar leerstehende Zimmer, während die Westseite von einer hohen Mauer mit Eingangstor gebildet wurde. Ein stattlicher Baum in grünem Blätterschmuck in der Mitte des Vierecks spendete uns erquickenden Schatten an den drückend heißen Tagen, die wir hier zubringen sollten. Eine weniger angenehme Entdeckung machten wir, als wir eine ungemein übelriechende Senkgrube dicht unter dem offenen Fenster unserer Behausung bemerkten.

Der Tempel selbst war ungefähr sieben Meter lang und drei Meter breit. Gegenüber dem Eingang befand sich eine Nische mit einer grotesken Darstellung Buddhas, wie er, von zahlreichen Verehrern umringt, in tiefes Nachdenken versunken, dasitzt. Das Ganze war mit Schmutz und Spinnengewebe bedeckt. Geheimnisvolle Düsterheit breitete sich darüber aus. Davor stand der rußige Weihrauchtisch mit zwei oder drei bronzenen Näpfen, die mit grauer Asche und mit zur Hälfte heruntergebrannten Lichtern gefüllt waren. Diese sollten zahllose Gebete und Gelübde darstellen, die natürlich ebenso kalt und tot waren wie die Gestalt, an die sie gerichtet waren. Zu beiden Seiten des Tisches standen einander gegenüber zwei riesenhafte Kreaturen, die mit Halbmondzinken bewaffnet, ihren Gott beschützen sollten. Der eine war rot, der andere schwarz bemalt und mit ihren Hörnern und glotzenden Augen waren sie furchtbar anzuschauen. Obwohl wir an solch einen Anblick gewöhnt waren, überkam uns doch immer wieder einmal, besonders bei hereinbrechender Dunkelheit, ein gewisses unheimliches Gefühl angesichts dieser schrecklichen Verkörperungen satanischer Macht. Wie gut hatten wir es doch, dass wir uns geborgen wussten unter dem Schatten Gottes. Außer dem Weihrauchtisch gab es in diesem Raum keine Möbel. Als Fußboden diente natürlich die nackte Erde, uneben und ungekehrt. Aus den Fensterrahmen zu beiden Seiten des Eingangs war mit Ausnahme einiger schmutziger Fetzen das Papier entfernt. Darüber waren wir nicht böse, denn nur durch diese Öffnungen konnten Licht und Luft hereindringen. Noch etwas gab es, wofür wir später recht dankbar waren: in der Mauer auf beiden Seiten des Tisches befanden sich zwei kleine, kellerförmige Vertiefungen.

Unser jetziger Aufenthaltsort war im Vergleich zu manch anderen Räumen bisher eine fürstliche Behausung. Sein Hauptvorteil lag in seiner Abgeschiedenheit. Er lag nicht nur innerhalb des zweiten, nach innen gelegenen Hofes, sondern war auch von diesem wieder durch einen besonderen Hofraum abgeschlossen. Auf des Mandarins Befehl durfte niemand, der nicht zum Yamen gehörte, ohne ausdrückliche Erlaubnis diesen Hof betreten. So wurde uns unser Wunsch erfüllt: Wir durften allein sein, allein, wie wir es uns kaum hatten träumen lassen, und hochbeglückt genossen wir die stille Zurückgezogenheit.

Für unsere Bequemlichkeit allerdings wurde nicht das Geringste getan. Nicht einmal einen Stuhl erhielten wir. Unser Stuhl war der Fußboden, unser Bett Mutter Erde. Hier mussten wir unsere schmerzenden Körper ausstrecken, und da wir auch keine Kopfkissen hatten, schliefen wir nur unruhig.

Am zweiten Tag nach unserer Ankunft wurde uns mitgeteilt, dass der Mandarin beschlossen habe, uns wegen des Durchzugs von Truppen, die in Peking dem Heer der verbündeten Mächte entgegentreten sollten, länger dazubehalten. So viel uns daran lag, an das Ziel unserer schrecklichen Reise zu kommen, so sahen wir doch in der Anordnung des Mandarins eine gnädige Fügung Gottes, besonders im Hinblick auf den besorgniserregenden Zustand meiner Frau. Und in dem Bewusstsein, dass wir wenigstens in freundlichen Händen und sicher vor Belästigungen waren, fanden wir uns schnell und dankbar in die neuen Verhältnisse.

Von den acht Tagen, die unser Aufenthalt in Sinjang-tschau dauerte, verliefen fünf recht eintönig. Der Wachtposten wollte wohl nichts mit uns zu schaffen haben und wies darum gelegentliche Unterhaltungsversuche ab. Ab und zu besuchte uns unser Englisch sprechender Freund. Sonst waren wir unter uns, und das war uns sehr recht. Unser ganzes Sein verlangte nach Einsamkeit, und man konnte uns keinen größeren Gefallen tun, als dass man uns allein ließ.

Jeder Tag hatte seine bestimmten, regelmäßigen Tätigkeiten. Wir waren zu müde und angegriffen, um viel fertig zu bringen. Um uns die Zeit zu vertreiben, besonders auch um der Kinder willen, hielten wir es für gut, uns selbst Beschäftigungen auszudenken. Bücher und Schreibmaterial besaßen wir leider nicht. Wir begannen und beschlossen den Tag mit der üblichen Andacht. Nach dem Frühstück reinigten wir unser Tempelheim, eine mühsame Prozedur, die uns aber später sehr zustatten kommen sollte. Ein zerbrochener Reisigbesen, den wir in dem einen Kellerloch fanden, wurde in den Händen der fleißigen Kinder zu einem sehr nützlichen Werkzeug. Viel Zeit verbrachten wir damit, dass wir einfach still dalagen. Vor uns lag doch noch eine längere Reise, und jetzt gab uns Gott die Gelegenheit, uns zu erholen. Unsere Körperhygiene nahm immer ziemlich viel Zeit in Anspruch, da wir nur ein einziges kleines Waschbecken und nur einen Kamm besaßen. Auch das tägliche, unangenehme und doch höchst notwendige Reinigen der Kleidung von Ungeziefer erforderte viel Zeit. Die Zeit, die uns noch blieb, widmeten wir den Kindern. Wir sangen mit ihnen, erzählten ihnen Geschichten, machten ihnen aus Reisig und Weidenruten, die wir im Hof fanden, kleine Sänften und spielten mit ihnen Tschiau-wo-ri, d. i. Sänfte.

Tag für Tag ließ uns der Mandarin das eine oder andere Zeichen seines Wohlwollens zukommen, einmal eine kleine Flasche Ingwerwein für die Damen, ein andermal eine Flasche Limonade, dann wieder eine Teetasse voll gemahlenen Kaffee – seltene Genüsse! Von dem Kaffeepulver nahmen wir jeweils nur eine Prise, taten es in kochendes Wasser und tranken das Gebräu zum Frühstück. Das Öffnen der Limonadenflasche war jedes Mal ein Ereignis, eine Art festliche Gelegenheit, die für einen besonders heißen Tag aufgespart blieb. Die Güte des Mandarins erreichte ihren Höhepunkt, als er uns am dritten Tag ein Paket mit fünf funkelnagelneuen Anzügen sandte, für jeden von uns einen. Diese Gabe war uns äußerst willkommen und unsere Dankbarkeit kannte keine Grenzen. Der Schmutz unseres Gefängnislebens, die Zigeunerwirtschaft auf der Reise und dazu die Rohheiten des Pöbels hatten merkliche Spuren auf unserer Kleidung hinterlassen, die auf das mitleidige Herz unseres Wohltäters Eindruck gemacht hatten. So war uns Erwachsenen jetzt endlich das erstemal nach einem Monat ein Kleiderwechsel vergönnt. Der Herr sei dem Hause des guten Mandarin freundlich; er hat uns oft erquickt.

Zwei Ereignisse jener Tage haben sich mir fest eingeprägt. Das eine ist der Gottesdienst, den wir am Sonntagmorgen in unserem Tempelgefängnis hielten. Wir genossen die köstliche Sabbatruhe und erinnerten uns an all das Gute und all die Barmherzigkeit, die uns bis hierher gefolgt war. Gesangbücher, Gebetsbücher oder Bibeln hatten wir nicht, aber eine glücklichere Stunde wahrer Herzensgemeinschaft untereinander allein mit unserem Gott haben wir kaum jemals erlebt. Die Worte, die mir Gott für meine Ansprache gab, waren aus Hebräer 10,19-23: »die Freudigkeit des Gläubigen durch das Blut Jesu.« Mit Freuden schöpften wir Wasser aus dem Heilsbrunnen. Unter dem Schatten Buddhas und seiner Schar durften wir Ihm lobsingen, dem Lebendigen.

Das andere Ereignis erscheint mir nicht weniger bemerkenswert. Im Verlaufe jenes Tages schickte der Mandarin seinen kleinen Jungen, etwa vier Jahre alt, mit einigen jungen Mädchen, um dem Tempelgötzen Ehre zu erweisen. Der Kleine weigerte sich jedoch, sich zu verbeugen und war durch nichts, weder durch freundliches Zureden noch durch Drohungen, dazu zu bringen. Sogar Gewalt wandte man an, doch der tapfere Widerstand des kleinen Burschen siegte, und seine Begleiterinnen führten ihn mit dem verwundernden Ausruf weg, dass sie nicht wüssten, was in das Kind gefahren sei, er habe sich noch niemals so benommen. O, sie wussten nicht, dass der Herr an diesem Ort war.

Der folgende Tag, der 30. Juli, sollte ein denkwürdiger Tag für uns werden. Im Laufe des Vormittags traf die Nachricht ein, dass eine große Gesellschaft von Fremden erwartet werde und unser Quartier teilen solle. Über ihre Herkunft, Stand usw. war nichts Näheres zu erfahren. Wir waren während unserer Flucht über das Ergehen derer, die mit uns in gleicher Gefahr waren, in vollkommener Unkenntnis geblieben und konnten nur annehmen, dass die von Herrn E. J. Cooper in seinem letzten Brief an mich ausgesprochene Befürchtung tatsächlich eingetroffen sei und dass die erwarteten Ankömmlinge niemand anders als unsere Lutschenger Freunde seien.

Mit größter Spannung sahen wir ihrer Ankunft entgegen und legten ihnen zu Ehren unsere neuen Gewänder an. Der Tempel wurde sorgfältig gekehrt und in Ordnung gebracht. Diese dürftigen Vorbereitungen waren gerade beendet, als wir das Rasseln von Wagenrädern hörten. Die Türe des kleinen Hofes wurde von Läufern aufgestoßen, und uns die Ankunft der Fremden angekündigt. Voll Vorfreude, sie willkommen zu heißen, eilten wir hinaus.

Aber o, welch ein Anblick bot sich uns dar! Mühsam und bedächtig stiegen sie aus den Wagen, insgesamt zwölf Personen, drei Männer, vier Frauen und fünf Kinder. Als sie eines nach dem andern unter dem Verdeck des Wagens auftauchten, glichen sie in ihren Lumpen und ihrem abgemagerten Zustand mehr Gespenstern, als Wesen von Fleisch und Blut. Unsere Ahnung hatte uns nicht getäuscht. Es waren wirklich unsere teuren Freunde von Lutscheng und Pingjau, gerade noch wiederzuerkennen, obwohl sie jämmerlich entstellt waren. Frau Cooper kam zuerst hervor. Meine liebe Frau lief ihr entgegen und führte sie nach zärtlicher Umarmung herein. Sie schaute mich an und grüßte mich, müde lächelnd, mit den Worten: »O, wie herrlich, mal wieder einen reinen Menschen zu sehen!« Nach ihr kam ihr Ehemann, der in seinen Armen ein Bündel loses, schmutziges Stroh trug. Dann stiegen Herr A. R. Saunders und Herr Jennings aus. Ihnen folgten die Damen, Frau Saunders, Fräulein Huston und Fräulein Guthrie. Sie führten oder trugen die Kinder, obwohl sie an sich selbst genug zu tragen hatten.

Es war ein Bild zum Weinen, ein namenlos trauriger Anblick. Sie schlichen zum Tempelraum, ließen sich, wie wir es vor fünf Tagen getan hatten, auf den Boden gleiten und dankten Gott, dass er ihnen nach qualvollen Wochen die heißersehnte Ruhe geschenkt hatte. Jeder Quadratmeter des Fußbodens unserer Behausung war bald mit Kranken und Verwundeten bedeckt. In der linken Ecke gegenüber dem Eingang lag auf einer Schicht Streu die liebe Frau Cooper. Ihr zerrissenes Hemd ließ die Wunden auf ihrer Brust durchblicken, die von den Sonnenstrahlen herrührten und eitrig geworden waren. Ihre Arme und Beine waren mit eitrigen Geschwüren bedeckt, die von den grausamen Packsätteln herrührten. Dazu kamen die Qualen des Durchfalls. Ihr gegenüber lag neben dem Weihrauchtisch Fräulein Huston. Sie war von den Boxern so zugerichtet worden, dass sie mit zerbrochenem Unterkiefer, einer klaffenden Schädelwunde, die die Hirnschale bloßlegte, knochentiefen Fleischwunden auf beiden Vorderarmen und außerdem den ganzen Körper mit Beulen bedeckt, dalag. Neben ihr lag Frau Saunders, die schrecklich unter Durchfall litt. In der Nähe des Eingangs lag Fräulein Guthrie, bei der dieselbe Krankheit anscheinend hochgradig fortgeschritten war. Dazwischen verstreut lagen die Kinder, deren nicht enden wollendes, herzzerreißendes Schluchzen und Stöhnen ihren schmerzvollen Zustand verriet. Die armen lieben Kleinen waren durch die Durchfallerkrankung sehr geschwächt, und dazu schmerzten die unverbundenen Sonnenbrandwunden unvorstellbar stark. Vielleicht litten Jessie Saunders und Edith Cooper am meisten. Ihre Arme waren von der Schulter bis zum Ellbogen mit eitrig-schmutzigen Wunden bedeckt, die von Maden wimmelten.

Zwei der Flüchtlinge hatten es nicht bis hierher geschafft. Die kleine Isabella Saunders war den Strapazen der Flucht erlegen, und Fräulein Rice war von den Boxern in Tse-tscheo ermordet worden.

Nach und nach erfuhren wir mit Staunen und Verwunderung Näheres über die Flucht unserer teuren Freunde. Wunder über Wunder hatten sie genau wie wir erlebt, und als wir gegenseitig unsere Erfahrungen austauschten, konnten wir nicht anders, als gemeinsam dem Preis und Ehre geben, der allein Wunder tut. Da eine anschauliche Schilderung ihrer furchtbaren Leiden und Gefahren bereits veröffentlicht worden ist (»A God of Deliverances« von Rev. A. R. Saunders), so beschränke ich mich auf eine kurze Wiedergabe der Leiden Fräulein Hustons und der Ermordung von Fräulein Rice. Fräulein Huston hat selbst die Einzelheiten darüber Fräulein Gates mitgeteilt.

Die Flüchtlinge waren in einem großen Dorf namens Santschiatien angekommen (Dr. Hewett und ich hatten dort vor drei Monaten vor einer dichtgedrängten, uns keineswegs freundlich gesinnten Zuhörerschaft das Wort des Lebens verkündigt, und beinahe hatte man uns damals eine Unterkunft für die Nacht verweigert). Da wurden die beiden Schwestern, übermüdet, wie sie waren, von den Übrigen, die von den Boxern vorwärts getrieben wurden, getrennt. Sie sahen, dass sie allein waren, und gaben die Hoffnung durchzukommen auf. Sie setzten sich am Weg nieder und erwarteten ihr Ende. Sofort wurden sie vom Pöbel umringt, dessen Wut bald von Worten zu Taten überging. Sie wurden mit den gröbsten Beschimpfungen überhäuft. Dabei wurde Fräulein Rice vergewaltigt. Dann stürzte sich der Pöbel mit furchtbarem »Ta! Scha!«, d. h. »Schlagt sie, tötet sie!« auf sie, und unter einem Hagel von Schlägen verlor Fräulein Huston die Besinnung. Sie bekam aber noch mit, wie man ihr einen schweren ungefederten Wagen über den Körper rollte, um ihr das Rückgrat zu brechen. Als sie wieder zu sich kam, merkte sie, dass man in der Meinung, sie sei tot, ihr Gesicht mit einer Schicht Erde bedeckt hatte. Ihr erster Gedanke galt ihrer Leidensgefährtin. Sie kroch, so gut sie konnte, zu ihr hin und entfernte die Schmutzschicht, die auch ihr Gesicht bedeckte, musste jedoch feststellen, dass Gott ihre Schwester bereits zu sich genommen hatte. Die ganze Nacht über hielt sie neben dem Leichnam Wache, wehrte die Hunde ab und erwartete ihr eigenes Ende. Bei Morgengrauen kam eine Schar Yamensoldaten. Sie begruben die Tote und brachten die Überlebende zur Stadt, wo sie wieder zu ihrer Gruppe stieß. Näheres über ihr Zusammentreffen mit ihnen ist in dem Buch von Missionar Saunders zu finden. Ein Wunder war es, dass sie nicht bloß leiblich, sondern auch geistig das ganze Erlebnis überstand. Sie sprach nur sehr wenig, ausgenommen mit ihrer Freundin Fräulein Gates, mit der sie durch die gemeinsame Arbeit vergangener glücklicher Tage eng verbunden war. Wir alle sprachen nicht viel miteinander. Krankheit, eigenes und fremdes Leid, nahm uns völlig in Anspruch und trieb uns in die Stille.

Unsere Zahl war von fünf auf siebzehn angestiegen, und infolgedessen glich unser kleiner Raum bei den ungünstigen gesundheitlichen Verhältnissen geradezu einem Pesthaus. Ärztliche Hilfe stand uns nicht zur Verfügung. Draußen verbreitete bei der furchtbaren Glut der Hundstage die Senkgrube unter dem Fenster einen unerträglichen Gestank, während Wunden und eiternde Geschwüre die Luft drinnen verpesteten. Bedenkt man dann noch, dass nicht weniger als neun von uns siebzehn an Durchfall erkrankt waren und uns nur jene Grube zur Benutzung stand, so kann man sich unsere Notlage vorstellen.

Am folgenden Tage konnte sich Fräulein Gates ein chinesisches antiseptisches Mittel verschaffen. Sie machte sich sofort ans Werk und reinigte die Wunden mit einer kalten Lösung. Das Ganze war natürlich schmerzhaft. Die tapferen Kinder schrien laut auf. Sie hatten das Gefühl, als würden sie mit kochendem Wasser verbrüht. Jessie Saunders litt am meisten. Als sie an die Reihe kam, wo ihr Arm verbunden werden sollte, ließ sie nur der Gedanke daran zusammenzucken, aber mit ergreifender Geduld ertrug sie die Schmerzen.

Tag und Nacht waren wir beschäftigt. Der Zustand der Kinder erforderte beständige Aufmerksamkeit. Bald stöhnte jenes, dann schrie dieses, so dass an Schlaf nicht zu denken war. Dabei bewiesen sie eine Geduld, ein Mitgefühl, eine selbstlose Teilnahme, wie sie sich sonst nur in reiferen Jahren findet. Die Besorgtheit der kleinen Jessie um ihre Mutter steht mir noch lebhaft vor Augen, wie sie sie nachts öfters bat, mit ihr den Platz auf dem harten Erdboden tauschen zu dürfen, weil sie glaubte, dass ihr Lager dann bequemer sei.

Unsere tägliche Pflicht war es nun, die Wunden zu verbinden, die Kleider der Kinder zu waschen und für die Kranken zu kochen. Wir verrichteten das alles mit soviel Ruhe und Frohsinn, wie Gott uns dazu gab. Die beiden dunklen Kellerräume dienten den Damen als Umkleidezimmer, ein Alleinsein war ausgeschlossen. Die Erschöpfung, unter der wir litten, machte sich infolge der drückenden Hitze und des ekelhaften Gestankes umso fühlbarer. Ich sehe noch Herrn Cooper vor mir, wie er todmüde, ein Schatten seiner Selbst, die beschmutzten Kleider seiner beiden Kinder auswusch und sich dann erschöpft neben seiner Frau niederließ, um ihr mit dem Fächer die Fliegen von den offenen Wunden abzuwehren.

Der 31. Juli war Hedleys Geburtstag. Der liebe kleine Junge, nun fünf Jahre alt, sah sich an diesem traurigen Tag von soviel Liebe und doch zugleich von soviel Leid und Schmerz umgeben. Keine fröhliche Geburtstagsgesellschaft, keine heiteren Spiele, kein Geburtstagskuchen! Dafür saßen die Kleinen stumm und nachdenklich am Boden und sahen eines das andere scheu an, als wären sie einander ganz fremd. Seufzer traten an Stelle des fröhlichen Lachens, Stöhnen an Stelle von Gesang. Wir taten unser Bestes, um dem Tag einen festlichen Anstrich zu geben, aber der Versuch fiel sehr matt aus, und das kleine, kummervolle Gesichtchen meines herzigen Jungen schien zu fragen: Wollt ihr mich für dumm verkaufen?

Einige teilnehmende Besuche erhielten wir von Vertretern des Mandarins, und außerdem wurden uns verschiedene Beweise freundlichen Wohlwollens geschenkt in Form von Nahrungsmitteln,

Geld und Kleidungsstücken für die neu Hinzugekommenen. Gelegentlich erhielten auch Herren aus der Stadt Zutritt, um uns auszufragen. An der Schwelle stehend und sich die Nase zuhaltend oder mit verschiedenen Parfüms hantierend, waren diese Besuche nicht dazu angetan, alte Vorurteile zu entkräften. Unter den Chinesen ist die Ansicht verbreitet, dass die Fremden in geradezu widerlicher Weise unreinlich sind und dass man sich ihnen nur in dieser Weise überhaupt nahen dürfe. Wundern muss man sich, dass sie den Geruch überhaupt ertragen konnten.

Jeden Tag erkundigten wir uns immer wieder, wann wir Aussicht hätten, weiter zu kommen. Es war klar, dass ein längeres Bleiben an dem verpesteten Ort Gefahren heraufbeschwören musste, die nicht weniger ernsthaft sein würden, als die, denen wir unterwegs entgegengingen. Wir baten deshalb, man möge uns sobald wie möglich weiter befördern. Man vertröstete uns auf »morgen«. Es hieß, die Straße sei noch nicht frei von Truppen und der Mandarin wolle die Gefahr für uns nicht auf sich nehmen, »aber«, hieß es, »wir wollen morgen sehen«. Und so ging es weiter. Schließlich kam uns das Warten unerträglich vor, und die giftigen Keime zeigten bereits ihre Wirkung auf unsere Körper. Meine beiden Kinder bekamen große Furunkel und Durchfall, und auch ich erkrankte daran, so dass die Zahl der Opfer auf zwölf von siebzehn stieg.

So elend unsere Lage auch war und so verzweifelt sie schließlich wurde, so tröstete uns doch das Bewusstsein, dass Gott für uns war. Er, der uns von den Pforten des Todes errettet und bis hierher gebracht hatte, war wohl imstande, uns zu erretten aufs Völligste und uns am Leben zu erhalten, wenn es zu seiner Verherrlichung diente. Sichtlich erlebten wir das an Fräulein Guthrie. Diese war dermaßen von Durchfall erschöpft, dass es klar war, dass sie nicht mehr lange zu leben hatte. In dieser Lage bat sie mich, über ihr zu beten, in der Überzeugung, dass bei vollständiger Unterordnung unter den Willen Gottes der Herr sie auf das Gebet des Glaubens hin aufrichten werde (Jak. 5). Bereitwillig erfüllte ich die Bitte meiner todkranken Schwester, und von diesem Moment an bekam sie tatsächlich neue Kraft, so dass sie schließlich gesund wurde. Die Krankheit wurde nicht sofort zum Stillstand gebracht, aber sie ließ nach, bis die Kranke dann schließlich unter sorgfältige ärztliche Behandlung kam.

Manch kostbaren Anschauungsunterricht für mein ganzes Leben erhielt ich in jenem »Spital« in Sinjang-tschau. Wir waren nicht nur körperlich vollständig erschöpft, sondern standen alle noch unter dem unmittelbaren Eindruck der schrecklichen Erlebnisse unserer Flucht. Jeglicher Komfort fehlte, keine Erleichterung irgendwelcher Art wurde uns geboten, und doch kam die ganze Zeit über kein Wort des Murrens oder Klagens über unsere Lippen. Sogar die Kleinen gaben kein Wort von sich, das als Zeichen des Zweifels an der Liebe Gottes oder an der Richtigkeit seiner Wege gedeutet werden konnte.

Die Standhaftigkeit und stille Ergebung, mit welcher die Frauen litten, ohne zu klagen, war besonders eindrücklich. Sie war uns ein greifbarer und unwiderleglicher Beweis von der erneuernden Kraft der Gnade Gottes. Da lag die liebe Frau Cooper in der drückenden Schwüle auf dem von Ungeziefer wimmelnden Boden, geplagt von Durchfall, auf einer dürftigen Schicht Stroh, während ganze Fliegenschwärme ihre Wunden bedeckten. Und doch kam kein Stöhnen, nicht einmal ein Seufzen von ihren Lippen. Wenn man mit ihr redete, begleitete ein stilles, sanftes Lächeln und ein Wort des Dankes gegen Gott für seine Liebe ihre Antwort. Und so war es bei einer jeden der Patientinnen. »Ja, die edle Schar der Märtyrer preist dich«, diese Worte fanden volle Bestätigung durch das, was ich vor Augen hatte.

Ich danke Gott auch für die Lehren, die er mir durch den Geist brüderlicher Liebe, der in unserer Mitte herrschte, gab. Kostbar war es zu sehen, wie einer dem anderen Hilfsdienste tat, wie einer dem anderen die Füße wusch in Liebe und Demut. Niemand suchte das Seine, sondern das, was des Nächsten war (Phil. 2,4). Die Selbstverleugnung der teuren Brüder Saunders, Cooper und Jennings verriet den Geist dessen, der sich für uns geopfert hat. Der Hauptteil der Pflege fiel Fräulein Gates zu, die als einzige von den Frauen nicht eigentlich krank war. Wie treu, wie unermüdlich und hingebungsvoll unterzog sie sich bei ihrer eigenen großen Schwäche den Pflichten, die ihr die Liebe auferlegte. Herzlichkeit und Zärtlichkeit, die Frucht demütiger Unterwerfung unter den klar erkannten Willen Gottes, durchfloss unsere Beziehungen zueinander und verbannte jegliche Reizbarkeit und Launenhaftigkeit. Selbst da, wo so viel dazu angetan war, uns niederzudrücken und zu entmutigen, wurden uns »einen Kopfschmuck statt Asche und Freudenöl statt Trauer und Feierkleider statt eines betrübten Geistes« (Jes. 61,3) gegeben. Die rechte Hand des Herrn hielt uns (Ps. 63,9)! Seine Freundlichkeit stärkte uns! Ihm sei Ehre in Ewigkeit! Amen.

Kapitel vierundzwanzig

Durch Kreuz zur Krone

Wer sind diese? ... Das sind die, welche aus der großen Drangsal kommen; und sie haben ihre Kleider gewaschen, und sie haben ihre Kleider weiß gemacht in dem Blut des Lammes. Darum sind sie vor dem Thron Gottes. (Offb. 7,13ff)

Der langersehnte Tag brach endlich an. Am Freitag, den 3. August, frühmorgens, gerade als unsere Not ihren Höhepunkt und unsere Hoffnung ihren Tiefpunkt erreicht hatten, kam die willkommene Botschaft, dass die Straße frei von Truppen sei und wir unverzüglich weiterbefördert werden sollten. Was für eine Freude! Es war für uns der neunte, für unsere Freunde aus Lutscheng und Pingjau der vierte Tag, den wir in unserem Tempelgefängnis zubrachten.

Allerdings wurde unsere Freude sehr gedämpft, als wir herausfanden, dass zu unserem Transport wieder die unbequemen Reisekarren dienen sollten. Ursprünglich mag es die Absicht des guten Mandarin gewesen sein, den Kräftigeren unter uns Reisestühle, den Schwächeren dagegen Bambuskörbe zuzuweisen. Allerdings war diese gute Absicht durch den Durchzug der Truppen aus Wutschang vereitelt worden. Die Offiziere hatten nämlich jeden verfügbaren Reisestuhl und Korb für sich in Beschlag genommen und dazu sämtliche berufsmäßigen Träger gemietet. Die einzigen zwei Körbe, die sich auftreiben ließen, wurden Frau Cooper und Frau Saunders überlassen, die am elendesten dran waren. Uns anderen blieb nichts anderes übrig, als ungeachtet unserer Schwäche und den Schmerzen das Rütteln auf den Karren, das Knarren der Räder und das unbequeme Sitzen auf den harten Brettern in Kauf zu nehmen.

So dankbar wir auch für die Erlaubnis waren, aufbrechen zu dürfen, so verließen wir doch unser Tempelheim nicht ohne tiefe Beugung vor dem Herrn im Gedächtnis an seine große Güte, die uns diese Zufluchtsstätte beschert hatte. Auch die Freundlichkeit des

Mandarins und anderer an jenem Orte trat uns noch einmal recht lebendig vor die Seele, wo wir wieder den schrecklichen Ungewissheiten auf dem Transport entgegengingen. Nicht ohne gemischte Gefühle sagten wir dem Platz und den Leuten Lebewohl.

Hier in Sinjang-tschau hielt ich es für angebracht, mich von den beiden sichtbaren Zeichen der Freundlichkeit Gottes, nämlich von dem zerlumpten Rock des Bettlers und den Hosen Pauris, zu trennen. Da ich jetzt anständig gekleidet war, brauchte ich sie nicht mehr und da die Ereignisse, mit denen sie verknüpft waren, zu schmerzlich waren, um ständig daran erinnert zu werden, wollte ich sie lieber aus den Augen haben. Außerdem waren sie inzwischen von Ungeziefer hoffnungslos zerfressen und wirklich nur gut fürs Feuer. So wickelte ich sie ehrfurchtsvoll zusammen und ließ sie in dem dunklen Kellerloch zurück, und wie ich einst Gott gedankt hatte, dass ich sie tragen durfte, so dankte ich ihm jetzt, dass ich sie zurücklassen durfte.

Wie seltsam war uns zumute, als wir uns nach neuntägiger Abgeschlossenheit wieder mitten in das geräuschvolle Treiben auf dem großen Yamenhof versetzt sahen. Am Tor standen die Tragkörbe auf einem Bambusgestell mit einer schützenden Plane darüber, daneben sechs Karren. Wenn wir wenigstens etwas die Unbequemlichkeiten der vor uns liegenden Reise mildern wollten, mussten wir uns selber helfen so gut wir konnten. Sauberes Stroh war nicht zu bekommen, und unsere alten Strohvorräte waren eigentlich das Hinaustragen nicht wert. Trotzdem blieb uns nichts anderes übrig, als es zu benutzen. Ein paar alte Beinkleider, die Fräulein Gates und Fräulein Huston mit den Strohresten ausstopften, ergaben ein höchst originelles und zugleich sehr brauchbares Kissen. Von den beiden Wattdecken, die wir geschenkt bekommen hatten, behielt ich eine für meine Frau und die Kinder, vierfach zusammengefaltet diente sie ihnen als Unterlage. Das kleine Bündel Kinderkleider, das wir bis dahin als Kissen benutzt hatten, war unter unsere gewachsene Anzahl an Bedürftigen aufgeteilt worden. Jetzt war alles reisefertig. Die Körbe, von kräftigen Schultern getragen, eröffneten den Zug, dann kamen in langer Reihe die Karren mit den knarrenden Rädern und den harten Brettern. Eine bewaffnete Eskorte, etwa ein Dutzend an der Zahl, gab uns das Geleit.

Die Reise jenes Tages unterschied sich nicht von den früheren. Fürchterliche Hitze, zerbrochene Planen, elende Kost, mürrische Karrenführer, dazu das unaufhörliche Durchgeschütteltwerden und beständige Furcht vor neuen Ausbrüchen der Volkswut! Diesmal kam noch dazu, dass wir alle an Durchfall litten, ich und die Kinder nicht weniger als meine Frau, die durch die lange Dauer und unverminderte Heftigkeit ihrer Krankheit äußerst geschwächt war. Ohne zu murren ertrug sie die schreckliche Fahrt, wobei der Karren einmal aus einer Furche in die andere geschleudert wurde, dann wieder unbarmherzig auf felsigem Boden dahinrollte. Nur einmal, als ich neben ihr saß und wir mit lautem Krachen auf der entsetzlich holperigen Straße unter dem Stadttor Jingschans hindurchfuhren, kam über ihre zusammengepressten Lippen ein schwerer Seufzer.

Da wir die Entfernung zwischen Sinjan-tschau und Jing-schan nicht an einem Tage zurücklegen konnte, mussten wir die Nacht über auf halber Strecke in einem Dorf namens Tankinho bleiben. Die eine Hälfte unserer Reisegruppe, darunter wir, wurde in einem großen Schuppen für Reisekarren untergebracht, die andere, darunter Familie Saunders, wurde zu einer Herberge, die Straße weiter aufwärts, gebracht. Unsere Ankunft erregte, Gott sei Dank, nur die übliche Neugierde. Von feindseligen Kundgebungen seitens der zahlreichen Volksmenge war nichts zu spüren. Unter dem Schutz der Eskorte richteten wir uns für die Nacht ein. Wir breiteten die Decke aus, wo es der Raum zwischen den Karren zuließ, und legten uns hin.

Plötzlich – wir waren noch nicht eingeschlafen – kam von der Herberge die erschütternde Nachricht zu uns herab, dass Jessie Saunders gestorben sei. Wohl war uns ihr entkräfteter Zustand bekannt gewesen, aber die Nachricht kam doch überraschend. Wir erschraken umso mehr, da der Tod jetzt zum ersten Mal in unsere Reihen einbrach und bei dem Zustand der meisten unter uns zu befürchten war, dass es nicht das letzte Mal sein würde. Überdies konnte das Ereignis leicht die abergläubische Furcht der Bevölkerung erregen und uns in Schwierigkeiten bringen. Der Fall verlangte besondere Weisheit und trieb uns ins Gebet nicht bloß für die schwergeprüften Eltern, sondern für uns alle.

Sobald die Nachricht kam, machte ich mich auf den Weg zur Herberge. Die Nacht war ruhig, die Straße menschenleer. Totenstille lag über dem Ort. Ich brauchte nicht nach der Herberge zu fragen, der Anblick, der sich mir bot, machte es unnötig. Da, auf der Straße gegenüber dem Eingang zur Herberge, wohin der Wirt nach der abergläubischen Sitte des Landes das sterbende Kind getragen hatte, lag die kleine Jessie auf einer Binsenmatte. Der Mond fiel gerade auf ihr Gesicht und ließ die lieblichen Züge, umrahmt von goldgelben Locken, deutlich erkennen. Den einen Arm streckte sie von sich, und man konnte denken, dass sie sich selbst in äußerster Erschöpfung auf den Boden geworfen habe und nun in friedlichem Schlummer daliege, ein lieblicher und dabei so ergreifender Anblick! Das blasse Antlitz der kleinen Märtyrerin sah im milden Schein des Mondes aus wie eines Engels Angesicht, und obwohl es noch die Spuren der überstandenen Leiden an sich trug, so war es, als ob es doch die strahlende Herrlichkeit, in die der Geist bereits eingetreten war, widerspiegelte. Neben ihr saß, gestützt von Fräulein Gates, die tief betrübte Mutter in stiller Ergebung in den Willen dessen, der vor kurzem ihr jüngstes Kind von ihr gefordert, und ihr nun auch dieses Opfer um seines Namens willen zugemutet hatte.

Ich wollte nicht die stille, weihevolle Andacht der bekümmerten Mutter stören, und so zog ich mich mit einem kurzen Wort christlicher Teilnahme zurück. Die Anstalten für das Begräbnis ließen sich, Gott sei Dank, schnell und ohne Hindernisse treffen. Der das Kommando führende Offizier der Eskorte leistete wertvolle Hilfe, und die Eltern hatten den großen Trost, dass trotz der Dringlichkeit der Zeit und der besonderen Umstände alles ordentlich getan wurde. Das kleine Grab wurde auf einem Hügel außerhalb des Dorfes gegraben, und bei Sonnenaufgang wurde die liebe Jessie im Land ihrer Heimsuchung von ihrem betrübten Vater zur Ruhe gebettet. Da schläft sie nun, »bis der Tag anbricht und das Dunkel weicht«.

Trotz der von dem Mandarin in Sinjang-tschau getroffenen Vorsichtsmaßregeln sollten wir doch dem gefürchteten Zusammenstoß mit Soldaten nicht entgehen. Die Nachricht, dass wir wahrscheinlich, bevor wir unseren Bestimmungsort erreichen konnten, auf kaiserliche Truppen stoßen würden, war im höchsten Grad beunruhigend und ließ uns vereint den Herrn um Schutz und Errettung anrufen. Um womöglich doch noch vor ihnen Jingschan-hsien zu erreichen, brachen wir frühzeitig auf.

Die Erfahrung jenes Tages war keine beneidenswerte. Unter der fürchterlichen Hitze, vor der uns das leichte Verdeck nur notdürftig schützte, eilte man mit uns rücksichtslos auf ungebahnten Pfaden vorwärts. Nur mit Mühe konnten wir von unseren Fahrern ab und zu eine kurze Rast erbitten und mussten »unsere Seelen durch standhaftes Ausharren gewinnen« (Lk. 21,19). In längeren Zwischenräumen als bisher machten wir Halt, und wir verstanden natürlich, dass ein triftiger Grund dafür vorhanden war. Wir fürchteten uns fast ebenso sehr vor dem Anhalten wie vor dem Aufbrechen.

Als der Morgen vorrückte, wurde uns klar, dass ein Zusammenstoß mit den von Wutschang kommenden Soldaten unvermeidlich war. Die Nachricht kam, dass die Vorhut in Stärke von fünf Bataillonen Jingschan bereits verlassen hatte und sich uns näherte. Als wir beim Hinaufsteigen auf eine steile Anhöhe absteigen mussten, fanden Herr Saunders, Herr Cooper und ich eine passende Gelegenheit im Gehen, uns und unsere Lieben gemeinsam in Gottes Hand zu befehlen.

Gegen Mittag hielten wir vor einer Bude, um unseren dürftigen Imbiss, bestehend aus »feuchtem Reis« einzunehmen, als wir in der Ferne die Soldaten erblickten. Banner, Fahnen, Flinten, Spieße, Halbmonde, dreizackige Speere, voran eine lange Reihe Karren, die mit Waffen, Munition und Rüstungen beladen waren, kündigten ihr Herannahen an, und in wenigen Minuten befanden wir uns mitten unter ihnen. Wieder einmal griff Gott in wunderbarer Weise ein zu unserer Rettung. Als sie entdeckten, wer wir waren, entstand eine große Bewegung unter ihnen, und deutlich drückten sie die Absicht aus, uns zu töten. Die kaiserliche Armee, sagten sie, und die der Regierung treu ergebenen Boxer seien eins und ständen unter demselben Befehl, der vom Thron ausgegangen sei, die fremden Teufel auszurotten. Sie wollten sie in das Gelbe Meer treiben, aber sie brauchten nun nicht zu warten bis sie die Hauptstadt erreicht hätten, um Fremdenblut zu vergießen, sie könnten gleich hier damit beginnen.

Die wachsende Erregung drohte die Schranken der Disziplin zu überschreiten. Die Eskorte hielt sich dicht neben uns, und die Offiziere der Truppen waren ohne Zweifel der Meinung, dass wir, da wir unter Bedeckung reisten, unserem Schicksal nicht entgehen könnten und dass unter diesen Umständen ihr Eingreifen nicht bloß unnötig, sondern auch unerwünscht sei. So taten sie, was sie konnten, um Blutvergießen zu vermeiden. Sobald die Mannschaften ihren Napf mit Hsi-fan hinuntergeschlungen hatten, ließen sie sie antreten und abmarschieren, was mit einer Schnelligkeit und Pünktlichkeit geschah, die bei dem sonst herrschenden Wirrwarr überraschte. Und doch waren die Mannschaften kaum davon abzuhalten, über uns herzufallen. Eine Kompanie meuterte fast in ihrer Erbitterung gegen uns. Wie wir dem Tode entgingen, weiß allein Gott, unser Schild und Erretter. Fräulein Huston wurde in roher Weise angefasst und geschüttelt, Fräulein Gates neben ihr wurde an den Haaren von ihrem Sitz auf dem Karren heruntergezerrt. Unser Karren wurde auch umringt und zum Schein mit einem Speer auf die kleine Hope gezielt. Ich glaube fest, dass das Verderben nur durch die feste Haltung eines jungen Soldaten unserer Eskorte, der die erregten Fragen ruhig beantwortete, von uns abgewendet wurde.

Am schlimmsten erging es den beiden Schwerkranken, Frau Cooper und Frau Saunders. Da ihre Körbe von vier Mann getragen wurden, war es unmöglich, mit ihnen Schritt zu halten. Die Träger weigerten sich nämlich, ihren Schritt dem unseren anzupassen. So kam es, dass sie uns weit voraus waren, als das Gros der Soldaten herankam. Und nicht allein das, sobald die Träger die Truppen erblickten, setzten sie ihre Last nieder und machten sich davon.

Die beiden wurden bald als »fremde Teufel« erkannt, denen man den Todesstoß versetzen müsse. Äußerst entkräftet, mit geschlossenen Augen lagen sie da und wagten nicht, in die grausamen Gesichter um sie herum zu blicken. Sie fühlten sich schon von Gewehrkolben und Lanzenspitzen berührt. Da hörten sie die Männer in ihrer unmittelbaren Nähe sagen: »Es ist nicht der Mühe wert, sie zu töten, sie werden sowieso in ein oder zwei Stunden an ihrer Krankheit sterben.« Das wurde ihre Rettung. Bald sahen sie, dass sie allein und noch am Leben waren.

Von der Reise nach Jingschan ist mir außerdem noch zweierlei in schrecklicher Erinnerung geblieben, die Grausamkeit der Karrenfahrer und die Angst, die unsere liebe Hope gepackt hatte.

Der Weg wurde so entsetzlich schlecht, dass ich bei einem Halt die Dienste unserer Eskorte in Anspruch nahm, um meiner Frau einen Reisestuhl, den ich auf der Straße bemerkt hatte, zu besorgen. Es war schon alles mit den Fahrern verabredet, doch als dann die Zeit zum Aufbruch kam, war der Stuhl verschwunden. Ich sah die Karren einen nach dem andern abfahren, und mit ihnen die Eskorte, bis unser Karren alleine zurückblieb. Ich wartete und wartete, doch kein Stuhl kam. Es wurde mir unbehaglich zumute, und die alte Besorgnis, abgeschnitten zu werden, wurde wieder lebendig in mir. Noch immer war nichts von dem Stuhl zu sehen, während man uns immer wieder versicherte, »er werde gleich kommen.« Endlich veranlasste uns das Erscheinen neuer Truppenmassen, den Plan mit dem Stuhl aufzugeben und in der früheren Weise unsere Reise fortzusetzen.

Unsere Entscheidung stieß auf den härtesten Widerstand der Karrenfahrer. Sie erklärten unter heftigen Schimpfworten nachdrücklich, uns nicht weiterfahren zu wollen. Offenbar war ihnen der Gedanke mit dem Stuhl sehr recht gewesen. Nichts konnte sie bestimmen, sich von der Stelle zu rühren. Ich war am Ende meiner Weisheit und konnte nur in meinem Herzen zu Gott schreien. Die Wut der Männer rief bereits eine missgünstige Stimmung unter den Umherstehenden gegen uns hervor, und jeder Augenblick war kostbar. Endlich schlug unsere Erklärung, dass wir unsere Sitze auf dem Karren nicht verlassen würden, durch, und mit dem Bemerken, dass wir unsere Wahl noch zu bereuen haben würden, fassten sie nach den Griffen und stürmten in wilder Hast mit uns davon.

Tatsächlich sollte diese letzte Karrenfahrt der Höhepunkt von allem werden, was wir in den 19 Tagen an Fahrten erlitten hatten. Eine ungewöhnlich lange gepflasterte Straße, aus ungeheuer roh behauenen Steinplatten gebildet, mit gelegentlich steilen Abhängen und Anhöhen, auf denen wir uns bei furchtbarer Sonnenglut zu Fuß hinaufschleppen mussten, wartete auf uns, und die Bosheit unserer Führer hatte vollen Spielraum. Anstatt dass sie die Karren in den weichen, vielbenutzten Spuren seitwärts der gepflasterten Straße laufen ließen, benutzten sie diese und machten so ihre Drohung wahr. Meine Frau trug die Beschwerden heldenmütig, ohne zu seufzen und zu klagen. Nur wenn wir absteigen mussten, um die Anhöhen hinaufzugehen, zeigte sich die Wirkung der Fahrt. Vor Schwäche und Schmerzen brach sie fast zusammen und ich musste sie bei ihrem schwankenden Gang mehr tragen als führen.

Was die kleine Hope anbelangt, so schien ihre Nervenkraft geschwunden. Sie schluchzte jetzt fortwährend und sobald der Karren, wenn auch nur für einen Augenblick stillstand, kannte ihre Angst keine Grenzen. »Weiterfahren, weiterfahren!« rief sie dann flehentlich bittend und mich ängstlich umschlingend, »man wird uns töten!« und jeder Versuch, sie zu beruhigen, stieß auf einen neuen Ausbruch ihrer Ängstlichkeit und ihres Entsetzens.

So kamen wir endlich nach Jingschan, ganz gerädert von der entsetzlichen Fahrt, ohne zu wissen, ob uns Gutes oder Schlimmes bevorstand. Ich erinnere mich noch deutlich des fast unerträglichen Angstgefühls, das sich meiner bemächtigte, als uns wieder eine große, schweigende Volksmenge umdrängte. Eben wollten wir die enge Straße, die zum Yamengebäude führte, hinauffahren, als ein Herr auf uns zukam und uns mit freundlichem »Ping-an!« begrüßte, d. h. Friede! So pflegen sich die Christen in China zu grüßen, und ich vernahm aus den Worten einen Gruß meines Gottes und wusste, dass wir in guten Händen waren.

Nach wenigen Minuten kamen wir an den Eingang zum Yamen. Hier erwartete uns der Mandarin selbst zusammen mit einigen seiner Untergebenen. Wir waren höchst erstaunt, da uns dies zum ersten Mal geschah. Er begrüßte mich, was meine Verwunderung steigerte, beim Absteigen mit herzlichem Händedruck. Mit ein paar freundlichen Worten der Teilnahme und unter beruhigenden Versicherungen geleitete er uns zum Vorzimmer seiner Privatgemächer, wo uns ein Ruhesofa und mehrere bequeme Stühle ausländischen Fabrikats zur Verfügung gestellt wurden. Der Herr, dessen Gruß mir erst so wohlgetan hatte, erschien von neuem und ließ sich in ein vertrauliches Gespräch mit Seiner Exzellenz ein, eine weitere Bestätigung, dass sich jetzt alles zu unserem Besten wandte. Tee und ausländisches Gebäck wurde hereingebracht und für meine liebe Frau, die von der Fahrt ohnmächtig zusammengebrochen war, eine Flasche Wein. Endlich wurde uns in einem Waisenhaus in der Nähe ein Quartier angewiesen und wir fanden hinter einem schweren, sorgsam verschlossenen Tor vor den Blicken der Neugierigen Schutz.

Da wir durch den Durchmarsch weiterer Truppen aufgehalten wurden, verbrachten wir hier, ähnlich wie in Sinjan-tschau, insgesamt sechs Tage. Allerdings waren die Umstände hier etwas bequemer. Vorne war ein Raum, der mit Stühlen für Beamte angefüllt war. Wir teilten ihn mit Frau Saunders und Frau Cooper. Dahinter lag ein kleiner Hof und an dessen anderem Ende befand sich ein Flügel des Waisenhauses, aus zwei Zimmern bestehend, in denen die übrigen untergebracht waren.

Wir hatten jetzt Tag für Tag ein lebendiges Beispiel von der umgestaltenden Kraft des Geistes Christi vor Augen. Der erwähnte Herr, ein einheimischer Gläubiger, der mich bereits mit seinem Friedensgruß erquickt hatte, war nämlich ein Evangelist namens Lo Sien-feng, dem das Werk der Londoner Missionsgesellschaft in Jingschan übertragen war. Er übernahm unsere Pflege. Mir ist selten eine demütigere und opferwilligere Gesinnung entgegengetreten als diejenige, in welcher Lo Sien-feng uns von der ersten Stunde unserer Ankunft an gedient hat. Nachdem er uns zu unserem Quartier gebracht hatte, »legte er seine Kleider ab« und kümmerte sich in selbstlosester Weise um uns. Keine Arbeit war ihm zu gering, keine zu unangenehm. Unverdrossen ging er vom frühen Morgen bis zum späten Abend von einem zum andern und machte sich in der Geduld und der Liebe Christi zum Diener für uns alle. Sein Gedächtnis und sein Lohn sind im Himmel aufbewahrt. Wir selbst sind nicht imstande, ihm zu vergelten, was er an uns getan hat.

Die Zeit erschien uns endlos. So oft wir baten, weitergesandt zu werden, wurden wir auf »morgen« vertröstet, und wenn morgen kam hieß es wieder »morgen«. Der Zustand der meisten unter uns verschlimmerte sich dermaßen, dass es uns unmöglich vorkam, dass der größere Teil von uns Hankau überhaupt noch lebendig erreichen würde. Herr Jennings wurde jetzt auch von Durchfall befallen, und bei Frau Saunders war die Krankheit in solch weit fortgeschrittenem Stadium, dass sie sich dem Tod nahe glaubte und mich um besondere Fürbitte bat. Auch meine liebe Frau war dem Aufgeben nahe.

Am dritten Tage nach unserer Ankunft in Jingschan, am 6. August nachmittags, sollte Frau E. J. Cooper das Märtyrerkreuz mit der Siegerkrone vertauschen. Nichts Besonderes deutete an, dass ihr Tod herannahe. Mit der ihr eigenen Geduld lag sie still da. Als ihr Mann am Morgen wie gewöhnlich mit ihr gebetet hatte, äußerte sie noch: »Ich glaube, ich werde nicht sterben, es ist noch genug Lebenskraft in mir.« Gegen 2 Uhr nachmittags wurde sie merklich schwächer. Sie rief: »Luft! Luft!« Wir trugen sie die Stufen hinunter zu der offenen Vorhalle. Sie war bei klarem Bewusstsein. Ihr Mann war neben ihr. Bald darauf, als wir sie betend umstanden, brachte sie noch klar und deutlich die Worte »Ruhe, Ruhe« hervor und mit stillem, tiefem Seufzer ging sie hinüber. Wir waren alle zutiefst ergriffen, als unser weinender Bruder, während er der geliebten Toten die Augen schloss, die Worte stammelte: »Der Herr hat gegeben, der Herr hat genommen; der Name des Herrn sei gelobt!« (Hiob 1,21). Als wir an jener geheiligten Stätte zum Gebet niederknieten, durfte ich einen Eindruck davon bekommen, wie es tatsächlich möglich ist, »in dem allem weit zu überwinden durch den, der uns geliebt hat« (Röm. 8,37).

Ich führe hier noch die Worte des teuren Bruders E.J. Cooper in einem Brief an seine Mutter, datiert vom 18. August, an:

Du wirst durch Telegramm bereits erfahren haben, dass meine liebe Gretel in Jesus entschlafen ist. Sie ist am 6. August nach einmonatigem Leiden um Jesu willen in Jingschan, hundert Meilen von Hankau entfernt, gestorben.

Woge um Woge ist über mich hinweggegangen. Mein Heim ist zerstört, und ich stehe mit völlig leeren Händen da. Meine Frau und mein Kind sind in die Herrlichkeit gegangen. Kein Zeichen der Erinnerung an meine liebe Gretel ist in meinen Händen. Edith ist an Durchfall schwer erkrankt, ich selbst fühle mich äußerst matt und schwach, obwohl ich nicht eigentlich krank bin. Mehr als einmal bin ich unterwegs dem Tod nahe gewesen. In einem Dorfe wurde ich, nachdem wir heftig mit Ziegelsteinen bombardiert worden waren, mit Seilen gefesselt und am Boden herumgeschleift, damit ich außerhalb des Dorfes sterben solle.

Und nun, liebe Mutter, da du das Schlimmste weißt, möchte ich dir noch sagen, dass das Kreuz Christi, dieses herrliche Unterpfand der Liebe des Vaters, beständig Frieden und Trost in mein Herz gebracht hat.

Wenn Gott seines eigenen Sohnes nicht verschont hat, so umgibt uns Liebe, nichts als Liebe. Wohl sehen wir jetzt durch einen Spiegel in einem dunkeln Wort, dann aber von Angesicht zu Angesicht. Meine liebe Gretel sagte, todesmatt und mit Wunden bedeckt, zu mir: »Wenn der Herr mich am Leben erhält möchte ich, wenn möglich, nach Lutscheng zurückkehren.« Die liebe, treue Seele! Obwohl ihr Meister es ihr verwehrte, die ihr so sehr am Herzen liegende Arbeit weiter zu tun, so ist doch ihr Verlangen, etliche von den Chinesen für Christus zu gewinnen, bis zuletzt lebendig geblieben. Nun hat der Herr sie gewürdigt, für dieses Verlangen ihr Leben hinzugeben.

So ging unsere Schwester, Frau Cooper, zur ewigen Ruhe ein. Ihr Leichnam wurde noch an demselben Abend in einen Sarg gelegt. Der Mandarin selbst sorgte in freundlichster Weise für die Überführung nach Hankau, damit sie dort beerdigt werden sollte.

Am Morgen des 10. August nahmen wir dankbar Abschied von unserer so traurigen und doch dabei von freundlichem Licht erhellten Behausung. Unsere Gedanken richteten sich über die Schwierigkeiten hinweg, die schnell vorübergehend und leicht sind, auf die ewige und alle Maßen gewichtige Herrlichkeit (2.Kor. 4,17). Anstelle der Reisekarren traten jetzt Reisestühle, das erste Mal, dass man in Bezug auf die Art unserer Beförderung Erbarmen mit uns hatte. Lo Sien-feng begleitete uns. Er war entschlossen, uns nicht zu verlassen, bis er uns nach Hankau gebracht habe.

Am Abend näherten wir uns Tenganfu. Als die dunklen Mauern in Sicht kamen, kam mir sofort der Gedanke an Pöbelscharen und Gefängnisleben. Wie war ich erleichtert, als wir zu einem Hügel außerhalb der Stadtmauer, auf dem sich das Prüfungsgebäude erhob, gebracht wurden. Hier erhielten wir Unterkunft und sorgfältige Pflege durch einen einheimischen Arzt von der Wesleyanischen Mission.

Am folgenden Morgen reisten wir weiter nach Jünmeng-hsien. Die erfrischende Morgenluft, die wunderbare Schönheit der im Morgentau gebadeten Landschaft, das herrliche Gefühl der Freiheit nach langer, schrecklicher Gefangenschaft erfrischte mich sehr. Auch der Durchfall war bei mir geschwunden und meine Kräfte kehrten allmählich zurück.

Gegen 3 Uhr nachmittags erreichten wir Jünmeng. Unsere Ankunft war bereits im voraus gemeldet worden, und drei Zimmer des Prüfungsgebäudes wurden uns als Absteigequartier angewiesen. Mit dem Yamen hatten wir diesmal gar nichts zu tun.

Die Aufregung, die unsere Ankunft hervorrief, war so groß und beunruhigend wie immer. Ständig wachsende Menschenmengen sammelten sich vor dem Tor des Gebäudes an und wurden unter betäubendem Lärm von der Yamenwache zurückgetrieben. Ihr Drängen, uns zu sehen, wurde so aufdringlich, dass die Soldaten sich gezwungen sahen, das Tor zu schließen, woraufhin es von der Menge gestürmt wurde.

Inmitten dieses verwirrenden Lärms und Durcheinanders ging eine andere aus unserer kleinen Schar zur ewigen Ruhe ein. Während ich mit meiner Frau beschäftigt war, kam Fräulein Huston aus dem gegenüberliegenden Zimmer zu mir mit den Worten: »O, Bruder Glover, wollen Sie bitte für mich beten? Mir ist so sonderbar.« Ich führte sie zurück und bat den Herrn zusammen mit Fräulein Gates, sie bis ans Ende der Reise zu stärken, zu seiner Verherrlichung. Etwa eine Stunde später rief sie mich wieder und bat mich, ihr die große, klaffende Wunde an ihrem linken Arm von neuem zu verbinden, wobei sie seltsam aufgeregt und verstört schien. Ich gab ihr Trost aus Gottes Wort und nachdem sie sich beruhigt hatte, kehrte ich unbesorgt zu meiner kranken Familie zurück. Gegen Abend wurde ich zum letzten Mal gerufen, diesmal von Herrn Saunders mit den Worten: »Fräulein Huston stirbt, willst du kommen?« Unsere Schwester lag schwer atmend mit geschlossenen Augen und offenbar ohne Bewusstsein auf einem Bett. Als wir sahen, dass es mit ihr zu Ende ging, befahlen wir ihren Geist in Jesu Hände, und um die Zeit des Sonnenuntergangs hatte sie ohne Kampf und ohne Worte ihren Lauf vollendet. Unser Gebet hatte der Herr in einem tieferen Sinne, als es gemeint war erhört. Er hatte sie zu seiner Verherrlichung stark gemacht, aber nicht am äußeren, sondern am inwendigen Menschen und hat sie ans Ziel ihrer Reise, d. h. ans Ziel ihrer irdischen Pilgerfahrt gebracht.

Als ihr Tod bekannt wurde, zog sich die neugierige Menge zurück, und wir konnten in Ruhe die letzten traurigen Anordnungen treffen, wobei der Mandarin sich sehr entgegenkommend zeigte. Unserer Bitte, die irdischen Überreste nach Hankau mitnehmen zu dürfen, wurde ohne weiteres entsprochen, und als der Morgen des folgenden Tages graute, war alles fertig zum Aufbruch.

Das letzte Stück unserer Reise lag vor uns, noch 150 Kilometer, und wir waren am Ziel. Vier Tage brauchten wir noch. Wie würden wir sie überstehen? Sonntag, den 12. August, brachen wir von Jingschan auf und mehr als einmal an diesem Tag dachte ich, meine Frau würde sterben. Da ihre Träger schneller liefen als die meinen, konnte ich nicht in ihrer Nähe bleiben, nur bei längerer Rast holte ich sie ein. Dabei fand ich sie einmal in ihrem Sitz zurückgelehnt, anscheinend war sie tot. Ich erschrak so heftig, dass ich Herrn Saunders zurief: »Ich glaube wirklich, meine Frau ist tot; bitte, komm sofort!« Wir feuchteten ihre Lippen mit etwas Wein an, den uns der Mandarin mitgegeben hatte. Daraufhin kam sie wieder zu sich und schlug die halbgeschlossenen Augen wieder auf.

Bei glühender Hitze erreichten wir Hsiaukan-hsien. Inmitten dichtgedrängter Massen brachte man uns zu einem großen Tempel und setzte uns dort nieder, um die Weisung des Mandarins abzuwarten. Etliche Stunden später durften wir unsere Tragstühle wieder besteigen. Wir sollten zum Grundstück der Londoner Missionsgesellschaft gebracht werden. Wie freudig überrascht waren wir bei der Nachricht, wussten wir doch kaum, dass das Evangelium hier bekannt war, noch viel weniger, dass die Stadt der Mittelpunkt einer eifrigen Missionstätigkeit war. Wahrscheinlich hatten sich bei der Nachricht von unserer Ankunft die einheimischen Gemeindeglieder aus eigenem Antrieb – denn die Ausländer waren alle geflohen – mit der Bitte an den Mandarin gewandt, uns in den Gebäuden der Mission selbst versorgen zu dürfen.

An den Empfang, der uns hier bereitet wurde, kann ich nicht ohne tiefe Bewegung denken. Es war wahrhaftig ein Vorgeschmack davon, wie man sich im Himmel lieben wird. Aus dem betäubenden Lärm einer aufgeregten Menge sahen wir uns plötzlich in ein kleines Paradies des Friedens und der Ruhe versetzt. Hinter den Missionsgebäuden dehnte sich der herrlichste Garten mit schattigem Rasenplatz und entzückenden Blumenbeeten aus. Kein Laut von der Straße drang dorthin, nichts störte die friedliche Ruhe. Man sorgte bestens für uns. Zunächst wurde durch den ärztlichen Gehilfen, der die Apotheke unter sich hatte, nach den Kranken und Verwundeten geschaut. Dann wurden wir in den Esssaal geführt, wo für uns ein wahres Festessen bereitet war. Fisch, Geflügel, und Kartoffeln bildeten neben Konservenfleisch und Obst die hauptsächlichen Delikatessen. Seit Wochen hatten wir nichts Derartiges genossen. Hochwillkommen war uns auch die Milch, die man uns anbot. Mehrere Krüge, gefüllt mit köstlicher Konservenmilch, standen vor uns. Ich fürchte, wir glichen in den Augen unserer Wohltäter Sauls Soldaten (1.Sam. 14), wie sie über die Beute herfielen, so gut ließen wir uns das kostbare Essen schmecken. Unsere Gastgeber freuten sich lebhaft über unseren guten Appetit. Nachdem wir auf grünen Matten unter den Bäumen im Garten gelagert hatten, gab man uns noch ein zweites köstliches Mahl bevor wir noch an demselben Abend aufbrachen.

Bei einbrechender Dunkelheit verabschiedeten wir uns in einem stillen Dankgottesdienst von unseren einheimischen Geschwistern, die uns nach dem Vorbilde des Meisters so viel Liebe erwiesen hatten. Beim Schein der Laternen gelangten wir durch die gewundenen Straßen hinunter zum Fluss. Zu unserer großen Beruhigung sollten wir den Rest der Reise per Boot zurücklegen. Ich kann die große Erleichterung nicht beschreiben, mit der wir sogar den Stuhl gegen das Boot tauschten. Ich sage »sogar«, denn obwohl der Stuhl dem Wagen oder Reisekarren bei weitem vorzuziehen war, so war doch auch er keineswegs sehr angenehm gewesen. Unsere Stühle waren von sehr mangelhafter Beschaffenheit. An meinem fehlte zum Beispiel jeder Schutz gegen die Sonne, und das schmale Brett, fälschlich »Sitz« genannt, hatte zweimal unter mir nachgegeben, so dass ich äußerst vorsichtig sitzen musste, um nicht herunterzurutschen.

Bis zuletzt sollten wir in Furcht gehalten werden. In der langen Zeit bis die Boote die Anker lichteten, wurden wir als Fremde erkannt, und eine Schar von Männern und Halbstarken kam an das Ufer herunter. Ihre Einstellung uns gegenüber war alles andere als freundlich. Einige wateten sogar ins Wasser, um uns, während wir unter dem Verdeck lagen, zu beschimpfen. Als endlich die Bootsleute mit ihren Stangen die Boote in Bewegung setzten, wurden die alten, immer gleichen schrecklichen Verwünschungen laut, und einige warfen mit Steinen nach uns, bis wir außer Wurfweite waren.

Sich sagen zu dürfen: man kommt vorwärts, und dabei doch kein bestimmtes Gefühl des Vorwärtskommens zu haben, war uns eine gänzlich neue Erfahrung. Mit aufrichtigem Dank Gott gegenüber legten wir uns hin. Schlaf fanden wir nicht, denn die Hitze in dem kleinen Bootsraum, in dem wir uns zu fünfen einzurichten versuchten, war erdrückend. Meine Frau war so geschwächt, dass ich fürchtete, sie werde die Nacht nicht überleben. Nur durch beständiges Wedeln mit dem Fächer und dadurch, dass wir ihr alle zwei bis drei Stunden ein in Wein geschlagenes Ei reichten, brachten wir sie durch.

So unerträglich war die Hitze, dass ich um Mitternacht hinausging, um Luft zu schöpfen. Wie still war es doch! Kein Laut regte sich, nur das leise Aufschlagen der Ruder und das Gurgeln des Wassers am Vorderteil des Bootes war zu hören. Soviel ich gesehen hatte, waren wir in drei Booten aufgebrochen. Jetzt bemerkte ich noch ein viertes. Leise glitt es im Mondschein dahin mit den beiden Särgen unserer teuren Schwestern, die für den Herrn ihr Leben gelassen hatten.

So fuhren wir unter dem eintönigen Schweigen der Nacht dahin und unter der sengenden Glut des folgenden Tages, beständig umschattet von der Nähe des Todes. Meine liebe Frau glich einer Sterbenden, und unserem kleinen Jungen war sehr unwohl, was sich als Anfang einer ernstlichen Erkrankung bei ihm herausstellte.

Die Sonne stand schon tief im Westen, als die Boote sich ihrem Ziel näherten. Vor uns lag Hankau mit seinem gewaltigen Hafen. War es möglich, dass das Unmögliche zur Wirklichkeit geworden war? Hatte Gott uns wirklich von den Pforten des Todes errettet und die tausend Meilen voller Gefahren in tausend Meilen voller Wunder verwandelt? Wir konnten es nicht leugnen, die Tatsache lag vor unseren Augen, und voll Dank und Anbetung beugten wir uns vor dem, der ewiglich lebt, dem allein weisen Gott, unserem Heiland.

Zum letzten Mal wurde unsere Geduld auf die Probe gestellt. Durch ein Versäumnis des Mandarins mussten wir bis zum folgenden Tag auf den Booten bleiben. Sehnsüchtig schauten wir nach den Tragstühlen aus, aber es kamen keine. Da trösteten wir uns damit, dass unser himmlischer Vater wohl wisse, was wir brauchten, und »unsere Seelen durch standhaftes Ausharren zu gewinnen« (Lk. 21,19). Einmal musste es ja wieder hell werden, aber nie denke ich ohne Grauen an jene letzte Nacht zurück. Ich wagte kaum zu hoffen, dass meine Frau und mein kleiner Sohn noch lebend das Boot verlassen würden.

Endlich verschwanden die Schatten der Nacht vor der Morgendämmerung, und bald darauf erschienen auch die Stühle. Die Kunde von unserer Ankunft hatte sich in der Stadt verbreitet, und voll tiefer Bewegung begrüßten wir die teuren Freunde, die zu unserer Hilfe kamen und sich selber vorkamen wie Träumende, die nicht genau wussten, ob wir »im Leibe oder außerhalb des Leibes« (2.Kor. 12,2) waren. Herr Lewis Jones von der China-Inland-Mission, Dr. Gillison von der Londoner Mission und Dr. Hall von den Bischöflichen Methodisten nahmen sich in der liebevollsten und teilnehmendsten Weise unser an. Körbe mit zubereitetem Essen, Medizin und Stärkungsmitteln wurden gebracht und die Kranken sofort in ärztliche Behandlung genommen. Weil der Mandarin in Unruhe wegen seiner Pflichtvernachlässigung war, kam er selbst zu uns und leitete persönlich unsere Ausschiffung und Weiterbeförderung. Stuhl um Stuhl setzte sich in Bewegung, als von den 1.500 Kilometern unserer Reise noch die letzten fünf zurückzulegen waren.

Die Nachricht, dass eine Schar Flüchtlinge aus der Provinz Schanxi angekommen sei, erregte in Hankau das größte Aufsehen. Die herrschende Meinung, die sich auf einen verlässlichen Bericht gründete, war die, dass eine Flucht aus Schanxi nur einigen Wenigen geglückt sei, die dann aber allesamt an den Furten des Gelben Flusses niedergemacht worden seien. Als der alte und erfahrene Missionar Dr. Griffith John uns erblickte, rief er aus: »Sehe ich recht? Habe ich Menschen oder Geister vor mir? Ihr kommt mir wirklich vor wie vom Tode Erstandene. Längst hatten wir jede Hoffnung, euch lebend wiederzusehen, aufgegeben.«

Als wir im Heim der China-Inland-Mission ankamen, standen mir die Gefahren und Anstrengungen der letzten zehn Wochen mit ihrem täglichen Sterben lebendig vor der Seele. Ganz seltsam kam es mir vor, dass wir uns nun wirklich in Sicherheit befanden unter unseren eigenen Leuten. Es war ein bestimmter Augenblick, da wurde mein Herz wie von einer mächtigen Last erleichtert. Es war nicht anders, wie wenn mir buchstäblich eine Last vom Rücken heruntergenommen würde. Ich kann das eigenartige Gefühl weder beschreiben noch vergessen. Es kam mir dabei so recht die Schwere des Joches zum Bewusstsein, an das ich mich längst gewöhnt hatte.

Dazu kam noch eine andere, nicht weniger eindrückliche Erfahrung. Wir sahen uns mit einem Male in eine Atmosphäre des Friedens und der Liebe versetzt, zu der die Atmosphäre wilden Lärmes und tödlichen Hasses, aus welcher wir kamen, einen in Worten nicht auszudrückenden Gegensatz bildete. Wir waren wie im Himmel. Alles atmete Ruhe und Frieden, wir wurden mit Liebe umgeben, und die Tränen wurden uns abgewischt von unseren Augen.

Wir waren alle sehr bewegt und beschämt durch die herzliche Barmherzigkeit unseres Gottes, die wir in dem Liebesdienst der vielen teuren Freunde erkannten. Alle erdenklichen Aufmerksamkeiten wurden uns nicht nur von den Missionsgeschwistern, sondern auch von der europäischen Fremdenniederlassung erwiesen. Unser Konsul, Herr Fraser, und der stellvertretende amerikanische Konsul, Herr F. Brown, ein lieber Freund von mir, waren mit die ersten, die uns tatkräftige Teilnahme bewiesen.

Am nächsten Tag nahmen wir Abschied von unserem geliebten Bruder und Wohltäter, der nach vollbrachtem Liebesdienst wieder in seine Arbeit in Jingschan zurückkehrte. Als Zeichen unserer Liebe, Achtung und Dankbarkeit händigte ihm Herr Saunders den Ertrag einer kleinen Sammlung aus, die wir unter uns veranstaltet hatten. In demselben bescheidenen, anspruchslosen Sinn, in dem er uns gedient hatte, erklärte er, dass seine Dienste nicht der Rede wert seien, und reiste dann ab, nachdem wir ihn Gott und dem Wort seiner Gnade anbefohlen hatten.

Der bedenkliche körperliche Zustand der meisten unter uns erforderte die angestrengtesten Bemühungen des kleinen Ärzte- und Pflegerinnenpersonals. Die beiden Ärzte Gillison und Hall kamen bei der großen Hitze tagelang nicht aus den Kleidern, während die beiden Fräulein Fleming und die beiden Fräulein Smith aus Kweiki in der Provinz Kiangsi abwechslungsweise Tag und Nacht bei Kindern und Erwachsenen ununterbrochen tätig waren. Fräulein Gates war die einzige, die nach mehrtägiger Ruhe für fähig erklärt wurde, nach Schanghai zu gehen. Allerdings trat bei ihr, kaum war sie aufgebrochen, ein Rückschlag ein, so dass sie noch wochenlang liegen und wegen eines gefährlichen Nervenleidens behandelt werden musste. (Fräulein Gates hat trotz all des Erlebten später den Wunsch ausgedrückt, wieder auf dieselbe Station, wo es ihr so übel ergangen war, zurückkehren zu dürfen, um weiter der Arbeit nachzugehen, der sie ihr Leben gewidmet hat. Im Herbst 1902 ist sie nach längerem Urlaub nach Luan-fu zurückgekehrt, wo sie bis heute noch an der Rettung derer arbeitet, die sie hassten, und für die betet, die sie beleidigten und verfolgten. Dasselbe ist der Fall bei all den anderen Überlebenden aus jener schrecklichen Zeit. Sie sind, glaube ich, ausnahmslos auf das Missionsfeld zurückgekehrt. Nur mir hat der Arzt für jetzt die Rückkehr nach China untersagt).

Am Tage unserer Ankunft, den 14. August, wurden unsere lieben Schwestern, Frau E. J. Cooper und Fräulein Huston, nachmittags auf dem Friedhof in Hankau unter Anwesenheit zahlreicher Vertreter der Fremdenniederlassung beigesetzt. Dr. Griffith John leitete die ernste Trauerfeier. Herr Cooper erfüllte als Hauptleidtragender die letzte Pflicht christlicher Liebe, obwohl er selbst kaum imstande war, sich auf den Füßen zu halten. Doch selbst jetzt hatte er den Kelch des Leidens noch nicht geleert. Er musste eine Woche später den bitteren Gang noch einmal gehen, um seinen kleinen Sohn Brainerd zu bestatten.

In den frühen Morgenstunden des vierten Tages nach unserer Ankunft, am 18. August, schenkte meine Frau einem Kind das Leben. So knapp entging sie dem Schrecken einer Entbindung während unserer Flucht, und so gnädig fügte es der treue Gott, dass sie sich zu dieser Zeit an der Behaglichkeit eines sicheren Heims erfreuen durfte. Die Tatsache, dass die Kleine atmete, wurde von den Ärzten genauso als Wunder bezeichnet, als dass die Mutter noch am Leben war. Die Ärzte Gillison und Parry erklärten, dass ihnen solch ein Fall körperlicher Ausdauer noch nicht vorgekommen sei, und dass sie es nicht für möglich gehalten hätten, dass eine schwangere Frau mitsamt ihrem Säugling solche Leiden überstehen könne. Tief davon durchdrungen, dass nur die Kraft Gottes Mutter und Kind am Leben erhalten habe, übergaben wir unser Töchterlein dem Herrn.

Wir gaben ihr den Namen Faith (zu Deutsch: Glaube) im Gedächtnis an seine große Güte und zur Ehre seines Namens.

Meine liebe Frau überließ sich mit dankbarem Herzen der zarten, liebevollen Pflege, die ihr durch Gottes Gnade geschenkt wurde. Obwohl sie noch äußerst entkräftet war, fühlte sie sich doch wesentlich erleichtert. Durch die Geschicklichkeit und außerordentliche Fürsorge von Dr. Parry kam sie langsam wieder zu Kräften, bis in uns die Hoffnung die Oberhand gewann, dass sie wieder ganz gesund werden würde.

Inzwischen erkrankte Hedley heftig am Fieber. Sein Leben schwebte mehrere Tage in großer Gefahr und wir rechneten schon damit, dass seine Mutter ihn nicht wiedersehen werde. Es war für sie eine harte Prüfung, dass sie nicht in der Lage war, ihn zu pflegen. Aber in tapferer Ergebung ertrug sie es und befahl in Demut ihren Jungen in Gottes Hand. Die Gefahr ging vorüber, aber der kleine Kerl war, als es besser mit ihm wurde, zu einem bloßen Skelett abgemagert. Auch die kleine Hope erkrankte schwer. Sie bekam Fieber und schrie bei jeder Kleinigkeit angstvoll auf. Aber die Liebe Gottes ersparte uns den tiefen Kummer, eines unserer beiden Kinder zu verlieren. In ihrer Heilung erkannten wir ein neues Wunder, von Gott gewirkt.

Als meine Frau nach und nach wieder zu Kräften kam, die Besserung in dem Befinden meiner beiden älteren Kinder Fortschritte machte und auch der Zustand des Säuglings zufriedenstellend war, schöpfte ich aus dem allen reichen Trost und fühlte mich sehr gestärkt und erquickt. Am sechsten Tag jedoch wies die Kleine jede Nahrung zurück. Sie war nicht zu bewegen, die Flasche zu nehmen. Noch einige Tage konnte sie am Leben erhalten werden. Am 28. August hauchte sie, gerade zehn Tage alt, ihre kleine Seele aus. Wir wussten sie wohl geborgen in der Hand ihres Heilands, der sie liebte.

Am darauffolgenden Tag fand im Garten unter dem offenen Fenster meiner lieben Frau eine kleine Trauerfeier statt unter Leitung von Dr. Griffith John. Meine Frau hatte selbst das Lied ausgewählt, eines ihrer Lieblingslieder mit dem Refrain:

Wir preisen Ihn, der uns erlöst
Mit Seinem teuren Blut.
Er reinigt uns von Schuld und Sünd'
Durch seiner Liebe Glut.

Der kleine Sarg wurde nach beendeter Feier von zwei teuren Brüdern unserer Mission, Herrn Bruce, Missionar in Hunan (er ist zwei Jahre später, am 15. August 1902, zusammen mit seinem Mitarbeiter Herrn Lowis in Tschentschau den Märtyrertod gestorben), und Herrn Tull, Missionar in Schensi, an den Fluss hinabgetragen und dann auf einem Boot zum Friedhof gebracht, wo nun mein geliebtes Kind an der Seite der anderen Märtyrer aus unserer kleinen Schar schläft, »bis Er kommt«.

Die Ergebung meiner lieben Frau in den Willen Gottes war kostbar und ergreifend. Da sie ihre Augen auf Gott richtete, blieb sie nicht bei ihrem Verlust stehen, sondern beschäftigte sich mit dem Glück ihres geliebten Kindleins. Obwohl ich bei meiner Rückkehr merkte, dass sie Tränen vergossen hatte, so sah sie mich doch freudestrahlend an und sagte lächelnd: »Ich freue mich, dass unser Kind allem Leid entrückt und in dem Schoß des Heilands geborgen ist.« In einem Brief einige Tage später schrieb sie dasselbe mit prophetischem Ausblick auf ihr eigenes Ende:

> Für mich war der Eingang unserer kleinen Faith zum ewigen Leben wunderbar. Er erschien mir wie eine Garantie für meinen eigenen Eingang zum Leben. Wie er *sie* angenommen hat, so wird er auch *mich* annehmen. In dieser Gewissheit konnte ich mich nur freuen und freue mich noch. Sie ruht in seinen Armen und ihr Glück ist groß. Wer wollte sie zurückwünschen? – Die liebe Frau Cooper und ihr kleiner zweijähriger Junge, die liebe Fräulein Huston und die kleine Faith, sie ruhen nun nebeneinander bis zum großen Auferstehungsmorgen.

Nach vierzehn Tagen war ihre Besserung und diejenige der Kinder soweit fortgeschritten, dass Dr. Parry keine Gefahr darin sah, wenn wir ihn nach Schanghai, wo er beruflich zu tun hatte, begleiten würden. So nahmen wir am Dienstag, dem 11. September, Abschied von dem Ort, der uns »nichts anderes gewesen war als Gottes Haus und die Pforte des Himmels« (1. Mose 28,17). Wenige Orte auf Erden bergen für uns so kostbare Erinnerungen wie Hankau. Meine geliebte Frau meinte später im Andenken an all die Segnungen, die wir hier erfahren durften: »Hankau ist mir eine richtige Heimat geworden. Dort schenkte uns der Herr unsere kleine Faith. Dort hat er uns auch ein Erbbegräbnis gegeben.«

Nach Schanghai reisten wir mit größtem Komfort. Durch die liebevolle Selbstaufopferung zweier Mitarbeiter aus der Provinz Schanxi, Herrn und Frau Dugald Lawson aus Jüwu, war es uns vergönnt, erster Klasse zu fahren. Unsere Freunde erwarteten uns bei unserer Ankunft in Schanghai am folgenden Freitag am Hafenplatz. Eine kurze Fahrt brachte uns zu dem Heim der China-Inland-Mission, wo wir von Herrn und Frau Hoste, Herrn Stevenson, Bischof Cassels, Herrn Alexander Grant, Herrn Montagu Beauchamp, Herrn F. A. Steven und vielen anderen teuren und verehrten Freunden aufs Herzlichste willkommen geheißen wurden.

Schanghai wimmelte damals von Missionaren der verschiedensten Denominationen, die aus allen Teilen Chinas hergekommen waren. Viele von ihnen, teilweise uns unbekannt, nutzten die Gelegenheit, uns ihre Anteilnahme zu bekunden. Wir erhielten so reichlich Kleidung und Geld, dass unser Bedarf mehr als gedeckt war. Der Zustand meiner lieben Frau erregte besonderes Mitgefühl und gab Anlass zu viel Fürbitte. Als sich später aufs Neue ernstere Krankheitserscheinungen bei ihr einstellten, wurden besondere Versammlungen veranstaltet, um in der Fürbitte für sie einzustehen.

Für die ersten paar Tage hielt ihre Besserung an. Sie bekam die Erlaubnis, die Kinder und einige ihrer engeren Freunde zu sehen. Am 19. September jedoch trat ein ernster Rückschlag ein. Eine Bauchfellentzündung kam hinzu und am 22. September wurde es mir während der Abendandacht zur Gewissheit, dass sie uns nicht erhalten bleiben würde.

Noch weitere fünf Wochen verherrlichte sie den Herrn vor ihrer Umgebung und bezeugte durch ihr stilles, geduldiges Ausharren, dass sie an seiner Gnade sich genügen ließ. Zwei Sprüche hatte sie immer vor Augen. Der eine war an der Wand angebracht: »Gewisslich will ich mit dir sein«, der andere an ihrem Bettschirm: »In ihm haben wir die Erlösung durch sein Blut« (Eph. 1,7). Auf diese »wahrhaftigen Worte Gottes« stützte sie sich, an ihnen richtete sie sich auf in ihrer Schwachheit, bei ihren großen Schmerzen und bei den noch schrecklicheren Angriffen des bösen Feindes.

Wunderbar war es, wie das lebendige Wort Gottes sie stärkte und ihr den Sieg gab. Als »die Stimme dessen, der da vom Himmel redet« (2.Petr. 1,18), fand es stets einen Widerhall in ihrem Herzen. Einmal lag sie in schwerer Anfechtung da, da flüsterte ich ihr das Wort ins Ohr: »Sie haben überwunden durch des Lammes Blut«

(Offb. 12,11) und Frieden und Freude kehrten in ihr Herz ein. Als der Gedanke sie quälte, weshalb Gott, wo doch so viel für sie gebetet wurde, ihr ihre Gesundung versagte, gab ich ihr zu bedenken: »Es steht geschrieben, dass unser Gott der Hoffnung mit aller Freude und Frieden erfüllen will *durch den Glauben,* auch wenn wir seine Wege nicht verstehen« (Röm. 15,13) – und sofort fand ihre Seele Ruhe.

Die Besuche ihrer geliebten Schwestern von Ningpo waren ihr eine besondere Stärkung und Erquickung, und es tat ihr sehr weh, als diese Besuche eingestellt werden mussten. Aber sie murrte nicht, sie zweifelte niemals an der Weisheit und Liebe ihres Gottes. Ihr Glaube schöpfte daraus nur neuen Antrieb, ihre eigenen Wünsche und Neigungen der Herrschaft des Geistes Gottes immer völliger zu unterwerfen. Der gute Hirte war bei ihr, sein Stecken und Stab trösteten sie. Sie sprach nur wenig. Meist lag sie in großer körperlicher Schwachheit still da. Aber wenn sie redete, dann gaben ihre Worte Zeugnis, dass sie im festen Vertrauen auf die Gnade Gottes sich seinem Willen freudig unterworfen hatte. Lange Zeit hoffte sie, dass sie in Erhörung vieler Gebete wieder gesund werde, doch als es ihr klar wurde, dass sie ihren Heiland durch Sterben und nicht durch Leben verherrlichen sollte, da betete sie nur noch: »Vater, lass deinen Willen völlig an mir geschehen zur Verherrlichung deines Namens.« Sie hörte von da an auf, um ihre Genesung zu bitten. »Der Herr«, so pflegte sie zu sagen, »schenkt mir nur die eine Bitte, dass sein Wille völlig an mir geschehe.«

Zweifellos war die Verlängerung ihres Lebens der sorgsamen, treuen Pflege ihres Arztes, des Dr. F. Judd, und ihrer Pflegerinnen Frau J. A. Steven, Fräulein Batty, Fräulein Lucy C. Smith und Fräulein Carmichael zu verdanken. Ihre liebevolle Anteilnahme und zarte Fürsorge berührte sie tief, und oft kam es auch in ihren Gebeten zum Ausdruck, wie dankbar sie sie annahm.

Solange sie stark genug war, las ich ihr vor oder betete mit ihr, so oft sie das Bedürfnis dazu hatte. Nicht selten betete sie selbst, wobei man förmlich in das Allerheiligste und vor das Angesicht Gottes versetzt wurde. Es bereitete ihr Kummer, als sie infolge übergroßer Schwäche nicht länger imstande war, ihre Gedanken auf geistliche Dinge zu konzentrieren. Trotzdem war ihre Ruhe ungetrübt. Sie meinte dann wohl: »Es schmerzt mich mehr, als ich sagen kann, dass ich mich oft nicht mehr an Schriftstellen erinnern, nicht mehr denken, ja manchmal nicht einmal mehr beten kann. Aber eines weiß ich, dass ich erlöst bin durch das teure Blut Christi. Das ist mir genug.« Und wenn ich ihr sagte: »Ja, mein liebes Herz, mehr brauchst du nicht, mehr braucht Er nicht. Dies eine ist alles«, dann las ich in ihrem zufriedenen Blick die Bestätigung meiner Worte.

Der letzte Tag, der 24. Oktober, war ein Tag schweren inneren Kampfes. In Abständen rief sie aus: »Ist der Herr des Lebens hier nicht gegenwärtig?« »Hilf, hilf! O Herr, hilf mir!« »Wo steht doch gleich geschrieben: Ich halte dich durch die rechte Hand meiner Gerechtigkeit?« (Jes. 41,10) »Betet, betete, betet!« Dann kam es von ihren Lippen:

> In der Welt der Sünde
> wo ist wahre Ruh?
> Aus dem Blut des Heilands
> fließt uns Frieden zu.

Dann wieder triumphierend:

> Preis dem Lamm,
> das starb auf Golgatha!
> Halleluja, Halleluja!«

Gegen Abend zog sie mich zu sich heran, offenbar, um mir zu sagen, was ihre letzte Botschaft sein sollte. Deutlich vernahm ich ihre Worte, wie sie sagte: »Ich wünsche, dass alle es erfahren, wie ER mir vollkommenen Frieden geschenkt hat und wie ER mir gezeigt hat, dass Seine Gnade völlig genügt.«

Eine zeitlang lag sie scheinbar bewusstlos da. Ich sang ihr das Lied vor, »Jesus, Heiland meiner Seele«. Plötzlich fiel sie mit klarer, kräftiger Stimme ein:

> Lass, o lass mich nicht alleine,
> hebe, Herr, und stärke mich!«

Um 10 Uhr las ich die Abendandacht und betete dann wie gewöhnlich mit ihr. Nachdem sie selbst noch ihr Herz im Gebet vor Gott ausgeschüttet hatte, bat sie mich, schlafen zu gehen, da ich dringend Ruhe brauche. Ich wollte sie nicht beunruhigen und willigte ein.

Nachts gegen 3.45 Uhr wurde ich von Schwester Carmichael geweckt und gebeten, sofort zu kommen. Der liebe, kleine Hedley war bereits munter und sang leise ein Lied vor sich hin mit dem Refrain:

O wie köstlich wird das werden,
wenn wir einst uns wieder sehn!

Meine geliebte Flora lag anscheinend bewusstlos da, in ihrer gewöhnlichen Haltung, die linke Hand unter ihrer Wange, offenbar frei von Schmerzen. Ich nahm ihre rechte Hand in die meine und sagte ihr ein paar tröstliche Bibelworte ins Ohr, aber sie gab kein Zeichen, dass sie mich verstand. So kniete ich denn neben ihr nieder und befahl ihren Geist in die Hände des Herrn Jesus, und als ich gerade geendet hatte, hauchte sie ihren letzten Seufzer aus. Um 4 Uhr morgens war sie daheim beim Herrn.

Der letzte Bibelspruch, den sie sechs Stunden zuvor mit Bewusstsein vernommen hatte, war: »O Gott, du bist mein Gott; früh suche ich dich! Meine Seele dürstet nach dir; Mein Fleisch schmachtet nach dir in einem dürren, lechzendem Land ohne Wasser« (Ps. 63,2) – Für mich lag über all dem tiefen, schweren Leid der reiche Trost ausgebreitet, das nun das tiefste Sehnen ihrer Seele gestillt war. »Gott selbst war mit ihr, ihr Gott, und hatte alle Tränen von ihren Augen abgewischt« (Offb. 21,3-4).

Am nächsten Tag, dem 26. Oktober, brachten wir ihre Hülle auf dem alten Friedhof zur Ruhe. Unser lieber Freund, Bischof Cassels, sprach erst in der Halle der China-Inland-Mission vor einer zahlreichen Zuhörerschaft in Anknüpfung an die Worte: »Vater, die Stunde ist gekommen« (Joh. 17,1). Auch Herr Dugald Lawson, der während unserer Arbeit auf der Station eng mit uns verbunden war, und die Ärzte Dr. Parry und Dr. Judd, für deren treuen Dienste die Entschlafene so dankbar gewesen war, hielten kurze Ansprachen. Auf dem Friedhof selbst versammelte sich eine große Schar Leidtragender, die sichtbar bewegt und ergriffen waren. Als der Sarg ins Grab gesenkt wurde, ging die Sonne unter, und während die Dunkelheit hereinbrach, wurde das Lied angestimmt, mit dem die Heimgegangene ihre eigenen Kinder in den Schlaf zu singen pflegte:

Du meiner Seele Sonn« und Zier
Es flieht die Nacht, wenn du bist hier.

Das Dunkel über dem Grab meiner geliebten Flora wird nicht lange währen. »Denn noch eine kleine, ganz kleine Weile, dann wird der kommen, der kommen soll, und wird nicht auf sich warten lassen« (Hebr. 10,37). Ihr Glück ist groß, und in naher Zukunft werden wir vereint bei dem Herrn sein allezeit. Diese Gewissheit erhellte das Dunkel in meinem Herzen und verwandelte mein Leid in Freude.

Meine teure Frau hat ihr kurzes Leben von 28 Jahren nicht umsonst gelebt. Sie war eine, die wirklich »überwunden hatte um des Blutes des Lammes und um des Wortes ihres Zeugnisses willen« und hat ihr »Leben nicht geliebt bis in den Tod« (Offb. 12,11). Lebte sie, so lebte sie dem Herrn; starb sie, so starb sie dem Herrn (Röm. 14,8). So wurde ihr die hohe Ehre zuteil, dass sie als letzte ihren Platz fand unter der edlen Schar derer, die im Jahre 1900 in China für Jesus ihr Leben lassen durften.

Was sollen wir nun hierzu sagen? Als Antwort auf diese Frage möge der vorletzte Brief dienen, den meine liebe Frau von Hankau aus schreiben durfte:

Hankau, den 10. September 1900.
Meine innig geliebten Eltern, liebe Schwester!
Heute kann ich Euch ein paar Zeilen senden. Es fällt mir nicht leicht zu schreiben, nicht bloß infolge meiner körperlichen Schwachheit, sondern auch weil es so viel zu schreiben gibt und meine Gefühle sich schwer in Worte fassen lassen. Es ist in Wirklichkeit wunderbar, dass wir heute hier sind und Gott preisen dürfen als die Lebenden. Ich bin gewiss, dass Ihr Euch mit uns beugt in tiefer Dankbarkeit vor dem Herrn, der uns, den Unwürdigen, in Erhörung vieler Gebete Seiner Kinder zahlreiche Beweise Seiner wunderbaren Durchhilfe gegeben hat. So wenige sind entkommen aus jener dunklen, dunklen Provinz, und immer wieder kommt mir die Frage: Warum sind *wir* hier in Sicherheit, und so viele müssen noch leiden und sind gestorben? – Und dann, geliebte Eltern, wie wunderbar hat uns der Herr unterwegs vom Tode errettet! Wir denken an unsere teuren Freunde aus Lutscheng und Pingjau, die grausam getötet worden sind, an die lieben Fräulein Rice und Fräulein Huston, denen noch Schlimmeres begegnet ist. Ich kann jetzt nicht weiter darüber schreiben, und es ist besser, ich fasse die Kehrseite ins Auge, die ja so tröstlich ist. Ja, ihr Glück ist groß, das Glück dieser geliebten Män-

ner und Frauen, deren die Welt nicht wert war. Der Gedanke beglückt mich, auch meine liebe, kleine Faith unter ihnen zu wissen. Täglich preist mein Herz Gott für die segensreiche Erfahrung, die Er uns geschenkt hat, da wir »Teilhaber sein durften an Christi Leiden« – erst hilflos und verlassen, verlassen, so schien es manchmal, auch von Gott, und dann doch erleben durften, dass Er mit uns war. Ich kann nur loben und danken. Die Leiden unterwegs sind fast vergessen. Ich war dem Tode nahe, nur dass wir rechtzeitig noch in Hankau ankamen, rettete mich.

Der Herr leite uns auf unserer Heimreise und mache uns und Euch tüchtig, in allem auf seinen Willen zu achten. Was die Missionsleitung über uns bestimmen wird, kann ich nicht sagen. Eines weiß ich: Ich sehne mich danach, sobald wie möglich nach Luan zurückzukehren. Doch wie Gott will, wir wollen auf Seine Führung warten.

In zärtlicher, inniger Liebe umarmt Euch
Eure Flora

Was hat *sie* also dazu gesagt?
1.) Es ist besser, ich fasse die himmlische Kehrseite ins Auge, die ja so tröstlich ist.
2.) Täglich preist mein Herz Gott für die gesegnete Erfahrung, die Er uns geschenkt hat. Ich kann nur loben und danken.
3.) Ich sehne mich, sobald wie möglich nach Luan zurückzukehren.

Wer wünscht sich nicht, das Geheimnis des Glaubens und der Liebe in solchem Maß zu besitzen, wie diese treue Dienerin Jesu Christi es tat? Worin liegt dieses Geheimnis? – Es liegt erstens darin, dass die Seele über alles Leiden und über den Tod hinausgehoben wird, so dass sie »nichts als Herrlichkeit schaut, selbst im Angesicht des Todes«. Es liegt außerdem darin, dass der Seele auch mitten in den schwersten Prüfungen »Feierkleider statt eines betrübten Geistes« (Jes. 61,3) gegeben werden. Es liegt schlussendlich darin, dass der Mensch bereit ist, »zu segnen, die ihm fluchen, wohl zu tun denen, die ihn hassen, und bitten für die, die ihn beleidigen und verfolgen« (Mt. 5,44), und dass er bereit ist, alles hinzugeben, ja die eigene Person daranzugeben im Dienst der Liebe für andere um des Sohnes Gottes willen, »der uns geliebt und sich selbst für uns gegeben hat« (Gal. 2,20).

Teurer Leser, ein Wort noch, bevor ich schließe. Besitzt du dieses Geheimnis? – Du kannst es haben, so wie sie es hatte. »Er ist darum für alle gestorben, auf dass die, die da leben, hinfort nicht sich selbst leben, sondern dem, der für sie gestorben und auferstanden ist« (2. Kor. 5,15). – Bin ich durch Seinen Tod aus meinem Selbstleben erlöst, dann kann ich ein Leben leben, das eigentlich erst Leben genannt werden kann. Denn dann lebt Christus in mir, und ich darf mit Freuden sprechen: »Christus ist mein Leben von nun an. Du bist es alles wert, denn du bist geschlachtet worden und hast mich für Gott erkauft mit deinem Blut« (Offb. 5,9).

Flora Glover

Archibald Glover, März 1900

Packesel mit Tragegestell »Kia-tsi«

Hope und Hedley in Häftlings-
kleidung in Wu-chi-hsien

Boxer-Rekrut beim Training
(Zeichnung von A. H. Savage)

Zerstörtes Gemeindehaus der China-Inland-Mission in Yü-wu (Schanxi)

Fräulein Rice (wurde von Boxern ermordet) und Fräulein Houston
(starb an den Verletzungen, die ihr von Boxern zugefügt wurden)

Archibald Glover mit Hedley und Hope 1901
Hope hält ein Portrait ihrer Mutter.

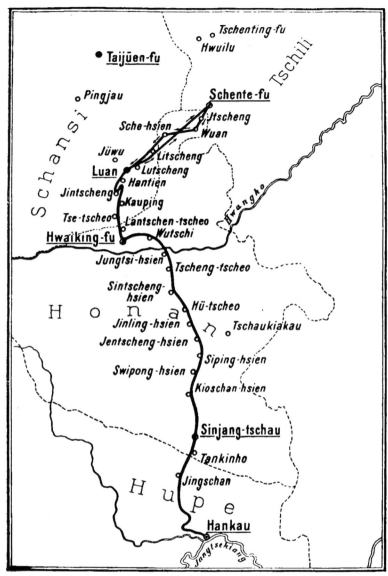

Kartenskizze zur ersten und zweiten Flucht der Familie Glover

Buchempfehlung

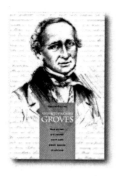

Harriet Groves
Anthony Norris Groves
Von einem, der zuerst nach dem Reich Gottes trachtete

Betanien Verlag
Taschenbuch, 160 Seiten
Sonderpreis, nur 1,90 Euro (früher 5,00 Euro)
ISBN 978-3-935558-03-7

Der Herr Jesus sagte, dass es für Reiche äußerst schwierig ist, ins Reich Gottes zu kommen. Durch den reichen Zahnarzt A. N. Groves (1795–1853) zeigte Gott, dass es aber nicht unmöglich ist. Groves und seiner Frau wurde klar, dass sie keine Schätze auf Erden sammeln, sondern auf den Herrn vertrauen und einen Teil ihrer Habe den Armen geben sollten. Zuerst gaben sie ein Zehntel, dann ein Viertel und schließlich alles für den Herrn weg. 1829 reisten sie nach Bagdad, um dort als Missionare zu leben. Durch eine Pest, eine Überschwemmung, einen Bürgerkrieg und schließlich durch den Tod seiner Frau führte Gott ihn in die Tiefen seiner Schule. Später baute Groves in Indien eine Missionsarbeit nach strikt biblischen Prinzipien auf.

Diese Kurzbiografie beschreibt den geistlichen Werdegang von Anthony Norris Groves und motiviert, es diesem Glaubenspionier gleichzutun und Herz und Besitz ohne Abstriche Gott zu weihen.

Dieses und viele weitere ausgewählte bibeltreue Bücher finden Sie im Onlineshop des Betanien Verlags: www.cbuch.de